Josef Schneider

Falltraining Umsatzsteuer
Fälle und Lösungen zum Steuerrecht
Band 6

3. Auflage

D1727017

2018
HDS-Verlag
Weil im Schönbuch

HDS

Verlag

Bibliografische Information der Deutschen Nationalbibliothek
Die Deutsche Nationalbibliothek verzeichnet diese Publikation
in der Deutschen Nationalbibliografie; detaillierte bibliografische Daten
sind im Internet über http://dnb.de abrufbar

Gedruckt auf säure- und chlorfreiem, alterungsbeständigem Papier

ISBN: 978-3-95554-416-4

© 2018 HDS-Verlag
www.hds-verlag.de
info@hds-verlag.de

Layout: Peter Marwitz – etherial.de
Druck und Bindung: Books on Demand GmbH

Printed in Germany
2018

HDS-Verlag Weil im Schönbuch

Der Autor

Diplom-Finanzwirt **Josef Schneider** war Dozent an der Hochschule für Finanzen in Edenkoben und lehrte dort insbesondere das Fach Einkommensteuer. Er ist Autor zahlreicher Fach- und Lehrbücher im Steuerrecht sowie des Umsatzsteuer-Kommentars »ABC-Führer Umsatzsteuer«.

Vorwort zur 3. Auflage

Das System und die sehr häufigen Änderungen des Umsatzsteuergesetzes zu erklären, führt schnell ins unverständliche Fach-Chinesisch. Daher werden in diesem Buch, mit einer am einzelnen Fall ausgerichteten Fragestellung die jeweiligen Problemfelder erklärt. Mit den insgesamt 196 Fällen werden die meisten Bereiche des Umsatzsteuerrechts angesprochen.

Ausgerichtet an die Nutzung durch Berufsträger und angehende Berufsträger, aber auch für den Wiedereinstieg und die Nutzung im täglichen Bearbeitungsalltag haben die Fälle unterschiedliche Schwierigkeitsgrade. Dennoch ist zu beachten, dass diese Fallsammlung eher für den schon erfahrenen Berufsträger und insbesondere für den Studienabschluss oder die unmittelbare Vorbereitung auf die Steuerberaterprüfung geeignet ist.

Die einzelnen Fälle stellen dabei immer ein einzelnes Problem dar. Mit der Herauslösung einzelner Fragestellungen aus den komplexen Sachverhalten, soll die Problemerkennung und die Festigung des Grundlagenwissens zunächst erleichtert werden. Mit gefestigtem Grundlagenwissen können im Anschluss auch die examenstypischen Aufgabenstellungen, die als Online-Abruf zur Verfügung stehen, problemlos gelöst werden. Diese Fallsammlung reicht jedoch keineswegs als alleinige Vorbereitung für das Steuerberaterexamen aus, sondern stellt eine sinnvolle Ergänzung dar.

Die Lösungen wurden mit Hinweisen auf die BMF-Schreiben, den aktuellen BFH-Urteilen und Schreiben der Länderfinanzverwaltungen hinterlegt.

Edenkoben, im September 2018   **Josef Schneider**

Inhaltsverzeichnis

Abkürzungsverzeichnis

Abs.	Absatz
Abschn.	Abschnitt
a.F.	alte(r) Fassung
AfA	Absetzung für Abnutzung
AG	Aktiengesellschaft
AO	Abgabenordnung
Art.	Artikel
AStG	Außensteuergesetz
BewG	Bewertungsgesetz
BFH	Bundesfinanzhof
BFH/NV	Sammlung der Entscheidungen des Bundesfinanzhofs (Zeitschrift)
BGB	Bürgerliches Gesetzbuch
BMF	Bundesfinanzministerium
BStBl	Bundessteuerblatt
BT	Bundestag
BVerfG	Bundesverfassungsgericht
bzw.	beziehungsweise
DBA	Doppelbesteuerungsabkommen
DStR	Deutsches Steuerrecht (Zeitschrift)
EFG	Entscheidungen der Finanzgerichte (Zeitschrift)
ErbStG	Erbschaftsteuergesetz
EStDV	Einkommensteuerdurchführungsverordnung
EStG	Einkommensteuergesetz
EStH	Einkommensteuerhinweise
EStR	Einkommensteuerrichtlinien
EuGH	Europäischer Gerichtshof
e.V.	eingetragener Verein
ff.	fortfolgende
FG	Finanzgericht
gem.	gemäß
GG	Grundgesetz
ggf.	gegebenenfalls
GmbH	Gesellschaft mit beschränkter Haftung
GrEStG	Grunderwerbsteuergesetz
GrS	Großer Senat
i.H.v.	in Höhe von
i.S.d.	im Sinne des
i.V.m.	in Verbindung mit
i.Z.m.	im Zusammenhang mit
jPöR	juristische Person(en) öffentlichen Rechts

KGaA	Kommanditgesellschaft auf Aktien
KöR	Körperschaft öffentlichen Rechts
KStG	Körperschaftsteuergesetz
LStDV	Lohnsteuerdurchführungsverordnung
LStH	Lohnsteuerhinweise
LStR	Lohnsteuerrichtlinien
m.E.	meines Erachtens
Mio.	Millionen
m.w.N.	mit weiterem Nachweis/mit weiteren Nachweisen
Nr.	Nummer
n.F.	neue(r) Fassung
OHG	Offene Handelsgesellschaft
R	Richtlinie
Rz.	Randziffer
s./S.	siehe/Satz/Seite
s.a.	siehe auch
sog.	sogenannt(e)
u.ä.	und ähnlich(e)
u.a.	unter anderem
USt-IdNr.	Umsatzsteuer-Identifikationsnummer
UStAE	Umsatzsteuer-Anwendungserlass
UStG	Umsatzsteuergesetz
UStZustV	Umsatzsteuerzuständigkeitsverordnung
vgl.	vergleiche
z.B.	zum Beispiel
ZM	Zusammenfassende Meldung

1. Steuerbarkeit, Unternehmerbegriff, Rahmen des Unternehmens

Fall 1: Unternehmereigenschaft und Rahmen des Unternehmens

Die nachfolgenden natürlichen Personen, juristischen Personen und Personenvereinigungen führen bestimmte Tätigkeiten aus.

a) Die gemeindliche Kurverwaltung Bad Dürkheim erhebt Kurtaxe und Kurförderabgaben.

b) Arbeitnehmer A verkauft über »eBay« seinen privaten Schlafzimmerschrank an eine Privatperson P.

c) Rentner R hält Beteiligungen an der X-AG und erzielt dabei beträchtliche Dividenden.

d) Rentner R aus Fall 1 c) ist schriftstellerisch tätig. Mit seinem Buch »Reich durch Aktiengewinne« erzielt er einen Umsatz im Kalenderjahr von ca. 19.000 €. Zusätzlich erhält er die Dividenden i.H.v. 10.000 €.

Aufgabe: Beurteilen Sie, ob bei den vorgenannten Gebilden die Unternehmereigenschaft gegeben ist und bestimmen Sie gegebenenfalls den Rahmen des Unternehmens.

Nehmen Sie im Fall a) auch Stellung zur unternehmerischen Tätigkeit der Körperschaften des öffentlichen Rechts.

Lösung:

Hinweis! Zur Lösung eines Umsatzsteuerfalls s. das Musterbeispiel bei Mutschler/Scheel, Umsatzsteuer, 4. Auflage; Steuern und Finanzen in Ausbildung und Praxis, Band 4, unter I. 3.4, HDS-Verlag.

a) Durch Art. 12 des Steueränderungsgesetzes 2015 vom 2.11.2015 (BGBl I 2015, 1834, BStBl I 2015, 846) wurden die Regelungen zur Unternehmereigenschaft von juristischen Personen des öffentlichen Rechts (jPöR) neu gefasst. § 2 Abs. 3 UStG wurde aufgehoben und § 2b neu in das UStG eingefügt. Die Änderungen treten am 1.1.2016 in Kraft (s.a. Übergangsregelung des § 27 Abs. 22 Satz 1 UStG). Die Neuregelung wird von einer Übergangsregelung in § 27 Abs. 22 UStG begleitet, auf deren Grundlage eine jPöR dem FA gegenüber erklären kann, das bisher geltende Recht für sämtliche vor dem 1.1.2021 ausgeführte Leistungen weiterhin anzuwenden.

Nach § 27 Abs. 22 Satz 1 UStG ist § 2 Abs. 3 UStG in der am 31.12.2015 geltenden Fassung auf Umsätze, die nach dem 31.12.2015 und vor dem 1.1.2017 ausgeführt werden, weiterhin anzuwenden. § 2b in der am 1.1.2016 geltenden Fassung ist nach § 27 Absatz 22 Satz 2 UStG auf Umsätze anzuwenden, die nach dem 31.12.2016 ausgeführt werden. Im Kalenderjahr 2016 gelten die bisher bestehenden Regelungen somit weiter. Die Neuregelung des § 2b UStG ist frühestens ab dem 1.1.2017 anzuwenden.

Nach § 27 Abs. 22 Satz 3 UStG konnte die juristische Person des öffentlichen Rechts dem FA gegenüber jedoch einmalig erklären, dass sie § 2 Abs. 3 UStG in der am 31.12.2015 geltenden Fassung für **sämtliche** nach dem 31.12.2016 und vor dem 1.1.2021 **ausgeführte Leistungen** weiterhin anwendet. Diese **Optionserklärung** war spätestens bis zum 31.12.2016 abzugeben (§ 27 Abs. 22 Satz 5 UStG). Es handelt sich um eine nicht verlängerbare Ausschlussfrist. Zur Anwendung der Übergangsregelung des § 27 Abs. 22 UStG s. das BMF-Schreiben vom 19.4.2016 (BStBl I 2016, 481).

Nach der Neuregelung in § 2b Abs. 1 UStG wird die Parallelität zwischen KSt und USt aufgegeben (bisher Abschn. 2.11 Abs. 4 UStAE).

§ 2b Abs. 1 UStG entspricht im Wesentlichen dem Wortlaut des Art. 13 MwStSystRL. Danach werden **Tätigkeiten** einer jPöR, die dieser **im Rahmen der öffentlichen Gewalt** obliegen, nicht unternehmerisch ausgeübt. Die entsprechenden Umsätze unterliegen grundsätzlich nicht der Umsatzsteuer. Als Tätigkeiten, die einer jPöR im Rahmen der öffentlichen Gewalt obliegen, kommen nur solche in Betracht, bei denen die jPöR im Rahmen einer öffentlich-rechtlichen Sonderregelung tätig wird (z.B.

aufgrund eines Gesetzes durch Verwaltungsakt, auf Grundlage eines Staatsvertrages oder auf Grundlage besonderer kirchenrechtlicher Regelungen). Führt die Nichtbesteuerung dieser Leistungen jedoch zu größeren Wettbewerbsverzerrungen, ist abweichend vom allgemeinen Grundsatz eine Umsatzbesteuerung vorzunehmen. Erbringt eine jPöR dagegen **Leistungen auf privatrechtlicher Grundlage** und damit unter den gleichen rechtlichen Bedingungen wie private Wirtschaftsteilnehmer, werden diese Tätigkeiten **nicht von § 2b UStG erfasst**; diese Leistungen unterliegen stets der Umsatzsteuer (BT-Drucks. 18/6094, 91). Die Steuerbarkeit privatrechtlicher Handlungen einer jPöR richtet sich allein nach § 2 UStG (s.a. BMF vom 16.12.2016, BStBl I 2016, 1451, Rz. 4 und 5).

Gemeindliche Kurverwaltungen, die Kurtaxen und Kurförderungsabgaben erheben, sind in der Regel Betriebe gewerblicher Art (vgl. BFH-Urteil vom 15.10.1962, I 53/61 U, BStBl III 1962, 542). Ab 1.1.2017 ist nicht mehr der Betrieb gewerblicher Art für die Umsatzbesteuerung von Bedeutung. Die Unternehmereigenschaft der jPöR bestimmt sich nach den allgemeinen Regelungen des § 2 Abs. 1 UStG. Danach sind jPöR grundsätzlich als Unternehmer anzusehen, wenn sie selbstständig eine nachhaltige Tätigkeit zur Erzielung von Einnahmen (wirtschaftliche Tätigkeit) ausüben. Unerheblich ist in diesem Zusammenhang, welcher Art die entsprechenden Einnahmen sind. Auch Leistungen, für die als Gegenleistung Zölle, Gebühren, Beiträge oder sonstige Abgaben erhoben werden, können wirtschaftliche Tätigkeiten i.S.d. § 2 Abs. 1 UStG sein.

Sind jPöR wirtschaftlich i.S.v. § 2 Abs. 1 UStG tätig, gelten sie jedoch gleichwohl nicht als Unternehmer, soweit sie Tätigkeiten ausüben, die ihnen im Rahmen der öffentlichen Gewalt obliegen (§ 2b Abs. 1 Satz 1 UStG). Dies gilt nicht, sofern eine Behandlung der jPöR als Nichtunternehmer im Hinblick auf diese Tätigkeiten zu größeren Wettbewerbsverzerrungen führen würde (§ 2b Abs. 1 Satz 2 UStG; BMF vom 16.12.2016, BStBl I 2016, 1451, Rz. 4 und 5).

Erbringt eine jPöR dagegen Leistungen auf privatrechtlicher Grundlage und damit unter den gleichen rechtlichen Bedingungen wie private Wirtschaftsteilnehmer, werden diese Tätigkeiten nicht von § 2b UStG erfasst; diese Leistungen unterliegen stets der Umsatzsteuer (BT-Drucks. 18/6094, S. 91; BMF vom 16.12.2016, BStBl I 2016, 1451, Rz. 6).

Die Gemeinde unterliegt mit den durch die Kurtaxe abgegoltenen Leistungen der Umsatzsteuer. Die Kurförderungsabgaben (Fremdenverkehrsbeiträge A) sind dagegen nicht als Entgelte für Leistungen der Gemeinden zu betrachten und nicht der Steuer zu unterwerfen (Abschn. 2.11 Abs. 13 UStAE).

Bei der Bereitstellung von Kureinrichtungen tätigt die Gemeinde mit ihrem Betrieb gewerblicher Art als Unternehmerin eine einheitliche Gesamtleistung, die sich aus verschiedenartigen Einzelleistungen (z.B. die Veranstaltung von Kurkonzerten, das Gewähren von Trinkkuren sowie das Überlassen von Kurbädern, Kurstränden, Kurparks und anderen Kuranlagen oder -einrichtungen zur Benutzung) zusammensetzt (Abschn. 12.11 Abs. 5 UStAE). Es handelt sich dabei um eine sonstige Leistung nach § 3 Abs. 9 UStG. Die sonstige Leistung, die in der Bereitstellung der Kureinrichtungen besteht, wird nicht von Unternehmern für ihr Unternehmen, sondern von Privatpersonen bezogen. Der Ort der sonstigen Leistung der gemeindlichen Kurverwaltung befindet sich nach § 3a Abs. 1 UStG bzw. § 3a Abs. 3 Nr. 3 Buchst. a UStG am Sitzort der Gemeinde, hier in Bad Dürkheim.

Bad Dürkheim ist nach § 1 Abs. 2 Satz 1 UStG Inland (s.a. Abschn. 1.9 Abs. 1 UStAE).

Die Bereitstellung von Kureinrichtungen durch die Gemeinde wird auch gegen Entgelt ausgeführt. Das Entgelt (§ 10 Abs. 1 Satz 1 und 2 UStG) erstreckt sich auf alles, was der Leistungsempfänger tatsächlich für die an ihn bewirkte Leistung aufwendet (Abschn. 10.1 Abs. 3 UStAE). Eine aufgrund der Kommunalabgabengesetze der Länder oder vergleichbarer Regelungen erhobene Kurtaxe kann aus Vereinfachungsgründen als Gegenleistung für die Leistung der Gemeinde angesehen werden (Abschn. 12.11 Abs. 5 Satz 2 UStAE).

Die sonstige Leistung der Gemeinde ist nach § 1 Abs. 1 Nr. 1 UStG steuerbar, da die Bereitstellung der Kureinrichtung:

- von einem Unternehmer,
- im Inland,
- gegen Entgelt,
- im Rahmen seines Unternehmens

ausgeführt wird.

Mangels Steuerbefreiung ist die Leistung auch steuerpflichtig.

Nach § 12 Abs. 2 Nr. 9 Satz 2 UStG unterliegt die Leistung dem ermäßigten Steuersatz von 7 %. Voraussetzung für die Anwendung der Steuerermäßigung ist, dass die Gemeinde als Kur-, Erholungs- oder Küstenbadeort anerkannt ist. Nicht begünstigt sind Einzelleistungen, wie z.B. die Gebrauchsüberlassung einzelner Kureinrichtungen oder -anlagen und die Veranstaltung von Konzerten, Theatervorführungen oder Festen, für die neben der Kurtaxe ein besonderes Entgelt zu zahlen ist (Abschn. 12.11 Abs. 5 Satz 4 und 5 UStAE).

Zur umsatzsteuerrechtlichen Behandlung der Erhebung einer Kurtaxe durch eine Gemeinde s.a. die Vfg. der OFD Frankfurt vom 11.7.2014 (S 2706 A – 38 – St 54, SIS 14 25 75).

b) Als Arbeitnehmer ist A kein Unternehmer, da die Tätigkeit nicht selbstständig ausgeübt wird (§ 2 Abs. 2 Nr. 1 i.V.m. Abs. 1 Satz 1 UStG).

Zu prüfen ist, ob der eBay-Handel zu einer unternehmerischen Betätigung führt. Nach § 2 Abs. 1 Satz 1 UStG ist Unternehmer, wer eine gewerbliche oder berufliche Tätigkeit selbstständig ausübt. Dabei ist eine gewerbliche oder berufliche Tätigkeit nach § 2 Abs. 1 Satz 3 UStG jede nachhaltige Tätigkeit zur Erzielung von Einnahmen, auch wenn die Absicht, Gewinn zu erzielen, fehlt.

Die gewerbliche oder berufliche Tätigkeit wird nachhaltig ausgeübt, wenn sie auf Dauer zur Erzielung von Entgelten angelegt ist. Ob dies der Fall ist, richtet sich nach dem Gesamtbild der Verhältnisse im Einzelfall. Die für und gegen die Nachhaltigkeit sprechenden Merkmale müssen gegeneinander abgewogen werden. Als Kriterien für die Nachhaltigkeit einer Tätigkeit kommen insbesondere in Betracht (Abschn. 2.3 Abs. 5 UStAE):

- mehrjährige Tätigkeit;
- planmäßiges Handeln;
- auf Wiederholung angelegte Tätigkeit;
- die Ausführung mehr als nur eines Umsatzes;
- Vornahme mehrerer gleichartiger Handlungen unter Ausnutzung derselben Gelegenheit oder desselben dauernden Verhältnisses;
- langfristige Duldung eines Eingriffs in den eigenen Rechtskreis;
- Intensität des Tätigwerdens;
- Beteiligung am Markt;
- Auftreten wie ein Händler;
- Unterhalten eines Geschäftslokals;
- Auftreten nach außen, z.B. gegenüber Behörden.

Nachhaltigkeit ist demnach der nicht nur vorübergehende, sondern auf Dauer angelegte Verkauf einer Vielzahl von Gegenständen über eine Internet-Plattform; die Beurteilung der Nachhaltigkeit hängt nicht von einer bereits beim Einkauf vorhandenen Wiederverkaufsabsicht ab (vgl. BFH-Urteil vom 26.4.2012, V R 2/11, BStBl II 2012, 634 sowie Abschn. 2.3 Abs. 6 UStAE). Der einmalige Verkauf des Schlafzimmerschranks ist keine nachhaltige Tätigkeit i.S.d. § 2 Abs. 1 Satz 3 UStG. Da A kein Unternehmer ist, ist der Umsatz nicht steuerbar.

c) Das bloße Erwerben, Halten und Veräußern von gesellschaftsrechtlichen Beteiligungen ist keine unternehmerische Tätigkeit. Wer sich an einer Personen- oder Kapitalgesellschaft beteiligt, übt zwar eine »Tätigkeit zur Erzielung von Einnahmen« aus. Gleichwohl ist er im Regelfall nicht Unternehmer i.S.d. UStG, weil Dividenden und andere Gewinnbeteiligungen aus Gesellschaftsverhältnissen nicht als umsatzsteuerrechtliches Entgelt im Rahmen eines Leistungsaustauschs anzusehen sind (Abschn. 2.3 Abs. 2 UStAE).

Zu gesellschaftsrechtlichen Beteiligungen s.a. die Fälle 22, 23 und 90.

d) Schriftsteller führen mit ihrer selbstständigen Tätigkeit sonstige Leistungen i.S.d. § 3 Abs. 9 UStG aus; auch die Übergabe eines Manuskriptes stellt keine Lieferung in umsatzsteuerrechtlichem Sinne dar. Diese Grundsätze gelten auch für die Unternehmer, die ihre schriftstellerische Tätigkeit als Nebentätigkeit zu einem anderen Beruf ausüben. Die Leistung des Schriftstellers besteht darin, einem Verlag Nutzungsrechte an urheberrechtlich geschützten Werken einzuräumen. Der Umsatz ist steuerbar und steuerpflichtig.

Da der Umsatz des Unternehmers 17.500 € übersteigt, kommt die Kleinunternehmerregelung des § 19 Abs. 1 UStG nicht in Betracht.

Für Schriftsteller kommt die Steuerermäßigung des § 12 Abs. 2 Nr. 7 Buchst. c UStG in Betracht, soweit sie einem anderen Nutzungsrechte an urheberrechtlich geschützten Werken einräumen (s. Abschn. 12.7 Abs. 6 ff. UStAE).

Nach § 23 Abs. 1 Nr. 1 UStG i.V.m. §§ 69 und 70 UStDV besteht für Schriftsteller, deren Umsatz im vorangegangenen Kalenderjahr 61.356 € nicht überstiegen hat, die Möglichkeit, die Vorsteuern nach allgemeinen Durchschnittssätzen zu ermitteln. Nach Abschn. A, IV Nr. 5 der Anlage zu § 70 UStDV beträgt der Durchschnittssatz 2,4 % des Umsatzes.

Unternehmer, die neben ihrer unternehmerischen Betätigung auch Beteiligungen an anderen Gesellschaften halten, können diese Beteiligungen grundsätzlich nicht dem Unternehmen zuordnen. Bei diesen Unternehmern ist deshalb eine Trennung des unternehmerischen Bereichs vom nichtunternehmerischen Bereich geboten.

Fall 2: Leistungsaustausch

Unternehmer I betreibt seit Jahren einen Imbissstand.

a) U verkauft im Kalenderjahr für insgesamt 45.000 € Speisen und Getränke. Viele Gäste geben U zusätzlich zum vereinbarten Preis ein Trinkgeld.

b) Anlässlich des 20-jährigen Geschäftsjubiläums verkauft er die Flasche Bier für 0,50 €, obwohl er sie für 0,90 € einkaufen musste.

c) Ab und zu verschenkt er an die Kinder seiner Kunden ein Eis zum Einkaufspreis von 0,25 €.

d) Gelegentlich ist es erforderlich, dass U seinen Stammkunden einen Schnaps spendiert; dabei muss er ab und an einen Schnaps mittrinken.

e) Er isst jeden Abend in seinem Imbiss.

f) Ein Gast konnte sein Essen nicht bezahlen und gab U dafür seine Uhr.

g) Bei einer Schlägerei wurde ein Tisch zerstört. Der Schädiger gab U dafür 250 €; damit war der Schaden beglichen.

Aufgabe: Prüfen Sie, ob in den Fällen a) bis g) ein Leistungsaustausch gegeben ist.

Lösung:

Lieferungen und sonstige Leistungen sind grundsätzlich nur steuerbar, wenn für sie ein Entgelt entrichtet wird. Es muss also ein Leistungsaustausch vorliegen, d.h. für die Leistung muss eine Gegenleistung erbracht werden (s. Mutschler/Scheel, Umsatzsteuer, 4. Auflage; Steuern und Finanzen in Ausbildung und Praxis, Band 4, unter II. 2., HDS-Verlag).

a) Mit dem Verkauf von Speisen und Getränken in der Gaststätte liegt ein Leistungsaustausch vor, da ein Leistender und ein Leistungsempfänger vorhanden sind und den sonstigen Leistungen (sog. Restaurationsleistung; zu Restaurationsleistungen s. Fall 78, 79 und 80) eine Gegenleistung (Entgelt) gegenübersteht (Abschn. 1.1 Abs. 1 Satz 1 und 2 UStAE). Auch das Trinkgeld nimmt am Leistungsaustausch teil (Abschn. 1.1 Abs. 1 Satz 8 i.V.m. Abschn. 10.1 Abs. 5 UStAE).

b) Hinsichtlich des mit Verlust verkauften Bieres liegt ebenfalls ein Leistungsaustausch vor. Leistung und Gegenleistung brauchen sich nicht gleichwertig gegenüberzustehen (Abschn. 1.1 Abs. 1 Satz 9 UStAE).

c) Hinsichtlich des Eises liegt mangels Entgelt kein Leistungsaustausch, sondern ein innerbetrieblicher Verbrauch vor (Werbung). Wegen des geringen Wertes handelt es sich auch nicht um eine unentgeltliche Wertabgabe i.S.d. § 3 Abs. 1b Satz 1 Nr. 3 UStG i.V.m. Abschn. 3.3 Abs. 10 und 11 UStAE.

d) Hinsichtlich des spendierten Schnapses liegt mangels Entgelt kein Leistungsaustausch, sondern ein innerbetrieblicher Verbrauch vor (Werbung). Bei dem selbst getrunkenen Schnaps handelt es sich mangels Entgelt auch nicht um einen Leistungsaustausch, sondern um eine fiktive Lieferung i.S.d. § 3 Abs. 1b Satz 1 Nr. 1 UStG.

e) Das eigene Essen in der Gaststätte führt mangels Entgelt nicht zu einem Leistungsaustausch. Es handelt sich um eine unentgeltliche Wertabgabe (§ 3 Abs. 9a Nr. 2 UStG).

f) Der Leistungsaustausch umfasst alles, was Gegenstand des Rechtsverkehrs sein kann; die Gegenleistung muss nicht in Geld bestehen, sondern kann auch eine Lieferung sein (Abschn. 1.1 Abs. 3 Satz 1 UStAE). Hier liegt ein Leistungsaustausch in Form eines tauschähnlichen Umsatzes vor (§ 3 Abs. 12 Satz 2 UStG).

g) Bei der Geldzahlung (250 €) durch den Schädiger fehlt es an einem Leistungsaustausch. Es liegt eine echte Schadensersatzleistung vor (Abschn. 1.3 Abs. 1 Satz 1 bis 3 UStAE).

Fall 3: Gesamtrechtsnachfolge

Die Ehefrau F erbt die Bäckerei ihres verstorbenen Mannes. Da sie den Betrieb nicht fortführen möchte, erklärte sie mit dem Erbfall die Betriebsaufgabe. Die vorhandenen Einrichtungsgegenstände wurden entweder veräußert oder privat verbraucht oder genutzt.

Das geerbte Betriebsgrundstück, welches vor einem Jahr errichtet worden ist, wurde von F steuerfrei veräußert. Die in den Herstellungskosten enthaltene Vorsteuer wurde von dem verstorbenen Ehemann in voller Höhe geltend gemacht.

Der verstorbene Ehemann versteuerte seine Umsätze gem. § 20 UStG nach der Ist-Besteuerung.

Nach dem Todestag ging bei der Ehefrau noch eine Entgeltszahlung eines gewerblichen Abnehmers i.H.v. 2.380 € (USt 7 %) ein. Weiterhin erhielt die Ehefrau eine Rechnung über 6.000 € zuzüglich 1.140 € USt für eine Maschine, die zu Lebzeiten noch vom verstorbenen Ehemann bestellt und geliefert worden ist.

Aufgabe: Beurteilen Sie:
1. ob die Ehefrau F zur Unternehmerin wird und
2. die Vorfälle nach dem Erbfall aus umsatzsteuerrechtlicher Sicht.

Lösung:

F tritt durch den Erbfall als Gesamtrechtsnachfolgerin an die Stelle ihres verstorbenen Ehemannes. Die Unternehmereigenschaft des Ehemannes geht dabei aber nicht auf die Gesamtrechtsnachfolgerin über (vgl. Abschn. 2.6 Abs. 5 UStAE). Die Unternehmereigenschaft ist als höchstpersönliche Eigenschaft weder übertragbar noch vererblich. Die Ehefrau wird nur dann Unternehmerin, wenn sie selbst die Voraussetzungen des § 2 UStG erfüllt, also selbst eine nachhaltige Tätigkeit zur Erzielung von Einnahmen ausführt. Dies ist jedoch im vorliegenden Falle bei einer Betriebsauflösung nicht gegeben.

Die Ehefrau F tritt allerdings in die umsatzsteuerrechtlich noch nicht abgewickelten unternehmerischen Rechtsverhältnisse des Erblassers ein. Unternehmerisch tätig wird sie daher mit Handlungen, die sie im Rahmen der Liquidation des ererbten Vermögens tätigt und die beim Erblasser als umsatzsteuerbarer Vorgang anzusehen gewesen wären oder bei diesem zur Entstehung von USt geführt hätten (BFH Urteil vom 13.1.2010, V R 24/07, BStBl II 2011, 241; s.a. Abschn. 2.6 Abs. 5 Satz 3 UStAE).

Die private Verwendung der Gegenstände löst bei der Erbin F unter den Voraussetzungen des § 3 Abs. 1b UStG eine unentgeltliche Wertabgabe aus.

Hinsichtlich der Veräußerung der Gegenstände aus dem Unternehmensvermögen tätigt sie steuerbare Lieferungen.

Soweit ein Steueranspruch zu Lebzeiten des verstorbenen Ehemannes entstanden ist, muss die Ehefrau als Gesamtrechtsnachfolgerin die daraus entstehende Zahlungspflicht erfüllen. Insoweit handelt sie als Rechtsnachfolgerin des verstorbenen Ehemannes. Die Ehefrau muss im Voranmeldungszeitraum des Zuflusses 155,70 € USt als Gesamtrechtsnachfolgerin anmelden.

Hinsichtlich des Rechnungseingangs über die Lieferung der Maschine wurde der Vorsteuerabzug zu Lebzeiten des Ehemannes bereits begründet. Hier kann die Ehefrau als Gesamtrechtsnachfolgerin im Voranmeldungszeitraum des Rechnungseingangs den Vorsteuerabzug i.H.v. 1.140 € geltend machen.

Der Verkauf des Betriebsgrundstücks stellt eine steuerbare Lieferung dar. Unter den Voraussetzungen des § 1 Abs. 1a UStG könnte aber auch eine nicht steuerbare Geschäftsveräußerung im Ganzen gegeben sein. Dies ist dann möglich, wenn das Betriebsgrundstück die einzige wesentliche Betriebsgrundlage darstellt und der Erwerber den Betrieb des Erblassers fortführt.

Wenn die Erbin das Grundstück – wie im Sachverhalt geschildert – nach § 4 Nr. 9a UStG steuerfrei veräußert, löst diese Veräußerung eine Vorsteuerberichtigung nach § 15a Abs. 8 UStG aus.

Als Rechtsnachfolgerin ihres Ehemannes könnte die Ehefrau F unter den Voraussetzungen des § 9 UStG auf die Anwendung der Steuerbefreiung verzichten.

Fall 4: Unternehmerrahmen und Innenumsatz

Unternehmer X besitzt in Landau eine Bar, in Edesheim/Pfalz eine Gaststätte und in Neustadt/Weinstraße eine Metzgerei.

S.a. Fall 165.

Aufgabe: Bestimmen Sie den Unternehmerrahmen und die Folgen daraus u.a. auch für die örtliche Zuständigkeit.

Lösung:

Umsatzsteuerrechtlich gehören zum Unternehmen des X die Bar in Landau, die Gaststätte in Edesheim und die Metzgerei in Neustadt. Dass evtl. einkommensteuerrechtlich die drei Geschäftsbetriebe gesondert geführt werden können, bzw. gesonderte Buchführung vorliegt, spielt umsatzsteuerrechtlich keine Rolle.

Folge dieser Annahme eines einzigen Unternehmens ist z.B., dass alle Umsätze, die von den einzelnen Geschäftsbetrieben ausgeführt worden sind, in einer USt-Voranmeldung oder USt-Erklärung zusammengefasst werden müssen.

Örtlich zuständig ist dabei das FA, in dessen Bezirk der Unternehmer sein Unternehmen betreibt (§ 21 AO). Das Unternehmen wird i.d.R. von dem Ort aus betrieben, wo sich die geschäftliche Oberleitung (Büro, Chefzimmer) befindet.

Befindet sich die geschäftliche Oberleitung im o.g. Fall in Neustadt, ist das FA Neustadt für die USt-Erklärungen zuständig. Dies gilt somit auch für die Umsätze der Geschäftsbetriebe in Landau und Edesheim.

Werden zwischen den einzelnen Geschäftsbetrieben Waren „verkauft", handelt es sich umsatzsteuerrechtlich um Innenumsätze. Diese Innenumsätze sind umsatzsteuerrechtlich ein nicht steuerbarer Vorgang (Abschn. 2.7 Abs. 1 Satz 3 UStAE). Ein USt-Ausweis in Rechnungen darf in diesen Fällen nicht erfolgen, ist aber auch nicht schädlich (s. Abschn. 14.1 Abs. 4 UStAE). Die »Rechnungen« für Innenumsätze mit gesondertem Steuerausweis (innerbetriebliche Abrechnungen) berechtigen nicht zum Vorsteuerabzug (Abschn. 15.2a Abs. 12 UStAE).

Fall 5: Organschaft 1

Einzelunternehmer E ist im Immobilienbereich beim An- und Verkauf von unbebauten Grundstücken, als Bauherr und Baubetreuer sowie als Vermittler unternehmerisch tätig. Er ist darüber hinaus Alleingesellschafter und einziger Geschäftsführer einer GmbH. Unternehmensgegenstand dieser GmbH ist der An- und Verkauf von bebauten Grundstücken sowie die Vorbereitung und Durchführung von Bauvorhaben als Bauherrin und Baubetreuerin. E verpachtet das Inventar (einen PKW und die Büroausstattung) seiner Einzelfirma an die GmbH.

Die GmbH bebaut ein Grundstücksareal, das E erworben hatte, mit 29 Reihenhäusern. E teilt die Grundstücke in Sonder- und Miteigentum auf. Die noch zu bebauenden Grundstücksteile verkauft er an verschiedene Erwerber; eine der Wohnungen (Nr. 4) vermietet E an die GmbH, die darin eine Musterwohnung einrichtet.

E behandelt den Verkauf der Miteigentumsanteile am Grund und Boden entsprechend der vertraglichen Regelung als umsatzsteuerfrei; die GmbH versteuert die Erstellung.

Aufgabe: Prüfen Sie, ob ein umsatzsteuerrechtliches Organschaftsverhältnis vorliegt. Gehen Sie dabei auch auf die jeweiligen Umsätze ein.

Lösung:

Zu Sachverhalt und Lösung s. das BFH-Urteil vom 29.10.2008 (XI R 74/07, BStBl II 2009, 256). S.a. Mutschler/Scheel, Umsatzsteuer, 4. Auflage; Steuern und Finanzen in Ausbildung und Praxis, Band 4, unter XXI., HDS-Verlag.

Die Prüfung, ob ein Stpfl. nach deutschem Recht Organträger sein kann und ob Organschaft vorliegt, erfolgt in zwei Stufen:

1. Stufe:	Prüfung, ob die Voraussetzungen einer eigenständigen Unternehmertätigkeit vorliegen.
2. Stufe:	Prüfung, ob und in welchem Umfang und mit welchen umsatzsteuerrechtlichen Folgen Organschaft besteht.

Neben den Eingliederungsmerkmalen setzt die Organschaft voraus, dass der Organträger eine eigenständige Unternehmenstätigkeit ausübt (BFH Urteile vom 2.12.2015, V R 67/14, BStBl II 2017, 560; vom 10.8.2016, XI R 41/14, BStBl II 2017, 590 und vom 12.10.2016, XI R 30/14, BStBl II 2017, 597). S.a. Abschn. 2.8 Abs. 2 Satz 1 und 9 UStAE i.d.F. des BMF-Schreibens vom 26.5.2017 (BStBl I 2017, 790).

Zwischen E und der GmbH liegt eine Organschaft i.S.v. § 2 Abs. 2 Nr. 2 UStG vor. Nach dieser Vorschrift wird eine gewerbliche oder berufliche Tätigkeit nicht selbständig ausgeübt, wenn eine juristische Person nach dem Gesamtbild der tatsächlichen Verhältnisse finanziell, wirtschaftlich und organisatorisch in das Unternehmen des Organträgers eingegliedert ist (Abschn. 2.8 Abs. 1 UStAE).

Eine Organschaft setzt nach ständiger Rechtsprechung des BFH zunächst voraus, dass der Organträger eine eigenständige Unternehmenstätigkeit ausübt (BFH-Urteil vom 09.10.2002, V R 64/99, BStBl II 2003, 375). E ist als Organträger nicht nur als Einzelunternehmer im Immobilienbereich tätig, sondern vermietet auch einen PKW, die Büroausstattung und die Wohnung Nr. 4 an die GmbH. Dass seine unternehmerische Betätigung im Vergleich zu derjenigen der GmbH nur von untergeordneter Bedeutung ist, ist insoweit unerheblich.

Die GmbH ist finanziell in das Unternehmen des Klägers eingegliedert, da E als alleiniger Gesellschafter der GmbH über sämtliche Stimmrechte verfügt (Abschn. 2.8 Abs. 5 UStAE).

Die organisatorische Eingliederung folgt daraus, dass E zugleich einziger Geschäftsführer der GmbH ist (Abschn. 2.8 Abs. 7 ff. UStAE).

Für die wirtschaftliche Eingliederung ist nicht ein bestimmtes Mindestumsatzverhältnis zwischen Organträger und Organgesellschaft erforderlich. Im Hinblick auf die deutliche Ausprägung der finanziellen und organisatorischen Eingliederung ist es nach höchstrichterlicher Rechtsprechung vielmehr unschädlich, wenn die wirtschaftliche Eingliederung weniger deutlich zutage tritt (Abschn. 2.8 Abs. 1 UStAE). Es genügt dann, dass zwischen der Organgesellschaft und dem Unternehmen des Organträgers ein vernünftiger wirtschaftlicher Zusammenhang im Sinne einer wirtschaftlichen Einheit, Kooperation oder Verflechtung vorhanden ist. Die Tätigkeiten von Organträger und Organgesellschaft müssen lediglich aufeinander abgestimmt sein und sich dabei fördern und ergänzen. Hierfür reicht das Bestehen von mehr als nur unerheblichen Beziehungen zwischen Organträger und Organgesellschaft aus; insbesondere braucht die Organgesellschaft nicht wirtschaftlich vom Organträger abhängig zu sein (s.a. Abschn. 2.8 Abs. 6 Satz 3 UStAE).

Zwischen dem Unternehmen des E und der GmbH besteht ein wirtschaftlicher Zusammenhang, weil der Verkauf von Grund und Boden durch E und die Bebauung durch die GmbH aufeinander abgestimmt sind. E steht auch in nicht unerheblichem Umfang in Geschäftsbeziehungen zu der GmbH, indem er den PKW und die Büroausstattung seines Unternehmens an die GmbH verpachtet, sowie die Wohnung Nr. 4 an die GmbH vermietete, die diese als Musterwohnung für Kaufinteressenten nutzt.

Das Vorliegen der tatbestandlichen Voraussetzungen einer umsatzsteuerlichen Organschaft führt zwingend zum Eintritt der damit einhergehenden Rechtsfolgen. Der BFH hat sich im Urteil vom 17.01.2002 (V R 37/00, BStBl II 2002, 373) eingehend mit dieser Frage befasst und erkannt, dass das Gemeinschaftsrecht für finanziell, wirtschaftlich und organisatorisch verbundene Unternehmen kein Wahlrecht vorsieht, von den Regeln der umsatzsteuerlichen Organschaft Gebrauch zu machen.

Wegen des Vorliegens der Organschaft stellen die Übertragung von Grund und Boden und die Bauleistung eine einheitliche Leistung dar, die insgesamt nach § 4 Nr. 9 Buchst. a UStG steuerfrei ist. Voraussetzung für das Vorliegen einer einheitlichen Leistung anstelle mehrerer selbständiger Leistungen ist, dass es sich um Tätigkeiten desselben Unternehmers handelt. Entgeltliche Leistungen verschiedener Unternehmer sind auch dann jeweils für sich zu beurteilen, wenn sie gegenüber demselben Leistungsempfänger erbracht werden und die weiteren Voraussetzungen für das Vorliegen einer einheitlichen Leistung erfüllt sind.

Eine einheitliche Leistung kann auch im Verhältnis von Organträger und Organgesellschaft vorliegen. Die Behandlung der Unternehmensteile als ein Unternehmen gem. § 2 Abs. 2 Nr. 2 Satz 3 UStG beeinflusst auch die steuerrechtliche Qualifikation der durch den Organkreis erbrachten Umsätze. Liefert der Organträger ein Grundstück, das durch die Organgesellschaft bebaut wird, führt die Behandlung als ein Unternehmen daher gem. § 2 Abs. 2 Nr. 2 Satz 3 UStG dazu, dass – ebenso wie wenn sich eine Person zur Lieferung eines noch zu bebauenden Grundstücks verpflichtet – eine einheitliche Leistung vorliegt.

Fall 6: Organschaft 2 und Vorsteuerberichtigung nach § 15a UStG

Der praktische Arzt Dr. P tätigt in seiner Praxis zu 70 % steuerfreie ärztliche Leistungen nach § 4 Nr. 14 UStG und zu 30 % steuerpflichtige Leistungen.

Zusammen mit seinem Bruder B hält Dr. P seit dem Jahr 01 jeweils 50 % der Anteile an der P & B-GmbH. Sowohl P als auch B sind jeweils alleinvertretungsberechtigte Gesellschafter-Geschäftsführer der GmbH. Ihre Tätigkeit üben die Gesellschafter im Rahmen eines Arbeitsverhältnisses nichtselbstständig aus. Nach dem Gesellschaftsvertrag der GmbH werden Gesellschafterbeschlüsse mit einfacher Stimmenmehrheit gefasst. Nach dem Gesellschaftsvertrag bedarf die Bestellung, Abberufung und Entlastung von Geschäftsführern sowie der Abschluss, die Änderung und die Aufhebung von Anstellungsverträgen mit der Geschäftsführung der Zustimmung des Gründungsgesellschafters Dr. P. Die GmbH verpflichtet sich, ihre Geschäfte nach den Weisungen des Dr. P zu führen (s.a. BFH Urteil vom 7.7.2011, V R 53/10, BStBl II 2013, 218).

Die einzige Tätigkeit der GmbH ist die Vermietung ihres im Jahr 01 errichteten Grundstücks an Dr. P, der darin seine Praxis betreibt. Das Grundstück wurde für 900 000 € zzgl. 19 % USt errichtet und ab Bezugsfertigkeit am 1.5.02 zu einer marktüblichen Miete an Dr. P vermietet.

Mit Wirkung zum 1.5. 05 überträgt B 30 % seiner Anteile an seinen Bruder Dr. P.

> **Aufgabe:** Prüfen Sie, welche umsatzsteuerrechtlichen Auswirkungen sich aus der Anteilsübertragung der Anteile von B an Dr. P ergeben. Nehmen Sie auch Stellung zur unternehmerischen Tätigkeit der im Sachverhalt genannten natürlichen und juristischen Personen.

Lösung:

Dr. P ist als selbstständiger Arzt Unternehmer i.S.d. § 2 Abs. 1 UStG. Lt. Sachverhalt sind seine Umsätze steuerbar (Ortsbestimmung nach § 3a Abs. 1 UStG) und zu 70 % steuerfrei nach § 4 Nr. 14 UStG. Der Vorsteuerabzug ist zu 70 % ausgeschlossen (§ 15 Abs. 2 Nr. 1 UStG).

Als Geschäftsführer ist Dr. P nichtselbstständig tätig.

Dr. P übt mit dem Halten und dem Erwerb der Beteiligung eine unternehmerische Tätigkeit aus, da die Beteiligung nicht um ihrer selbst willen gehalten wird, sondern der Förderung einer bestehenden oder beabsichtigten unternehmerischen Tätigkeit dient (Abschn. 2.3 Abs. 3 Satz 5 Nr. 2 UStAE).

B übt mit dem Halten und dem Veräußern bzw. Erwerben der gesellschaftsrechtlichen Beteiligung der A & B-GmbH keine unternehmerische Tätigkeit aus (Abschn. 2.3 Abs. 2 Satz 1 UStAE). Als Geschäftsführer ist B nichtselbstständig tätig.

Die P & B-GmbH ist Unternehmer, da sie mit der Vermietungstätigkeit gegen Entgelt Umsätze ausführt (§ 2 Abs. 1 UStG; Abschn. 2.2 Abs. 6 UStAE). Die GmbH ist auch nicht in das Unternehmen des Dr. P eingegliedert, da die finanzielle Eingliederung nicht gegeben ist.

Unter der finanziellen Eingliederung einer juristischen Person ist der Besitz der entscheidenden Anteilsmehrheit an der Organgesellschaft zu verstehen, die es dem Organträger ermöglicht, durch Mehrheitsbeschlüsse seinen Willen in der Organgesellschaft durchzusetzen (Eingliederung mit Durchgriffsrechten, vgl. BFH-Urteil vom 2.12.2015, V R 15/14, BStBl II 2017, 553). Entsprechen die Beteiligungsverhältnisse den Stimmrechtsverhältnissen, ist die finanzielle Eingliederung gegeben, wenn die Beteiligung mehr als 50 % beträgt, sofern keine höhere qualifizierte Mehrheit für die Beschlussfassung in der Organgesellschaft erforderlich ist (Abschn. 2.8 Abs. 5 UStAE i.d.F. des BMF-Schreibens vom 26.5.2017, BStBl I 2017, 790).

Die Vermietung des Grundstücks durch die GmbH an Dr. P ist steuerbar (§ 3a Abs. 3 Nr. 1 Satz 2 Buchst. a UStG) und nach § 4 Nr. 12 Buchst. a UStG steuerfrei. Da Dr. P das Grundstück nicht ausschließlich zur Ausführung steuerpflichtiger Umsätze verwendet, ist ein Verzicht auf die Steuerbefreiung nach § 9 Abs. 1 und 2 UStG nicht möglich. Lediglich die bis zu 5 %-ige Nutzung des Grundstücks für Ausschlussumsätze wäre für die Option des Vermieters unschädlich (Abschn. 9.2 Abs. 3 UStAE). Dr. P nutzt das Grundstück zu 70 % für steuerfreie Ausschlussumsätze.

Durch die steuerfreie Vermietung des Grundstücks durch die P & B-GmbH ist der Vorsteuerabzug aus den Herstellungskosten i.H.v. 171 000 € nach § 15 Abs. 2 Nr. 1 UStG ausgeschlossen. Eine Rückausnahme ergibt sich auch nicht aus § 15 Abs. 3 UStG.

Ab 1.5.05 hält Dr. P 80 % der Anteile. Ab diesem Zeitpunkt ist die finanzielle Eingliederung der GmbH in das Einzelunternehmen des Dr. P gegeben (Abschn. 2.8 Abs. 5 Satz 1 und 2 UStAE i.d.F. des BMF-Schreibens vom 26.5.2017, BStBl II 2017, 790).

Die wirtschaftliche Eingliederung ist u.a. dadurch gegeben, dass die Beteiligung an der Kapitalgesellschaft dem unternehmerischen Bereich des Anteilseigners zugeordnet werden kann (Abschn. 2.8 Abs. 6 Satz 1 und 2 UStAE). Die wirtschaftliche Eingliederung kann bei entsprechend deutlicher Ausprägung der finanziellen und organisatorischen Eingliederung bereits dann vorliegen, wenn zwischen dem Organträger und der Organgesellschaft auf Grund gegenseitiger Förderung und Ergänzung mehr als nur unerhebliche wirtschaftliche Beziehungen bestehen (Abschn. 2.8 Abs. 6 Satz 3 UStAE). Mit der Überlassung der Räumlichkeiten stellt die GmbH dem Dr. P wesentliche Betriebsgrundlagen zur Verfügung. Dies stellt eine mehr als nur unwesentliche wirtschaftliche Verflechtung dar.

Die organisatorische Eingliederung setzt voraus, dass die mit der finanziellen Eingliederung verbundene Möglichkeit der Beherrschung der Tochtergesellschaft (GmbH) durch die Muttergesellschaft (Dr. P) in der laufenden Geschäftsführung tatsächlich wahrgenommen wird (Abschn. 2.8 Abs. 7 Satz 1 UStAE). Es kommt darauf an, dass der Organträger (Dr. P) die Organgesellschaft (GmbH) durch die Art und Weise der Geschäftsführung beherrscht und seinen Willen in der Organgesellschaft durchsetzen kann. Nicht ausreichend ist, dass eine vom Organträger abweichende Willensbildung in der Organgesellschaft ausgeschlossen ist (Abschn. 2.8 Abs. 7 Satz 2 und 3 UStAE i.d.F. des BMF-Schreibens vom 26.5.2017, BStBl I 2017, 790).

Für das Vorliegen einer organisatorischen Eingliederung ist es nicht in jedem Fall erforderlich, dass die Geschäftsführung der Muttergesellschaft (Dr. P) mit derjenigen der Tochtergesellschaft (GmbH) vollständig personenidentisch ist. So kann eine organisatorische Eingliederung z.B. auch dann vorliegen, wenn nur einzelne Geschäftsführer des Organträgers Geschäftsführer der Organgesellschaft sind (Abschn. 2.8 Abs. 8 Satz 3 und 4 UStAE). Eine organisatorische Eingliederung kann z.B. in Fällen der Geschäftsführung in der Organgesellschaft mittels Geschäftsführungsbefugnis vorliegen, wenn zumindest einer der Geschäftsführer (Dr. P) auch Geschäftsführer des Organträgers ist und der Organträger über ein umfassendes Weisungsrecht gegenüber der Geschäftsführung der Organgesellschaft verfügt sowie zur Bestellung und Abberufung aller Geschäftsführer der Organgesellschaft berechtigt ist (vgl. BFH Urteil vom 7.7.2011, V R 53/10, BStBl II 2013, 218; Abschn. 2.8 Abs. 8 Satz 8 UStAE). Diese Voraussetzungen sind lt. Sachverhalt erfüllt und im Gesellschaftsvertrag geregelt.

Zwischen dem Einzelunternehmen des Dr. P (Organträger) und der P & B-GmbH wird umsatzsteuerrechtlich eine Organschaft begründet. Die GmbH ist nicht mehr selbstständig tätig (Abschn. 2.8 Abs. 1 Satz 6 UStAE). Umsätze zwischen Organträger und der Organgesellschaft – hier die Vermietung des Grundstücks – stellt ein nichtsteuerbarer Innenumsatz dar (Abschn. 14.1 Abs. 4 UStAE).

Mit Begründung der Organschaft ist der Organträger (Dr. P) zum Vorsteuerabzug aus Eingangsleistungen auf der Ebene der Organgesellschaft berechtigt. Die Vorsteuerabzugsberechtigung richtet sich nach den Verhältnissen im Zeitpunkt des Leistungsbezugs (Abschn. 15.2 Abs. 2 Satz 9 UStAE). Im Zeitpunkt des Bezugs der Bauleistungen i.H.v. 900 000 € zzgl. 171 000 € USt bestand noch keine Organschaft und der Vorsteuerabzug war, wie oben erläutert, bei der GmbH als Leistungsempfängerin ausgeschlossen. Die Grundstücksvermietung war bis zum 30.4.05 steuerbar und steuerfrei nach § 4 Nr. 12 Buchst. a UStG.

Ab 1.5.05 stellt die Grundstücksvermietung einen nichtsteuerbaren Innenumsatz dar. Das Grundstück dient dem Organträger zu 30 % zur Ausführung von Abzugsumsätzen. Nach Begründung der Organschaft hängen die Herstellungskosten direkt und unmittelbar mit der wirtschaftlichen Gesamttätigkeit des Dr. P (Organträgers) zusammen und berechtigen nach Maßgabe dieser Gesamttätigkeit zum Vorsteuerabzug (Abschn. 15.2b Abs. 2 Satz 4 Nr. 3 UStAE).

Die Begründung oder der Wegfall eines Organschaftsverhältnisses stellt für sich allein keine Änderung der Verhältnisse i.S.d. § 15a UStG dar (Abschn. 15a.10 Satz 1 Nr. 4 UStAE). Der maßgebliche Berichtigungszeitraum wird nicht unterbrochen. Eine Vorsteuerberichtigung wegen Änderung der Verhältnisse hat nur zu erfolgen, wenn sich die Verhältnisse im Vergleich zu den beim Vorsteuerabzug des Rechtsvorgängers ursprünglich maßgebenden Verhältnissen ändern (Abschn. 15a.10 Satz 2 und 3 UStAE).

Der Vorsteuerabzug ist nach §15a Abs. 1 UStG zu berichtigen, da sich die für den ursprünglichen Vorsteuerabzug maßgeblichen Verhältnisse (ausschließlich steuerfreie Verwendung und zu 100 % kein Vorsteuerabzug) insoweit ändern, als der Vorsteuerabzug nun zu 30 % zulässig ist. Durch § 15a UStG wird der Vorsteuerabzug so berichtigt, dass er den tatsächlichen Verhältnissen bei der Verwendung des Grundstücks entspricht (Abschn. 15a.1 Abs. 1 Satz 2 und 3 UStAE).

Für die Frage, ob eine Änderung der Verhältnisse vorliegt, sind die Verhältnisse im Zeitpunkt der tatsächlichen Verwendung im Vergleich zum ursprünglichen Vorsteuerabzug entscheidend. Für den ursprünglichen Vorsteuerabzug ist die Verwendungsabsicht im Zeitpunkt des Leistungsbezugs entscheidend (Abschn. 15a.2 Abs. 2 UStAE). Zur Änderung der Verhältnisse s. z.B. Abschn. 15a.2 Abs. 2 Satz 3 Nr. 1 und

Abs. 6 Nr. 1 Buchst. b UStAE. Der Berichtigungszeitraum beträgt bei einem Grundstück 10 Jahre ab dem Beginn der erstmaligen tatsächlichen Verwendung (§ 15a Abs. 1 Satz 1 und 2 UStG; Abschn. 15a.3 Abs. 1 UStAE). Der Berichtigungszeitraum läuft vom 1.5.02 bis 30.4.12.

Für das Jahr 05 ergibt sich eine durchschnittliche steuerpflichtige Nutzung von (4 Monate 0 % vorsteuerabzugsberechtigt und 8 Monate 30 % vorsteuerabzugsberechtigt =) 20,00 %. Damit ergibt sich für Dr. P im Kj. 05 ein anteiliger Vorsteuerberichtigungsbetrag i.H.v. (171.000 € × 1/10 × 20,00 % =) 3.420,00 €. Nach § 44 Abs. 3 Satz 1 UStDV ist die Berichtigung des Vorsteuerabzugs abweichend von § 18 Abs. 1 und 2 UStG erst im Rahmen der Steuerfestsetzung für den Besteuerungszeitraum des Kj. 05 durchzuführen, da der Berichtigungsbetrag für das Kj. 05 den Betrag von 6 000 € nicht übersteigt.

Für das Kj. 06 bis 11 beträgt der Berichtigungsbetrag jeweils (171.000 € × 1/10 × 30 % =) 5.130 €. Im Kj. 12 erfolgt eine anteilige Berichtigung.

Fall 7: Grenzüberschreitende Organschaft 1

Die Firma Modello (M), eine Aktiengesellschaft italienischen Rechts, mit Sitz in Mailand, betreibt einen internationalen Kleiderhandel. M ist zu 100 % beteiligt an der Firma Klamotten-Fix GmbH (K) mit Sitz in Mannheim. Den größten Teil ihrer Aufträge führt K für M aus. Geschäftsführer der K ist Luca Tomata, der gleichzeitig auch als Vorstand der M tätig ist.

M ist weiterhin zu 35 % beteiligt an der Firma Schuhmann GmbH (Sch) mit Sitz in Ludwigshafen, welche die Herstellung sowie den Handel mit Schuhen betreibt. Die übrigen Gesellschaftsanteile i.H.v. 60 % hält Samuel Schuhmann, der auch die Geschäfte der Sch-GmbH führt. Die Sch-GmbH tätigt etwa 70 % ihrer Umsätze mit M.

Aufgabe: Prüfen Sie die Rechtsbeziehungen zwischen M, K und Sch-GmbH aus umsatzsteuerrechtlicher Sicht.

Lösung:

Zwischen M in Mailand und K in Mannheim besteht ein Organschaftsverhältnis i.S.d. § 2 Abs. 2 Nr. 2 UStG, da K sowohl finanziell als auch wirtschaftlich und organisatorisch in M eingegliedert ist. Folge der Organschaft ist normalerweise, dass Leistungen zwischen Organträger M und Organgesellschaft K und umgekehrt nicht steuerbare Innenumsätze sind.

Die Wirkungen der Organschaft sind nach § 2 Abs. 2 Nr. 2 Satz 2 UStG auf Innenleistungen zwischen den im Inland gelegenen Unternehmensteilen beschränkt. Sie bestehen nicht im Verhältnis zu den im Ausland gelegenen Unternehmensteilen sowie zwischen diesen Unternehmensteilen. Die im Inland gelegenen Unternehmensteile sind nach § 2 Abs. 2 Nr. 2 Satz 3 UStG als ein Unternehmen zu behandeln (Abschn. 2.9 Abs. 1 UStAE). Der im Ausland ansässige Organträger M kann an die inländische Organgesellschaft K Umsätze ausführen und umgekehrt.

Die Sch-GmbH in Ludwigshafen ist ein selbstständiger Unternehmer. Zwischen der Sch-GmbH und M oder K besteht kein Organschaftsverhältnis, da eine finanzielle (Abschn. 2.8 Abs. 5 UStAE) und auch organisatorische (Abschn. 2.8 Abs. 7 UStAE) Eingliederung nicht gegeben ist. Eine enge wirtschaftliche Eingliederung (Abschn. 2.8 Abs. 6 UStAE) reicht allein nicht aus.

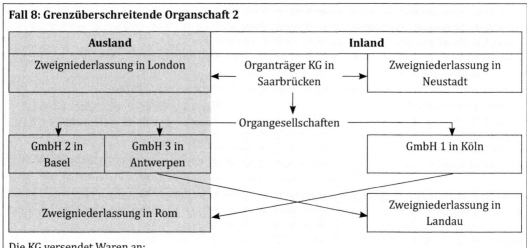

Fall 8: Grenzüberschreitende Organschaft 2

Die KG versendet Waren an:
1. alle ihre Zweigniederlassungen und
2. alle Organgesellschaften sowie an
3. alle Zweigniederlassungen ihrer Organgesellschaften.

Aufgabe: Prüfen Sie die Rechtsbeziehungen zwischen allen Gesellschaften aus umsatzsteuerrechtlicher Sicht.

Lösung:

Nach § 2 Abs. 2 Satz 2 UStG sind die Wirkungen der Organschaft auf Innenleistungen zwischen den im Inland gelegenen Unternehmensteilen beschränkt. Die Unternehmensteile sind als ein Unternehmen zu behandeln. Da der Organträger im Inland ansässig ist, umfasst das Unternehmen folgende Unternehmensteile (Abschn. 2.9 Abs. 6 Satz 1 i.V.m. Abs. 3 Nr. 1 bis 3 UStAE):
a) den inländischen Organträger,
b) die im Inland ansässige Organgesellschaft GmbH 1,
c) die Zweigniederlassung in Neustadt,
d) die Zweigniederlassung in Landau,
e) die Zweigniederlassung in London. Der Begriff des Unternehmens in § 2 Abs. 1 Satz 2 UStG bleibt von der Beschränkung der Organschaft auf das Inland unberührt (Abschn. 2.9 Abs. 6 Satz 2 i.V.m. Abs. 2 Satz 1 UStAE).

Unternehmer und damit Steuerschuldner i.S.d. § 13a Abs. 1 UStG ist der Organträger. Die Organgesellschaften im Ausland gehören umsatzsteuerrechtlich nicht zum Unternehmen des Organträgers (GmbH 2 und GmbH 3; Abschn. 2.9 Abs. 6 Satz 4 UStAE). Im Ausland gelegene Betriebsstätten von Organgesellschaften im Inland (Zweigniederlassung in Rom) sind zwar den jeweiligen Organgesellschaften zuzurechnen (GmbH 1), gehören aber nicht zum Unternehmen des Organträgers (Abschn. 2.9 Abs. 6 Satz 7 UStAE). Das Unternehmen des Organträgers ist optisch im folgenden Schaubild hervorgehoben.

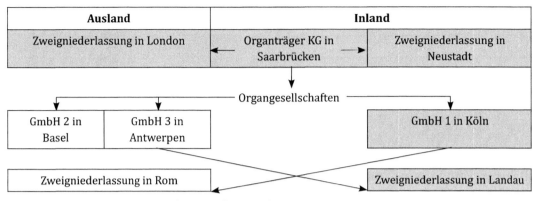

Bei folgenden Warenbewegungen liegen nicht steuerbare Innenumsätze vor:

- zwischen der KG und den Zweigniederlassungen in London und Neustadt,
- zwischen der KG und der GmbH 1,
- zwischen der KG und der Zweigniederlassung der GmbH 3 in Landau.

Die KG bewirkt an die GmbH 3 in Antwerpen und an die Zweigniederlassung der GmbH 1 in Rom steuerbare Lieferungen, auf die unter den Voraussetzungen des § 4 Nr. 1 Buchst. b und i.V.m. § 6a UStG die Steuerfreiheit für innergemeinschaftliche Lieferungen anzuwenden ist.

Die KG bewirkt an die GmbH 2 in Basel steuerbare Lieferungen, die unter den Voraussetzungen der §§ 4 Nr. 1a und 6 UStG als Ausfuhrlieferungen steuerfrei sind.

Fall 9: Grenzüberschreitende Organschaft 3

Siehe Fall 8. Die GmbH 3 errichtet im Auftrag der GmbH 1 eine Anlage im Inland. Sie befördert dazu Gegenstände aus Antwerpen (Belgien) zu ihrer Verfügung in das Inland.

Aufgabe: Nehmen Sie Stellung zur Leistung der GmbH 3 und zur Steuerschuldnerschaft.

Lösung:

Die GmbH 3 bewirkt eine steuerbare und steuerpflichtige Werklieferung an die KG (§ 3 Abs. 4 UStG). Der Ort bestimmt sich nach § 3 Abs. 7 Satz 1 UStG. Wird der Gegenstand der Lieferung nicht befördert oder versendet, so wird die Lieferung dort ausgeführt, wo sich der Gegenstand zur Zeit der Verschaffung der Verfügungsmacht befindet. Die KG ist Steuerschuldnerin nach § 13b Abs. 2 Nr. 1 UStG. Die Beförderung der Gegenstände in das Inland ist kein innergemeinschaftliches Verbringen, da die GmbH 3 die Gegenstände für eine in Deutschland steuerbare Werklieferung verwendet (Abschn. 1a.2 Abs. 10 Nr. 1 UStAE).

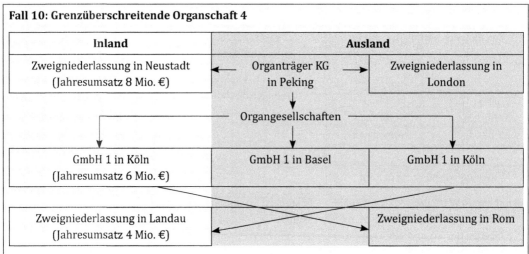

Fall 10: Grenzüberschreitende Organschaft 4

Die KG versendet Waren an:
1. alle ihre Zweigniederlassungen und
2. alle Organgesellschaften sowie an
3. alle Zweigniederlassungen ihrer Organgesellschaften.

Aufgabe: Prüfen Sie die Rechtsbeziehungen zwischen allen Gesellschaften aus umsatzsteuerrechtlicher Sicht.

Lösung:

Nach § 2 Abs. 2 Satz 2 UStG sind die Wirkungen der Organschaft auf Innenleistungen zwischen den im Inland gelegenen Unternehmensteilen beschränkt. Die Unternehmensteile sind als ein Unternehmen zu behandeln. Da der Organträger im Ausland ansässig ist, umfasst das Unternehmen folgende Unternehmensteile (Abschn. 2.9 Abs. 7 Satz 1 i.V.m. Abs. 3 Nr. 4 bis 5 UStAE):
a)   die im Inland ansässige Organgesellschaft GmbH 1,
b)   die Zweigniederlassung in Neustadt,
c)   die Zweigniederlassung in Landau.

Diese Unternehmensteile sind als ein Unternehmen zu behandeln (§ 2 Abs. 2 Nr. 2 Satz 3 UStG). Die Ansässigkeit des Organträgers und der Organgesellschaften beurteilt sich danach, wo sie ihre Geschäftsleitung haben (Abschn. 2.9 Abs. 4 Satz 1 UStAE). Nach § 2 Abs. 2 Nr. 2 Satz 4 UStG gilt der wirtschaftlich bedeutendste Unternehmensteil im Inland als der Unternehmer und damit als der Steuerschuldner i.S.d. § 13a Abs. 1 Nr. 1 UStG. Wirtschaftlich bedeutendster Unternehmensteil i.S.d. § 2 Abs. 2 Nr. 2 Satz 4 UStG kann grundsätzlich nur eine im Inland ansässige juristische Person (Organgesellschaft) sein, hier die GmbH 1 in Köln (Abschn. 2.9 Abs. 7 Satz 3 UStAE); beim Vorliegen der Voraussetzungen des § 18 KStG ist es jedoch die Zweigniederlassung in Neustadt.

Die Zweigniederlassung in Rom der Organgesellschaft GmbH 1 ist der Organgesellschaft GmbH 1 zuzurechnen, gehört aber nicht zur Gesamtheit der im Inland gelegenen Unternehmensteile. Leistungen zwischen der Betriebsstätte und den anderen Unternehmensteilen sind daher keine Innenumsätze (Abschn. 2.9 Abs. 7 UStAE).

Der Organträger und seine im Ausland ansässigen Organgesellschaften bilden jeweils gesonderte Unternehmen. Sie können somit an die im Inland ansässigen Organgesellschaften Umsätze ausführen und Empfänger von Leistungen dieser Organgesellschaften sein. Die im Inland gelegenen Organgesellschaften und

Betriebsstätten sind als ein gesondertes Unternehmen zu behandeln. Das gesondert geführte Unternehmen ist optisch im folgenden Schaubild hervorgehoben.

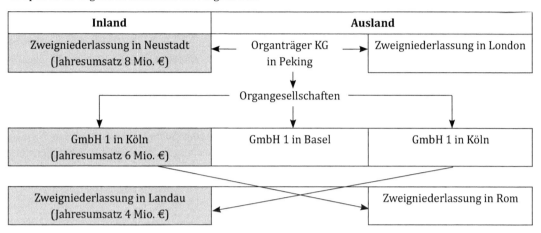

Die Warenbewegungen des Organträgers nach Deutschland sind in Deutschland als Einfuhr steuerbar (§ 1 Abs. 1 Nr. 4 UStG). Die wegen der Einfuhr zu entrichtende EUSt ist von der GmbH 1 als Vorsteuer abziehbar (§ 15 Abs. 1 Nr. 2 UStG).

2. Einfuhr

Fall 11: Schuldner der EUSt und Vorsteuerabzug
Ein Unternehmer aus einem Drittland (Ukraine) überlässt einem inländischen Unternehmer eine Maschine (kein Beförderungsmittel) zur vorübergehenden Nutzung. Der Drittlandsunternehmer verbringt vereinbarungsgemäß die Maschine ins Inland. Der Inlandsunternehmer entrichtet vereinbarungsgemäß die EUSt.

Aufgabe: Wer ist Schuldner der Einfuhrumsatzsteuer und Vorsteuerabzugsberechtigt?

Lösung:

Der inländische Unternehmer ist nicht zum Abzug der EUSt als Vorsteuer berechtigt, da der inländische Unternehmer nicht die Verfügungsmacht über den Gegenstand besitzt. Der inländische Unternehmer zahlt die EUSt „im Namen und im Auftrag" für den Einführer. In diesem Fall wird der Vertretene Schuldner der EUSt. Vorsteuerabzugsberechtigt ist der Drittlandsunternehmer gem. § 15 Abs. 1 Nr. 2 UStG (siehe auch Abschn. 15.8 Abs. 9 UStAE).

Mit Urteil vom 11.11.2015 (V R 68/14, BStBl II 2016, 720) hat der BFH entschieden, dass der Betreiber eines Zolllagers im Hinblick auf die ihm gegenüber gem. Art. 203 ZK i.V.m. § 21 Abs. 2 UStG festgesetzte EUSt (Art. 79 UZK) nicht zum Vorsteuerabzug nach § 15 Abs. 1 Satz 1 Nr. 2 UStG berechtigt ist, wenn er keine Verfügungsbefugnis an den eingeführten Waren erlangt. Nach ständiger Rechtsprechung des BFH setzt der Vorsteuerabzug nach § 15 Abs. 1 Satz 1 Nr. 2 UStG voraus, dass dem Unternehmer die Verfügungsmacht an dem eingeführten Gegenstand zusteht. Daran fehlt es z.B., wenn ein ausländischer Unternehmer einem inländischen Unternehmer einen Gegenstand zur Nutzung überlässt, ohne ihm die Verfügungsmacht an dem Gegenstand zu verschaffen.

Die Vermietungsleistung des Drittlandsunternehmers wird nach § 3a Abs. 2 UStG im Inland ausgeführt und ist daher im Inland steuerbar und steuerpflichtig.

Die Vergütung der EUSt als Vorsteuer ist nicht im Vorsteuervergütungsverfahren möglich, da der Drittlandsunternehmer nicht nur Umsätze ausgeführt hat, für die der Leistungsempfänger die Steuer nach § 13b UStG schuldet. Der Drittlandsunternehmer tätigt daneben noch eine Einfuhr nach § 1 Abs. 1 Nr. 4 UStG.

Es handelt sich um eine sonstige Leistung eines im Ausland ansässigen Unternehmers (§ 13b Abs. 2 Nr. 1 i.V.m. Abs. 7 UStG). Nach § 13b Abs. 5 Satz 1 UStG schuldet der Leistungsempfänger (Inlandsunternehmer) die Steuer. Der Drittlandsunternehmer muss nach § 14a Abs. 5 UStG eine Rechnung erteilen, die die Angabe „Steuerschuldnerschaft des Leistungsempfängers" enthalten muss. Der Leistungsempfänger (Inlandsunternehmer) kann die Steuer nach § 15 Abs. 1 Nr. 4 UStG als Vorsteuer abziehen.

Fall 12: Schuldner der EUSt/Ortsbestimmung nach § 3 Abs. 8 UStG/Vorsteuerabzug

Ein Unternehmer aus einem Drittland (Ukraine) veräußert einem inländischen Unternehmer eine Maschine (kein Beförderungsmittel) und befördert sie vereinbarungsgemäß ins Inland. Schuldner der EUSt ist:

1. der Inlandsunternehmer (Lieferkondition „unversteuert und unverzollt") bzw.
2. der Drittlandsunternehmer (Lieferkondition „verzollt und versteuert").

Aufgabe: Wer ist Schuldner der Einfuhrumsatzsteuer und vorsteuerabzugsberechtigt?

Lösung:

1. Bei Grenzübertritt gibt der Drittlandsunternehmer die Zollanmeldung in direkter (offen erklärter) Stellvertretung ab („im Namen und im Auftrag" für den Einführer). Der Vertretene – der Inlandsunternehmer – wird Schuldner der EUSt. Der Ort der Lieferung befindet sich nach § 3 Abs. 6 UStG im Drittland. Der Inlandsunternehmer besitzt im Zeitpunkt der Einfuhr die Verfügungsmacht über den Gegenstand. Der Inlandsunternehmer kann die EUSt nach § 15 Abs. 1 Nr. 2 UStG als Vorsteuer abziehen.

2. Bei Grenzübertritt gibt der Drittlandsunternehmer die Zollanmeldung als Anmelder ab und wird somit Schuldner der EUSt. Der Ort der Lieferung befindet sich nach § 3 Abs. 8 UStG im Inland. Es wird unterstellt, dass der Inlandsunternehmer im Zeitpunkt der Einfuhr nicht die Verfügungsmacht über den Gegenstand besitzt (s.a. Abschn. 15.8 Abs. 4, Abs. 5 Satz 2 und Abs. 6 UStAE). Der Lieferer kann die EUSt nach § 15 Abs. 1 Nr. 2 UStG als Vorsteuer abziehen. Da die Lieferung steuerpflichtig ist und es sich nicht um eine Leistung i.S.d. § 13b Abs. 1 und 2 UStG handelt, ist der Leistungsempfänger kein Steuerschuldner. Dem Drittlandsunternehmer kann die Vorsteuer (EUSt) nicht im Vorsteuervergütungsverfahren vergütet werden. Das allgemeine Besteuerungsverfahren ist durchzuführen (siehe Abschn. 18.11 Abs. 1 Beispiel 3 UStAE).

3. Geschäftsveräußerung im Ganzen

Hinweis! Zu den Voraussetzungen der nicht steuerbaren Geschäftsveräußerung im Ganzen s. Mutschler/ Scheel, Umsatzsteuer, 4. Auflage; Steuern und Finanzen in Ausbildung und Praxis, Band 4, unter XIV. 3. S. 239 ff., HDS-Verlag.

Fall 13: Geschäftsveräußerung im Ganzen/Zurückbehaltung Grundstück
Immobilienmakler M betreibt seit Jahren in eigenem Grundstück ein erfolgreiches Maklergeschäft in Landau/Pfalz. Im Kalenderjahr 2018 veräußert M wegen Geschäftsaufgabe alle wesentlichen Betriebsgrundlagen, insbesondere die Geschäftsausstattung und den Kundenbestand, an den Erwerber E, der das Maklergeschäft des M in seinem eigenen Grundstück in Landau fortführt. Da der Erwerber E über ein eigenes Geschäftslokal verfügt, wird das Grundstück des M nicht mitübertragen.
M vermietet das bisher als Maklerbüro genutzte Grundstück an einen Steuerberater, der dort seinen Betrieb eröffnet.

Aufgabe: Prüfen Sie, ob hinsichtlich der Veräußerung des M eine nicht steuerbare Geschäftsveräußerung im Ganzen vorliegt.

Lösung:

Zu den Voraussetzungen der Geschäftsveräußerung im Ganzen nimmt die OFD Karlsruhe mit Vfg. vom 19.02.2015 (S 7100b, UR 2015, 406) Stellung.

Nach § 1 Abs. 1a UStG unterliegen die Umsätze im Rahmen einer Geschäftsveräußerung an einen anderen Unternehmer für dessen Unternehmen nicht der Umsatzsteuer. Eine nicht steuerbare Geschäftsveräußerung liegt vor, wenn ein Unternehmen oder ein in der Gliederung eines Unternehmens gesondert geführter Betrieb im Ganzen entgeltlich oder unentgeltlich übereignet oder in eine Gesellschaft eingebracht wird. Näheres regelt Abschn. 1.5 UStAE. Danach ist es für die Annahme einer Geschäftsveräußerung grundsätzlich erforderlich, dass der Veräußerer dem Erwerber alle wesentlichen Grundlagen seines Unternehmens oder seines gesondert geführten Betriebs übereignet.

Weitere Voraussetzung für eine nicht steuerbare Geschäftsveräußerung ist, dass der Erwerber Unternehmer ist und das erworbene Unternehmen fortführt. Entscheidend ist, dass die übertragenen Vermögensgegenstände ein hinreichendes Ganzes bilden, um dem Erwerber die Fortsetzung einer bisher durch den Veräußerer ausgeübten unternehmerischen Tätigkeit zu ermöglichen, und der Erwerber dies auch tatsächlich tut (BFH-Urteil vom 18.09.2008, V R 21/07, BStBl II 2009, 254 und Abschn. 1.5 Abs. 1 Satz 2 UStAE). Diese Voraussetzung ist auch erfüllt, wenn der Erwerber mit der Fortführung des Unternehmens erstmalig unternehmerisch tätig wird oder das Unternehmen nach dem Erwerb in veränderter Form fortführt. Will der Erwerber die übernommene Geschäftstätigkeit sofort abwickeln, kommt eine nicht steuerbare Geschäftsveräußerung nicht in Betracht (vgl. auch Abschn. 1.5 Abs. 1a Satz 2 UStAE).

Das Zurückbehalten einzelner wesentlicher Grundlagen ist unschädlich, wenn diese an den Erwerber vermietet oder verpachtet werden (Abschn. 1.5 Abs. 3 Sätze 2 und 3 und 24.1 Abs. 5 UStAE), sodass der Erwerber das Unternehmen oder den gesondert geführten Betrieb ohne großen finanziellen Aufwand fortsetzen kann (Abschn. 1.5 Abs. 4 Satz 1 UStAE).

Nach dem EuGH-Urteil vom 10.11.2011 (C-444/10, BStBl II 2012, 848) muss die Gesamtheit der übertragenen Bestandteile ausreichen, um die Fortführung einer selbständigen wirtschaftlichen Tätigkeit zu ermöglichen. Ist für eine wirtschaftliche Tätigkeit kein besonderes Geschäftslokal oder kein Lokal mit einer für die Fortführung der wirtschaftlichen Tätigkeit notwendigen festen Ladeneinrichtung erforderlich, bzw. verfügt der Erwerber selbst über eine geeignete Immobilie in die er sämtliche übertragenen Sachen verbringen und in der er die betreffende wirtschaftliche Tätigkeit weiterhin ausüben kann, kann eine Geschäftsveräußerung auch ohne Übereignung des Grundstücks vorliegen.

Muss der Erwerber zur Fortführung der betreffenden wirtschaftlichen Tätigkeit über dasselbe Geschäftslokal verfügen, das dem Veräußerer zur Verfügung stand, muss dieses zu den übertragenen Bestandteilen gehören. Es reicht aber auch aus, wenn das Geschäftslokal dem Erwerber mittels eines Mietvertrags zur Verfügung gestellt wird. Allein aus dem Umstand, dass der Mietvertrag auf unbestimmte Zeit abgeschlossen wurde und jederzeit kurzfristig gekündigt werden kann, kann nicht geschlossen werden, dass der Erwerber den übertragenen Geschäftsbetrieb oder Unternehmensteil nicht fortführen, sondern sofort abwickeln will (Abschn. 1.5 Abs. 3 Satz 4 UStAE).

Es bleibt somit festzuhalten, dass M mit der Veräußerung seines Maklerbüros eine nicht steuerbare Geschäftsveräußerung i.S.d. § 1 Abs. 1a UStG tätigt.

Mit der Vermietung des Grundstücks an den Steuerberater bleibt M weiterhin Unternehmer. Eine Geschäftsveräußerung setzt keine Beendigung der unternehmerischen Betätigung des Veräußerers voraus (BFH-Urteil vom 29.08.2012, XI R 10/12, BStBl II 2013, 221 und Abschn. 1.5 Abs. 1a Satz 4 UStAE).

Fall 14: Geschäftsveräußerung im Ganzen/Grundstücksveräußerung an den Mieter
V vermietet ein Bürogebäude an M, ein Handelsunternehmen. V veräußert das Gebäude an M, der das Gebäude weiterhin für sein Handelsunternehmen nutzt.

Aufgabe: Prüfen Sie, ob eine nicht steuerbare Geschäftsveräußerung gegeben ist.

Lösung:

Es liegt keine Geschäftsveräußerung im Ganzen vor. Die von M ausgeübte Handelstätigkeit ist keine Fortführung der Vermietungstätigkeit des V (s.a. BFH-Urteil vom 24.02.2005, V R 45/02, BStBl II 2007, 61). Ist der Gegenstand der Geschäftsveräußerung ein Vermietungsunternehmen, muss der Erwerber umsatzsteuerrechtlich die Fortsetzung der Vermietungstätigkeit beabsichtigen (BFH-Urteil vom 06.05.2010, V R 26/09, BStBl II 2010, 1114). Bei der Veräußerung eines vermieteten Objekts an den bisherigen Mieter zu dessen eigenen wirtschaftlichen Zwecken ohne Fortführung des Vermietungsunternehmens liegt daher keine Geschäftsveräußerung vor (BFH-Urteil vom 24.09.2009, V R 6/08, BStBl II 2010, 315; Abschn. 1.5 Abs. 2 Satz 2 und 3 UStAE).

Fall 15: Geschäftsveräußerung im Ganzen/Veräußerung eines Grundstücks ohne Übergang eines Mietvertrages
V vermietet seit Jahren ein Grundstück an L (Autolackiererei). Nachdem der Mietvertrag mit L gekündigt wurde, veräußert V das unvermietete Grundstück an X, der es danach an Y zum Betrieb einer Autolackiererei vermietet. Nach dem Kaufvertrag war der Verkauf umsatzsteuerpflichtig.

Aufgabe: Prüfen Sie, ob eine nicht steuerbare Geschäftsveräußerung gegeben ist.

Lösung:

Der Sachverhalt und die Lösung ergeben sich aus dem BFH-Urteil vom 11.10.2007 (V R 57/06, BStBl II 2008, 447). Die Veräußerung eines Grundstücks ohne Übergang eines Mietvertrages ist keine Geschäftsveräußerung. Die Übertragung eines unvermieteten Grundstücks führt nicht zur Übertragung eines Unternehmensteils, mit dem eine selbstständige Tätigkeit fortgeführt werden kann (Abschn. 1.5 Abs. 2 Satz 1 UStAE).

Fall 16: Partielle Geschäftsveräußerung im Ganzen/Grundstücksveräußerung
Unternehmer X vermietet seit Jahren das Obergeschoss eines zweigeschossigen Gebäudes an den Ehegatten für dessen Unternehmen, und das Erdgeschoss ist an S für dessen unternehmerische Zwecke (Steuerberater) vermietet. X veräußert das Grundstück an Y. Lt. Kaufvertrag wird das Mietverhältnis an den Ehegatten im Obergeschoss nicht übernommen. Der Verkäufer X hat für eine frist- und ordnungsmäßige Kündigung zu sorgen. Das Mietverhältnis im Erdgeschoss wird durch Y fortgeführt. Das Obergeschoss wird nach dem Erwerb für eigene unternehmerische Zwecke des Y genutzt.

Aufgabe: Prüfen Sie, ob eine nicht steuerbare Geschäftsveräußerung gegeben ist.

Lösung:

Der Sachverhalt und die Lösung sind dem Urteil des BFH vom 6.7.2016 (XI R 1/15, BStBl II 2016, 909) entnommen.

Die Geschäftsveräußerung des § 1 Abs. 1a UStG (Art. 19 MwStSystRL) erfasst die Übertragung von Geschäftsbetrieben und von selbständigen Unternehmensteilen, die als Zusammenfassung materieller und immaterieller Bestandteile ein Unternehmen oder einen Unternehmensteil bilden, mit dem eine selbständige wirtschaftliche Tätigkeit fortgeführt werden kann.

Der Erwerber muss außerdem beabsichtigen, den übertragenen Geschäftsbetrieb oder Unternehmensteil zu betreiben. Nicht begünstigt ist die sofortige Abwicklung der übernommenen Geschäftstätigkeit. Das Unionsrecht fordert aber nicht, dass der Begünstigte vor der Übertragung eine wirtschaftliche Tätigkeit derselben Art ausgeübt haben müsste wie der Übertragende. Der Erwerber darf den von ihm erworbenen Geschäftsbetrieb z.B. aus betriebswirtschaftlichen oder kaufmännischen Gründen in seinem Zuschnitt ändern oder modernisieren.

Die Voraussetzungen einer Geschäftsveräußerung bezüglich der ursprünglich an den Ehegatten des X verpachteten Räume liegt nicht vor, weil der Erwerber Y diese Räume nicht weiterhin verpachtet, sondern für seine eigene unternehmerische Tätigkeit selbst nutzt.

Die an den Steuerberater S vermieteten Räume sind dagegen ein selbständiger Unternehmensteil. Der in Art. 19 MwStSystRL verwendete Begriff des Teilvermögens, das Gegenstand einer Geschäftsveräußerung sein kann, verlangt bei teilweiser Vermietung eines Grundstücks nicht, dass der vermietete Grundstücksteil ein »zivilrechtlich selbständiges Wirtschaftsgut« ist.

Für die Auslegung des § 1 Abs. 1a UStG sind nicht zivilrechtliche, sondern umsatzsteuerrechtliche Kriterien maßgebend. Der Begriff des Teilvermögens bezieht sich vielmehr nach der Rechtsprechung auf eine Kombination von Bestandteilen eines Unternehmens, die zur Ausübung einer wirtschaftlichen Tätigkeit ausreicht, auch wenn diese Tätigkeit nur Teil eines größeren Unternehmens ist, von dem sie abgespalten wurde (vgl. BFH Urteil vom 4.2.2015, XI R 14/14, BStBl II 2015, 908, Rz 26).

Die organisatorischen Verhältnisse beim Veräußerer sind unmaßgeblich. Es kommt nicht darauf an, ob bereits beim Veräußerer eine eigenständige betriebliche Organisation vorlag, sondern darauf, ob ein Teilvermögen übertragen wird, das vom Erwerber selbständig hätte übernommen werden können und für das im Falle der entgeltlichen Übertragung der Erwerber eine Gegenleistung gezahlt hätte

Ob das Grundstück vom Veräußerer vor Übertragung zivilrechtlich (z.B. durch Bildung von Teil- oder Wohnungseigentum) geteilt worden ist oder nicht, spielt daher für die umsatzsteuerrechtliche Beurteilung insoweit keine Rolle (BFH Urteil vom 6.7.2016, XI R 1/15, BStBl II 2016, 909, Rz. 39).

Nur diese Auslegung steht zudem im Einklang mit der Rechtsprechung des BFH, wonach bei Begründung von Miteigentum an einem teilweise vermieteten Grundstück die unternehmerische Vermietungstätigkeit auf die Bruchteilsgemeinschaft übergeht, aber die Geschäftsveräußerung sich dem Umfang nach auf den vermieteten Grundstücksteil beschränkt (BFH Urteil vom 22.11.2007, V R 5/06, BStBl II 2008, 448). Auch dies setzt voraus, dass (nur) der vermietete Grundstücksteil das Teilvermögen ist, das Gegenstand der (vom BFH für diesen Fall bejahten) Geschäftsveräußerung an die neu entstehende Bruchteilsgemeinschaft ist.

Für das Vorliegen einer Geschäftsveräußerung ist unerheblich, ob der Veräußerer gleichzeitig mit der Übertragung eine andere wirtschaftliche Tätigkeit einstellt. Die Prüfung der Voraussetzungen der Geschäftsveräußerung beschränkt sich auf das jeweils übertragene Teilvermögen, ohne dass es auf daneben erfolgte, weitere Übertragungsvorgänge ankommt.

Fall 17: Partielle Geschäftsveräußerung im Ganzen/Grundstücksveräußerung/
Verzicht auf Steuerbefreiung/Vorsteuerberichtigung nach § 15a UStG

Unternehmer L betreibt seit Jahren im Erdgeschoss seines eigenen Grundstücks einen Bücherladen. Das 1. Obergeschoss ist steuerpflichtig an Rechtsanwalt R vermietet, der dort seine Kanzlei betreibt. Im 2. Obergeschoss ist die eigene Wohnung des L, die er mit seiner Familie nutzt. L hat das Gebäude im Jahr 2012 für insgesamt 800.000 € zzgl. 152.000 € USt hergestellt und zutreffend insgesamt seinem Unternehmen zugeordnet. Die Fertigstellung und die entsprechende Nutzung erfolgt wie von Anfang an geplant ab 1.8.2012.

Zum 1.6.2018 veräußert L das Grundstück für netto 700.000 € an den Investor X, der die Wohnung im 2. Obergeschoss für Privatzwecke selbst nutzt, da L noch vor der Veräußerung an X in sein eigenes Einfamilienhaus umgezogen ist. Investor X vermietet wie bisher die Kanzleiräume im 1. Obergeschoss steuerpflichtig an Rechtsanwalt R und vermietet das Erdgeschoss an Bücherladen steuerpflichtig an den bisherigen Grundstückseigentümer L.

L hat im notariell beurkundeten Grundstückskaufvertrag in zutreffender Höhe auf die Steuerbefreiung des § 4 Nr. 9 Buchst. a UStG verzichtet. X erklärt im Kaufvertrag, dass er das gesamte Grundstück zulässigerweise seinem Unternehmen zuordnen wird. Diese Zuordnungsentscheidung erfolgt auch durch eine schriftliche Erklärung gegenüber dem Finanzamt nach Abschn. 15.2c Abs. 18 UStAE.

Aufgabe: Prüfen Sie, ob hinsichtlich der Grundstücksübertragung im Kalenderjahr 2018 eine nicht steuerbare Geschäftsveräußerung gegeben ist. Nehmen Sie dabei auch Stellung zum Unternehmensvermögen sowie zur Vorsteuerabzugsberechtigung der Gebäudeherstellung im Kalenderjahr 2012 und zur Auswirkung der Grundstücksveräußerung im Kj. 2018 auf den Vorsteuerabzug des Veräußerers L und des Erwerbers X.

Lösung:

L verwendet das Gebäude ab dem 1.8.2012 erstmalig wie von Anfang an beabsichtigt zu (120 qm : 480 qm × 100 =) 25 % privat und zu 75 % vorsteuerunschädlich für unternehmerische Zwecke. Die Vermietung an den Rechtsanwalt R ist nach § 4 Nr. 12 Satz 1 Buchst. a UStG steuerfrei. L kann bei der Vermietung der Kanzleiräume auf die Steuerbefreiung verzichten, weil R diese Räume ausschließlich für Umsätze verwendet, die zum Vorsteuerabzug berechtigen (§ 9 Abs. 2 UStG; Abschn. 9.2 Abs. 1 UStAE und dort die Beispiele 1 bis 6).

Vorsteuerabzug des L aus der Gebäudeherstellung

Bei dem Grundstück des L handelt es sich um ein teilunternehmerisch genutztes Grundstück i.S.d. § 15 Abs. 1b UStG, da es sowohl unternehmerisch als auch unternehmensfremd (privat) genutzt wird (Abschn. 15.6a Abs. 1 Satz 1 i.V.m. Abs. 2 UStAE). § 15 Abs. 1b UStG stellt eine Vorsteuerabzugsbeschränkung dar, die nicht das Zuordnungswahlrecht des Unternehmers nach § 15 Abs. 1 UStG berührt (s.a. Abschn. 15.2c Abs. 18 UStAE). Ist bei der Anschaffung oder Herstellung eines Gebäudes ein Vorsteuerabzug u.a. nach § 15 Abs. 1b UStG (teilweise) nicht möglich, kann der Unternehmer durch eine gegenüber dem Finanzamt abgegebene schriftliche Erklärung dokumentieren, in welchem Umfang er das Gebäude dem Unternehmen zugeordnet hat, wenn sich aus dem Umfang des geltend gemachten Vorsteuerabzugs nicht ergibt, mit welchem Anteil das Gebäude dem Unternehmen zugeordnet wurde (Abschn. 15.2c Abs. 18 UStAE). Lt. Sachverhalt hat L das gesamte Grundstück seinem Unternehmen zugeordnet.

Für die Aufteilung von Vorsteuerbeträgen für Zwecke des § 15 Abs. 1b UStG gelten die Grundsätze des § 15 Abs. 4 UStG entsprechend (Abschn. 15.6a Abs. 4 UStAE). Aus der insgesamt in Rechnung gestellten USt i.H.v. 152.000 € sind damit 75 % = 114.000 € abzugsfähig, bzw. 25 % = 38.000 € nach § 15 Abs. 1b UStG nicht abziehbar (unternehmensfremde Nutzung). Die abziehbare Vorsteuer i.H.v. 114.000 € entfällt insgesamt auf vorsteuerunschädliche Ausgangsumsätze, sodass eine Aufteilung nach § 15 Abs. 4 UStG (Abschn. 15.17 Abs. 7 ff. UStAE) nicht in Betracht kommt.

Die **Grundstücksveräußerung im Kalenderjahr 2018** ist nach § 4 Nr. 9 Buchst. a UStG steuerfrei. Unter den Voraussetzungen des § 9 Abs. 1 und 3 UStG kann L auf die Steuerbefreiung des § 4 Nr. 9 Buchst. a UStG verzichten. Voraussetzung für einen Verzicht auf die Steuerbefreiungen ist, dass **steuerbare** Umsätze von einem Unternehmer im Rahmen seines Unternehmens an einen Unternehmer für dessen Unternehmen ausgeführt werden bzw. eine entsprechende Verwendungsabsicht besteht. Diese Verwendungsabsicht muss der Unternehmer objektiv belegen und in gutem Glauben erklären. Eine Option ist nicht zulässig, soweit der leistende Unternehmer den Gegenstand der Leistung oder der Leistungsempfänger die erhaltene Leistung zulässigerweise anteilig nicht seinem Unternehmen zugeordnet hat oder zuordnen konnte (Abschn. 9.1 Abs. 5 UStAE).

Der **Verzicht auf die Steuerbefreiung** kann bei der Lieferung eines Grundstücks auf Teile begrenzt werden (**Teiloption**). Eine Teiloption kommt z.B. bei der Gebäudelieferung, insbesondere bei unterschiedlichen Nutzungsarten der Gebäudeteile, in Betracht (Abschn. 9.1 Abs. 6 Satz 1 und 2 und Abschn. 9.2 Abs. 1 Satz 2 UStAE). Bei der Lieferung von Gebäuden oder Gebäudeteilen und dem dazugehörigen Grund und Boden kann die Option für eine Besteuerung nur zusammen für die Gebäude oder Gebäudeteile und den dazugehörigen Grund und Boden ausgeübt werden (Abschn. 9.1 Abs. 6 Satz 4 UStAE).

Wie bereits oben erwähnt, ist **Voraussetzung für einen Verzicht auf die Steuerbefreiungen** der in § 9 Abs. 1 UStG genannten Umsätze, dass steuerbare Umsätze von einem Unternehmer im Rahmen seines Unternehmens an einen Unternehmer für dessen Unternehmen ausgeführt werden bzw. eine entsprechende Verwendungsabsicht besteht (BFH Urteil vom 17.5.2001, V R 38/00, BStBl II 2003, 434 und Abschn. 9.1 Abs. 5 Satz 1 UStAE). Hinsichtlich der Veräußerung des Gebäudeteils 1. Obergeschoss (Kanzleiräume) handelt es sich um eine nichtsteuerbare Geschäftsveräußerung i.S.d. § 1 Abs. 1a UStG.

Voraussetzung für die Geschäftsveräußerung gem. § 1 Abs. 1a Satz 2 UStG ist, dass ein Unternehmen oder ein in der Gliederung eines Unternehmens gesondert geführter Betrieb im Ganzen entgeltlich oder unentgeltlich übereignet oder in eine Gesellschaft eingebracht wird. § 1 Abs. 1a UStG ist entsprechend Art. 19 MwStSystRL richtlinienkonform auszulegen (vgl. BFH Urteil vom 6.7.2016, XI R 1/15, BStBl II 2016, 909, Rz. 29). Die Bestimmung des Art. 19 MwStSystRL erfasst die Übertragung von Geschäftsbetrieben und von selbstständigen Unternehmensteilen, die als Zusammenfassung materieller und immaterieller Bestandteile ein Unternehmen oder einen Unternehmensteil bilden, mit dem eine selbstständige wirtschaftliche Tätigkeit fortgeführt werden kann. Der Erwerber muss außerdem beabsichtigen, den übertragenen Geschäftsbetrieb oder Unternehmensteil zu betreiben. Nicht begünstigt ist die sofortige Abwicklung der übernommenen Geschäftstätigkeit. Die an R vermieteten Kanzleiräume sind ein selbstständiger Unternehmensteil (BFH Urteil vom 6.7.2016, XI R 1/15, BStBl II 2016, 909, Rz. 34). Der in Art. 19 MwStSystRL verwendete Begriff des Teilvermögens, das Gegenstand einer Geschäftsveräußerung sein kann, verlangt bei teilweiser Vermietung eines Grundstücks nicht, dass der vermietete Grundstücksteil ein »zivilrechtlich selbständiges Wirtschaftsgut« ist. Die Prüfung der Voraussetzungen der Geschäftsveräußerung beschränkt sich auf das jeweils übertragene Teilvermögen, ohne dass es auf daneben erfolgte, weitere Übertragungsvorgänge ankommt (BFH Urteil vom 6.7.2016, XI R 1/15, BStBl II 2016, 909, Rz. 42).

Für die Übertragung des **Gebäudeteils 1. Obergeschoss (Kanzleiräume)** fällt keine Umsatzsteuer an, da es sich um einen nichtsteuerbaren Umsatz im Rahmen einer **Geschäftsveräußerung** handelt.

Die **Übertragung des Gebäudeteils Erdgeschoss** (Bücherladen) stellt **keine Teilgeschäftsveräußerung** i.S.d. § 1 Abs. 1a UStG dar, da der Erwerber X nicht das Unternehmen des Veräußerers L – den Bücherladen – fortführt, sondern erstmals den bisher durch L eigenunternehmerisch genutzten Gebäudeteil an diesen vermietet.

Die **Übertragung des Gebäudeteils 2. Obergeschoss** (eigengenutzte Wohnräume) stellt ebenfalls **keine Teilgeschäftsveräußerung** i.S.d. § 1 Abs. 1a UStG dar. Voraussetzung einer Teilbetriebsveräußerung ist u.a. dann gegeben, wenn der veräußerte Teil des Unternehmens vom Erwerber als selbstständiges Unternehmen fortgeführt werden kann. Die Nutzung der Räumlichkeiten zu eigenen privaten Wohnzwecken stellt eine nichtunternehmerische, genauer eine unternehmensfremde Tätigkeit, dar (Abschn. 2.3 Abs. 1a UStAE). Eine nichtunternehmerische Tätigkeit kann nicht als wesentliche Grundlage einer Geschäftsveräußerung im Ganzen übertragen werden (s.a. Abschn. 1.5 Abs. 1 UStAE).

Verzicht auf Steuerbefreiung

Wird ein insgesamt dem Unternehmensvermögen zugeordnetes teilunternehmerisch genutztes Grundstück, das nach § 15 Abs. 1b UStG nur teilweise zum Vorsteuerabzug berechtigt hat, veräußert, unterliegt der Umsatz im vollen Umfang der Umsatzsteuer, wenn auf die Steuerbefreiung nach § 4 Nr. 9 Buchst. a UStG wirksam verzichtet wird. Es liegt insoweit eine Änderung der Verhältnisse vor, die zu einer Vorsteuerberichtigung nach § 15a UStG führt (Abschn. 15.6a Abs. 6 UStAE mit Beispiel 2 und 5; § 15a Abs. 8 Satz 2 UStG, vgl. Abschn. 15a.2 Abs. 2 Satz 3 Nr. 2 UStAE).

Für die **Übertragung des Gebäudeteils 1. Obergeschoss,** die im Rahmen einer Teilgeschäftsveräußerung im Ganzen i.S.d. § 1 Abs. 1 UStG erfolgt, kommt eine **Option nicht in Betracht** (s.a. Abschn. 9.1 Abs. 3 Satz 2 UStAE). Zur vorsorglichen Optionserklärung im notariellen Kaufvertrag s. Abschn. 9.1 Abs. 3 Satz 3 und 4 UStAE).

Option für Erdgeschoss und 2. Obergeschoss

Für die **Übertragung der Gebäudeteile Erdgeschoss (Bücherladen) und 2. Obergeschoss (eigene Wohnräume)** ist ein Verzicht auf die Steuerbefreiung des § 4 Nr. 9 Buchst. a UStG nach § 9 Abs. 1 und Abs. 3 UStG zulässig. Bei einem wirksamen Verzicht auf die Steuerbefreiung des § 4 Nr. 9 Buchst. a UStG schuldet der Leistungsempfänger X die Umsatzsteuer für die steuerpflichtige Lieferung nach § 13b Abs. 2 Nr. 3 i.V.m. Abs. 5 Satz 1 UStG. Die Umsatzsteuer für die steuerpflichtige Lieferung berechnet sich wie folgt: Von der Bemessungsgrundlage i.H.v. 700.000 € entfallen:

a) 120/480 = 175.000,00 € auf die eigene Wohnung (steuerpflichtige Veräußerung),

b) 160/480 = 233.333,33 € auf die vermieteten Kanzleiräume (nichtsteuerbare Teilgeschäftsveräußerung) und

c) 200/480 = 291.666,66 € auf den Bücherladen (steuerpflichtige Veräußerung).

Die USt für die steuerpflichtige Veräußerung beträgt:

- 175.000,00 € × 19 % = 33.250,00 € aus der steuerpflichtigen Veräußerung der selbstgenutzten Wohnung und
- 291.666,66 € × 19 % = 55.416,67 € aus der steuerpflichtigen Veräußerung des Bücherladens.

Der Leistungsempfänger X schuldet demnach insgesamt 88.666,67 € USt nach § 13b Abs. 2 Nr. 3 UStG. Die Steuer entsteht nach § 13b Abs. 2 UStG mit Ausstellung der Rechnung, spätestens jedoch mit Ablauf der der Ausführung der Leistung folgenden Kalendermonats.

Vorsteuerabzug des Erwerbers X

Nach § 15 Abs. 1 Satz 1 Nr. 4 UStG kann X die nach § 13b Abs. 2 Nr. 3 UStG entrichtete Steuer für Leistungen, die für sein Unternehmen ausgeführt worden sind, als Vorsteuer geltend machen. Für Vorsteuerbeträge aus der Anschaffung eines Gebäudes kommt nur eine Aufteilung der gesamten auf den einheitlichen Gegenstand entfallenden Vorsteuerbeträge nach einem sachgerechten Aufteilungsmaßstab (§ 15 Abs. 4 UStG) in Betracht (Abschn. 15.17 Abs. 5 Satz 3 UStAE). Die Anschaffungskosten i.H.v. 700.000 € betreffen das einheitliche Gebäude und nicht bestimmte Gebäudeteile (Abschn. 15.17 Abs. 5 Satz 6 UStAE).

> **Hinweis!** Der BFH hat im Anschluss an das EuGH-Urteil vom 9.6.2016 (C-332/14 Wolfgang und Dr. Wilfried Rey Grundstücksgemeinschaft GbR, UR 2016, 545) mit Urteil vom 10.8.2016 (XI R 31/09, BFH/NV 2016, 1654) entschieden, dass bei der Herstellung bzw. Anschaffung eines gemischt genutzten Gebäudes – im Gegensatz zu den laufenden Aufwendungen – für die Aufteilung der Vorsteuer nicht darauf abgestellt werden kann, welche Aufwendungen in bestimmte Teile des Gebäudes eingehen; vielmehr kommt es insoweit auf die Verwendungsverhältnisse des gesamten Gebäudes an. Bei der Vorsteueraufteilung ermöglicht der objektbezogene Flächenschlüssel regelmäßig – d.h. wenn die verschiedenen Zwecken dienenden Flächen miteinander vergleichbar sind – eine sachgerechte und »präzisere« Berechnung des Rechts auf Vorsteuerabzug als der gesamtumsatzbezogene oder der objektbezogene Umsatzschlüssel (Pressemitteilung des BFH Nr. 63/2016 vom 28.9.2016).

M.E. nicht geklärt ist bisher die Berücksichtigung der Anschaffungskosten im Zusammenhang mit dem Erwerb eines gemischt genutzten Gebäudes unter Berücksichtigung einer nichtsteuerbaren Teilgeschäftsveräußerung. Die nach § 15 Abs. 1 Satz 1 Nr. 4 UStG abziehbare Vorsteuer wäre grundsätzlich nach der EuGH- und BFH-Rechtsprechung (Abschn. 15.17 Abs. 5 UStAE) wie folgt zu berechnen:

Nach § 15 Abs. 1b UStG ist die Steuer, die auf die private Wohnungsnutzung entfällt, nicht als Vorsteuer abziehbar. Für die Aufteilung der Vorsteuerbeträge für Zwecke des § 15 Abs. 1b UStG gelten die Grundsätze des § 15 Abs. 4 UStG entsprechend (Abschn. 15.6a Abs. 4 UStAE). Die nach § 15 Abs. 1b UStG nicht abziehbare Vorsteuer würde danach betragen: 88.667 € × (120 qm : 480 qm × 100 =) 25,0 % = 22.166,75 €. Die nach § 15 Abs. 1 Satz 1 Nr. 4 UStG abziehbare Vorsteuer betrüge somit 66.500,25 €.

Zu berücksichtigen ist allerdings, dass nach § 15a Abs. 10 i.V.m. § 1 Abs. 1a Satz 3 UStG der Erwerber X an die Stelle des Veräußerers L tritt. X führt die Vorsteuer des L fort. Dafür ist der Veräußerer L verpflichtet, dem Erwerber X die für die Durchführung der eventuellen Vorsteuerberichtigung erforderlichen Angaben zu machen. Danach verbleiben beim Erwerber X – wie oben dargestellt – anteilige Anschaffungskosten des L aus dem Jahr 2012 i.H.v. 800.000 € × (160/480 × 100 =) 33,333 % = 266.664 € und eine zu überwachende Vorsteuer von (19 % von 266.664 € =) 50.666,16 €.

Für die Aufteilung des Vorsteuerabzug aus den Anschaffungskosten i.H.v. 700.000 € sowie die eventuelle bei L durchzuführende Vorsteuerberichtigung i.S.d. § 15a UStG bleibt der Grundstücksteil von 160 qm, der auf die nichtsteuerbare Teilgeschäftsveräußerung entfällt, außer Ansatz.

Die nach § 15 Abs. 1b UStG nicht abziehbare Vorsteuer ist danach wie folgt zu berechnen: 88.667 € × (120 qm : 320 qm × 100 =) 37,50 % = 33.250,00 €. Die nach § 15 Abs. 1 Satz 1 Nr. 4 UStG abziehbare Vorsteuer betrüge somit 55.417,00 €.

Vorsteuerberichtigung nach § 15a UStG

Da die **Lieferung des Gebäudeteils 1. Obergeschoss** im Rahmen einer **nichtsteuerbaren Geschäftsveräußerung** i.S.d. § 1 Abs. 1a UStG erfolgt, handelt es sich nicht um eine Änderung der Verhältnisse i.S.d. § 15a UStG (§ 15a Abs. 10 UStG; Abschn. 15a.10 Satz 1 Nr. 1 und Satz 2 und 3 UStAE). Die auf die nichtsteuerbare Teilgeschäftsveräußerung entfallende Vorsteuer i.H.v. 50.666,16 € (s.o.). bleibt der Vorsteuerberichtigung des L unberücksichtigt.

Die danach zu 100 % steuerpflichtige Veräußerung (Erdgeschoss und 2. Obergeschoss) am 1.6.2018 führt zu einer Änderung der Verhältnisse nach § 15a Abs. 8 UStG, da das Gebäude mit Fertigstellung zu 62,50 % (200 qm : 320 qm) zum Vorsteuerabzug berechtigt hat. Nach § 15a Abs. 9 UStG ist bis zum Ende des Berichtigungszeitraums von einer 100,00 %-igen steuerpflichtigen Verwendung auszugehen.

Insgesamt in Rechnung gestellte USt für die Herstellung des Gebäudes:	152.000,00 €
abzgl. anteilige Vorsteuer, die auf den Erwerber X übergeht (§ 15a Abs. 10 i.V.m. § 1 Abs. 1a Satz 3 UStG	./. 50.666,16 €
verbleibt eine zu überwachende Vorsteuer	**101.333,84 €**
Ursprünglicher Vorsteuerabzug: 101.333,34 € × (200 : 320 =) 62,50 % =	63.333.34 €
Zeitpunkt der erstmaligen Verwendung: 1.8.2012	
Dauer des Berichtigungszeitraums: 1.8.2012 bis 31.7.2022	
Jährliche Überwachungsbetrag 101.333,84 × 1/10	10.133,38 €

Nutzungs- **änderung** **im Kj. 2018:**   5 Monate   62,50 %   312,50
                        7 Monate   100,00 %   700,00
                                    Summe   1.012,50   : 12 Monate = 84,375 % durch-
                                                                        schnittliche Nutzung für Abzugs-
                                                                        umsätze	

84,375 % vom jährlichen Überwachungsbetrag i.H.v. 10.133,38 € =	8.550,04 €
62,500 % von 10.133,38 € bereits in Anspruch genommen	6.333,36 €
21,875 % Differenz = Berichtigungsbetrag zu Gunsten	**2.216,68 €**

Da im Kj. 2018 der Vorsteuerberichtigungsbetrag 1.000 € übersteigt ist für dieses Kalenderjahr § 44 Abs. 2 UStDV nicht anzuwenden.	

Nutzungsänderung in den Kj. 2019 bis 2021
          12 Monate   100,00 %   1.200,00
                        Summe   1.200,00   : 12 Monate = 100,00 % durch-
                                                                        schnittliche Nutzung für Abzugs-
                                                                        umsätze	

100,000 % vom jährlichen Überwachungsbetrag i.H.v. 10.133,38 € =	10.133,38 €
62,500 % von 10.133,38 € bereits in Anspruch genommen	6.333,36 €
37,500 % Differenz = Berichtigungsbetrag zu Ungunsten	**3.800,02 €**

In den Kj. 2019 bis 2021 ist § 44 Abs. 2 UStDV nicht anzuwenden. Nach § 44 Abs. 3 Satz 2 UStDV ist die Berichtigung des Vorsteuerabzugs für das Kalenderjahr der Lieferung (2018) und die folgenden Kalenderjahre des Berichtigungszeitraums bereits bei der Berechnung der Steuer für den Voranmeldungszeitraum durchzuführen, in dem die Lieferung stattgefunden hat (Berichtigung insgesamt im Voranmeldungszeitraum Juni 2018).	

Nutzungs- **änderung** **im Kj. 2022:**   7 Monate   100,00 %   700,00
                                    Summe   700,00   : 7 Monate = 100,00 % durch-
                                                                    schnittliche Nutzung für Abzugs-
                                                                    umsätze	

100,000 % vom anteiligen jährlichen Überwachungsbetrag i.H.v. 10.133,38 € : 12 × 7	5.911,14 €

62,500 %	vom anteiligen jährlichen Überwachungsbetrag i.H.v. 10.133,38 € : 12 × 7 bereits in Anspruch genommen	3.694,46 €
37,500 %	**Differenz = Berichtigungsbetrag zu Ungunsten**	**2.216,68 €**
Im Kj. 2022 ist § 44 Abs. 2 UStDV nicht anzuwenden.		
Im Voranmeldungszeitraum Juni 2018 ist insgesamt eine Berichtigung des Vorsteuerabzugs von 3 × 3.800,02 € + 2.216,68 € + 2.216,68 € durchzuführen (§ 44 Abs. 3 Satz 2 UStDV)		**15.833,42 €**

Option ausschließlich für Erdgeschoss

Bei einem wirksamen Verzicht auf die Steuerbefreiung des § 4 Nr. 9 Buchst. a UStG schuldet der Leistungsempfänger X die Umsatzsteuer für die steuerpflichtige Lieferung nach § 13b Abs. 2 Nr. 3 i.V.m. Abs. 5 Satz 1 UStG. Die Umsatzsteuer für die steuerpflichtige Lieferung berechnet sich wie folgt: Von der Bemessungsgrundlage i.H.v. 700.000 € entfallen

a) 120/480 = 175.000,00 € auf die eigene Wohnung (steuerfreie Veräußerung),

b) 160/480 = 233.333,33 € auf die vermieteten Kanzleiräume (nichtsteuerbare Teilgeschäftsveräußerung) und

c) 200/480 = 291.666,66 € auf den Bücherladen (steuerpflichtige Veräußerung).

Die USt für die steuerpflichtige Veräußerung beträgt:

291.666,66 € × 19 % = 55.416,67 € aus der steuerpflichtigen Veräußerung des Bücherladens.

Der Leistungsempfänger X schuldet demnach insgesamt 55.416,67 € USt nach § 13b Abs. 2 Nr. 3 UStG. Die Steuer entsteht nach § 13b Abs. 2 UStG mit Ausstellung der Rechnung, spätestens jedoch mit Ablauf der der Ausführung der Leistung folgenden Kalendermonats.

Nach § 15 Abs. 1 Satz 1 Nr. 4 UStG kann X die nach § 13b Abs. 2 Nr. 3 UStG entrichtete Steuer für Leistungen, die für sein Unternehmen ausgeführt worden sind, als Vorsteuer geltend machen. Für Vorsteuerbeträge aus der Anschaffung eines Gebäudes kommt nur eine Aufteilung der gesamten auf den einheitlichen Gegenstand entfallenden Vorsteuerbeträge nach einem sachgerechten Aufteilungsmaßstab (§ 15 Abs. 4 UStG) in Betracht (Abschn. 15.17 Abs. 5 Satz 3 UStAE). Die Anschaffungskosten i.H.v. 700.000 € betreffen das einheitliche Gebäude und nicht bestimmte Gebäudeteile (Abschn. 15.17 Abs. 5 Satz 6 UStAE).

Nach § 15 Abs. 1b UStG ist die Steuer, die auf die private Wohnungsnutzung entfällt, nicht als Vorsteuer abziehbar. Für die Aufteilung der Vorsteuerbeträge für Zwecke des § 15 Abs. 1b UStG gelten die Grundsätze des § 15 Abs. 4 UStG entsprechend (Abschn. 15.6a Abs. 4 UStAE). Die nach § 15 Abs. 1b UStG nicht abziehbare Vorsteuer ist danach wie folgt zu berechnen: 55.416,67 € × (120 qm : 320 qm × 100 =) 37,50 % = 20.781,25 €. Die nach § 15 Abs. 1 Satz 1 Nr. 4 UStG abziehbare Vorsteuer beträge somit 34.635,42 €.

Vorsteuerberichtigung nach § 15a UStG

Da die **Lieferung des Gebäudeteils 1. Obergeschoss** im Rahmen einer **nichtsteuerbaren Geschäftsveräußerung** i.S.d. § 1 Abs. 1a UStG erfolgt, handelt es sich nicht um eine Änderung der Verhältnisse i.S.d. § 15a UStG (§ 15a Abs. 10 UStG; Abschn. 15a.10 Satz 1 Nr. 1 und Satz 2 und 3 UStAE). Die auf die nichtsteuerbare Teilgeschäftsveräußerung entfallende Vorsteuer i.H.v. 50.666,16 € (s.o.) bleibt bei der Vorsteuerberichtigung des L unberücksichtigt.

Die danach zu 62,50 % steuerpflichtige Veräußerung (Erdgeschoss) am 1.6.2018 führt zu keiner Änderung der Verhältnisse, da das Gebäude mit Fertigstellung zu 62,50 % (200 qm : 320 qm) zum Vorsteuerabzug berechtigt hat.

Zur Vorsteuerberichtigung s.a. Fall 133.

Fall 18: Geschäftsveräußerung im Ganzen/Unentgeltliche Übertragung eines Betriebsgrundstücks

Ein Unternehmer überträgt seiner Ehefrau unentgeltlich ein Betriebsgrundstück. Aufgrund eines mit der Ehefrau wirksam geschlossenen Pachtvertrags verwendet der Unternehmer das Grundstück weiterhin für Zwecke seines Unternehmens.

Aufgabe: Prüfen Sie, ob eine nicht steuerbare Geschäftsveräußerung gegeben ist.

Lösung:

S.a. Sachverhalt 1 der Vfg. der OFD Niedersachsen vom 16.09.2011 (S 7109 – 10 – St 172, DStR 2011, 2467).

Der Unternehmer entnimmt das Grundstück aus seinem Unternehmen. Mit der Übertragung auf die Ehefrau endet die rechtliche Bindung des Grundstücks an den Unternehmer, sodass auch die Zuordnung des Grundstücks zu seinem unternehmerischen Bereich endet. An dieser Beurteilung ändert nichts, dass der Unternehmer das Grundstück weiterhin für Zwecke des Unternehmens verwendet. Denn diese Verwendung beruht nicht mehr auf der Zuordnungsentscheidung des Unternehmens, sondern auf der Entscheidung der Ehefrau, ihrem Ehemann das Grundstück zu verpachten, sowie auf der Entscheidung des Unternehmers, das Grundstück nunmehr im Rahmen eines schuldrechtlichen Nutzungsverhältnisses für sein Unternehmen zu verwenden. Die unentgeltliche Abgabe des Grundstücks erfolgt aus privaten Gründen und ist daher eine unentgeltliche Wertabgabe i.S.d. § 3 Abs. 1b Satz 1 Nr. 1 UStG. Der Umsatz ist steuerfrei (§ 4 Nr. 9 Buchst. a UStG). Der Unternehmer kann nicht nach § 9 UStG auf die Steuerfreiheit verzichten. Bei der unentgeltlichen Wertabgabe führt der Unternehmer keine Lieferung an einen anderen Unternehmer für dessen Unternehmen aus (Abschn. 3.2 Abs. 2 Satz 4 und Abschn. 9.1 Abs. 2 Satz 3 UStAE). Damit haben sich die Verhältnisse geändert, die beim Erwerb des Grundstücks durch den Unternehmer für den Vorsteuerabzug maßgebend waren. Der Vorsteuerabzug ist ggf. nach § 15a UStG zu berichtigen (Abschn. 15a.2 Abs. 6 Nr. 3 Buchst. a UStAE).

Eine Geschäftsveräußerung im Ganzen i.S.d. § 1 Abs. 1a UStG kann nicht vorliegen, da die Ehefrau nicht das Unternehmen des Veräußerers fortführt, sondern ein neues (Vermietungs-)Unternehmen begründet.

Die Ehefrau erbringt mit der Verpachtung des Grundstücks eine steuerbare und nach § 4 Nr. 12 Buchst. a UStG steuerfreie sonstige Leistung. Auf die Steuerfreiheit kann die Ehefrau unter den Voraussetzungen des § 9 UStG verzichten. Sie ist dann berechtigt, in den Pachtzinsabrechnungen USt gesondert auszuweisen und ihr in Rechnung gestellte USt als Vorsteuer abzuziehen. Ggf. ist die Mindestbemessungsgrundlage anzusetzen (§ 10 Abs. 5 Nr. 1 UStG).

Fall 19: Geschäftsveräußerung im Ganzen/Übertragung von Miteigentumsanteilen/ Grundstücksveräußerung

Ein Unternehmer überträgt seiner Ehefrau unentgeltlich einen Miteigentumsanteil an einem steuerpflichtig vermieteten Betriebsgrundstück. Die Ehegatten treten gemeinschaftlich in den bestehenden Mietvertrag ein, das Grundstück wird weiterhin steuerpflichtig vermietet. Die Ehegatten begründen keine gesonderte GbR.

Aufgabe: Prüfen Sie, ob eine nichtsteuerbare Geschäftsveräußerung gegeben ist.

Lösung:

S.a. Sachverhalt 4 der Vfg. der OFD Niedersachsen vom 16.9.2011 (S 7109 – 10 – St 172, DStR 2011, 2467).

Mit Urteil vom 6.9.2007 (V R 41/05, BStBl II 2008, 65) hat der BFH Folgendes entschieden: Überträgt ein Vermietungsunternehmer das Eigentum an einem umsatzsteuerpflichtig vermieteten Grundstück zur Hälfte auf seinen Ehegatten, liegt darin eine Geschäftsveräußerung im Ganzen, wenn das Grundstück alleiniger Vermietungsgegenstand war (Abschn. 1.5 Abs. 2a Satz 2 UStAE). Dieser Vorgang löst beim Vermietungsunternehmer keine Vorsteuerkorrektur gem. § 15a UStG aus. Die durch Übertragung eines Miteigentumsanteils an einem umsatzsteuerpflichtig vermieteten Grundstück entstandene Bruchteilsgemeinschaft tritt gleichzeitig mit ihrer Entstehung gem. § 566 BGB in einen bestehenden Mietvertrag ein.

Die Ehefrau wird nicht unternehmerisch tätig. Ihr steht kein Vorsteuerabzug zu. Umsatzsteuerrechtlicher Vermietungsunternehmer ist die Bruchteilsgemeinschaft.

Entsteht eine Bruchteilsgemeinschaft durch Einräumung eines Miteigentumsanteils an einem durch den bisherigen Alleineigentümer in vollem Umfang vermieteten Grundstück, liegt nach dem BFH-Urteil vom 6.9.2007 (V R 41/05, BStBl II 2008, 65) eine Geschäftsveräußerung nach § 1 Abs. 1a UStG vor. Die Bruchteilsgemeinschaft tritt dabei bereits im Zeitpunkt ihrer Entstehung gem. § 566 BGB in den zuvor abgeschlossenen Mietvertrag ein. Auf die Bildung einer gesonderten GbR kommt es dabei nicht an. Denn die Verwaltung des gemeinschaftlichen Eigentums kann nach den Regeln der Gemeinschaft erfolgen, sodass, wenn nichts anderes vereinbart ist, es sich bei der Vermietung von Miteigentum durch die Bruchteilsgemeinschaft um eine Verwaltungsmaßnahme nach §§ 744, 745 BGB handelt. Vermietungsunternehmer i.S.d. § 2 UStG ist dann die neu entstandene Bruchteilsgemeinschaft.

Aufgrund des Eintritts der Bruchteilsgemeinschaft in den bestehenden Mietvertrag ist es nicht erforderlich, dass der bisherige Alleineigentümer den ihm verbliebenen Miteigentumsanteil an dem Grundstück der Grundstücksgemeinschaft aufgrund gesonderter Vereinbarung zur Nutzung überlässt.

Fall 20: Geschäftsveräußerung im Ganzen/Übertragung von Miteigentumsanteilen/
Grundstücksveräußerung eines gemischt genutzten Grundstücks
Ein Unternehmer überträgt seiner Ehefrau entgeltlich einen 20 %igen Anteil seines zu 40 % vermieteten und zu 60 % eigenbetrieblich genutzten Betriebsgrundstücks. Die Ehegattengemeinschaft setzt die Vermietungstätigkeit fort.

Aufgabe: Prüfen Sie, ob eine nichtsteuerbare Geschäftsveräußerung gegeben ist.

Lösung:

Mit Urteil vom 22.11.2007 (V R 5/06, BStBl II 2008, 448) führt der BFH die im vorangegangenen Beispiel erläuterte Rechtsprechung fort. Danach liegt eine Geschäftsveräußerung i.S.v. § 1 Abs. 1a UStG auch dann vor, wenn der bisherige Alleineigentümer eines Grundstücks, das er bisher teilweise steuerpflichtig vermietete und teilweise für eigenunternehmerische Zwecke nutzte, einen Miteigentumsanteil auf seine Ehefrau überträgt (Fortführung von BFH-Urteil vom 6.9.2007, V R 41/05, BStBl II 2008, 65; Abschn. 1.5 Abs. 2a Satz 3 UStAE). Der Gegenstand der Geschäftsveräußerung beschränkt sich auf den vermieteten Grundstücksteil. Eine Vorsteuerberichtigung nach § 15a UStG kommt hinsichtlich des für eigenunternehmerische Zwecke genutzten Grundstücksteils nicht bereits aufgrund der Einräumung des Miteigentumsanteils in Betracht. Der bisherige Alleineigentümer bleibt auch als Miteigentümer in Bruchteilsgemeinschaft insoweit zum Vorsteuerabzug berechtigt, als seine eigenunternehmerische Nutzung von 60 % seinen quotalen Miteigentumsanteil am Grundstück (80 %) nicht übersteigt (Fortführung von BFH-Urteil vom 6.10.2005, V R 40/01, BStBl II 2007, 13). Anders als bei Personengesellschaften kommt es bei einer Bruchteilsgemeinschaft auf das Vorliegen gesonderter Nutzungsvereinbarungen nicht an.

Im Hinblick auf den übrigen (nicht vermieteten) Grundstücksteil liegt keine Geschäftsveräußerung vor, sodass über die Vorsteuerberichtigung gem. § 15a UStG nach Maßgabe der Nutzung und dem Umfang der Unternehmenszuordnung dieses Grundstücksteils gesondert zu entscheiden ist.

Fall 21: Geschäftsveräußerung im Ganzen/Vorsteuerabzug

A veräußert seinem gesamten Installationsbetrieb an B für 500.000 €. Im Zusammenhang mit dem Verkauf bzw. Kauf fallen Beratungsleistungen an:

a) für A 3.000 € zzgl. 570 € USt bzw.

b) für B 3.000 € zzgl. 570 € USt.

Aufgabe: Prüfen Sie, ob eine nichtsteuerbare Geschäftsveräußerung gegeben ist und nehmen Sie Stellung zum Vorsteuerabzug bei A und B.

Lösung:

Die Veräußerung stellt einen Geschäftsbetrieb im Ganzen dar. Die zugrunde liegenden Umsätze sind nach § 1 Abs. 1a Satz 1 UStG nicht steuerbar.

Über die nicht steuerbare Geschäftsveräußerung darf nicht mit Steuerausweis abgerechnet werden. Wird USt gleichwohl gesondert ausgewiesen, schuldet der Aussteller die ausgewiesene Steuer nach § 14c Abs. 1 UStG (Abschn. 14c.1 Abs. 1 Satz 5 Nr. 4 UStAE). Der Erwerber kann bei richtiger Abrechnung keinen Vorsteuerabzug vornehmen, weil ihm keine USt für die Geschäftsveräußerung berechnet worden ist. Wird gleichwohl fehlerhaft USt ausgewiesen, ist der Vorsteuerabzug nicht möglich (Abschn. 15.2 Abs. 1 Satz 1 und 2 UStAE).

Der Vorsteuerabzug aus Veräußerungskosten richtet sich im Fall einer Geschäftsveräußerung danach, in welchem Umfang das Unternehmen /der Teilbetrieb/das Grundstück vor der Veräußerung zur Ausführung von sog. Ausschlussumsätzen i.S.d. § 15 Abs. 2 UStG verwendet wurde (OFD Frankfurt vom 17.8.2011, S 7300 A – 116 – St 128). Bei Zugrundelegung der Verwaltungsauffassung ist der Vorsteuerabzug hiernach z.B. ausgeschlossen, wenn der Unternehmer vor Abgabe der Praxis aus der Tätigkeit als Arzt ausschließlich steuerfreie Umsätze i.S.d. § 4 Nr. 14 UStG ausgeführt hat.

Mit Urteil vom 22.2.2001 (C-408/98, UR 2001, 164) nimmt der EuGH zum Vorsteuerabzug des Übertragenden aus den für die Zwecke einer Geschäftsveräußerung in Anspruch genommenen Dienstleistungen Stellung. Hat ein Mitgliedstaat von der in Art. 19 Abs. 1 MwStSystRL vorgesehenen Möglichkeit Gebrauch gemacht, so dass die Übertragung eines Gesamtvermögens oder eines Teilvermögens so behandelt wird, als ob keine Lieferung von Gegenständen vorliegt (§ 1 Abs. 1a UStG), so gehören die Ausgaben des Übertragenden für die Dienstleistungen, die er zur Durchführung der Übertragung in Anspruch nimmt, zu seinen allgemeinen Kosten; sie weisen damit grundsätzlich einen direkten und unmittelbaren Zusammenhang mit seiner gesamten wirtschaftlichen Tätigkeit auf. Führt der Übertragende sowohl Umsätze aus, für die ein Recht auf Vorsteuerabzug besteht, als auch Umsätze, für die dieses Recht nicht besteht, kann er deshalb gem. Art. 168 MwStSystRL nur den Teil der Mehrwertsteuer abziehen, der auf den Betrag der erstgenannten Umsätze entfällt (Vorsteueraufteilung nach § 15 Abs. 4 UStG). Weisen jedoch die verschiedenen Dienstleistungen, die der Übertragende für die Durchführung der Übertragung in Anspruch genommen hat, einen direkten und unmittelbaren Zusammenhang mit einem klar abgegrenzten Teil seiner wirtschaftlichen Tätigkeit auf, so dass die Kosten dieser Dienstleistungen zu den allgemeinen Kosten dieses Unternehmensteils gehören, und unterliegen alle Umsätze dieses Unternehmensteils der Mehrwertsteuer, so kann der Stpfl. die gesamte Mehrwertsteuer abziehen, die seine Ausgaben für die Vergütung dieser Dienstleistungen belastet (s.a. Zugmaier, Steuer & Studium 7/2013, S. 385).

a) Da A mit dem veräußerten Installationsbetrieb ausschließlich Abzugsumsätze ausgeführt hat, kann er nach § 15 Abs. 1 Satz 1 Nr. 1 UStG die ihm in Rechnung gestellte USt i.H.v. 570 € als Vorsteuer abziehen.

b) Da B mit dem erworbenen Installationsbetrieb ausschließlich Abzugsumsätze ausführen wird, kann er nach § 15 Abs. 1 Satz 1 Nr. 1 UStG die ihm in Rechnung gestellte USt i.H.v. 570 € als Vorsteuer abziehen.

Fall 22: Veräußerung von Gesellschaftsanteilen

1. A veräußert seinen 30 %igen Anteil an der W-GmbH.
2. B veräußert seinen 100 %igen Anteil an der X-GmbH.
3. C veräußert seinen 30 %igen Anteil an der Y-GmbH an L. C war bis zu der Anteilsveräußerung Geschäftsführer der GmbH und mit dieser Tätigkeit auch Unternehmer. Nach der Veräußerung wird M als Geschäftsführer bestellt.
4. D veräußert seinen 30 %igen Anteil an der Z-GmbH an P. D veräußert seine Beteiligung sowie seine Geschäftsführertätigkeit dergestalt, dass der Erwerber P mit dem Beteiligungserwerb auch die Geschäftsführertätigkeit übernimmt.

Aufgabe: Nehmen Sie zu den Veräußerungen der Gesellschaftsanteile Stellung und prüfen Sie dabei, ob eine Geschäftsveräußerung bzw. Teilbetriebsveräußerung vorliegt.

Lösung:

Mit Urteil vom 27.1.2011 (V R 38/09, BStBl II 2012, 68) hat sich der BFH zum Vorliegen einer Geschäftsveräußerung im Ganzen bei der Veräußerung von Gesellschaftsanteilen geäußert. Zur Anwendung des BFH-Urteils nimmt das BMF mit Schreiben vom 3.1.2012 (BStBl I 2012, 76) Stellung. In seinem Urteil vom 27.1.2011 verweist der BFH auf das EuGH-Urteil vom 29.10.2009 (C–29/08, BFH/NV 2009, 2099) und stellt klar, dass die Veräußerung der Anteile an einer Gesellschaft nur dann als Geschäftsveräußerung im Ganzen i.S.d. § 1 Abs. 1a UStG nicht steuerbar ist, wenn alle Anteile der Gesellschaft Gegenstand der Veräußerung sind (hier die Veräußerung des 100 %-Anteils des B an der X-GmbH).

Im Urteilsfall hatte der Kläger nur 99 % der Anteile an der AG gehalten und veräußert. Da der Kläger im Streitfall mit entgeltlichen sonstigen Leistungen in die Verwaltung der AG eingegriffen hatte, bezog sich die Veräußerung auf einen Unternehmensgegenstand und war nach § 1 Abs. 1 Nr. 1 UStG steuerbar. Die steuerbare Veräußerung der Beteiligung an der AG war als Übertragung von Aktien nach § 4 Nr. 8 Buchst. e UStG steuerfrei.

Mit Urteil vom 30.5.2013 (C–651/11, UR 2013, 582) hat der EuGH erneut zur Übertragung gesellschaftsrechtlicher Beteiligungen Stellung genommen. In Rz. 33 seiner Entscheidung konstatiert der EuGH, dass er in der Rechtssache C–29/08 nicht über die erforderlichen Angaben verfügte, um zur Anwendbarkeit der nichtsteuerbaren Geschäftsveräußerung im Ganzen Stellung zu nehmen, und hatte deshalb die Prüfung dieser Frage dem vorlegenden Gericht überlassen.

In seiner Entscheidung vom 30.5.2013 (C–651/11) führt der EuGH seine Rechtsprechung fort und erweitert diese dahingehend, dass »die Übertragung von Gesellschaftsanteilen – unabhängig von dessen Höhe – nur dann einer Übertragung eines Teil- oder Gesamtvermögens i.S.v. Art. 19 MwStSystRL gleichgestellt werden, wenn der Gesellschaftsanteil Teil einer eigenständigen Einheit ist, die eine selbständige wirtschaftliche Betätigung ermöglicht, und diese Tätigkeit vom Erwerber fortgeführt wird (hier die Veräußerung des 30 %-Anteils des D an der Z-GmbH mit der gleichzeitigen Übertragung der Geschäftsführertätigkeit).

Eine bloße Veräußerung von Anteilen ohne gleichzeitige Übertragung von Vermögenswerten versetzt den Erwerber nicht in die Lage, eine selbständige wirtschaftliche Tätigkeit als Rechtsnachfolger des Veräußerers fortzuführen« (s.a. Abschn. 1.5 Abs. 9 UStAE i.d.F. des BMF-Schreibens vom 11.12.2013, BStBl I 2013, 1625; hier die Veräußerungen A, B und C).

Durch das EuGH-Urteil vom 30.5.2013 (C–651/11, UR 2013, 582), das BMF-Schreiben vom 11.12.2013 (BStBl I 2013, 1625) sowie die Verwaltungsregelung in Abschn. 1.5 Abs. 9 UStAE wird deutlich, dass lediglich die Übertragung der Anteile nicht zu einer nicht steuerbaren Geschäftsveräußerung führen kann. Im Umkehrschluss liegt aber unabhängig von der Höhe der übertragenen Beteiligung dann eine Geschäftsveräußerung i.S.d. § 1 Abs. 1a UStG vor, wenn gleichzeitig Vermögenswerte übertragen werden, die den Erwerber in die Lage versetzten, die wirtschaftliche Tätigkeit des Veräußerers fortzusetzen.

Zu gesellschaftsrechtlichen Beteiligungen s.a. die Fälle 1 Buchst. c, 22 und 90.

Fall 23: Übertragung eines Einzelunternehmens im Zusammenhang mit einer Gesellschaftsgründung

Privatmann P und Einzelunternehmer E beschließen am 15.1.18 die P & E-OHG in Neustadt/Weinstraße zu gründen und führen die Gründung auch sofort aus. Die OHG beabsichtigt, mit Elektrogeräten zu handeln. Zur Gründung der OHG bringt P 60.000 € aus seinem Privatvermögen auf. E bringt sein Einzelunternehmen, das bisher schon mit Elektrogeräten handelte, in die OHG ein. Der Verkehrswert des Einzelunternehmens beträgt 50.000 €. P und E sind im Verhältnis ihrer Einlage an der Gesellschaft beteiligt.

P und E übernehmen die Geschäftsführung der OHG; P übernimmt dabei die finanziellen, E die kaufmännischen Belange der OHG. P erhält für seine nicht weisungsgebundene Tätigkeit von monatlich 7.000 € zzgl. USt, E erhält im Gewinnfall 25 % des Gewinns vorab, im Übrigen wird der Gewinn nach der Anzahl der Gesellschafter und ihrem Kapitaleinsatz verteilt; ein Verlust wird ausschließlich nach der Anzahl der Gesellschafter und ihrem Kapitaleinsatz verteilt.

Aufgabe: Beurteilen Sie die oben angeführten Vorfälle bzgl. ihrer umsatzsteuerlichen Auswirkung auf P, E und die P & E-OHG.

Lösung:

Gesellschafter P:

Privatmann P begründet durch das bloße Erwerben und Halten seiner gesellschaftsrechtlichen Beteiligung an der P & E-OHG keine unternehmerische Tätigkeit (Abschn. 2.3 Abs. 2 Satz 1 UStAE). An einem Leistungsaustausch fehlt es in der Regel, wenn eine Gesellschaft Geldmittel nur erhält, damit sie in die Lage versetzt wird, sich in Erfüllung ihres Gesellschaftszwecks zu betätigen (Abschn. 1.6 Abs. 1 Satz 3 UStAE). P erbringt keine steuerbare Leistung an die OHG. Auch die OHG erbringt bei Aufnahme des P an diesen keinen steuerbaren Umsatz (Abschn. 1.6 Abs. 2 Satz 1 UStAE).

Ab 15.1.18 ist P Unternehmer i.S.d. § 2 Abs. 1 Satz 1 und 3 UStG, da er mit seiner Geschäftsführertätigkeit eine gewerbliche Tätigkeit nachhaltig und mit Einnahmeerzielungsabsicht ausübt. Die umsatzsteuerrechtliche Behandlung der Geschäftsführertätigkeit richtet sich danach, ob es sich um Leistungen handelt, die als Gesellschafterbeitrag durch die Beteiligung am Gewinn oder Verlust der Gesellschaft abgegolten werden, oder um Leistungen, die gegen Sonderentgelt ausgeführt werden und damit auf einen Leistungsaustausch gerichtet sind. Entscheidend ist die tatsächliche Ausführung des Leistungsaustauschs und nicht allein die gesellschaftsrechtliche Verpflichtung. Dabei ist es unerheblich, dass der Gesellschafter zugleich seine Mitgliedschaftsrechte ausübt. Umsatzsteuerrechtlich maßgebend für das Vorliegen eines Leistungsaustauschs ist, dass ein Leistender und ein Leistungsempfänger vorhanden sind und der Leistung eine Gegenleistung gegenübersteht. Die Steuerbarkeit der Geschäftsführungs- und Vertretungsleistungen eines Gesellschafters an die Gesellschaft setzt das Bestehen eines unmittelbaren Zusammenhangs zwischen der erbrachten Leistung und dem empfangenen Sonderentgelt voraus (vgl. BFH Urteile vom 6.6.2002, V R 43/01, BStBl II 2003, 36 und vom 16.1.2003, V R 92/01, BStBl II 2003, 732; Abschn. 1.6 Abs. 3 Sätze 2 ff. UStAE; s.a. die Beispiele in Abschn. 1.6 Abs. 4 und 5 UStAE).

Gesellschafter E:

Gesellschafter E ist bis zum 14.1.18 mit dem Einzelunternehmen (Rahmen des Unternehmens nach § 2 Abs. 1 Satz 2 UStG) Unternehmer i.S.d. § 2 Abs. 1 Satz 1 und 3 UStG.

Als Gesellschafterbeitrag leistet E eine Sacheinlage durch die Einbringung seines Einzelunternehmens in die OHG. Mit der Einbringung des Einzelunternehmens in die Gesellschaft liegt eine nicht steuerbare Geschäftsveräußerung im Ganzen vor (§ 1 Abs. 1a UStG; Abschn. 1.5 Abs. 3 Satz 2 UStAE), da alle wesentlichen Grundlagen auf die OHG übertragen werden (Abschn. 1.5 Abs. 1 Satz 1 UStAE) und die OHG die bisher durch E ausgeübte Tätigkeit tatsächlich fortführt (Abschn. 1.5 Abs. 1 Satz 2 UStAE). Die OHG tritt nach § 1

Abs. 1a Satz 3 UStG an die Stelle des E. Die Sacheinlage des E ist nicht steuerbar, da eine Geschäftsveräußerung i.S.d. § 1 Abs. 1a UStG vorliegt (Abschn. 1.6 Abs. 2 Satz 4 UStAE).

Wie bereits oben bei Gesellschafter P dargestellt, begründet auch E durch das bloße Erwerben und Halten seiner gesellschaftsrechtlichen Beteiligung an der P & E-OHG keine unternehmerische Tätigkeit (Abschn. 2.3 Abs. 2 Satz 1 UStAE).

Die Geschäftsführertätigkeit des E begründet keine unternehmerische Tätigkeit, da kein Sonderentgelt vereinbart ist. Die umsatzsteuerrechtliche Behandlung dieser Leistungen richtet sich danach, ob es sich um Leistungen handelt, die als Gesellschafterbeitrag durch die Beteiligung am Gewinn oder Verlust der Gesellschaft abgegolten werden, oder um Leistungen, die gegen Sonderentgelt ausgeführt werden und damit auf einen Leistungsaustausch gerichtet sind (Abschn. 1.6 Abs. 3 Satz 2 UStAE; s.a. die Beispiel 1 bis 8 zu Abschn. 1.6 Abs. 4 UStAE, hier insbesondere Beispiel 2 Buchst. c).

Die Unternehmereigenschaft des E endet mit Ablauf des 14.1.18.

P & E-OHG:

Eine Personengesellschaft ist selbständig, wenn sie nicht ausnahmsweise nach § 2 Abs. 2 UStG in das Unternehmen eines Organträgers eingegliedert ist (Abschn. 2.2 Abs. 5 Satz 1 UStAE; vgl. Abschn. 2.8 Abs. 2 Satz 5 UStAE). Die OHG ist Unternehmerin i.S.d. § 2 Abs. 1 Satz 1 und 3 UStG. Die Unternehmertätigkeit beginnt mit dem ersten nach außen erkennbaren Handeln der OHG, somit am 15.1.18 (Abschn. 2.6 Abs. 1 Satz 1 UStAE). Das Unternehmen umfasst der Handel mit Elektrogeräten.

Die OHG erbringt bei der Aufnahme eines Gesellschafters an diesen keinen steuerbaren Umsatz (vgl. BFH Urteil vom 1.7.2004, V R 32/00, BStBl II 2004, 1022; Abschn. 1.6 Abs. 2 Satz 1 UStAE). Zur Übertragung von Gesellschaftsanteilen vgl. Abschn. 3.5 Abs. 8 UStAE.

Zu gesellschaftsrechtlichen Beteiligungen s.a. die Fälle 1 Buchst. c, 22 und 90.

4. Vorweggenommene Erbfolge
4.1 Übertragung eines Grundstücks bzw. eines Miteigentumsanteils daran

Fall 24: Übertragung eines bisher steuerfrei vermieteten Grundstücks/
       Unentgeltliche Wertabgabe
Vater V vermietet seit Jahren ein Grundstück umsatzsteuerfrei an verschiedene Mieter (Einkünfte § 21 Abs. 1 Nr. 1 EStG) zu Wohnzwecken. Nachdem die Mietverträge mit den Mietern gekündigt wurden, überträgt V das unvermietete Grundstück unentgeltlich an seinen Sohn S, der es danach an verschiedene (andere) Mieter vermietet.

Aufgabe: Nehmen Sie zu der Grundstücksübertragung Stellung und prüfen Sie dabei, ob eine Geschäftsveräußerung bzw. Teilbetriebsveräußerung vorliegt.

Lösung:

Ertragsteuerrechtliche Lösung
Ertragsteuerrechtlich hat der Sohn die vom Vater begonnene Abschreibung nach § 11d Abs. 1 EStDV fortzuführen.

Umsatzsteuerrechtliche Lösung
Die Übertragung des Grundstücks ohne Übergang eines Mietvertrages ist keine Geschäftsveräußerung im Ganzen (Abschn. 1.5 Abs. 2 Satz 1 UStAE).

Die nach § 3 Abs. 1b Nr. 1 UStG einer entgeltlichen Lieferung gleichgestellte Entnahme oder unentgeltliche Zuwendung eines Gegenstands aus dem Unternehmen setzt die Zugehörigkeit des Gegenstands zum Unternehmen voraus. Die Zuordnung eines Gegenstands zum Unternehmen richtet sich nicht nach ertragsteuerrechtlichen Merkmalen, also nicht nach der Einordnung als Betriebs- oder Privatvermögen. Maßgebend ist, ob der Unternehmer den Gegenstand dem unternehmerischen oder dem nichtunternehmerischen Tätigkeitsbereich zugewiesen hat (Abschn. 3.3 Abs. 1 UStAE).

Das ertragsteuerrechtlich zum Privatvermögen gehörige Grundstück stellt umsatzsteuerrechtlich Unternehmensvermögen dar, da das Grundstück ausschließlich unternehmerisch genutzt wird.

Die Entnahme eines dem Unternehmen zugeordneten Gegenstands wird nach § 3 Abs. 1b UStG nur dann einer entgeltlichen Lieferung gleichgestellt, wenn der entnommene oder zugewendete Gegenstand oder seine Bestandteile zum vollen oder teilweisen Vorsteuerabzug berechtigt haben (§ 3 Abs. 1b Satz 2 UStG, Abschn. 3.3 Abs. 2 UStAE). Hinsichtlich der steuerfreien Vermietungsumsätze ist der Vorsteuerabzug nach § 15 Abs. 2 Satz 1 Nr. 1 UStG ausgeschlossen. Die unentgeltliche Wertabgabe ist nicht steuerbar.

Fall 25: Übertragung eines bisher steuerpflichtig vermieteten Grundstücks/
**   Steuerfreie unentgeltliche Wertabgabe**

Vater V vermietet seit Jahren ein Grundstück umsatzsteuerpflichtig an einen Rechtsanwalt R (Einkünfte § 21 Abs. 1 Nr. 1 EStG) für dessen Kanzlei. Die Anschaffung des Grundstücks vor 6 Jahren war nach Option i.S.d. § 9 UStG steuerpflichtig. Nachdem der Mietvertrag mit R gekündigt wurde, überträgt V das unvermietete Grundstück unentgeltlich an seinen Sohn S, der es danach an Steuerberater X vermietet.

Aufgabe: Nehmen Sie zu der Grundstücksübertragung Stellung und prüfen Sie dabei, ob eine Geschäftsveräußerung bzw. Teilbetriebsveräußerung vorliegt.

Lösung:

Ertragsteuerrechtliche Lösung

Ertragsteuerrechtlich hat der Sohn die vom Vater begonnene Abschreibung nach § 11d Abs. 1 EStDV fortzuführen.

Umsatzsteuerrechtliche Lösung

Die Übertragung des Grundstücks ohne Übergang eines Mietvertrages ist keine Geschäftsveräußerung im Ganzen (Abschn. 1.5 Abs. 2 Satz 1 UStAE).

Die nach § 3 Abs. 1b UStG einer entgeltlichen Lieferung gleichgestellte Entnahme oder unentgeltliche Zuwendung eines Gegenstands aus dem Unternehmen setzt die Zugehörigkeit des Gegenstands zum Unternehmen voraus. Die Zuordnung eines Gegenstands zum Unternehmen richtet sich nicht nach ertragsteuerrechtlichen Merkmalen, also nicht nach der Einordnung als Betriebs- oder Privatvermögen. Maßgebend ist, ob der Unternehmer den Gegenstand dem unternehmerischen oder dem nichtunternehmerischen Tätigkeitsbereich zugewiesen hat (Abschn. 3.3 Abs. 1 UStAE).

Das ertragsteuerrechtlich zum Privatvermögen gehörige Grundstück stellt umsatzsteuerrechtlich Unternehmensvermögen dar, da das Grundstück ausschließlich unternehmerisch genutzt wird.

Wegen der steuerpflichtigen Vermietung ist die unentgeltliche Wertabgabe steuerbar. Hinsichtlich der steuerpflichtigen Vermietungsumsätze ist die Vorsteuer nach § 15 Abs. 1 Satz 1 Nr. 1 UStG abziehbar. Die unentgeltliche Wertabgabe durch Entnahme ist steuerfrei nach § 4 Nr. 9 Buchst. a UStG unabhängig davon, ob damit ein Rechtsträgerwechsel verbunden ist (Abschn. 4.9.1 Abs. 2 Nr. 6 UStAE). Eine Option zur Steuerpflicht nach § 9 UStG kommt nicht in Betracht (s.a. Abschn. 3.2 Abs. 2 Satz 4 UStAE).

Die steuerfreie unentgeltliche Wertabgabe ursprünglich steuerpflichtig vermieteter Grundstücke stellt nach § 15a Abs. 8 UStG eine Änderung der Verhältnisse dar (Abschn. 15a.2 Abs. 6 Nr. 3 Buchst. a UStAE), da die Vorsteuer aus den Anschaffungskosten in voller Höhe abzugsfähig war.

**Fall 26: Übertragung eines vermieteten Miteigentumsanteils an einem Grundstück/
Geschäftsveräußerung im Ganzen**

Das Beispiel entspricht Beispiel 4 der Vfg. der OFD Niedersachsen vom 16.9.2011 (S 7109 – 10 – St 172, DStR 2011 S. 2467).

Vater V überträgt seiner Tochter T unentgeltlich einen Miteigentumsanteil an einem steuerpflichtig vermieteten Grundstück. Vater und Tochter treten gemeinschaftlich in den bestehenden Mietvertrag ein, das Grundstück wird weiterhin steuerpflichtig vermietet.

Aufgabe: Nehmen Sie zu der Grundstücksübertragung Stellung und prüfen Sie dabei, ob eine Geschäftsveräußerung bzw. Teilbetriebsveräußerung vorliegt.

Lösung:

Ertragsteuerrechtliche Lösung

Ertragsteuerrechtlich hat die Tochter für ihren Miteigentumsanteil die vom Vater begonnene Abschreibung nach § 11d Abs. 1 EStDV anteilig fortzuführen. Die Einkünfte sind entsprechend den Miteigentumsanteilen auf V und T aufzuteilen.

Umsatzsteuerrechtliche Lösung

Entsteht eine Bruchteilsgemeinschaft durch Einräumung eines Miteigentumsanteils an einem durch den bisherigen Alleineigentümer in vollem Umfang vermieteten Grundstück, liegt nach dem BFH-Urteil vom 6.9.2007 (V R 41/05, BStBl II 2008 S. 65) eine Geschäftsveräußerung nach § 1 Abs. 1a UStG vor (Abschn. 1.5 Abs. 2a Satz 2 UStAE). Die Bruchteilsgemeinschaft tritt dabei bereits im Zeitpunkt ihrer Entstehung gem. § 566 BGB in den zuvor abgeschlossenen Mietvertrag ein. Auf die Bildung einer gesonderten GbR kommt es dabei nicht an. Denn die Verwaltung des gemeinschaftlichen Eigentums kann nach den Regeln der Gemeinschaft erfolgen, so dass, wenn nichts anderes vereinbart ist, es sich bei der Vermietung von Miteigentum durch die Bruchteilsgemeinschaft um eine Verwaltungsmaßnahme nach §§ 744, 745 BGB handelt. Vermietungsunternehmer i.S.d. § 2 UStG ist dann die neu entstandene Bruchteilsgemeinschaft. Aufgrund des Eintritts der Bruchteilsgemeinschaft in den bestehenden Mietvertrag ist es nicht erforderlich, dass der bisherige Alleineigentümer den ihm verbliebenen Miteigentumsanteil an dem Grundstück der Grundstücksgemeinschaft aufgrund gesonderter Vereinbarung zur Nutzung überlässt.

4.2 Übertragung eines Betriebsgrundstücks bzw. eines Miteigentumsanteils daran

---

**Fall 27: Übertragung eines Betriebsgrundstücks mit anschließender Rückpacht/
Steuerfreie unentgeltliche Wertabgabe**

Das Beispiel entspricht Beispiel 1 der Vfg. der OFD Niedersachsen vom 16.9.2011 (S 7109 – 10 – St 172, DStR 2011, 2467).

Vater V (Unternehmer) überträgt seiner Tochter im Wege der vorweggenommenen Erbfolge unentgeltlich ein Betriebsgrundstück (Kfz-Werkstatt). Aufgrund eines mit der Tochter geschlossenen Pachtvertrags verwendet der Unternehmer V das Grundstück weiterhin für Zwecke seines Unternehmens (Kfz-Werkstatt).

Aufgabe: Nehmen Sie zu der Grundstücksübertragung Stellung und prüfen Sie dabei, ob eine Geschäftsveräußerung bzw. Teilbetriebsveräußerung vorliegt.

Lösung:

Ertragsteuerrechtliche Lösung

Die unentgeltliche Übertragung einzelner Wirtschaftsgüter des Betriebsvermögens stellt beim Übergeber V regelmäßig eine Entnahme des Wirtschaftsguts dar. Die anschließende Übertragung im Rahmen der vorweggenommenen Erbfolge erfolgt im Privatvermögen. Der Übernehmer des Wirtschaftsguts hat daher seine Abschreibung regelmäßig nach dem Entnahmewert des Übergebers zu bemessen (§ 11d Abs. 1 EStDV und Rz. 33 des BMF-Schreibens vom 13.1 1993, BStBl I 1993 S. 80, 464).

Umsatzsteuerrechtliche Lösung

Der Unternehmer entnimmt das Grundstück aus seinem Unternehmen. Mit der Übertragung auf die Tochter endet die rechtliche Bindung des Grundstücks an den Unternehmer, so dass auch die Zuordnung des Grundstücks zu seinem unternehmerischen Bereich endet. An dieser Beurteilung ändert nichts, dass der Unternehmer das Grundstück weiterhin für Zwecke des Unternehmens verwendet. Denn diese Verwendung beruht nicht mehr auf der Zuordnungsentscheidung des Unternehmens, sondern auf der Entscheidung der Tochter, ihrem Vater das Grundstück zu verpachten, sowie auf der Entscheidung des Unternehmers, das Grundstück nunmehr im Rahmen eines schuldrechtlichen Nutzungsverhältnisses für sein Unternehmen zu verwenden (Abschn. 3.3 Abs. 8 Satz 1 UStAE). Die unentgeltliche Wertabgabe durch Entnahme (§ 3 Abs. 1b Nr. 1 UStG) ist steuerfrei (§ 4 Nr. 9 Buchst. a UStG). Der Unternehmer kann nicht nach § 9 UStG auf die Steuerfreiheit verzichten. Bei der unentgeltlichen Wertabgabe führt der Unternehmer keine Lieferung an einen anderen Unternehmer für dessen Unternehmen aus. Vielmehr ist die Entnahme eine vom Willen des Unternehmers gesteuerte Wertabgabe aus seinem Unternehmen (Abschn. 3.2 Abs. 2 Satz 4 und Abschn. 9.1 Abs. 2 Satz 3 UStAE). Damit haben sich die Verhältnisse geändert, die beim Erwerb des Grundstücks durch den Unternehmer für den Vorsteuerabzug maßgebend waren. Der Vorsteuerabzug ist ggf. nach § 15a Abs. 8 UStG zu berichtigen (Abschn. 15a.2 Abs. 6 Nr. 3 Buchst. a UStAE).

Eine Geschäftsveräußerung im Ganzen i.S.d. § 1 Abs. 1a UStG kann nicht vorliegen, da die Tochter nicht das Unternehmen des Veräußerers fortführt, sondern ein neues (Vermietungs-)Unternehmen begründet.

Die Tochter erbringt mit der Verpachtung des Grundstücks eine steuerbare und nach § 4 Nr. 12 Buchst. a UStG steuerfreie sonstige Leistung. Auf die Steuerfreiheit kann die Tochter unter den Voraussetzungen des § 9 UStG verzichten. Sie ist dann berechtigt, in den Pachtzinsabrechnungen USt gesondert auszuweisen und ihr in Rechnung gestellte USt als Vorsteuer abzuziehen).

Überlässt die Tochter das Grundstück verbilligt an ihren Vater, ist nach § 10 Abs. 5 Nr. 1 UStG die Mindestbemessungsgrundlage anzusetzen.

Fall 28: Übertragung eines Miteigentumsanteils eines zum Teil vermieteten Betriebsgrundstücks/Geschäftsveräußerung im Ganzen

Das Beispiel entspricht Beispiel 6 der Vfg. der OFD Niedersachsen vom 16.9.2011 (S 7109 – 10 – St 172, DStR 2011 S. 2467).

Vater V (Unternehmer) überträgt seiner Tochter T unentgeltlich einen 20 %igen Anteil seines zu 40 % (Abwandlung zu 15 %) vermieteten und zu 60 % (Abwandlung zu 85 %) eigenbetrieblich genutzten Betriebsgrundstücks. Die Gemeinschaft V und T setzt die Vermietungstätigkeit fort.

Aufgabe: Nehmen Sie zu der Grundstücksübertragung Stellung und prüfen Sie dabei, ob eine Geschäftsveräußerung bzw. Teilbetriebsveräußerung vorliegt.

Lösung:

Ertragsteuerrechtliche Lösung

Die unentgeltliche Übertragung des Miteigentumsanteils des Betriebsgrundstücks stellt beim Übergeber V regelmäßig eine Teilentnahme des Wirtschaftsguts dar. Die anschließende Übertragung im Rahmen der vorweggenommenen Erbfolge erfolgt im Privatvermögen. Der Übernehmer des Miteigentumsanteils hat daher seine Abschreibung regelmäßig nach dem Entnahmewert des Übergebers zu bemessen (§ 11d Abs. 1 EStDV und Rz. 33 des BMF-Schreibens vom 13.1.1993, BStBl I 1993, 80, 464).

Umsatzsteuerrechtliche Lösung

Nach dem BFH-Urteil vom 22.11.2007 (V R 5/06, BStBl II 2008, 448) liegt eine Geschäftsveräußerung i.S.v. § 1 Abs. 1a UStG auch dann vor, wenn der bisherige Alleineigentümer eines Grundstücks, das er bisher teilweise steuerpflichtig vermietete und teilweise für eigenunternehmerische Zwecke nutzte, einen Miteigentumsanteil überträgt (Fortführung von BFH-Urteil vom 6.9.2007, V R 41/05, BStBl II 2008, 65; Abschn. 1.5 Abs. 2a Satz 3 UStAE). Der Gegenstand der Geschäftsveräußerung beschränkt sich auf den vermieteten Grundstücksteil. Eine Vorsteuerberichtigung nach § 15a UStG kommt hinsichtlich des für eigenunternehmerische Zwecke genutzten Grundstücksteils nicht bereits aufgrund der Einräumung des Miteigentumsanteils in Betracht. Der bisherige Alleineigentümer bleibt auch als Miteigentümer in Bruchteilsgemeinschaft insoweit zum Vorsteuerabzug berechtigt, als seine eigenunternehmerische Nutzung von 60 % seinen quotalen Miteigentumsanteil am Grundstück (80 %) nicht übersteigt (Fortführung von BFH-Urteil vom 6.10.2005, V R 40/01, BStBl II 2007, 13). Anders als bei Personengesellschaften kommt es bei einer Bruchteilsgemeinschaft auf das Vorliegen gesonderter Nutzungsvereinbarungen nicht an.

Übersteigt – wie in der Abwandlung – der für eigenunternehmerische Zwecke genutzte Grundstücksteil i.H.v. 85 % den verbleibenden Miteigentumsanteil i.H.v. 80 %, liegt insoweit eine nach § 4 Nr. 9 Buchst. a UStG steuerfreie unentgeltliche Wertabgabe vor. Denn die Verwendung beruht hier nicht auf der Zuordnungsentscheidung des Vaters V, sondern auf der Entscheidung der Tochter, ihm das Grundstück unentgeltlich zu überlassen. Eine Geschäftsveräußerung im Ganzen liegt nicht vor, da die Tochter nicht die bisherige Tätigkeit des Vaters fortführt. Der Vater kann nicht nach § 9 UStG auf die Steuerfreiheit verzichten, sodass der Vorsteuerabzug ggf. nach § 15a UStG zu berichtigen ist.

Im Hinblick auf den übrigen (nicht vermieteten) Grundstücksteil liegt keine Geschäftsveräußerung vor, sodass über die Vorsteuerberichtigung gem. § 15a UStG nach Maßgabe der Nutzung und dem Umfang der Unternehmenszuordnung dieses Grundstücksteils gesondert zu entscheiden ist (Abschn. 15a.2 Abs. 4 UStAE).

Handelte es sich bis zur Begründung der Bruchteilsgemeinschaft um eine nichtunternehmerische Nutzung durch den bisherigen Alleineigentümer und lag auch keine anderweitige Zuordnung zum Unternehmen dieser Person vor, kommt weder der Nutzung noch der Übertragung des dieser Nutzung zuzurechnenden Grundstücksteils Unternehmenscharakter zu. Eine Anwendung von § 15a UStG kommt schon deshalb nicht in Betracht.

Nutzte der bisherige Alleineigentümer – wie im Beispielsfall – den nicht vermieteten Grundstücksteil für unternehmerische Zwecke, bleibt er auch als Miteigentümer in Bruchteilsgemeinschaft insoweit zum Vorsteuerabzug berechtigt, als er den Gemeinschaftsgegenstand i.R.d. Zuordnung zu seinem Unternehmen für eigene unternehmerische Zwecke nutzt und diese Nutzung seinen quotalen Miteigentumsanteil am Grundstück nicht übersteigt (vgl. hierzu BFH-Urteil vom 6.10.2005, V R 40/01, BStBl II 2007, 13).

4.3   Bestellung eines Nießbrauchsrechts

Fall 29: Bestellung eines Nießbrauchsrechts an einem Grundstück/Geschäftsveräußerung im Ganzen/Unentgeltliche Wertabgabe

Das Beispiel entspricht Beispiel 3 der Vfg. der OFD Niedersachsen vom 16.9.2011 (S 7109 – 10 – St 172, DStR 2011, 2467).

Vater V bestellt seiner Tochter T an einem zu Wohnzwecken vermieteten Grundstück einen lebenslänglichen unentgeltlichen Nießbrauch. Die Tochter übernimmt die Mietverträge und führt somit die Vermietungstätigkeit weiter.

Alternative:

Es handelt sich weder um ein vermietetes noch um ein verpachtetes Grundstück. Die Tochter renoviert das Grundstück und vermietet es anschließend steuerfrei. V hatte das Grundstück umsatzsteuerpflichtig angeschafft und zu Abzugsumsätzen genutzt.

Aufgabe: Nehmen Sie zu der Bestellung des Nießbrauchsrechts Stellung und prüfen Sie dabei, ob eine Geschäftsveräußerung bzw. Teilbetriebsveräußerung vorliegt.

Lösung:

Ertragsteuerrechtliche Lösung

Der Nießbraucher tritt in die Rechtsstellung des Eigentümers als Vermieter ein. Mietzahlungen sind an den Nießbraucher zu leisten (Rz. 14 ff. des BMF-Schreibens vom 30.9.2013, BStBl I 2013, 1184). AfA auf das Gebäude darf der Nießbraucher nicht abziehen.

Werbungskosten, die der Nießbraucher im Rahmen der Nießbrauchsbestellung getragen hat, darf er abziehen (Rz. 21 des BMF-Schreibens vom 30.9.2013, BStBl I 2013, 1184).

Dem Eigentümer sind keine Einkünfte aus dem nießbrauchsbelasteten Grundstück zuzurechnen. Der Eigentümer darf AfA auf das Gebäude und Grundstücksaufwendungen, die er getragen hat, nicht als Werbungskosten abziehen, da er keine Einnahmen erzielt (Rz. 23 ff. des BMF-Schreibens vom 30.9.2013, BStBl I 2013, 1184).

Umsatzsteuerrechtliche Lösung

Im Rahmen einer unentgeltlichen nicht steuerbaren Geschäftsveräußerung hat die Bestellung des Nießbrauchs keine umsatzsteuerlichen Folgen.

Alternative

Nach Abschn. 1.5 Abs. 2 Satz 1 UStAE liegt keine nicht steuerbare Geschäftsveräußerung i.S.d. § 1 Abs. 1a UStG vor. Der Unternehmer muss das Grundstück aus seinem Unternehmen entnehmen (BFH-Urteil vom 16.9.1987, X R 51/81, BStBl II 1988, 205; s.a. Abschn. 15a.2 Abs. 6 Nr. 3 Buchst. b UStAE). Durch die Bestellung des unentgeltlichen unbefristeten Nießbrauchs (Zuwendungsnießbrauch) bringt er zum Ausdruck, dass er das Grundstück auf Dauer nicht mehr zur Erzielung von Einnahmen und damit nicht mehr im Rahmen seines Unternehmens einsetzen will. Die Bindung des Grundstücks an das Unternehmen ist beendet. Unerheblich ist, dass dem Unternehmer das (nießbrauchsbelastete) Eigentum am Grundstück verbleibt. Für die Frage der Verwendung des Grundstücks kommt es auf die Eigentumsverhältnisse nicht an. Die unentgeltliche Wertabgabe durch Entnahme zum Eigenbedarf ist steuerfrei nach § 4 Nr. 9 Buchst. a UStG.

Fall 30: Übertragung eines Betriebsgrundstücks unter Vorbehalt eines Nießbrauchsrechts

Das Beispiel entspricht Beispiel 2 der Vfg. der OFD Niedersachsen vom 16.9.2011 (S 7109 – 10 – St 172, DStR 2011, 2467).

Vater V (Unternehmer) überträgt seinem Sohn S unentgeltlich ein Betriebsgrundstück und behält sich den Nießbrauch zur weiteren uneingeschränkten Verwendung des Grundstücks in seinem Unternehmen vor.

Aufgabe: Nehmen Sie zu der Grundstücksübertragung sowie zur Bestellung des Nießbrauchsrechts Stellung und prüfen Sie dabei, ob eine Geschäftsveräußerung bzw. Teilbetriebsveräußerung vorliegt.

Lösung:

Ertragsteuerrechtliche Lösung

V als Nießbraucher erzielt mit dem belasteten Grundstück weiterhin die Einkünfte, z.B. aus Vermietung und Verpachtung.

Umsatzsteuerrechtliche Lösung

Der Unternehmer hat das Grundstück weder seinem Sohn geliefert noch aus seinem Unternehmen entnommen. Er hat lediglich das mit dem Nießbrauch belastete Eigentum übertragen und sich die Nutzungsmöglichkeit zurückbehalten, die ihm bisher aufgrund seines Eigentums zustand (Vorbehaltsnießbrauch). Der Sohn erlangt an dem Grundstück keine Verfügungsmacht i.S.d. § 3 Abs. 1 UStG. Die Einräumung des Nießbrauchsvorbehalts stellt auch keine Gegenleistung für die Grundstücksübertragung dar. Denn der Unternehmer hat sich dieses Recht von vornherein vorbehalten. Eine unentgeltliche Wertabgabe durch Entnahme liegt nicht vor, weil die Verfügungsmacht beim Unternehmer verblieben ist (Abschn. 3.3 Abs. 5 UStAE).

Eine Berichtigung des Vorsteuerabzugs nach § 15a UStG kommt bei Bestellung des Vorbehaltsnießbrauchs nicht in Betracht (BFH-Urteil vom 13.11.1997, V R 66/96, BFH/NV 1998, 555).

4.4 Betriebsübertragung

Fall 31: Betriebsübertragung/Geschäftsveräußerung im Ganzen

Vater V (Unternehmer) überträgt seiner Tochter T seinen Betrieb (Kapitalkonto 280.000 €) mit einem Verkehrswert von 510.000 € gegen eine Abstandszahlung an V bzw. ein Gleichstellungsgeld an den Bruder der T i.H.v. 430.000 €.

Aufgabe: Nehmen Sie zu der Betriebsübertragung Stellung und prüfen Sie dabei, ob eine Geschäftsveräußerung bzw. Teilbetriebsveräußerung vorliegt.

Lösung:

Ertragsteuerrechtliche Lösung

Da das Entgelt i.H.v. 430.000 € das Kapitalkonto i.H.v. 280.000 € übersteigt, liegt nach der Einheitstheorie ein entgeltlicher Erwerb vor (s.a. Rz. 35 des BMF-Schreibens vom 13.1.1993, BStBl I 1993, 80, 464). Der Veräußerungsgewinn i.S.d. § 16 Abs. 2 EStG ist durch Gegenüberstellung des Entgelts und des steuerlichen Kapitalkontos des Übergebers zu ermitteln.

Von den gesamten stillen Reserven i.H.v. (510.000 € ./. 280.000 € =) 230.000 € werden (430.000 € ./. 280.000 € =) 150.000 € aufgedeckt. Die Tochter tätigt einen (teil)entgeltlichen Erwerb, der zu einer Aufstockung der Buchwerte um die aufgedeckten stillen Reserven führt (§ 6 Abs. 1 Nr. 7 EStG).

Umsatzsteuerrechtliche Lösung

V tätigt mit der Betriebsübertragung an die Tochter eine nach § 1 Abs. 1a UStG nicht steuerbare Geschäftsveräußerung im Ganzen. Die Tochter tritt an die Stelle des Veräußerers.

> **Abwandlung 1:**
> Die Tochter zahlt ein Gleichstellungsgeld an den Bruder i.H.v. 250.000 €.

Lösung:

Ertragsteuerrechtliche Lösung

Wendet der Übernehmer Anschaffungskosten bis zur Höhe des steuerlichen Kapitalkontos auf, tätigt er
nach der Einheitstheorie einen unentgeltlichen Erwerb und hat die Buchwerte des Übergebers fortzuführen. Ein Veräußerungsverlust liegt beim Übergeber nicht vor (Rz. 38 des BMF-Schreibens vom 13.1.1993,
BStBl I 1993, 80, 464).

Umsatzsteuerrechtliche Lösung

V tätigt mit der Betriebsübertragung an die Tochter eine nach § 1 Abs. 1a UStG nicht steuerbare Geschäftsveräußerung im Ganzen. Die Tochter tritt an die Stelle des Veräußerers.

> **Abwandlung 2:**
> Die Tochter zahlt an V eine monatliche lebenslängliche Rente i.H.v. 2.100 €.

Lösung:

Ertragsteuerrechtliche Lösung

Da eine Wirtschaftseinheit i.S.d. § 10 Abs. 1a Nr. 2 Satz 2 Buchst. b EStG gegen eine lebenslängliche Rente
übertragen wird, handelt es sich dann um eine begünstigte Vermögensübertragung i.S.d. § 10 Abs. 1a Nr. 2
EStG, wenn eine ertragbringende Wirtschaftseinheit übertragen wird (Rz. 26 und 27 des BMF-Schreibens
vom 11.3.2010, BStBl I 2010, 227). Die Wirtschaftseinheiten sind nach den Rz. 26 ff. des BMF-Schreibens
vom 11.3.2010 (BStBl I 2010, 227) Ertrag bringend, wenn die wiederkehrenden Leistungen nicht höher
sind als der langfristig erzielbare Ertrag des übergebenen Vermögens.

Wird ein Betrieb oder Teilbetrieb i.S.d. § 10 Abs. 1a Nr. 2 Satz 2 Buchst. b EStG im Zusammenhang mit
wiederkehrenden Leistungen im Wege der vorweggenommenen Erbfolge übertragen, besteht eine widerlegbare Vermutung dafür, dass die Erträge ausreichen, um die wiederkehrenden Leistungen in der vereinbarten Höhe zu erbringen, wenn der Betrieb oder Teilbetrieb vom Übernehmer tatsächlich fortgeführt wird
(Beweiserleichterung). Entsprechendes gilt, wenn ein Mitunternehmeranteil oder der Teil eines Mitunter-
nehmeranteils i.S.d. § 10 Abs. 1a Nr. 2 Satz 2 Buchst. a EStG oder ein Anteil an einer GmbH i.S.d. § 10 Abs. 1a
Nr. 2 Satz 2 Buchst. c EStG übertragen wird. Die Beweiserleichterung ist nicht anzuwenden bei verpachteten oder überwiegend verpachteten Betrieben, Teilbetrieben, (Teil-)Mitunternehmeranteilen und GmbH-
Anteilen oder bei Personengesellschaften, die selbst ihren gesamten Betrieb verpachtet haben.

Da die Voraussetzungen des § 10 Abs. 1a Nr. 2 EStG erfüllt sind, handelt es sich um eine voll unentgeltliche
Übertragung des Betriebs. Die Tochter muss die Buchwerte fortführen. Ein Veräußerungsverlust des V liegt
nicht vor.

Es gilt das Korrespondenzprinzip. T kann die monatliche Rente i.H.v. 2.100 €, jährlich 2.100 € × 12 =
25.200 € als Sonderausgaben nach § 10 Abs. 1a Nr. 2 EStG geltend machen. V muss diesen Betrag als sonstige Einkünfte nach § 22 Nr. 1a EStG versteuern.

Umsatzsteuerrechtliche Lösung

V tätigt mit der Betriebsübertragung an die Tochter eine nach § 1 Abs. 1a UStG nicht steuerbare Geschäftsveräußerung im Ganzen. Die Tochter tritt an die Stelle des Veräußerers.

5.   Lieferungen und sonstige Leistungen
5.1   Verschaffung der Verfügungsmacht

Fall 32: Verschaffung der Verfügungsmacht an gestohlenen Sachen

A ist Autohändler. Am Abend des 16.9.22 stiehlt A den Pkw des Julius Renner und verkauft ihn am 20.9.22 in seinem Geschäft. Am 18.10.22 zeigt A Reue und überweist die 5.000 € an Julius.

Aufgabe: Prüfen Sie, ob bei den Geschäftsvorfällen Lieferungen vorliegen. Gehen Sie dabei ein auf den Liefergegenstand und den Zeitpunkt der Verschaffung der Verfügungsmacht.

Lösung:

Mit dem Verkauf des gestohlenen Kfz tätigt A eine Lieferung gem. § 3 Abs. 1 UStG. Die Lieferung gilt mit Verschaffung der Verfügungsmacht am 20.9.22 als ausgeführt (§ 3 Abs. 6 UStG), obwohl zivilrechtlich an gestohlenen Sachen kein Eigentum übertragen werden kann. Zwischen A und Julius liegt kein Leistungsaustausch vor, da bei Julius der Lieferwille fehlt. Die Überweisung des Geldes durch A ist als echter Schadensersatz anzusehen.

**Fall 33: Verschaffung der Verfügungsmacht durch Vereinbarung eines Besitzkonstituts/
Ort der Lieferung nach § 3 Abs. 7 UStG**

A erwirbt am 25.5.22 bei Unternehmer B in Edesheim eine gebrauchte Maschine. An diesem Tag einigen sich A und B, dass das Eigentum an der Maschine übergehen, die Maschine jedoch noch bis zum 31.5.22 bei B verbleiben soll.

Aufgabe: Bestimmen sie die Form und den Zeitpunkt der Verschaffung der Verfügungsmacht.

Lösung:

Der Zeitpunkt der Lieferung bestimmt sich zivilrechtlich nach § 930 BGB. Die Übergabe der Maschine wird am 25.5.22 durch die Vereinbarung des Besitzkonstituts ersetzt. Da eine bewegungslose Lieferung stattfindet, bestimmt sich der Ort der Lieferung nach § 3 Abs. 7 UStG. Umsatzsteuerrechtlich gilt die Lieferung zu dem Zeitpunkt als ausgeführt, an dem die Verfügungsmacht verschafft wird. Die Ortsvorschriften des § 3 Abs. 6 und 7 UStG sind zugleich auch Zeitvorschriften.

**Fall 34: Verschaffung der Verfügungsmacht durch Abtretung des Herausgabeanspruchs/
Ort der Lieferung nach § 3 Abs. 7 UStG**

Die A-GmbH betreibt eine Autovermietung in Neustadt. Ein Lkw ist langfristig an die Firma F in Neustadt vermietet, die es in Deutschland zum Transport von Gütern einsetzt. Am 1.7.22 veräußert die A-GmbH ihren noch für 2 Monate bei F befindlichen Lkw für 80.000 € an die M-GmbH mit Sitz in Landau. Beide sind sich einig, dass die Veräußerung ab sofort wirken soll.

Aufgabe: Bestimmen sie die Form und den Zeitpunkt der Verschaffung der Verfügungsmacht.

Lösung:

Nach § 931 BGB genügt es, wenn der Unternehmer (Eigentümer) nicht im Besitz der Sache ist, dass sich Eigentümer und Erwerber (M-GmbH) über den Eigentumsübergang einigen und der Eigentümer seinen Herausgabeanspruch, den er gegen den Mieter (F) hat, an den Erwerber abtritt. Im Zeitpunkt der Einigung und der Abtretung des Herausgabeanspruchs geht das bürgerlich-rechtliche Eigentum über. Auf die Herausgabe des Fahrzeugs kommt es nicht an. Daraus folgt für die USt:

1. Ort der Lieferung ist nach § 3 Abs. 7 UStG dort, wo sich der Gegenstand zum Zeitpunkt der Verschaffung der Verfügungsmacht befand.
2. Verfügungsmacht über den Lkw wurde am 1.7.22 verschafft (= Zeitpunkt der Lieferung).

Fall 35: Verschaffung der Verfügungsmacht/Eigentumsvorbehalt

Der Kunde K kauft am 1.2.22 bei einem Elektrohändler E in Edenkoben ein Fernsehgerät. Der Kaufpreis i.H.v. 1.000 € soll wie folgt bezahlt werden:

250 € sofort bei Übergabe des Geräts am 1.2.22, die restlichen 750 € in 15 Monatsraten à 50 €, beginnend ab 1.3.22. E behält sich laut Vertrag bis zur vollständigen Bezahlung des Kaufpreises das Eigentum am Gerät zurück. Nachdem nur die ersten zwei Raten bei E eingingen, holt E das Fernsehgerät im Mai des Jahres 22 bei K ab und einigen sich darauf, dass damit aller erledig sei.

Aufgabe: Bestimmen sie die Form und den Zeitpunkt der Verschaffung der Verfügungsmacht.

Lösung:

Hat sich der Verkäufer einer beweglichen Sache das Eigentum bis zur Bezahlung des Kaufpreises vorbehalten, so ist nach § 449 BGB im Zweifel anzunehmen, dass die Übertragung des Eigentums unter der aufschiebenden Bedingung vollständiger Zahlung des Kaufpreises erfolgt, und dass der Verkäufer zum Rücktritt von dem Vertrag berechtigt ist, wenn der Käufer mit der Zahlung in Verzug kommt.

Bei dem Verkauf des Fernsehgerätes handelt es sich um eine bewegte Lieferung (§ 3 Abs. 1 UStG), da E dem K Verfügungsmacht an dem Gerät verschafft. Zwar erfolgt zivilrechtlich ein Verkauf unter Eigentumsvorbehalt (§ 449 Abs. 1 BGB), umsatzsteuerrechtlich wird jedoch bereits mit Übergabe wirtschaftliches Eigentum i.S.d. § 39 Abs. 2 Nr. 1 Satz 1 AO übertragen, sodass die Lieferung bereits am 1.2.22 erfolgt (Abschn. 3.1 Abs. 3 Satz 4 UStAE). Ort und Zeitpunkt ist nach § 3 Abs. 6 Satz 1 und 2 UStG mit Beginn der Beförderung in Edenkoben im 1.2.22 (Abschn. 3.12 Abs. 7 Satz 1 UStAE). Edenkoben liegt im Inland (§ 1 Abs. 2 Satz 1 UStG). Die Lieferung ist demnach steuerbar, da auch alle anderen Tatbestandsmerkmale des § 1 Abs. 1 Nr. 1 Satz 1 UStG erfüllt sind. Mangels Befreiung nach § 4 UStG ist sie auch steuerpflichtig. Bemessungsgrundlage ist das Entgelt (§ 10 Abs. 1 Satz 1 und 2 UStG). Zum Entgelt gehört alles, was der Leistungsempfänger für den Leistungserhalt netto aufwendet: 1.000 € ./. 159,66 € USt = 840,34 €. Der Steuersatz beträgt 19 % (§ 12 Abs. 1 UStG). Die Umsatzsteuer beläuft sich auf 159,66 €. Sie entsteht mit Ablauf des Voranmeldungszeitraums Februar (§ 13 Abs. 1 Nr. 1 Buchst. a Satz 1 UStG). Steuerschuldner ist E (§ 13a Abs. 1 Nr. 1 UStG).

Im Mai wird die steuerpflichtige Lieferung rückgängig gemacht (§ 17 Abs. 2 Nr. 3 UStG). E hat die Bemessungsgrundlage i.H.v. 840,34 € sowie die USt i.H.v. 159,66 € im Voranmeldungszeitraum Mai 22 zu berichtigen (§ 17 Abs. 1 Satz 1 i.V.m. Satz 7 UStG).

Da Abnehmer K das Fernsehgerät nutzen konnte und ihm die bereits gezahlten Raten nicht zurück erstattet wurden, liegt insoweit eine sonstige Leistung durch entgeltliche Nutzungsüberlassung vor (§ 3 Abs. 9 Satz 1 und 2 UStG). Die sonstige Leistung wird in Edenkoben erbracht (§ 3a Abs. 1 Satz 1 UStG). § 3a Abs. 1 UStG ist anzuwenden, da der Leistungsempfänger kein Unternehmer ist (s.a. Abschn. 3a.1 Abs. 1 bis 4 UStAE). Der Zeitpunkt der Vermietungsleistung ist im Mai, da die Nutzungsüberlassung im Mai endet (Abschn. 13.1 Abs. 3 Satz 1 und 2 UStAE). Die sonstige Leistung ist steuerbar und steuerpflichtig. Bemessungsgrundlage ist das Entgelt. Zum Entgelt gehört alles, was der Leistungsempfänger für den Leistungserhalt netto aufwendet: 100 € ./. 15,97 € USt = 84,03 €. Der Steuersatz beträgt 19 %. Die Umsatzsteuer beläuft sich auf 84,03 €. Sie entsteht mit Ablauf des Voranmeldungszeitraums Mai. Es liegen keine Teilleistungen i.S.v. § 13 Abs. 1 Nr. 1 Buchst. a Satz 3 UStG vor, da keine gesonderte Entgeltsvereinbarung getroffen wurde. Es ist das Entgelt für den gesamten Nutzungszeitraum zu versteuern. Steuerschuldner ist E.

Fall 36: Leasing 1

Ein Leasingnehmer LN mietet von einer Leasinggesellschaft LG eine Maschine fest für die Zeit vom 2.1.22 bis 31.12.24. Die betriebsgewöhnliche Nutzungsdauer der Maschine beträgt fünf Jahre. Der Listenpreis der Maschine beträgt netto 185.000 €. Der LN muss monatlich 5.500 € zzgl. USt an die LG zahlen. Bei Übergabe der Maschine hat LN eine Grundgebühr von 10.000 € zzgl. USt zu entrichten. Die Anschaffungskosten einschließlich aller Nebenkosten und Finanzierungskosten betrugen für die LG 190.000 € (netto). Kauf- oder Mietverlängerungsoption wurde nicht vereinbart.

Aufgabe: Bestimmen sie die Leasingart sowie die Umsatzart und deren Folgen.

Lösung:

Es handelt sich um ein Finanzierungsleasing, da eine feste Grundmietzeit vereinbart wurde und der LN innerhalb der Grundmietzeit mit der Zahlung von (5.500 € × 36 Raten) = 198.000 € zzgl. der Grundgebühr = i.H.v. 10.000 €, insgesamt somit 208.000 h, mindestens alle Kosten der LG deckt.

Es handelt sich um einen Fall ohne Kauf- oder Verlängerungsoption mit einer Grundmietzeit von 60 %. Die Maschine ist der LG zuzurechnen, da die Grundmietzeit zwischen 40 und 90 % beträgt.

Umsatzsteuerrechtlich handelt es sich um Mietleasing. Die LG erbringt aufgrund des Mietleasings eine steuerbare und steuerpflichtige sonstige Leistung an den LN. Die USt fällt für die einzelnen Teilleistungen in dem Voranmeldungszeitraum an, in dem der jeweilige Leasingmonat endet. Sie beträgt z. B. für das Leasing im Januar im Voranmeldungszeitraum Januar 5.500 € × 19 %= 1.045 €.

Die USt für die Grundgebühr fällt nach § 13 Abs. 1 Nr. 1 Buchst. a Satz 4 UStG bereits im Voranmeldungszeitraum der Zahlung i.H.v. 10.000 € × 19 %= 1.900 € an. Bei entsprechender Rechnungsausstellung mit USt-Ausweis kann der LN hieraus die USt als Vorsteuer abziehen.

Fall 37: Leasing 2

Sachverhalt s. Fall zuvor. Die Mietzeit läuft vom 2.1.22 bis 30.9.23 = 21 Monate. Die monatliche Leasingrate beträgt 8.970 €.

Aufgabe: Bestimmen sie die Form und den Zeitpunkt der Verschaffung der Verfügungsmacht.

Lösung:

Es handelt sich um ein Finanzierungsleasing, da eine feste Grundmietzeit vereinbart wurde und der LN innerhalb der Grundmietzeit mit der Zahlung von (8.970 € × 21 Raten =) 188.370 € zzgl. der Grundgebühr (10.000 €) = 198.370 € mindestens alle Kosten (190.000 €) der LG deckt.

Es handelt sich um einen Fall ohne Kauf- oder Verlängerungsoption mit einer Grundmietzeit von 35 %. Die Maschine ist dem LN zuzurechnen, da die Grundmietzeit nicht mindestens 40 % beträgt.

Umsatzsteuerrechtlich handelt es sich um ein Kaufleasing. Die LG erbringt mit der Übergabe der Maschine an den LN eine steuerbare und steuerpflichtige Lieferung. Bemessungsgrundlage ist alles, was der LN insgesamt aufzuwenden hat, also die Grundgebühr von 10.000 € und die Summe der Leasingraten i.H.v. 188.370 €, insgesamt 198.370 €. Die USt beträgt 19 % von 198.370 € = 37.690,30 €. Sie entsteht bereits im Voranmeldungszeitraum der Lieferung, also zu Beginn des Leasingverhältnisses. Bei entsprechender Rechnungsausstellung mit USt-Ausweis kann der LN hieraus die USt für den Voranmeldungszeitraum, in dem das Leasingverhältnis beginnt, als Vorsteuer abziehen.

Er kann also die volle Grundgebühr aus der Vorsteuer finanzieren. Aus den Leasingraten hat der LN dann allerdings keinen Vorsteuerabzug mehr.

5.2   Sicherungsübereignung

> **Hinweis!** Zur Verschaffung der Verfügungsmacht bei der Sicherungsübereignung s. Mutschler/Scheel, Steuern und Finanzen in Ausbildung und Praxis, Band 4 Umsatzsteuer, 4. Auflage, unter III.5, HDS Verlag.

Fall 38: Sicherungsübereignung/Verwertung des Sicherungsguts durch den Sicherungsnehmer/ Differenzbesteuerung

Für den Unternehmer X in Landau finanziert eine Bank B in Mannheim die Anschaffung eines Pkw i.H.v. 41.000 €. Bis zur Rückzahlung des Darlehens lässt sich B den Pkw zur Sicherheit übereignen. Da X seinen Zahlungsverpflichtungen nicht nachkommt, verwertet B den Pkw durch Veräußerung an einen privaten Abnehmer A für 30.000 €.

Aufgabe: Nehmen Sie Stellung zu den Umsätzen des Unternehmers X und der Bank B.

Zur Differenzbesteuerung nach § 25a UStG s.a. Fall 51, 158 ff., 178 und 179.

Lösung:

Die Übergabe des Sicherungsguts an den SN und die Veräußerung des Sicherungsguts durch den SN an den Abnehmer vollzieht sich umsatzsteuerrechtlich in folgenden Schritten:

1. Die Übereignung des Sicherungsgutes (Pkw) vom SG X an den SN B unter Begründung eines Besitzmittlungsverhältnisses (§ 930 BGB) stellt keinen steuerbaren Umsatz dar (Abschn. 3.1 Abs. 3 Satz 1 UStAE). Trotz Eigentumsübertragung erhält der SN B keine Verfügungsmacht bzw. wirtschaftliches Eigentum i.S.d. § 39 Abs. 2 Nr. 1 Satz 1 AO.
2. Veräußerung des Sicherungsguts durch den SN (Bank).
   Der SG X bringt den Pkw zum SN (Bank), diese wiederum befördert den Pkw zum Abnehmer A. Im Zeitpunkt der Verwertung durch den SN B liegt ein **Doppelumsatz** vor:
   a) **1. Lieferung:** Lieferung des Sicherungsguts vom SG X an den SN B. Es handelt sich um eine ruhende Lieferung. Der Ort der Lieferung bestimmt sich nach § 3 Abs. 7 Satz 1 UStG.
   b) **2. Lieferung:** Lieferung des Sicherungsguts vom Sicherungsnehmer B an den Erwerber A. Es handelt sich um eine bewegte Lieferung. Der Lieferort bestimmt sich nach § 3 Abs. 6 UStG. Der Veräußerungserlös für den Pkw beträgt 30.000 €.
   Die beiden Lieferungen erfolgen im Abstand einer juristischen Sekunde voneinander.

Für die **Lieferung 1** des SG X schuldet der SN B als Leistungsempfänger die USt (§ 13b Abs. 5 Satz 1 i.V.m. Abs. 2 Satz 1 Nr. 2 UStG, Abschn. 13b.1 Abs. 2 Nr. 4 UStAE). Der SG X muss eine Nettorechnung über 30.000 € erteilen (§ 14a Abs. 5 UStG).

Der SN B ist als Leistungsempfänger der Lieferung 1 Schuldner der USt (30.000 € × 19 % = 5.700 €). Die Bank kann die § 13b-USt i.H.v. 5.700 € nach § 15 Abs. 1 Nr. 4 UStG als Vorsteuer geltend machen.

Mit der Veräußerung des Sicherungsguts (Pkw = **Lieferung 2**) tätigt der SN B einen steuerbaren und steuerpflichtigen Umsatz – auch als Bank – (30.000 € × 19 % = 5.700 € USt).

Ist der Erwerber seinerseits ein Unternehmer, der den Gegenstand für Zwecke seines Unternehmens erwirbt oder eine juristische Person, hat der SN B über die Lieferung eine ordnungsgemäße Rechnung zu erteilen. Aus dieser Rechnung kann der Erwerber dann den Vorsteuerabzug unter den weiteren Voraussetzungen des § 15 UStG in Anspruch nehmen.

Abwandlung 1:
Der Sicherungsgeber X ist Nichtunternehmer, Kleinunternehmer oder steuerbefreiter Unternehmer.

Lösung:

Nach dem Wortlaut des § 13b Abs. 1 und Abs. 2 UStG setzt der Übergang der Steuerschuldnerschaft u.a. voraus, dass:

- ein leistender Unternehmer,
- der im übrigen Gemeinschaftsgebiet oder im Ausland ansässig ist,
- im Inland
- steuerbare und steuerpflichtige Umsätze

erbringt. Im Umkehrschluss bedeutet das, dass nicht steuerbare oder steuerfreie Umsätze nicht dem Reverse-Charge-Verfahren unterliegen.

Mit der Lieferung 1 erwirbt die Bank als Sicherungsnehmer den Pkw mit einem Wert von 30.000 €. X darf in der Rechnung an der Bank keine USt gesondert ausweisen.

Mit der Lieferung 2 tätigt die Bank einen steuerbaren und steuerpflichtigen Umsatz.

Da für die Lieferung an den SN (Bank) keine USt geschuldet wird, kann die Bank als Wiederverkäufer i.S.d. § 25a Abs. 1 Nr. 1 UStG (Abschn. 25a.1 Abs. 2 UStAE mit Beispiel) unter den weiteren Voraussetzungen des § 25a UStG die Differenzbesteuerung anwenden (s.a. Vfg. der OFD Frankfurt vom 15.10.2014, S 7421 A – 5 – St 113, UR 2014 S. 991).

Differenzbesteuerung bei SN B	
Verkaufspreis	30.000,00 €
Einkaufspreis	30.000,00 €
Differenz gem. § 25a Abs. 3 Satz 1 UStG	0,00 €
Die USt ist herauszurechnen	0,00 €

Wird die Differenzbesteuerung i.S.d. § 25a UStG angewandt, darf in der Rechnung die USt nicht gesondert auswiesen werden (§ 14a Abs. 6 Satz 2 UStG). Die Rechnung muss die Angabe »Gebrauchtgegenstände/Sonderregelung« enthalten.

Abwandlung 2:

Der Sicherungsgeber X ist Unternehmer, der seinerseits den Pkw für 25.000 € von einem Privatmann P erworben hatte. X übereignet den Pkw zur Sicherheit an die Bank, die Bank veräußert den Pkw nach Eintritt der Verwertungsreife für 30.000 € an K.

Lösung:

Werden bewegliche Unternehmensgegenstände zur betrieblichen Finanzierung an ein Kreditinstitut sicherungsübereignet (z.B. Gebrauchtfahrzeuge) und tritt die Verwertungsreife für diese Gegenstände ein, liegt im Zeitpunkt der Verwertung umsatzsteuerrechtlich ein sog. »Doppelumsatz« vor (Abschn. 1.2 Abs. 1 UStAE).

Der als Sicherungsgeber auftretende Unternehmer X kann unter den Voraussetzungen des Abschn. 25a.1 Abs. 4 UStAE die Differenzbesteuerung für die Lieferung an das Kreditinstitut nach § 25a Abs. 1 Nr. 1 und Nr. 2 Buchst. a UStG anwenden, da er den zur Sicherung übereigneten Pkw von einer Privatperson erworben hat.

Als Bemessungsgrundlage ist grundsätzlich der Betrag anzusetzen, um den der Verkaufspreis i.H.v. 30.000 € den Einkaufspreis i.H.v. 25.000 € übersteigt. Die Bemessungsgrundlage für die Differenzbesteuerung beträgt somit 5.000 €. Die USt ist herauszurechnen (Abschn. 25a.1 Abs. 8 UStAE) und beträgt 798,32 €.

Problematisch ist, dass grundsätzlich für die Lieferung 1 des SG X an den SN B die USt durch den SN im Reverse-Charge-Verfahren geschuldet wird. Im Beispielsfall müsste daher der SN B die Differenzsteuer des SG X ermitteln. Dafür benötigt die Bank (SN) den Einkaufspreis des SG X.

In § 13b Abs. 5 Satz 9 UStG wird daher klargestellt, dass bei Lieferungen von u.a. in § 13b Abs. 2 Nr. 2 UStG genannten Gegenständen, für die die Voraussetzungen der Differenzbesteuerung nach § 25a UStG vorliegen und der Unternehmer diese Regelung auch anwendet, der Leistungsempfänger nicht Steuerschuldner wird. Die Anwendung der Steuerschuldnerschaft ist für den Leistungsempfänger in diesen Fällen de facto nicht möglich, weil er regelmäßig den Einkaufspreis der an ihn gelieferten Gegenstände nicht kennt und so die Bemessungsgrundlage für die Umsatzbesteuerung nicht ermitteln kann (s.a. Abschn. 13b.1 Abs. 2 Nr. 4 UStAE i.d.F. des BMF-Schreibens vom 26.9.2014, BStBl I 2014, 1297).

Der SG X schuldet die Differenzsteuer i.H.v. 798,32 € nach § 13a Abs. 1 Nr. 1 UStG.

Das Kreditinstitut als Sicherungsnehmer ist seinerseits berechtigt, auf den Weiterverkauf des Pkw die Differenzbesteuerung anzuwenden (§ 25a Abs. 1 Nr. 1 und Nr. 2 Buchst. b UStG).

Als Bemessungsgrundlage ist grundsätzlich der Betrag anzusetzen, um den der Verkaufspreis von 30.000 € den Einkaufspreis i.H.v. ebenfalls 30.000 € übersteigt. Die Differenz gem. § 25a Abs. 3 Satz 1 UStG beträgt somit 0,00 €.

Wird die Differenzbesteuerung i.S.d. § 25a UStG angewandt, darf in der Rechnung die USt nicht gesondert ausweisen werden (§ 14a Abs. 6 Satz 2 UStG). Die Rechnung muss die Angabe »Gebrauchtgegenstände/Sonderregelung« enthalten.

Zur Anwendung der Differenzbesteuerung s.a. Fall 49, 149 bis 155, 169 und 170.

Fall 39: Sicherungsübereignung/Verwertung des Sicherungsguts durch den Sicherungsgeber/ Agenturgeschäft

> **Hinweis!** Wird das Sicherungsgut vor Eintritt der Verwertungsreife vom Sicherungsgeber an einen Dritten geliefert, liegen kein Doppel- und auch kein Dreifachumsatz (s.u.) vor. Eine Verschaffung der Verfügungsmacht und somit eine Lieferung 1 zwischen dem SG und dem SN findet nicht statt. In diesen Fällen liegt eine bloße Lieferung des Sicherungsgebers an den Erwerber vor (s.a. Abschn. 1.2 Abs. 1a Satz 3 und 4 UStAE).

Sachverhalt s. Fall zuvor.
Für den Unternehmer X (SG) in Landau finanziert eine Bank B (SN) in Mannheim die Anschaffung eines Pkw i.H.v. 41.000 €. Bis zur Rückzahlung des Darlehens lässt sich B den Pkw zur Sicherheit übereignen. Nach Eintritt der Verwertungsreife veräußert der Sicherungsgeber den Pkw im Namen und für Rechnung des Sicherungsnehmers an einen privaten Abnehmer A für 30.000 €.

Aufgabe: Nehmen Sie Stellung zu den Umsätzen des Unternehmers X (Sicherungsgebers) und der Bank B (Sicherungsnehmer).

Lösung:

Die Übereignung des Sicherungsguts (Pkw) unter Begründung eines Besitzmittlungsverhältnisses (§ 930 BGB) stellt keinen steuerbaren Umsatz dar (Abschn. 3.1 Abs. 3 Satz 1 UStAE). Trotz Eigentumsübertragung erhält der SN B keine Verfügungsmacht bzw. wirtschaftliches Eigentum i.S.d. § 39 Abs. 2 Nr. 1 Satz 1 AO.

Da der SG X im Namen und für Rechnung des SN B – und somit als Agent – handelt, tätigt der SN B eine Lieferung an den Abnehmer.

Im Zeitpunkt der Verwertung durch den SN B liegt ein **Doppelumsatz** vor:

a) **1. Lieferung:** Lieferung des Sicherungsguts vom SG X an den SN B. Es handelt sich um eine ruhende Lieferung. Der Ort der Lieferung bestimmt sich nach § 3 Abs. 7 Satz 1 UStG.

b) 2. Lieferung: Lieferung des Sicherungsguts vom Sicherungsnehmer B an den Erwerber. Es handelt sich um eine bewegte Lieferung. Der Lieferort bestimmt sich nach § 3 Abs. 6 UStG. Der Veräußerungserlös für den Pkw beträgt 30.000 €.

Die beiden Lieferungen erfolgen im Abstand einer juristischen Sekunde voneinander.

Für die **Lieferung 1** des SG X schuldet der SN B als Leistungsempfänger die USt (§ 13b Abs. 5 Satz 1 i.V.m. Abs. 2 Satz 1 Nr. 2 UStG, Abschn. 13b.1 Abs. 2 Nr. 4 UStAE). Der SG X muss eine Nettorechnung über 30.000 € erteilen (§ 14a Abs. 5 UStG). Zusätzlich erbringt der SG X eine Vermittlungsleistung an den SN B.

Der SN B ist als Leistungsempfänger der Lieferung 1 Schuldner der USt (30.000 € × 19 % = 5.700 €). Der SN (Bank) kann die § 13b-USt i.H.v. 5.700 € nach § 15 Abs. 1 Nr. 4 UStG als Vorsteuer geltend machen.

Mit der Veräußerung des Sicherungsguts (Pkw = **Lieferung 2**) tätigt der SN B einen steuerbaren und steuerpflichtigen Umsatz – auch als Bank. Die Lieferung 2 des SN B an den Erwerber ist die bewegte Lieferung i.S.d. § 3 Abs. 6 UStG. Bei einem Netto-Verkaufspreis von 30.000 € schuldet die Bank 5.700 € USt.

Fall 40: Sicherungsübereignung/Verwertung des Sicherungsguts durch den Sicherungsgeber/ Kommissionsgeschäft

Sachverhalt s. Fall zuvor.

Für den Unternehmer X (SG) in Landau finanziert eine Bank B (SN) in Mannheim die Anschaffung eines Pkw i.H.v. 41.000 €. Bis zur Rückzahlung des Darlehens lässt sich B den Pkw zur Sicherheit übereignen. Nach Eintritt der Verwertungsreife veräußert der Sicherungsgeber X den Pkw im eigenen Namen und für Rechnung des Sicherungsnehmers B an einen privaten Abnehmer A für 30.000 €. U (SG) erhält als Provision brutto 1.250 €.

Aufgabe: Nehmen Sie Stellung zu den Umsätzen des Unternehmers X (Sicherungsgebers) und der Bank B (Sicherungsnehmer).

Lösung:

Die Übereignung des Sicherungsguts (Pkw) unter Begründung eines Besitzmittlungsverhältnisses (§ 930 BGB) stellt keinen steuerbaren Umsatz dar (Abschn. 3.1 Abs. 3 Satz 1 UStAE). Trotz Eigentumsübertragung erhält der SN B keine Verfügungsmacht bzw. wirtschaftliches Eigentum i.S.d. § 39 Abs. 2 Nr. 1 Satz 1 AO.

Veräußert der SG X das Sicherungsgut im eigenen Namen auf Rechnung des SN B, erstarkt die ursprüngliche Sicherungsübereignung zu einer Lieferung des SG X an den SN B, während zugleich zwischen dem SN (Kommittent) und dem SG (Kommissionär) eine Lieferung nach § 3 Abs. 3 UStG vorliegt, bei der der SG (Verkäufer, Kommissionär) als Abnehmer gilt; die entgeltliche Lieferung gegenüber dem Dritten wird in der Folge vom SG X ausgeführt (**Dreifachumsatz**, vgl. BFH-Urteile vom 6.10.2005, V R 20/04, BStBl II 2006, 931 und vom 30.3.2006, V R 9/03, BStBl II 2006, 933). Voraussetzung für die Annahme eines Dreifachumsatzes ist, dass das Sicherungsgut erst nach Eintritt der Verwertungsreife durch den SG X veräußert wird und es sich hierbei nach den Vereinbarungen zwischen SG und SN um ein Verwertungsgeschäft handelt, um die vom SG X gewährten Darlehen zurückzuführen. Nicht ausreichend ist eine Veräußerung, die der SG X im Rahmen seiner ordentlichen Geschäftstätigkeit vornimmt und bei der er berechtigt ist, den Verwertungserlös anstelle zur Rückführung des Kredits anderweitig, z.B. für den Erwerb neuer Waren, zu verwenden (BFH-Urteil vom 23.7.2009, V R 27/07, BStBl II 2010, 859), oder wenn die Veräußerung zum Zwecke der Auswechslung des SG unter Fortführung des Sicherungseigentums durch den Erwerber erfolgt (vgl. BFH-Urteil vom 9.3.1995, V R 102/89, BStBl II 1995, 564). In diesen Fällen liegt eine bloße Lieferung des Sicherungsgebers an den Erwerber vor.

Im Zeitpunkt der Verwertung liegt ein **Dreifachumsatz** vor:

a) 1. Lieferung: Lieferung des Sicherungsguts vom SG X an den SN B. Es handelt sich um eine ruhende Lieferung. Der Ort der Lieferung bestimmt sich nach § 3 Abs. 7 Satz 1 UStG.

b) 2. Lieferung: Lieferung zwischen Kommittenten (Bank = SN) und dem Kommissionär (Unternehmer X = SG). Nach § 3 Abs. 3 Satz 2 UStG gilt der Kommissionär als Abnehmer. Die Lieferung gilt im Zeitpunkt der Lieferung des Kommissionsguts an den Dritten als ausgeführt (Abschn. 3.1 Abs. 3 Satz 7 UStAE). Die Lieferung erfolgt »ruhend« nach § 3 Abs. 7 Satz 1 UStG.

c) 3. Lieferung: Lieferung des Sicherungsguts vom Sicherungsgeber an den Erwerber. Es handelt sich um eine bewegte Lieferung. Der Lieferort bestimmt sich nach § 3 Abs. 6 UStG. Der Veräußerungserlös für den Pkw beträgt 30.000 €. Der Abnehmer entrichtet den Kaufpreis von 30.000 € zzgl. 5.700 € an den SG (Kommissionär).

Für die **Lieferung 1** des SG X schuldet der SN B als Leistungsempfänger die USt (§ 13b Abs. 5 Satz 1 i.V.m. Abs. 2 Satz 1 Nr. 2 UStG, Abschn. 13b.1 Abs. 2 Nr. 4 UStAE). Der SG X muss eine Nettorechnung über 30.000 € erteilen (§ 14a Abs. 5 UStG). Der SN B ist als Leistungsempfänger der Lieferung 1 Schuldner der USt (30.000 € × 19 % = 5.700 €). Der SN (Bank) kann die § 13b-USt i.h.v. 5.700 € nach § 15 Abs. 1 Nr. 4 UStG als Vorsteuer geltend machen.

Für die **Lieferung 2** zwischen Kommittent (B) und Kommissionär (X) ist Bemessungsgrundlage alles, was der Kommissionär aufgrund des ausgeführten Kommissionsgeschäfts an den Kommittenten als Erlös herausgibt. Das Bruttoentgelt beträgt danach 35.700 € abzgl. 1.250 € Provision = 34.450 €; die USt beträgt somit 5.500 €.

Mit der Veräußerung des Sicherungsguts (**Lieferung 3**) tätigt der SG X (Kommissionär) einen steuerbaren und steuerpflichtigen Umsatz (30.000 € × 19 % = 5.700 € USt). Auftragsgemäß führt der SG 34.450 € an den SN (Kommittent) ab. Für die Kommission erhält der SG vom SN eine Gutschrift über brutto 1.250 € (1.050 € zzgl. 200 € USt).

> **Hinweis zur Verwertung von Grundstücken!** Ein Darlehn z.B. bei einer Bank kann auch mit einem Grundstück abgesichert werden. Eine Möglichkeit, der Bank diese Sicherheit zu bieten, ist die Eintragung einer Grundschuld (Grundpfandrecht) ins Grundbuch. Anders als bei der Sicherungsübereignung beweglicher Sachen erfolgt bei der Sicherung durch Grundpfandrechte aber keine Eigentumsübertragung des Grundstücks.
>
> Aufgrund des Pfandrechts ist der Grundpfandgläubiger nicht selbst zur Veräußerung des mit dem Grundpfandrecht belasteten Grundstücks berechtigt (s.a. BFH Urteil vom 28.7.2011, V R 28/09, BStBl II 2014 S. 406, Rz. 17). Derjenige, zu dessen Gunsten die Grundschuld eingetragen wird (Grundpfandgläubiger), kann eine Zwangsvollstreckung anstreben, sollte der Schuldner nicht vertragsgemäß tilgen (§ 1192 Abs. 1 i.V.m. § 1147 BGB). Andere Rechte an dem Grundstück stehen ihm jedoch nicht zu.

5.3   Gebäude auf fremdem Grund und Boden

Hinweis! Die umsatzsteuerliche Behandlung von Gebäuden auf fremdem Grund und Boden ist mit BMF-Schreiben vom 23.7.1986 (BStBl I 1986, 432) durch einen bundeseinheitlichen Erlass geregelt worden (s.a. Abschn. 15.2d Abs. 1 Nr. 1 UStAE).

> **Fall 41: Scheinbestandteil**
>
> Eigentümer E vermietet ein unbebautes Grundstück an den Unternehmer X. Der Mietvertrag ist auf 20 Jahre abgeschlossen. Es wird eine angemessene Miete gezahlt. X B lässt auf dem Grundstück vom Bauunternehmer U auf eigene Kosten eine Lagerhalle für Zwecke seines Unternehmens errichten. Die betriebsgewöhnliche Nutzungsdauer der Lagerhalle beträgt 25 Jahre. X hat sich gegenüber E verpflichtet, nach Beendigung des Mietvertrages die Lagerhalle abzubrechen. Zweifel an der Ernsthaftigkeit der Abbruchverpflichtung bestehen nicht.
>
> **Aufgabe:** Nehmen Sie Stellung zu den Umsätzen an den X als Besteller der Bauleistung und prüfen Sie, ob eine Lieferung des Bestellers der Bauleistung an den Grundstückseigentümer vorliegt.

Lösung:

X ist Empfänger der Werklieferung des U. Er ist unter den Voraussetzungen des § 15 UStG zum Abzug der ihm in Rechnung gestellten USt als Vorsteuer berechtigt.

Eine Lieferung der Lagerhalle von X an E liegt nicht vor. X ist bürgerlich-rechtlich Eigentümer der Lagerhalle (§ 95 BGB), weil die Lagerhalle nach dem Willen der Parteien nur zu einem vorübergehenden Zweck mit dem Grundstück verbunden worden ist (Scheinbestandteil).

Fall 42: Entschädigungsloser Übergang des Gebäudes/Steuerfreie unentgeltliche Wertabgabe

Eigentümer E vermietet ein unbebautes Grundstück an den Unternehmer X. Der Mietvertrag ist auf 20 Jahre abgeschlossen. Es wird eine angemessene Miete gezahlt. X lässt auf dem Grundstück durch den Bauunternehmer U auf eigene Kosten eine Lagerhalle für Zwecke seines Unternehmens errichten. Die betriebsgewöhnliche Nutzungsdauer des Gebäudes entspricht der Dauer des Mietvertrages. Nach Ablauf des Mietvertrages fällt die Lagerhalle vereinbarungsgemäß entschädigungslos E zu.

Aufgabe: Nehmen Sie Stellung zu den Umsätzen an den X als Besteller der Bauleistung und prüfen Sie, ob eine Lieferung des Bestellers der Bauleistung an den Grundstückseigentümer vorliegt.

Lösung:

X ist Empfänger der Werklieferung des U. Er ist unter den Voraussetzungen des § 15 UStG zum Abzug der ihm in Rechnung gestellten USt als Vorsteuer berechtigt.

E ist zivilrechtlich Eigentümer der Lagerhalle geworden (§§ 946, 94 BGB). Die Lagerhalle ist nach dem Willen der Parteien nicht nur zu einem vorübergehenden Zweck (§ 95 BGB) mit dem Grundstück verbunden worden.

X kann jedoch nach wirtschaftlicher Betrachtungsweise den E, obwohl dieser bürgerlich-rechtlich Eigentümer geworden ist, auf Dauer von der Einwirkung auf das Gebäude ausschließen. X ist wirtschaftlicher Eigentümer (§ 39 Abs. 2 Nr. 1 AO) der Lagerhalle. Der entschädigungslose Übergang der Verfügungsmacht an der Lagerhalle erfolgt nicht gegen Entgelt. Es handelt sich dabei um eine unentgeltliche Wertabgabe nach § 3 Abs. 1b Satz 1 Nr. 3 UStG (entgegen BMF-Schreiben vom 23.7.1986, Beispiel 3; s.a. Zugmaier, Steuer & Studium 11/2008 S. 547), die nach § 4 Nr. 9 Buchst. a UStG umsatzsteuerfrei ist, da die unentgeltliche Übertragung des Gebäudes auf fremdem Grund und Boden der GrESt unterliegt (§ 8 Abs. 2 Nr. 1 i.V.m. § 10 GrEStG). X kann nach § 9 Abs. 1 und 3 UStG auf die Steuerfreiheit verzichten (s. Abschn. 9.1 Abs. 2 Satz 3 i.V.m. Abschn. 3.3 Abs. 2 Satz 4 UStAE).

Fall 43: Gebäudelieferung

E (Grundstückseigentümer) vermietet ein Grundstück für 20 Jahre an den Unternehmer X (Besteller). X lässt auf dem Grundstück durch den Unternehmer U eine Lagerhalle für Zwecke seines Unternehmens errichten. Die betriebsgewöhnliche Nutzungsdauer der Lagerhalle beträgt 30 Jahre. Nach den Vereinbarungen ersetzt E dem X die Kosten für das von X im eigenen Namen errichtete Gebäude. Für die Nutzung des Gebäudes zahlt X an E eine angemessene Miete.

Aufgabe: Nehmen Sie Stellung zu den Umsätzen an den X als Besteller der Bauleistung und prüfen Sie, ob eine Lieferung des Bestellers der Bauleistung an den Grundstückseigentümer vorliegt.

Lösung:

X ist Empfänger der Werklieferung des U. X ist unter den Voraussetzungen des § 15 UStG zum Abzug der ihm in Rechnung gestellten USt als Vorsteuer berechtigt.

X liefert die Lagerhalle im Zeitpunkt der Fertigstellung an E weiter. E wird nicht nur nach §§ 946, 94 BGB Eigentümer, sondern erlangt nach dem Willen der Beteiligten auch die Verfügungsmacht an der Lagerhalle. Es liegt daher eine entgeltliche Lieferung der Lagerhalle vor. Gegenleistung des E für die Lieferung der Lagerhalle ist die Übernahme der Baukosten. Die Lieferung ist steuerpflichtig, da der Vorgang nicht unter das GrEStG fällt. Da der Umsatz nicht unter das GrEStG fällt, ist das Reverse-Charge-Verfahren des § 13b Abs. 2 Nr. 3 UStG nicht anzuwenden.

E kann die ihm von X für die Weiterlieferung in Rechnung gestellte USt unter den Voraussetzungen des § 15 UStG als Vorsteuer abziehen. Hierzu ist u.a. erforderlich, dass er für die Vermietung der Lagerhalle an X nach § 9 UStG auf die Steuerbefreiung des § 4 Nr. 12 Buchst. a UStG verzichtet.

Fall 44: Ehegattengrundstück

Unternehmer X lässt auf dem Grundstück seiner Ehefrau E durch den Bauunternehmer B auf eigene Kosten ein Gebäude errichten. X nutzt das Gebäude zum Teil für das eigene Unternehmen, zum Teil verwenden es die Eheleute für eigene Wohnzwecke. Vertragliche Vereinbarungen wurden zwischen den Eheleuten nicht getroffen. X zahlt an E für die unternehmerisch genutzten Räume kein Entgelt.

Aufgabe: Nehmen Sie Stellung zu den Umsätzen an den X als Besteller der Bauleistung und prüfen Sie, ob eine Lieferung des Bestellers der Bauleistung an die Ehefrau E vorliegt.

Lösung:

X ist Empfänger der Werklieferung des B. E hat zwar nach §§ 946, 94 BGB zivilrechtlich das Eigentum an dem Gebäude erlangt. Die Verfügungsmacht an den vom X unternehmerisch genutzten Räumen erhält sie jedoch nicht. Bei den für Wohnzwecke genutzten Räumen ist davon auszugehen, dass X diese Gebäudeteile an E weiterliefert und E damit auch daran die Verfügungsmacht erlangt. X hat diesen Teil der Werklieferung im nichtunternehmerischen Bereich empfangen und auch die Weiterlieferung an E geschieht im nichtunternehmerischen Bereich. Ein steuerbarer Tatbestand ist insoweit nicht gegeben.

Für den Vorsteuerabzug gilt folgendes: Die von B in Rechnung gestellte Steuer ist aufzuteilen. Hinsichtlich der unternehmerisch genutzten Räume ist X unter den Voraussetzungen des § 15 UStG zum Vorsteuerabzug berechtigt. Hinsichtlich der für Wohnzwecke genutzten Räume kommt ein Vorsteuerabzug nicht in Betracht (§ 15 Abs. 1b UStG).

5.4 Lieferungen

Fall 45: Lieferungen/Ort und Zeitpunkt 1

Charly Chaos (Charly) betreibt seit Jahren ein Haushaltswarengeschäft in Speyer.

Aufgabe: Prüfen Sie, ob bei den folgenden Geschäftsvorfällen Lieferungen vorliegen. Gehen Sie dabei ein auf den Liefergegenstand, den Ort der Lieferung und den Zeitpunkt der Verschaffung der Verfügungsmacht.

a) Am 13.2.25 bestellt Kunde K telefonisch ein »Kaffeeservice«, das er am 2.3.25 bei Charly abholt und bezahlt.

b) Am 13.3.25 schließt Charly vor dem Notar in Edenkoben mit Kai Ahnung einen Kaufvertrag über sein privates Einfamilienhaus ab. Besitz, Nutzen und Lasten gehen laut Kaufvertrag am 1.11.25 über. Die Eigentumsübertragung wird am 10.1.25 ins Grundbuch eingetragen. Der Kaufpreis i.H.v. 400.000 € ist am 1.12.25 fällig.

c) Am 13.4.25 kauft der Kunde Armin Arm ein Topfset zum Preis von 2.500 €. 500 € zahlt er sofort bei Übergabe des Sets, die restlichen 2.000 € in fünf Monatsraten à 400 € beginnend ab 1.5.25. Charly behält sich lt. Kaufvertrag bis zur vollständigen Bezahlung des Kaufpreises das Eigentum am Topfset vor.

d) Zur Absicherung eines betrieblichen Darlehns hat Charly seiner Bank den betrieblichen Pkw sicherungsübereignet.

Hinweis! Zum Ort der Lieferung s. Mutschler/Scheel, Umsatzsteuer, 4. Auflage; Steuern und Finanzen in Ausbildung und Praxis, Band 4, unter III. 2., HDS Verlag.

Lösung:

a) Mit dem Verkauf des »Kaffeeservices« tätigt Charly eine Lieferung. Liefergegenstand ist eine bewegliche Sache. Die Lieferung gilt nach § 3 Abs. 6 Satz 1 UStG dort als ausgeführt, wo die Beförderung an den Abnehmer beginnt. Das gilt auch für den Fall, in dem der Abnehmer den Gegenstand beim Lieferer abholt (Abholfall). Auch der sog. Handkauf ist damit als Beförderungs- oder Versendungslieferung anzusehen (Abschn. 3.12 Abs. 1 UStAE).

Die Verschaffung der Verfügungsmacht erfolgt durch Einigung und Übergabe am 2.3.25 (Erfüllungsgeschäft, § 929 Satz 1 BGB i.V.m. Abschn. 3.1 Abs. 2 Satz 4 UStAE) und nicht am 13.2.25 (Verpflichtungsgeschäft, § 433 BGB).

Der Lieferzeitpunkt ist u.a. maßgeblich für die Entstehung der Steuer (§ 13 Abs. 1 und 2 UStG), während der Lieferort erheblich ist für die Steuerbarkeit der Lieferung. § 3 Abs. 6 UStG enthält keine Aussage zur Frage des Zeitpunkts der Lieferung. Nach dem BFH-Urteil vom 6.12.2007 (V R 24/05, BStBl II 2009 S. 490 unter II.1.b.) regeln die Abs. 6 und 7 des § 3 UStG den Leistungsort und zugleich auch den Zeitpunkt der Leistung (s.a. Abschn. 13.1 Abs. 2 Satz 5 UStAE).

b) Mit dem Verkauf des privaten Grundstücks tätigt Charly eine Lieferung einer unbeweglichen Sache (§ 3 Abs. 1 UStG i.V.m. Abschn. 3.1 Abs. 1 Satz 1 und 2 UStAE). Die Verschaffung der Verfügungsmacht erfolgt mit Übergang von Besitz, Nutzen und Lasten am 1.11.25 (wirtschaftliches Eigentum nach § 39 Abs. 2 Nr. 1 Satz 1 AO). Die zivilrechtliche Eigentumsübertragung findet erst am 10.1.25 mit der Eintragung ins Grundbuch statt (§ 873 Abs. 1 BGB). Die Lieferung ist jedoch nicht steuerbar, da Charly das zum Privatvermögen gehörende Einfamilienhaus nicht im Rahmen seines Unternehmens liefert (§ 1 Abs. 1 Nr. 1 Satz 1 UStG i.U.).

c) Mit dem Verkauf des Topfsets tätigt Charly eine Lieferung, nämlich die Lieferung einer Sachgesamtheit (Abschn. 3.1 Abs. 1 Satz 3 UStAE). Zivilrechtlicher Eigentümer wird der Kunde beim Eigentumsvorbehalt erst mit der Zahlung der letzten Rate (§ 449 Abs. 1 BGB). Umsatzsteuerrechtlich liegt dagegen eine Lieferung bereits mit Übergabe am 13.4.25 vor, da das wirtschaftliche Eigentum bereits dann übertragen wird (§ 39 Abs. 2 Nr. 1 Satz 1 AO i.V.m. Abschn. 3.1 Abs. 3 Satz 4 UStAE). Beim Abholfall bestimmen sich der Ort und der Zeitpunkt der Lieferung nach § 3 Abs. 6 Satz 1 UStG. Die Lieferung wird am 13.4.25 bei Abholung ausgeführt.

d) Durch die Sicherungsübereignung (zivilrechtliche Eigentumsübertragung nach § 930 BGB) des Pkws an die Bank wird umsatzsteuerlich keine wirtschaftliche Verfügungsmacht verschafft; es liegt daher keine Lieferung vor (§ 39 Abs. 2 Nr. 1 Satz 2 AO i.V.m. Abschn. 3.1 Abs. 3 Satz 1 UStAE).

Fall 46: Lieferungen/Ort und Zeitpunkt 2

Aufgabe: Nehmen Sie zu den folgenden Geschäftsvorfällen a) bis c) Stellung zum Ort und Zeitpunkt der Lieferung.

a) A erwirbt am 30.1.17 bei Kfz-Händler K in Leipzig einen gebrauchten Pkw und nimmt ihn sofort mit nach Hause. Auf der Heimfahrt hat A mit dem Pkw einen Totalschaden.

Lösung:

Der Ort und der Zeitpunkt der »bewegten Lieferung« bestimmen sich nach § 3 Abs. 6 Satz 1 UStG. Die Lieferung wird in am 30.1.17 in Leipzig ausgeführt, da dort die Beförderung beginnt. Eine Beförderung liegt auch vor, wenn der Gegenstand der Lieferung mit eigener Kraft fortbewegt wird (Abschn. 3.12 Abs. 2 Satz 2 UStAE).

---

b) A aus Landau/Pfalz erwirbt am 30.1.17 bei Kfz-Händler K in Neustadt/Weinstraße einen gebrauchten Pkw. Am 1.2.17 beauftragt A das Abschleppunternehmen S aus Landau, den Pkw in Neustadt abzuholen, um ihn nach Landau zu transportieren. Auf der Heimfahrt von Neustadt hat S am 1.2.17 einen Unfall. Der Pkw hat Totalschaden.

Lösung:

Die Lieferung an A ist eine Versendungslieferung (§ 3 Abs. 6 Satz 3 UStG). Versenden liegt vor, da der Abnehmer A die Beförderung durch einen selbstständigen Beauftragten ausführen lässt. Der Ort der Lieferung befindet sich nach § 3 Abs. 6 Satz 1 und 4 UStG in Neustadt. Die Lieferung gilt mit Übergabe des Pkw an den selbstständigen Beauftragten am 1.2.17 in Neustadt als ausgeführt. Die Gefahr des Untergangs geht mit Beginn der Versendung auf A über. In der Rechnung ist als Lieferzeitpunkt (§ 14 Abs. 4 Satz 1 Nr. 6 UStG) der 1.2.17 anzugeben. Mit Ablauf des Februar 16 entsteht die USt bei K. Der Abnehmer kann mit Ablauf des Voranmeldungszeitraums Februar den Vorsteuerabzug nach § 15 Abs. 1 UStG beantragen, da die Lieferung an sein Unternehmen ausgeführt wurde und eine ordnungsgemäße Rechnung vorliegt.

---

c) A aus Landau/Pfalz erwirbt am 30.1.17 bei Kfz-Händler K in Neustadt/Weinstraße einen gebrauchten Pkw. Am 1.2.17 bringt K den Pkw nach Landau um ihn dort vereinbarungsgemäß an A zu übergeben. Die Transportgefahr trägt vereinbarungsgemäß K. Auf der Fahrt von Neustadt nach Landau hat K einen Unfall. Der Pkw hat Totalschaden.

Lösung:

Nach § 3 Abs. 6 Satz 1 UStG befindet sich der Ort der Lieferung dort, wo sich der Gegenstand bei Beginn der Beförderung befindet. Mit Beginn der Beförderung befindet sich der Pkw in Neustadt (Ort der Lieferung) und mit Beginn der Lieferung am 1.2.17 gilt die Lieferung von K an A als ausgeführt. Da der Lieferer die Transportgefahr trägt, ist der Abnehmer A nicht zur Zahlung des Entgelts verpflichtet. Die im Februar ausgeführte Lieferung ist daher mangels Entgelts nicht steuerbar. Obwohl der Abnehmer A eventuell eine Rechnung mit gesondertem Steuerausweis besitzt, kann er keinen Vorsteuerabzug geltend machen. Als Vorsteuer abziehbar ist nach § 15 Abs. 1 Nr. 1 UStG die gesetzlich geschuldete Steuer für eine Lieferung von einem anderen Unternehmer an sein Unternehmen. Da bei der Ausführung einer nicht steuerbaren Lieferung keine USt entsteht, hat der Leistungsempfänger daher keinen Vorsteueranspruch.

Fall 47: Werklieferung/Ort und Zeitpunkt/Steuerschuldnerschaft des Leistungsempfängers
Der Pensionär P aus Bad Bergzabern/Pfalz beauftragt den Schreinermeister S mit der Herstellung eines Wohnzimmerschranks. S besorgt sämtliche Stoffe für die Herstellung des Schranks und fertigt daraus die Einzelteile in seiner Werkstatt in Wissembourg/Frankreich. Diese Einzelteile transportiert S am 15.8.27 von Frankreich nach Bad Bergzabern, um den Schrank im Wohnzimmer des P zu montieren.

Abwandlung 1:
P ist als Schriftsteller unternehmerisch tätig.

Abwandlung 2:
S baut den Schrank in Frankreich funktionstüchtig zusammen. Danach zerlegt er ihn für einen leichteren Transport in Einzelteile und bringt diese mit eigenem Transporter zu P nach Bad Bergzabern. In der Wohnung des P in Bad Bergzabern baut S den Schrank wieder zusammen.

Aufgabe: Nehmen Sie Stellung zum Ort der Leistung des S und bestimmen Sie den Steuerschuldner für die Leistung. Nehmen Sie auch Stellung zur umsatzsteuerrechtlichen Behandlung des Verbringens der Schrankteile von Frankreich nach Deutschland.

Lösung:

Grundfall:
S tätigt eine Werklieferung nach § 4 Abs. 4 UStG, da er sämtliche Hautstoffe besorgt (Abschn. 3.8 Abs. 1 Satz 1 UStAE). Der Ort der Lieferung bestimmt sich nicht nach § 3 Abs. 6 Satz 1 UStG, da nicht der Gegenstand (Schrank) der Werklieferung in der geschuldeten Marktgängigkeit bewegt wird. Da die einzelnen Teile eines Schranks ein Gegenstand anderer Marktgängigkeit sind als der ganze Schrank, ist § 3 Abs. 6 UStG auch dann nicht anzuwenden, wenn die einzelnen Teile des Schranks zum Abnehmer befördert werden und dort vom Lieferer zum betriebsfertigen Schrank zusammengesetzt werden. Ob die Montagekosten dem Abnehmer gesondert in Rechnung gestellt werden, ist unerheblich. Dagegen bestimmt sich der Ort der Lieferung nach § 3 Abs. 6 UStG, wenn ein betriebsfertig hergestellter Schrank lediglich zum Zweck eines besseren und leichteren Transports in einzelne Teile zerlegt und dann von einem Monteur des Lieferers am Bestimmungsort wieder zusammengesetzt wird (Abschn. 3.12 Abs. 4 Satz 5 ff. UStAE).

Ort der Lieferung ist nach § 3 Abs. 7 Satz 1 UStG dort, wo sich der Gegenstand zur Zeit der Verschaffung der Verfügungsmacht befindet. Die Verfügungsmacht wird an dem Ort übertragen, an dem der Schrank abgenommen wird.

§ 3 Abs. 6 und 7 UStG regeln den Lieferort und damit zugleich auch den Zeitpunkt der Lieferung (Abschn. 3.12 Abs. 7 Satz 1 UStAE). Die Werklieferung des S gilt somit am 15.8.27 in Bad Bergzabern als ausgeführt. Die Werklieferung ist somit in Deutschland steuerbar (§ 1 Abs. 1 Nr. 1 UStG) und steuerpflichtig.

Das Verbringen der Schrankteile von Frankreich nach Deutschland führt bei S nicht zu einem innergemeinschaftlichen Verbringen i.S.d. § 3 Abs. 1a UStG, da die Schrankteile wegen der Montage nur zu einer vorübergehenden Verwendung nach Deutschland verbracht werden (Abschn. 1a.2 Abs. 10 Nr. 1 UStAE). Besteuert wird nur die Werklieferung im Bestimmungsmitgliedstaat Deutschland. S muss sich in Deutschland für Umsatzsteuerzwecke registrieren lassen. Zuständig ist nach § 1 Abs. 1 Nr. 6 UStZustV das FA Offenburg.

Abwandlung 1:

Wäre P Unternehmer, z.B. schriftstellerisch tätig, dann ginge die Steuerschuldnerschaft für die im Inland ausgeführte Werklieferung des in Frankreich ansässigen Unternehmers S auf P über (§ 13b Abs. 2 Nr. 1 und Abs. 5 UStG). Die Steuerschuldnerschaft geht nach § 13b Abs. 5 Satz 6 UStG auch dann auf P über, wenn die Leistung für den nichtunternehmerischen Bereich bezogen wird.

Abwandlung 2:

Der Ort befindet sich nach § 3 Abs. 6 Satz 1 UStG in Frankreich, da dort die Beförderung beginnt. Nach Abschn. 3.12.Abs. 4 Satz 7 UStAE bestimmt sich der Ort der (Werk-)Lieferung nach § 3 Abs. 6 UStG, wenn ein betriebsfertig hergestellter Gegenstand lediglich zum Zweck eines besseren und leichteren Transports in einzelne Teile zerlegt und dann am Bestimmungsort wieder zusammengesetzt wird.

Die Werklieferung gilt mit Beginn der Beförderung als ausgeführt (Abschn. 3.12 Abs. 7 UStAE). Die Lieferung ist nicht steuerbar.

5.5   Kommissions- und Reihengeschäfte

Fall 48: Reihengeschäft im Inland

Der Unternehmer A in Augsburg bestellt bei B in Bremen eine dort nicht vorrätige Ware. B gibt die Bestellung an den Großhändler C in Chemnitz weiter. B befördert die Ware von Bremen mit eigenem Lkw unmittelbar nach Augsburg zu A.

Aufgabe: Bestimmen Sie Ort und Zeitpunkt der Lieferungen.

Hinweis! Zur Kommission s. Mutschler/Scheel, Umsatzsteuer, 4. Auflage; Steuern und Finanzen in Ausbildung und Praxis, Band 4, unter V. 3.2, HDS Verlag.

Lösung:

Es liegt ein Reihengeschäft i.S.d. § 3 Abs. 6 Satz 5 UStG vor, da mehrere Unternehmer über dieselbe Ware Umsatzgeschäfte abschließen und die Ware unmittelbar vom ersten Unternehmer (C) an den letzten Abnehmer (A) befördert wird. Bei diesem Reihengeschäft werden nacheinander zwei Lieferungen (C an B und B an A) ausgeführt.

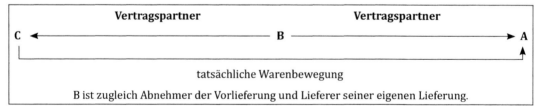

Grundsatz: Die Beförderung oder Versendung ist grundsätzlich der Vorlieferung (Lieferung C an B) zuzuordnen (§ 3 Abs. 6 Satz 6 Halbsatz 1 UStG). Grundsätzlich tritt B als Abnehmer der Vorlieferung auf (widerlegbare Vermutung).

Die 1. Lieferung ist die Beförderungslieferung. Die Ortsbestimmung richtet sich nach § 3 Abs. 6 Satz 5 i.V.m. Satz 1 UStG. Der Ort befindet sich in Chemnitz.

Die 2. Lieferung ist die ruhende Lieferung, die der Beförderungslieferung nachfolgt. Die Ortsbestimmung richtet sich nach § 3 Abs. 6 Satz 5 i.V.m. § 3 Abs. 7 Satz 2 Nr. 2 UStG. Der Ort befindet sich am Ende der Beförderung in Augsburg.

Fall 49: Verkaufskommission/Reihengeschäft/Lieferung ins Drittland

Milchbauer M aus Daun/Eifel beauftragt am 25.4.25 den chinesischen Kommissionär K, 10.000 Liter Milch im eigenen Namen und auf Rechnung des M in Peking zu verkaufen. Am 25.7.25 verkauft K die 10.000 Liter an einen Abnehmer CH in China.

a) M bringt die Milch am 11.5.25 zu K nach Peking. K bringt die Milch am 27.7.25 zu CH.

b) M bringt die Milch am 11.5.25 zu K nach Peking. CH holt die Milch am 27.7.25 bei K ab.

c) K holt die Milch am 11.5.25 bei M ab und befördert sie nach Peking. CH holt die Milch bei K ab.

d) M bringt die Milch am 27.7.25 – im Auftrag des K – direkt zu CH nach China.

e) CH holt die Milch am 27.7.25 bei M ab und befördert sie nach China.

f) K holt die Milch am 27.7.25 bei M ab und befördert sie direkt zu CH.

	Vertragspartner		Vertragspartner		
M		**K**			**CH**
Daun/Eifel	Milch	China	Milch		China
		Im eigenen Namen, auf Rechnung des M		↑	

tatsächliche Warenbewegung

Aufgabe: Nehmen Sie zu den Kommissionsgeschäften unter a) bis f) Stellung und bestimmen Sie dabei den Ort und den Zeitpunkt der Lieferungen.

Zur innergemeinschaftlichen Verkaufskommission und zum Reihengeschäft s.a. Fall 189.

Lösung:

Die Übergabe des Kommissionsguts an den Verkaufskommissionär ist keine Lieferung i.S.d. § 3 Abs. 1 UStG. Beim Kommissionsgeschäft liegt eine Lieferung des Kommittenten M an den Kommissionär K erst im Zeitpunkt der Lieferung des Kommissionsguts an den Abnehmer vor (Abschn. 3.1 Abs. 3 Satz 7 UStAE). Das Verbringen der Milch von M an K (Fall a bis c) stellt ein rechtsgeschäftsloses Verbringen dar.

a) Die Lieferung K an CH gilt am 27.7.25 in Peking als ausgeführt, da die Beförderung dort beginnt (§ 3 Abs. 6 Satz 1 UStG). Zum gleichen Zeitpunkt (27.7.25) gilt die Lieferung M an K (§ 3 Abs. 3 i.V.m. Abs. 1 UStG) als ausgeführt. Der Ort der Lieferung zwischen M und K bestimmt sich nach § 3 Abs. 7 Satz 1 UStG. Die Lieferung wird dort ausgeführt, wo sich der Gegenstand zur Zeit der Verschaffung der Verfügungsmacht befindet. Der Ort der Lieferung M an K befindet sich demnach in China. Befördert im Falle eines Kommissionsgeschäfts (§ 3 Abs. 3 UStG) der Kommittent das Kommissionsgut mit eigenem Fahrzeug an den im Ausland ansässigen Kommissionär, liegt eine Lieferung im Inland nach § 3 Abs. 6 Satz 1 UStG nicht vor, weil die – anschließende – Übergabe des Kommissionsguts an den Verkaufskommissionär keine Lieferung i.S.d. § 3 Abs. 1 UStG ist (BFH Urteil vom 25.11.1986, V R 102/78, BStBl II 1987, 278, Abschn. 3.12 Abs. 2 Satz 4 UStAE). Beide Lieferungen sind nicht steuerbar. Die Regelungen der Ausfuhrlieferung kommen nicht zur Anwendung.

b) S. Lösung a).

c) S. Lösung a).

In den Fällen a) bis c) ist kein Reihengeschäft gegeben, da § 3 Abs. 6 Satz 5 UStG voraussetzt, dass **eine** Beförderung oder Versendung durch **einen** am Reihengeschäft beteiligten Unternehmer vorliegt. Diese Voraussetzung ist bei einer Beförderung oder Versendung durch mehrere beteiligte Unternehmer (gebrochene Beförderung oder Versendung) nicht erfüllt (Abschn. 3.14 Abs. 4 UStAE). Weiterhin muss der letzte Abnehmer bei Beginn der Warenbewegung aus dem Verfügungsbereich des ersten Unternehmers feststehen.

Zu den Vereinfachungsregelungen bei einer gebrochenen Beförderung oder Versendung im Zusammenhang mit einem Reihengeschäft s. das BMF-Schreiben vom 07.12.2015 (BStBl I 2015 S. 1014) sowie Abschn. 3.14 Abs. 19 UStAE.

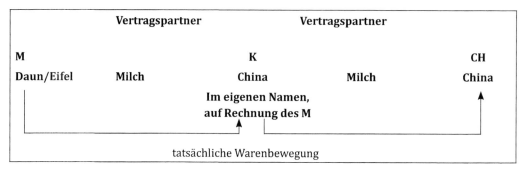

d) Die Lieferungen von im Kommissionsgeschäft veräußerten Waren können im Reihengeschäft (§ 3 Abs. 6 Satz 5 UStG) ausgeführt werden.

Am 27.7.25 wird die Kommissionsware vom Kommittenten M an den Kunden des Kommissionärs befördert, nachdem der Kommissionär K diese Ware an den Kunden CH verkauft hat. Als K die Kommissionsware an CH verkauft hat, teilt er dies dem M mit. M versendet dann die Ware von Daun nach China.

Reihengeschäft

Mehrere Unternehmer (M, K und CH) haben über denselben Gegenstand (Milch) Umsatzgeschäfte abgeschlossen und dieser Gegenstand (Milch) gelangt im Rahmen einer Beförderung oder Versendung unmittelbar vom ersten Unternehmer (Kommittent M) an den letzten Abnehmer (CH in China). Bei dem Reihengeschäft werden nacheinander zwei Lieferungen – Kommittent M an Kommissionär K und K an CH – ausgeführt. Beim Reihengeschäft ist nur eine Lieferung die bewegte Lieferung (§ 3 Abs. 6 Satz 5 UStG; Abschn. 3.14 Abs. 2 Satz 2 UStAE; EuGH Urteil vom 6.4.2006, C-245/04, UR 2006, 342).

Da der erste Unternehmer in der Reihe (Kommittent M) die Ware unmittelbar an den letzten Abnehmer CH befördert, ist die Beförderung der Lieferung M (Kommittent) an K (Kommissionär) zuzuordnen (Abschn. 3.14 Abs. 8 Satz 1 UStAE). Lieferort ist der Ort, von dem aus der Transport beginnt (§ 3 Abs. 6 Satz 1 UStG), und liegt somit in Daun/Eifel. Die Lieferung ist steuerbar und nach § 4 Nr. 1 Buchst. a i.V.m. § 6 Abs. 1 Nr. 1 UStG steuerfrei. Es handelt sich um eine Ausfuhrlieferung, da der liefernde Unternehmer (M) den Gegenstand der Lieferung in das Drittlandsgebiet (§ 1 Abs. 2a Satz 3 UStG) befördert hat. Da die Lieferung des K an CH der Beförderungslieferung folgt, gilt diese Lieferung nach § 3 Abs. 7 Nr. 2 UStG dort als ausgeführt, wo die Beförderung des Gegenstandes endet, und liegt somit in China. Die Lieferung K an CH ist nicht steuerbar.

e) Wie oben unter Lösung d) dargestellt, handelt es sich sowohl um ein Reihen- als auch um ein Kommissionsgeschäft.

Verwaltungsregelung beim Reihengeschäft

Da der letzte Abnehmer (CH aus China) die Ware beim ersten Unternehmer (Kommittent M in Deutschland) abholt und den Warentransport durchführt, ist ihm die Beförderung der Lieferung zuzuordnen (Abschn. 3.14 Abs. 8 Satz 2 UStAE). Die Beförderungslieferung ist somit die von Kommissionär K an CH. Lieferort ist der Ort, von dem aus der Transport beginnt (§ 3 Abs. 6 Satz 1 UStG), und ist in Daun/Eifel. Die Lieferung ist steuerbar und unter den Voraussetzungen des § 4 Nr. 1 Buchst. a i.V.m. § 6 Abs. 1 Nr. 2 UStG steuerfrei. Nach § 6 Abs. 2 Nr. 1 UStG ist CH ein ausländischer Abnehmer, da er seinen Wohnort im Ausland hat.

Der Ort der Lieferung des M an K ist nach § 3 Abs. 7 Satz 2 Nr. 1 UStG ebenfalls in Daun/Eifel, da die Lieferung des M der Beförderungslieferung des K vorangeht und die Beförderung in Daun beginnt. Die Lieferung des M ist steuerbar. Sie ist nicht nach § 4 Nr. 1 Buchst. a i.V.m. § 6 Abs. 1 Nr. 2 UStG steuerfrei, da es sich bei der Lieferung von M an K um keine Lieferung mit Warenbewegung nach § 3 Abs. 6 Satz 1 UStG handelt.

BFH-Rechtsprechung vom 25.2.2015 (XI R 30/13, BFH/NV 2015, 769) zum Reihengeschäft

Mit Urteil vom 25.2.2015 (XI R 30/13, BFH/NV 2015, 769) stellt der BFH klar, dass auch dann, wenn der zweite Erwerber (CH) eine Spedition mit der Abholung von Waren beim Unternehmer (M) beauftragt, eine bewegte Lieferung des M an K möglich ist, wenn CH die Verfügungsmacht an den Waren erst erhalten wird, nachdem diese das Inland verlassen haben. Dies sei bei einer Beförderung durch eine von CH beauftragte Spedition zwar eher unwahrscheinlich, aber nicht ausgeschlossen. Abschn. 3.14. Abs. 8 Satz 2 UStAE ist mit der Rechtsprechung des EuGH nicht in vollem Umfang vereinbar.

Wenn CH die Ware bei M abholt und nachweist, dass er das Eigentum erst in China und nicht bereits in Deutschland erhält, dann wäre die 1. Lieferung M an K die Beförderungslieferung (Grundfall des § 3 Abs. 6 Satz 6 Halbsatz 1 UStG).

Wenn CH die Ware bei M abholt spricht nach der BFH-Rechtsprechung XI R 30/13 viel dafür, dass dem CH bereits bei Abholung im Inland die Verfügungsmacht übertragen wird, wenn er die Ware persönlich abholt bzw. abholen lässt. Wenn auch noch objektiv belegt wird, dass die Verfügungsmacht bereits auf CH übertragen wurde, wechselt die Zuordnung der Warenbewegung in die nächstfolgende Lieferbeziehung. Die 2. Lieferung K an CH wäre dann die bewegte Lieferung. Die Beurteilung entspricht der oben dargestellten Lösung nach der bisherigen Verwaltungsauffassung.

f) Wie oben unter Lösung d) dargestellt, handelt es sich sowohl um ein Reihen- als auch um ein Kommissionsgeschäft.

Verwaltungsregelung beim Reihengeschäft

Befördert oder versendet ein mittlerer Unternehmer in der Reihe den Liefergegenstand, ist dieser zugleich Abnehmer der Vorlieferung und Lieferer seiner eigenen Lieferung. In diesem Fall ist die Beförderung oder Versendung nach § 3 Abs. 6 Satz 6 1. Halbsatz UStG grundsätzlich der Lieferung des vorangehenden Unternehmers zuzuordnen (widerlegbare Vermutung). Der befördernde oder versendende Unternehmer kann jedoch anhand von Belegen, z.B. durch eine Auftragsbestätigung, das Doppel der Rechnung oder andere handelsübliche Belege und Aufzeichnungen nachweisen, dass er als Lieferer aufgetreten und die Beförderung oder Versendung dementsprechend seiner eigenen Lieferung zuzuordnen ist (§ 3 Abs. 6 Satz 6 2. Halbsatz UStG; Abschn. 3.14 Abs. 9 UStAE).

BFH-Rechtsprechung vom 25.2.2015 (XI R 15/14, BFH/NV 2015, 772) zum Reihengeschäft

Die Zuordnung der Beförderung hängt davon ab, ob der Erstwerber (K) bereits dem CH die Verfügungsmacht verschafft hat, bevor der Liefergegenstand das Inland verlassen hat. Lt. Sachverhalt weiß der Kommittent, dass die Kommissionsware bereits an CH verkauft wurde. In diesem Fall tritt K als Lieferer und nicht als Abnehmer auf, so dass die bewegte Lieferung der 2. Lieferung K an CH zuzuordnen ist. Lieferort ist der Ort, von dem aus der Transport beginnt (§ 3 Abs. 6 Satz 1 UStG), und ist in Daun/Eifel. Die Lieferung ist steuerbar und unter den Voraussetzungen des § 4 Nr. 1 Buchst. a i.V.m. § 6 Abs. 1 Nr. 2 UStG steuerfrei. Nach § 6 Abs. 2 Nr. 1 UStG ist CH ein ausländischer Abnehmer, da er seinen Wohnort im Ausland hat.

Der Ort der Lieferung des M an K ist nach § 3 Abs. 7 Satz 2 Nr. 1 UStG ebenfalls in Daun/Eifel, da die Lieferung des M der Beförderungslieferung des K vorangeht und die Beförderung in Daun beginnt. Die Lieferung des M ist steuerbar. Sie ist nicht nach § 4 Nr. 1 Buchst. a i.V.m. § 6 Abs. 1 Nr. 2 UStG steuerfrei, da es sich bei der Lieferung von M an K um keine Lieferung mit Warenbewegung nach § 3 Abs. 6 Satz 1 UStG handelt.

Fall 50: Verkaufskommission/Inländisches Kommissionslager

Landwirt W aus Landau/Pfalz beauftragt den Münchner Unternehmer U im eigenen Namen und auf Rechnung des W Radieschen aus der Pfalz in Bayern zu verkaufen. W versendet die Ware an die Endkunden E erst, wenn U die Ware als Kommissionär an die Endkunden verkauft hat. Da die Radieschen schnell verderben und sie möglichst schnell zum Endkunden gelangen, hat W in München in den Räumen des U ein Radieschenlager eingerichtet.

Aufgabe: Prüfen Sie, ob ein Kommissionsgeschäft und auch ein Reihengeschäft vorliegt.

Lösung:

Der Transport in das Radieschenlager bei U ist ein rechtsgeschäftsloses Verbringen (Abschn. 3.1 Abs. 3 Satz 7 UStAE). Eine Lieferung des W an U wird erst mit Verschaffung der Verfügungsmacht durch § 3 Abs. 3 UStG fingiert. Sie erfolgt in dem Zeitpunkt, in dem der Kommissionär U die Radieschen an E liefert. Dann liefern zeitgleich in einem Reihengeschäft Kommittent W an Kommissionär U und U an Endkunde E. Die Ware gelangt unmittelbar von W an E. Bei diesem Reihengeschäft ist die bewegte Lieferung der 1. Lieferung W an U zuzurechnen, da der Liefergegenstand durch den ersten Unternehmer in der Reihe befördert wird (Abschn. 3.14 Abs. 8 Satz 1 UStAE).

Fall 51: Verkaufskommission/Beteiligung von Privatpersonen/Unrichtiger und unzulässiger Steuerausweis/Gutschrifterteilung

Bauunternehmer B aus Edenkoben beauftragt am 15.5.25 den Antiquitätenhändler A aus Neustadt/Weinstraße einen Vitrinenschrank Louis Philippe, der bisher im Wohnzimmer des B stand und nur privat genutzt wurde, im Namen des A aber für Rechnung des B zu verkaufen. A erhält eine Provision i.H.v. netto 12 %. Am 15.5.25 bringt B den Schrank zu A nach Neustadt. A verkauft den Schrank am 25.5.25 an einen privaten Käufer K aus Klingenmünster/Pfalz und erteilt ihm sofort folgende Rechnung:

Verkauf Vitrinenschrank Louis Philippe	6.550,00 €
USt darauf	1.344,50 €
zu zahlen	**7.894,50 €**

Der Kunde K zahlt sofort in bar. nach Abzug seiner Provision überweist A dem B den restlichen Betrag. Wie vertraglich vereinbart rechnet A über die von B an ihn erbrachte Lieferung mittels Gutschrift am 6.6.25 wie folgt ab:

Erlös beim Kunden	6.550,00 €
abzgl. Provision von 12 %	./. 786,00 €
abzgl. sonstige Kosten	0,00 €
Bemessungsgrundlage für die fiktive Lieferung durch B	**5.764,00 €**
USt darauf 19 %	**1.095,16 €**

B widerspricht der Gutschrift nicht.

K beauftragt einen Fuhrunternehmer F aus Landau/Pfalz den Vitrinenschrank bei A in Neustadt abzuholen. F bringt am 5.6.25 den Schrank zu K nach Klingenmünster und berechnet dafür 300 €.

Aufgabe: Nehmen Sie hinsichtlich der Lieferungen zwischen den verschiedenen Verkäufern Stellung zu Ort und Zeitpunkt sowie zur Bemessungsgrundlage. Nehmen Sie auch Stellung zu der Transportleistung des F. Prüfen Sie auch die Anwendung der Differenzbesteuerung i.S.d. § 25a UStG für die Lieferung des A. Zur Differenzbesteuerung nach § 25a UStG s.a. Fall 38, 158 ff., 178 und 179.

Lösung:

Der Verkauf des Vitrinenschranks wird im Rahmen einer Verkaufskommission durchgeführt (§ 383 Abs. 1 HGB); B ist Kommittent, A Kommissionär. Nach § 3 Abs. 3 i.V.m. Abs. 1 UStG wird zwischen B und A eine Lieferung fingiert. Zwischen A und K findet ebenfalls eine Lieferung statt. Der Transport zu A im Mai stellt noch keine Lieferung dar, da dem A keine Verfügungsmacht verschafft werden soll. Es handelt sich lediglich um ein rechtsgeschäftsloses Verbringen.

Lieferung A

Mit dem Verkauf führt A eine bewegte Lieferung an K aus. Ort der Versendungslieferung ist Neustadt, da dort die Versendung im Auftrag des Käufers beginnt (§ 3 Abs. 6 Satz 1 i.V.m. Satz 3 und 4 UStG). Zeitpunkt ist nach § 3 Abs. 6 Satz 1 UStG mit Beginn der Versendung in Neustadt am 5.6.25. Neustadt ist Inland, die Lieferung damit steuerbar und auch steuerpflichtig. Bemessungsgrundlage ist das Entgelt: 7.894,50 € ./. 1.260,47 € USt = 6.634,03 €. Der Steuersatz beträgt 19 %. Die Umsatzsteuer i.H.v. 1.260,47 € entsteht mit Ablauf des Voranmeldungszeitraums Juni. Steuerschuldner ist A.

Allerdings hat A in seiner Rechnung (unrichtig) einen zu hohen Umsatzsteuerbetrag ausgewiesen. Er schuldet den zu hoch ausgewiesenen Betrag von 1.344,50 € ./. 1.260,47 € = 84,03 € nach § 14c Abs. 1 Satz 1 UStG (Abschn. 14c.1 Abs. 1 Satz 5 Nr. 1 UStAE). Diese Steuer entsteht nach § 13 Abs. 1 Nr. 3 UStG im Zeitpunkt der Ausgabe der Rechnung am 25.5.25 (Abschn. 13.7 Satz 1 und 2 UStAE).

> **Hinweis!** Nach § 13 Abs. 1 Nr. 3 UStG entstand die Steuer im Fall des § 14c Abs. 1 UStG in dem Zeitpunkt, in dem die Steuer für die entsprechende Leistung entsteht, spätestens jedoch im Zeitpunkt der Ausgabe der Rechnung. Mit Urteil vom 5.6.2014 (XI R 44/12, BStBl II 2016, 187) hat der BFH gegen die bisherige Gesetzesnorm und die Verwaltungsregelung in Abschn. 13.7 Satz 2 UStAE entschieden. Danach kann eine nach § 14c Abs. 1 UStG geschuldete Steuer nicht vor Ablauf des Voranmeldungszeitraums entstehen, in dem die Rechnung mit dem unrichtigen Steuerausweis erteilt worden ist.
>
> Mit Schreiben vom 2.4.2015 (BStBl I 2015, 272) schließt sich die Verwaltung der BFH-Rechtsprechung an und ändert Abschn. 13.7 Satz 2 und das Beispiel 1 entsprechend der BFH-Rechtsprechung im Urteil vom 5.6.2014 (XI R 44/12, BStBl II 2016, 187).
>
> Mit dem Steueränderungsgesetz 2015 vom 2.11.2015 (BGBl I 2015, 1834) reagiert der Gesetzgeber auf die BFH-Rechtsprechung. Für alle Fälle des § 14c UStG wird künftig einheitlich geregelt, dass die wegen unrichtigen (§ 14c Abs. 1 UStG) bzw. unberechtigten (§ 14c Abs. 2 UStG) Steuerausweises geschuldete Steuer im Zeitpunkt der Ausgabe der Rechnung entsteht.
>
> Der bisherige Regelungsgehalt von § 13 Abs. 1 Nr. 4 UStG wird nunmehr von § 13 Abs. 1 Nr. 3 UStG erfasst. Die bisherige Nr. 4 des § 13 Abs. 1 UStG 4 wird deshalb aufgehoben (BT-Drucksache 18/6094, 89).

Als Antiquitätenhändler ist A Wiederverkäufer i.S.d. § 25a Abs. 1 Nr. 1 Satz 2 UStG. Als Wiederverkäufer gelten Unternehmer, die im Rahmen ihrer gewerblichen Tätigkeit üblicherweise Gebrauchtgegenstände erwerben und sie danach, gegebenenfalls nach Instandsetzung, im eigenen Namen wieder verkaufen (gewerbsmäßige Händler; Abschn. 25a Abs. 2 UStAE). Die Differenzbesteuerung ist anzuwenden, soweit der Wiederverkäufer A nicht unter den Voraussetzungen des § 25a Abs. 8 UStG auf deren Anwendung verzichtet. Der Verzicht ist an keine besondere Form gebunden. Die Option erfolgt z.B. dadurch, dass der Unternehmer den Umsatz der Regelbesteuerung unterwirft, so wie A dies durch die Erteilung der Rechnung mit gesondertem Umsatzsteuerausweis getan hat (Abschn. 25a. 1 Abs. 21 i.V.m. Abschn. 9.1 Abs. 3 UStAE).

Ohne den Verzicht auf die Anwendung der Differenzbesteuerung hätte A die Bemessungsgrundlage für den Verkauf des Vitrinenschranks an K wie folgt zu ermitteln:

Als Bemessungsgrundlage ist der Betrag anzusetzen, um den der Verkaufspreis den Einkaufspreis für den Gegenstand übersteigt; die in dem Unterschiedsbetrag enthaltene USt ist herauszurechnen.

Verkaufspreis an K	6.550,00 €
Einkaufspreis von B	5.764,00 €
Differenzbetrag	**786,00 €**
Die USt des A beträgt 786 € : 119 × 19 =	**125,50 €**

Nach § 14a Abs. 6 UStG muss die Rechnung die Angabe »Gebrauchtgegenstände/Sonderregelung« enthalten. Die Vorschrift auf den gesonderten Steuerausweis in einer Rechnung findet keine Anwendung (§ 14a Abs. 6 Satz 2 UStG).

Die Kunstgegenstände, Sammlungsstücke oder Antiquitäten-Sonderregelung des § 25a Abs. 2 UStG kommt bei A nicht zur Anwendung, da die Voraussetzung des § 25a Abs. 2 Nr. 1 UStG nicht erfüllt ist. A hat den Schrank als Antiquität nicht in das Gemeinschaftsgebiet selbst eingeführt. Antiquitäten sind andere Gegenstände als Kunstgegenstände und Sammlungsstücke, die mehr als 100 Jahre alt sind (Position 9706 00 00 Zolltarif; Abschn. 25a.1 Abs. 6 Satz 4 UStAE).

Zur Anwendung der Differenzbesteuerung s.a. die Fälle 40, 158 bis 164, 178 und 179.

Lieferung B

Mit der Lieferung des A an K liegt zeitgleich eine unbewegte Lieferung von Kommittent B an den Kommissionär A vor (§ 3 Abs. 3 i.V.m. Abs. 1 i.V.m. Abschn. 3.1 Abs. 3 Satz 7 UStAE). Diese Lieferung ist jedoch nicht steuerbar, da B den Schrank nicht im Rahmen seines Unternehmens (Privatvermögen) geliefert hat. Als Bemessungsgrundlage wäre das Entgelt anzusetzen, also alles, was der Kommissionär A gegenüber dem Kommittenten aufzuwenden hat. Das wäre der an den Kommittenten aus dem Weiterverkauf abzuführende Kaufpreis abzüglich der ihm zustehenden Provision und ggf. Aufwendungsersatz.

Erlös beim Kunden durch den Kommissionär A	6.550,00 €
abzgl. Provision von 12 %	./. 786,00 €
abzgl. sonstige Kosten	0,00 €
Bemessungsgrundlage für die fiktive Lieferung durch den Kommittenten B an den Kommissionär A	**5.764,00 €**

Die am Leistungsaustausch Beteiligten können frei vereinbaren, ob der leistende Unternehmer B oder der in § 14 Abs. 2 Satz 1 Nr. 2 UStG bezeichnete Leistungsempfänger A abrechnet. Die Vereinbarung hierüber muss vor der Abrechnung getroffen sein und kann sich aus Verträgen oder sonstigen Geschäftsunterlagen ergeben. Sie ist an keine besondere Form gebunden und kann auch mündlich getroffen werden (Abschn. 14.3 Abs. 2 UStAE). Nach § 14 Abs. 2 Satz 2 UStG ist der Kommissionär A allerdings nicht berechtigt, für die Lieferung des Kommittenten B eine Gutschrift zu erteilen (Abschn. 14.3 Abs. 1 Satz 1 UStAE), da B die Lieferung nicht im Rahmen seines Unternehmens ausführt.

Die Gutschrift wird wirksam, da B nicht widerspricht (Abschn. 14.3 Abs. 3 UStAE). Erst mit dem Widerspruch verliert die Gutschrift die Wirkung als Rechnung (Abschn. 14.3 Abs. 4 Satz 2 UStAE). Die unberechtigt erteilte und nicht widersprochene Gutschrift führt dazu, dass der Empfänger der Gutschrift die unberechtigt ausgewiesene Steuer nach § 14c Abs. 2 UStG schuldet (Abschn. 14.3 Abs. 1 Satz 5 UStAE). Es handelt sich um einen unberechtigten Steueraus nach Abschn. 14c. 2 Abs. 2 Nr. 4 UStAE. Nach § 13 Abs. 1 Nr. 3 UStG entsteht die USt i.H.v. 1.095,16 € im Zeitpunkt der Ausgabe der Rechnung am 6.6.25.

Zur Erteilung einer Gutschrift s.a. Fall 54.

Transport F

Es handelt sich um eine Beförderungsleistung von F an K (§ 3 Abs. 9 Satz 1 UStG). Der Ort dieser Beförderung bestimmt sich nach § 3b Abs. 1 Satz 3 i.V.m. Satz 1 UStG, da die sonstige Leistung für die Privatperson

K erbracht wird. Leistungsort ist demnach die Beförderungsstrecke von Neustadt nach Klingenmünster; damit ist die sonstige Leistung steuerbar und steuerpflichtig. Zeitpunkt der Beförderungsleistung ist der 5.6.25 Das Entgelt (netto) beträgt 252,10 €, die USt demnach 47,90 €. Sie entsteht mit Ablauf Juni. F schuldet diese USt.

Fall 52: Einkaufskommission/Reihengeschäft/Beteiligung von Privatpersonen

Autohändler A aus Aachen erhält vom Autohändler L aus Landau den Auftrag, in Deutschland Oldtimer für ihn einzukaufen.

	Vertragspart- ner			Vertragspartner		
L	──────────→	A	──────────────────→	Verkäufer
Landau/Pfalz	Oldtimer	Aachen		Oldtimer		Deutschland
		Im eigenen Namen, auf Rechnung des L				
Kommittent		Kommissionär				

Für jeden gekauften Oldtimer erhält A eine Provision von 1.500 € zzgl. Umsatzsteuer.

1. Am 31.3.25 kauft A einen Oldtimer vom Autohändler V in Münster für 40.000 € zzgl. Umsatzsteuer ein. A holt den Oldtimer bei V in Münster ab und befördert ihn mit eigenem Transporter zu seinem Autohof. Am 2.4.25 holt L den Oldtimer bei A ab.

   A und L haben im Voraus vereinbart, dass das Eigentum sofort mit dem Erwerb durch A auf L übergehen soll.

2. Am 30.4.25 kauft A einen Oldtimer vom Autohändler W in Dortmund für 50.000 € zzgl. Umsatzsteuer ein. Über den Eigentumsübergang haben A und L nichts vereinbart.

   A bringt der Pkw zunächst auf seinem Autohof nach Aachen, wo L den Oldtimer am 2.5.25 abholt.

3. Am 31.5.25 kauft A einen Oldtimer vom Autohändler X in Xanten für 25.000 € zzgl. Umsatzsteuer ein. Über den Eigentumsübergang haben A und L nichts vereinbart.

   A bringt den Oldtimer nach dem Einkauf bei X unmittelbar zu L nach Landau.

4. Am 30.6.25 kauft A einen Oldtimer vom Privatmann Y in Duisburg für 15.000 €. Über den Eigentumsübergang haben A und L nichts vereinbart.

   A bringt den Oldtimer nach dem Einkauf bei Y unmittelbar zu L nach Landau.

Abwandlung:

L aus Landau ist Privatmann. L erteilt dem A aus Aachen den Auftrag, als Kommissionär Oldtimer in ganz Deutschland einzukaufen.

Am 31.7.25 kauft A einen Oldtimer vom Autohändler Z in Zell für 20.000 € zzgl. Umsatzsteuer. Über den Eigentumsübergang haben A und L nichts vereinbart. A bringt den Oldtimer nach dem Einkauf bei Z unmittelbar zu L nach Landau.

Aufgabe: Nehmen Sie hinsichtlich der Lieferungen zwischen den verschiedenen Verkäufern und A sowie den Lieferungen zwischen A und L Stellung zu Ort und Zeitpunkt sowie zur Bemessungsgrundlage.

Lösung:

L und A haben einen Kommissionsvertrag geschlossen (§ 383 BGB). Der Einkauf in eigenem Namen für Rechnung des L erfolgt im Rahmen einer Einkaufskommission.

Mit den Einkäufen der Oldtimer im eigenen Namen liegen nach § 3 Abs. 1 UStG Lieferungen von den Verkäufern an A vor. Die fingierten Weiterlieferungen von A an L nach § 3 Abs. 3 UStG gelten mit der Eigentumsübertragung der Oldtimer von A an L als ausgeführt.

1. Verkäufer V tätigt an A eine Lieferung des Oldtimers. Nach § 3 Abs. 6 Satz 1 UStG ist die Lieferung mit Beginn der Beförderung (Abhollieferung) am 31.3.25 ausgeführt. Die Lieferung gilt dort als ausgeführt, wo die Beförderung beginnt. Der Lieferort Münster ist im Inland (§ 1 Abs. 2 UStG). Die Lieferung des Verkäufers an den Kommissionär A ist steuerbar (§ 1 Abs. 1 Nr. 1 UStG) und steuerpflichtig. Als Bemessungsgrundlage ist nach § 10 Abs. 1 Satz 1 und 2 UStG das vom Kommissionär A entrichtete Entgelt i.H.v. 40.000 € anzusetzen.

   Die Verschaffung der Verfügungsmacht vom Kommissionär A auf den Kommittenten L erfolgt zeitgleich mit dem Erwerb durch den Kommissionär A vom Verkäufer V am 31.3.25. Der Ort dieser Lieferung bestimmt sich nach § 3 Abs. 7 Satz 1 UStG, da der Oldtimer zu diesem Zeitpunkt nicht an L übergeben wird und befindet sich in Münster, da sich der Oldtimer bei der der Weiterlieferung dort befindet. Auch diese Lieferung ist steuerbar und steuerpflichtig. Als Bemessungsgrundlage sind hier 41.500 € anzusetzen. Entgelt ist alles, was der Kommittent L für die Weiterlieferung des Oldtimers durch den Kommissionär A aufzuwenden hat, also der Kaufpreis des Oldtimers zuzüglich der Provision und ggf. eines Aufwendungsersatzes.

2. Verkäufer W tätigt an den Kommissionär A eine Lieferung des Oldtimers. Nach § 3 Abs. 6 Satz 1 UStG ist die Lieferung mit Beginn der Beförderung (Abhollieferung) am 30.4.25 ausgeführt. Die Lieferung gilt dort als ausgeführt, wo die Beförderung beginnt. Der Lieferort Dortmund ist im Inland (§ 1 Abs. 2 UStG). Die Lieferung des Verkäufers W an den Kommissionär A ist steuerbar (§ 1 Abs. 1 Nr. 1 UStG) und steuerpflichtig. Als Bemessungsgrundlage ist nach § 10 Abs. 1 Satz 1 und 2 UStG das vom Kommissionär A entrichtete Entgelt i.H.v. 50.000 € anzusetzen.

   Da Kommissionär A und Kommittent L hinsichtlich der Eigentumsübertragung keine Vereinbarung getroffen haben, findet die Eigentumsübertragung nach § 929 Satz 1 BGB erst mit der Übergabe des Oldtimers an den Kommittenten L statt. Es liegen daher zwei zeitlich aufeinanderfolgende Lieferungen vor. Bei der Lieferung des A an L handelt es sich ebenfalls um eine bewegte Lieferung nach § 3 Abs. 6 Satz 1 und 2 UStG, die am 2.5.25 in Aachen als ausgeführt gilt. Die Lieferung ist steuerbar und steuerpflichtig. Als Bemessungsgrundlage sind hier 51.500 € anzusetzen.

3. Der Kommissionär A liefert an den Kommittenten L, indem er den Oldtimer direkt vom ersten Unternehmer X an den letzten Abnehmer L befördert. Nach § 3 Abs. 6 Satz 5 UStG finden die Lieferungen im Rahmen eines Reihengeschäfts statt. Da der mittlere Unternehmer A den Oldtimer befördert, ist die 1. Lieferung X an A die bewegte Lieferung, wenn A den Oldtimer als Abnehmer der Lieferung befördert (§ 3 Abs. 6 Satz 6 Halbsatz 1 UStG). Da Kommissionär A und Kommittent L hinsichtlich der Eigentumsübertragung keine Vereinbarung getroffen haben, findet die Eigentumsübertragung nach § 929 Satz 1 BGB erst mit der Übergabe des Oldtimers an den Kommittenten L statt. Kommissionär A liefert daher als Abnehmer, da bei Beginn der Beförderung A noch nicht die Verfügungsmacht auf L übertagen hatte. Die Lieferung des Verkäufers X an den Kommissionär A ist die bewegte Lieferung und gilt mit Beginn der Beförderung am 31.5.25 in Xanten als ausgeführt (§ 3 Abs. 6 Satz 1 und 2 UStG). Als Bemessungsgrundlage ist nach § 10 Abs. 1 Satz 1 und 2 UStG das vom Kommissionär A entrichtete Entgelt i.H.v. 25.000 € anzusetzen.

   Die Lieferung des Kommissionärs A an den Kommittenten L ist als nachfolgende Lieferung die unbewegte Lieferung. Die Lieferung gilt nach § 3 Abs. 7 Satz 2 Nr. 2 UStG am 31.5.25 in Landau als ausgeführt, da die Beförderung des Gegenstands dort endet. Die Lieferung ist steuerbar und steuerpflichtig. Als Bemessungsgrundlage sind hier 26.500 € anzusetzen.

4. Der Kommissionär A liefert an den Kommittenten L, indem er den Oldtimer direkt vom Verkäufer Y an den letzten Abnehmer L befördert. Da der der erste Beteiligte in der Reihe kein Unternehmer ist, liegt kein Reihengeschäft vor. Nach § 3 Abs. 6 Satz 5 UStG muss der Gegenstand der Lieferung vom »ersten Unternehmer« an den »letzten Abnehmer« gelangen. Die Lieferung Y an den Kommissionär A ist nicht steuerbar, da Y lt. Sachverhalt kein Unternehmer i.S.d. § 2 Abs. 1 UStG ist.

Die Lieferung des Kommissionärs A an den Kommittenten L ist eine Beförderungslieferung, die nach § 3 Abs. 6 Satz 1 und 2 UStG am 30.6.25 in Duisburg als ausgeführt gilt. Die Lieferung ist steuerbar und steuerpflichtig. Als Bemessungsgrundlage sind hier 16.500 € anzusetzen.

Abwandlung:

Der Kommissionär A liefert an den Kommittenten L, indem er den Oldtimer direkt vom ersten Unternehmer Verkäufer Z an den letzten Abnehmer L befördert. Nach § 3 Abs. 6 Satz 5 UStG finden die Lieferungen im Rahmen eines Reihengeschäfts statt. Nach § 3 Abs. 6 Satz 5 UStG muss der Gegenstand der Lieferung vom »ersten Unternehmer« an den »letzten Abnehmer« gelangen. Wie in der Lösung 3 erläutert, ist die Lieferung der Verkäufers Z an den Kommissionär A die bewegte Lieferung und gilt mit Beginn der Beförderung am 31.7.25 in Zell als ausgeführt (§ 3 Abs. 6 Satz 1 und 2 UStG). Als Bemessungsgrundlage ist nach § 10 Abs. 1 Satz 1 und 2 UStG das vom Kommissionär A entrichtete Entgelt i.H.v. 20.000 € anzusetzen.

Die Lieferung des Kommissionärs A an den Kommittenten L ist als nachfolgende Lieferung die unbewegte Lieferung. Die Lieferung gilt nach § 3 Abs. 7 Satz 2 Nr. 2 UStG am 31.7.25 in Landau als ausgeführt, da die Beförderung des Gegenstands dort endet. Die Lieferung ist steuerbar und steuerpflichtig. Als Bemessungsgrundlage sind hier 21.500 € anzusetzen.

5.6 Sonstige Leistungen

Fall 53: Echtes Factoring/Ortsbestimmung/Steuerbefreiung gem. § 4 Nr. 8 UStG

Unternehmer X tritt ein Forderung i.H.v. 19.000 € (darin enthalten 1.900 € USt) aus einer steuerpflichtigen Lieferung an Y an die Bank als Factor ab. Die Bank zieht die Forderung ein und trägt das Risiko der Nichterfüllung. Die Bank berechnet eine Factoringgebühr von 2 %= 380 € und eine Delkrederegebühr von 1 %= 190 €. Der Factor zahlt an X somit 18.430 €.

Aufgabe: Nehmen Sie Stellung zu den Leistungen des X und der Bank. Bestimmen Sie den Ort der Leistung und nehmen Sie auch Stellung zur Steuerpflicht.

Lösung:

Da die Bank die Forderung einzieht und das Risiko der Nichterfüllung trägt, liegt nach Abschn. 2.4 Abs. 1 Satz 2 UStAE echtes Factoring vor. Mit der Abtretung seiner Forderung erbringt X keine Leistung an den Factor (Abschn. 2.4 Abs. 3 Satz 1 UStAE). Vielmehr ist der Anschlusskunde X Empfänger einer Leistung des Factors.

Die Dienstleistung des Factors besteht darin, den Forderungsverkäufer U (Anschlusskunde) von der Einziehung der Forderung und dem Risiko ihrer Nichterfüllung zu entlasten (Abschn. 2.4 Abs. 1 Satz 2 und 3 UStAE). Der wirtschaftliche Gehalt der Leistung des Factors besteht im Wesentlichen im Einzug von Forderungen. Nach § 3a Abs. 2 UStG wird die sonstige Leistung des Factors dort ausgeführt, wo der Empfänger X sein Unternehmen betreibt. Die Leistung ist von der Steuerbefreiung nach § 4 Nr. 8 Buchst. c UStG ausgenommen und ist somit steuerpflichtig (Abschn. 2.4 Abs. 4 Satz 2 und 3 UStAE). Die Bemessungsgrundlage wird nach Abschn. 2.4 Abs. 6 Satz 1 und 2 UStAE wie folgt ermittelt:

Nennwert der abgetretenen Forderung	19.000 €
tatsächlich gezahlter Preis des Factors an den Kunden X	18.430 €
Differenz	**570 €**
abzgl. USt (19/119)	./. 91 €
Bemessungsgrundlage für den Umsatz des Factors	**479 €**

**Fall 54: Schriftstellerische Leistung/Vermittlungsleistung/Ortsbestimmung/Gutschrift/
            Steuerschuldnerschaft des Leistungsempfängers/Kleinunternehmer**

Der V-Verlag in Ludwigshafen hat sich auf die Herausgabe fernöstlicher Literatur spezialisiert. V sucht einen Übersetzer, der die tibetische Sprache beherrscht. Die tibetische Sprache gehört zur tibetobirmanischen Gruppe der sinotibetischen Sprachen und wird in Tibet und angrenzenden Gebieten sowie in einigen Sprachinseln (u.a. in Indien) von insgesamt etwa 4 Mio. Menschen gesprochen. V möchte die Lehren des »Dalai Lama« als deutsche Übersetzung im deutschsprachigen Raum herausgeben.

Auf Vermittlung des an der Uni Mainz lehrenden Professors Hei Mat Los (H) konnte Professor Ling Lang (L) von der Universität Lhasa als Übersetzer der Dalai Lama Lehre gewonnen werden. Neben seiner nichtselbstständigen Tätigkeit als Professor hat H in Mainz etliche Wohnungen und steuerfrei vermietet. H hat bisher keinerlei Optionserklärungen abgegeben.

Am 11.11.25 legt L dem V-Verlag eine Übersetzung vor. Wie vertraglich vereinbart rechnet der V-Verlag mit L mittels Gutschrift ab. Am 15.12.25 erteilt der V-Verlag dem L eine Gutschrift über 20.000 €; Umsatzsteuer ist in der Gutschrift nicht gesondert ausgewiesen. Der Betrag wurde umgehend auf das Konto des L nach Lhasa in Tibet überwiesen. L hat der Gutschrift nicht widersprochen.

Wie mit H mündlich verabredet erteilt H dem V-Verlag für die Vermittlung des Übersetzers eine ordnungsmäße Rechnung über 1.000 € zzgl. 19 % USt i.H.v. 190 €.

Aufgabe:

Nehmen Sie Stellung zu den Leistungen des H und des L. Bestimmen Sie den Ort der Leistung und nehmen Sie auch Stellung zur Steuerpflicht.

Nehmen Sie auch Stellung zur jeweiligen Bemessungsgrundlage der Leistungen.

Prüfen Sie ob die Gutschrift ordnungsgemäß erstellt wurde.

Gehen Sie ein auf die Steuerschuldnerschaft der Umsatzsteuer.

Lösung:

Mit der Übersetzung der Lehren des Dalai Lama tätigt L eine sonstige Leistung gem. § 3 Abs. 9 UStG an den V-Verlag. Die Übersetzer fremdsprachiger Werke – z.B. Romane, Gedichte, Schauspiele, wissenschaftliche Bücher und Abhandlungen – räumen urheberrechtliche Nutzungsrechte ein, wenn die Werke in der Übersetzung z.B. veröffentlicht werden (Abschn. 12.7 Abs. 12 Satz 1 UStAE). Der Ort der urheberrechtlichen Leistung des L befindet sich nach § 3a Abs. 2 UStG in Ludwigshafen, nämlich dort, wo der Empfänger – V-Verlag – sein Unternehmen betreibt. Die Leistung ist steuerbar und mangels Steuerbefreiung auch steuerpflichtig.

Nach § 14 Abs. 2 Satz 2 UStG ist der V-Verlag berechtigt, für die sonstige Leistung des L eine Gutschrift zu erteilen (Abschn. 14.3 Abs. 1 Satz 1 UStAE). Die Gutschrift wird wirksam, da L nicht widerspricht (Abschn. 14.3 Abs. 3 UStAE). Die Gutschrift als Rechnung muss die in § 14 Abs. 4 Nr. 1 bis 10 UStG enthaltenen Angaben enthalten. Nach § 14 Abs. 4 Satz 1 Nr. 10 UStG muss die Rechnung die Angabe »Gutschrift« enthalten (Abschn. 14.5 Abs. 24 UStAE).

In der Gutschrift (Rechnung) ist nach § 14 Abs. 4 Satz 1 Nr. 8 UStG der Steuersatz sowie der auf das Entgelt entfallende Steuerbetrag auszuweisen (Abschn. 14.5 Abs. 20 UStAE).

Der Umfang des Entgelts beschränkt sich auf alles, was der Leistungsempfänger tatsächlich für die an ihn bewirkte Leistung aufwendet, hier 20.000 €. Nach § 10 Abs. 1 Satz 2 UStG gehört die Umsatzsteuer nicht zum Entgelt (s.a. Abschn. 10.1 Abs. 6 Satz 3 UStAE). Aus der Brutto-Bemessungsgrundlage müsste die Umsatzsteuer herausgerechnet werden. Nach § 12 Abs. 2 Nr. 7 Buchst. c UStG beträgt die USt 7 %. Die USt müsste daher mit 7/107 von 20.000 € = 1.308,41 € herausgerechnet werden, sodass die Bemessungsgrundlage für die Leistung des L 18.691,59 € betragen würde.

Nach § 13b Abs. 2 Nr. 1 i.V.m. Abs. 5 Satz 1 UStG schuldet der V-Verlag die Umsatzsteuer, da die sonstige Leistungen an den V-Verlag durch einem im Ausland ansässigen Unternehmer (§ 13b Abs. 7 Satz 1 UStG) ausgeführt wird. Nach § 14a Abs. 5 UStG muss die Gutschrift die Angabe »Steuerschuldnerschaft des Leistungsempfängers« enthalten. In dieser Gutschrift darf die Umsatzsteuer nicht gesondert ausgewiesen werden (§ 14a Abs. 5 Satz 2 UStG). Somit ist die Gutschrift ohne Ausweis der Umsatzsteuer korrekt ausgestellt. Der V-Verlag schuldet eine Umsatzsteuer i.H.v. 7 % von 20.000 € = 1.400 €.

H tätigt an den V-Verlag eine sonstige Leistung in Form einer Vermittlungsleistung (§ 3 Abs. 9 UStG). Bereits mit der Vermietung der Wohnungen ist H Unternehmer i.S.d. § 2 Abs. 1 UStG. Mit der Vermittlungsleistung erweitert H seinen Unternehmerrahmen.

Der Leistungsort einer Vermittlungsleistung bestimmt sich nur bei Leistungen an Nichtunternehmer nach § 3a Abs. 3 Nr. 4 UStG. Bei Leistungen an einen Unternehmer richtet sich der Leistungsort nach § 3a Abs. 2 UStG (Abschn. 3a.7 Abs. 1 UStAE). Der Ort der Vermittlungsleistung des L befindet sich nach § 3a Abs. 2 UStG in Ludwigshafen, nämlich dort, wo der Empfänger – V-Verlag – sein Unternehmen betreibt. Die Leistung ist steuerbar und mangels Steuerbefreiung auch steuerpflichtig.

Da H bisher keinerlei Optionserklärungen abgegeben hat, ist er nach § 19 Abs. 1 UStG Kleinunternehmer, da Gesamtumsatz i.S.d. § 19 Abs. 1 Satz 2 i.V.m. Abs. 3 Nr. 1 UStG bisher 0 € betragen hat. Als Kleinunternehmer ist er nach § 19 Abs. 1 Satz 4 UStG nicht zum gesonderten Ausweis der Umsatzsteuer in der Rechnung berechtigt. Nach § 14c Abs. 2 UStG schuldet H die unberechtigt ausgewiesene Umsatzsteuer i.H.v. 190 € (Abschn. 14c.2 Abs. 1 und 2 Nr. 1 UStAE). Ein Vorsteuerabzug des V-Verlags aus der Rechnung des H ist nicht zulässig (Abschn. 15.2 Abs. 1 Satz 2 UStAE).

Zur Erteilung einer Gutschrift s.a. Fall 51.

Fall 55: Beratungsleistungen eines Rechtsanwalts/Ortsbestimmung

1. Rechtsanwalt R aus Edenkoben/Pfalz berät:
   a) Unternehmer M aus Mannheim in dessen Scheidungsangelegenheit;
   b) Unternehmer K aus Karlsruhe wegen einer Schadensersatzforderung aufgrund einer Warenlieferung;
   c) einen Schweizer Privatmann S wegen einer Rechtsstreitigkeit beim Amtsgericht Landau;
   d) einen französischen Privatmann F wegen einer Rechtsstreitigkeit beim Amtsgericht Landau
2. Rechtsanwalt F aus Frankreich berät:
   a) einen deutschen Unternehmer L aus Landau in Unternehmensfragen;
   b) einen deutschen Privatmann P aus Pforzheim.

Aufgabe:
Bestimmen Sie jeweils den Ort der sonstigen Leistung.

Lösung:

1. Rechtsanwalt R aus Edenkoben tätigt Beratungsleistungen, die in § 3a Abs. 4 Satz 2 Nr. 3 UStG aufgeführt sind (s.a. Abschn. 3a.9 Abs. 9 und 10 UStAE).
   Die Ortsbestimmung des § 3a Abs. 4 UStG ist anzuwenden:
   - für die in § 3a Abs. 4 Satz 2 UStG bezeichneten Leistungen,

- die an Nichtunternehmer (B2C-Dienstleistungen)
- mit Wohnsitz oder Sitz im Drittlandsgebiet

ausgeführt werden.

a) Leistungsempfänger M ist zwar Unternehmer, er hat aber die Leistung nicht für sein Unternehmen empfangen. Nach Abschn. 3a.2 Abs. 11a Satz 4 UStAE fallen Beratungsleistungen in familiären und persönlichen Angelegenheiten mit hoher Wahrscheinlichkeit nicht in das Unternehmen, sondern sind für den privaten Gebrauch bestimmt. Die Ortsregelung des § 3a Abs. 4 Satz 1 UStG ist aber nicht anzuwenden, da M als Privatmann seinen Wohnsitz nicht in einem Drittland hat. Die Beratungsleistung an M wird gem. § 3a Abs. 1 Satz 1 UStG dort ausgeführt, wo der leistende Unternehmer R sein Unternehmen betreibt und befindet sich in Edenkoben (Abschn. 3a.1 Abs. 1 und Abschn. 3a.8 Nr. 2 UStAE).

b) Unternehmer K empfängt die Beratungsleistung für sein Unternehmen (B2B-Dienstleistung) und ist daher ein Leistungsempfänger i.S.d. § 3a Abs. 2 UStG. Die Beratungsleistung wird dort ausgeführt, wo der Empfänger K sein Unternehmen betreibt (Karlsruhe).

c) Der Leistungsempfänger C ist Privatmann mit Wohnsitz in einem Drittland (§ 1 Abs. 2a Satz 3 UStG). Der Beratungsleistung des R wir dort ausgeführt, wo der Empfänger seinen Wohnsitz hat (Schweiz; § 3a Abs. 4 Satz 1 UStG; Abschn. 3a.8 Nr. 1 UStAE).

d) F ist Privatmann mit Wohnsitz im übrigen Gemeinschaftsgebiet (§ 1 Abs. 2a Satz 1 UStG). § 3a Abs. 4 Satz 1 UStG ist nicht anzuwenden, da F seinen Wohnsitz nicht im Drittlandsgebiet hat. Die Beratungsleistung wird dort ausgeführt, wo der leistende Unternehmer sein Unternehmen betriebt (§ 3a Abs. 1 UStG; Abschn. 3a.8 Nr. 2 UStAE).

2. Der französische Rechtsanwalt F tätigt Beratungsleistungen, die in § 3a Abs. 4 Satz 2 Nr. 3 UStG aufgeführt sind (s.a. Abschn. 3a.9 Abs. 9 und 10 UStAE).

a) Empfänger der Beratungsleistung ist ein deutscher Unternehmer (B2B-Dienstleistung) und daher ein Leistungsempfänger i.S.d. § 3a Abs. 2 UStG. Die Beratungsleistung wird dort ausgeführt, wo der Empfänger L sein Unternehmen betriebt (Landau). Nach § 13b Abs. 1 i.V.m. Abs. 5 Satz 1 UStG schuldet der Leistungsempfänger die Umsatzsteuer.

b) Die Ortsregelung des § 3a Abs. 4 Satz 1 UStG ist nicht anzuwenden, da P als Privatmann seinen Wohnsitz nicht in einem Drittland hat. Die Beratungsleistung an P wird gem. § 3a Abs. 1 Satz 1 UStG dort ausgeführt, wo der leistende Unternehmer F sein Unternehmen betriebt und befindet sich in Frankreich (Abschn. 3a.1 Abs. 1 und Abschn. 3a.8 Nr. 2 UStAE). Die sonstige Leistung ist nicht steuerbar.

Fall 56: Vermietung von Beförderungsmitteln/Kurzfristige bzw. langfriste Vermietung/ Ortsbestimmung

1. Unternehmer F aus Freiburg mietet bei einem in der Schweiz ansässigen Autovermieter S einen Pkw und nutzt ihn im Inland für unternehmerische Zwecke. Die Vermietung erfolgt über einen ununterbrochenen Zeitraum von 26 Tagen/36 Tagen.

2. Unternehmer L Landau mietet den Pkw bei einem in Frankreich ansässigen Autovermieter X und nutzt den Pkw im Inland für unternehmerische Zwecke. Die Vermietung erfolgt über einen ununterbrochenen Zeitraum von 26 Tagen/36 Tagen.

Aufgabe: Bestimmen Sie jeweils den Ort der sonstigen Leistung.

Lösung:

1. **Kurzfristige Vermietung eines Beförderungsmittels**

   Der Schweizer Autovermieter tätigt eine B2B-Vermietungsleistung eines Beförderungsmittels. Bei einer ununterbrochenen Mietdauer von 26 Tagen handelt es sich um eine kurzfristige Vermietung eines Beförderungsmittels i.S.d. § 3a Abs. 3 Nr. 2 Satz 2 Buchst. b UStG (Abschn. 3a.5 Abs. 6 Satz 2 UStAE).

   Die Ortsbestimmung des § 3a Abs. 3 Nr. 2 Satz 1 und 2 UStG gilt für die kurzfristige Vermietungsleistung von Beförderungsmitteln sowohl an Nichtunternehmer (B2C-Vermietungen) als auch an Leistungsempfänger i.S.d. § 3a Abs. 2 UStG (B2B-Vermietungen; Abschn. 3a.5 Abs. 5 UStAE). Abweichend von der Grundregel des § 3a Abs. 2 UStG (Empfängersitzprinzip) wird die kurzfristige Vermietung eines Beförderungsmittels an dem Ort ausgeführt, an dem dieses Beförderungsmittel dem Empfänger tatsächlich zur Verfügung gestellt wird (Abschn. 3a.5 Abs. 6 Satz 1 UStAE). Der Ort der körperlichen Übergabe liegt in der Schweiz.

   Zu beachten ist die Ortsverlagerung nach § 3a Abs. 6 UStG vom Drittland ins Inland. Die Sonderregelung des § 3a Abs. 6 UStG betrifft sonstige Leistungen, die von einem im Drittlandsgebiet ansässigen Unternehmer oder von einer dort belegenen Betriebsstätte erbracht und im Inland genutzt oder ausgewertet werden (Abschn. 3a.14 Abs. 1 UStAE). Für kurzfristige B2B- und B2C-Vermietungen eines Beförderungsmittels durch Drittlandsunternehmer zur Nutzung im Inland bestimmt sich der Ort der Leistung abweichend von § 3a Abs. 3 Nr. 2 UStG nach § 3a Abs. 6 Satz 1 Nr. 1 UStG. Die Leistung gilt als im Inland ausgeführt, da der Pkw im Inland genutzt wird (Abschn. 3a.14 Abs. 2 UStAE). Die Leistung ist steuerbar und steuerpflichtig. F schuldet als Leistungsempfänger die Umsatzsteuer nach § 13b Abs. 2 Nr. 1 i.V.m. Abs. 5 Satz 1 UStG.

   Langfristige Vermietung eines Beförderungsmittels

   Bei einer ununterbrochenen Mietdauer von 36 Tagen handelt es sich um eine langfristige Vermietung eines Beförderungsmittels. Die Ortsregelung des § 3a Abs. 3 Nr. 2 Satz 3 UStG gilt nur für sonstige Leistungen an Nichtunternehmer (Abschn. 3a.5 Abs. 7 UStAE). Für die B2B-Vermietung eines Beförderungsmittels gilt die Grundregel des § 3a Abs. 2 UStG (Empfängersitzprinzip). Danach befindet sich der Ort der Leistung dort, wo der Empfänger – Unternehmer F – sein Unternehmen betreibt (Freiburg). Die Leistung ist steuerbar und steuerpflichtig. F schuldet als Leistungsempfänger die Umsatzsteuer nach § 13b Abs. 2 Nr. 1 i.V.m. Abs. 5 Satz 1 UStG.

   Eine Ortsverlagerung nach § 3a Abs. 6 Satz 1 Nr. 1 UStG kommt nicht zur Anwendung, da die Leistung u.a. nur abweichend von § 3a Abs. 1 UStG und nicht auch abweichend von § 3a Abs. 2 UStG als im Inland ausgeführt zu behandeln gilt. Eine Ortsverlagerung ins Inland nach § 3a Abs. 6 UStG ist nicht erforderlich, da der Ort sich bereits nach § 3a Abs. 2 UStG im Inland befindet.

2. **Kurzfristige Vermietung eines Beförderungsmittels**

   Der französische Autovermieter X tätigt eine B2B-Vermietungsleistung eines Beförderungsmittels. Bei einer ununterbrochenen Mietdauer von 26 Tagen handelt es sich um eine kurzfristige Vermietung eines Beförderungsmittels i.S.d. § 3a Abs. 3 Nr. 2 Satz 2 Buchst. b UStG. Abweichend von der Grundregel des § 3a Abs. 2 UStG (Empfängersitzprinzip) wird die kurzfristige Vermietung eines Beförderungsmittels an dem Ort ausgeführt, an dem dieses Beförderungsmittel dem Empfänger tatsächlich zur Verfügung gestellt wird. Der Ort der körperlichen Übergabe liegt in Frankreich.

   Langfristige Vermietung eines Beförderungsmittels

   Bei einer ununterbrochenen Mietdauer von 36 Tagen handelt es sich um eine langfristige Vermietung eines Beförderungsmittels. § 3a Abs. 3 Nr. 2 UStG kommt nicht zur Anwendung. Es gilt die Grundregel des § 3a Abs. 2 UStG (Empfängersitzprinzip für B2B-Vermietung eines Beförderungsmittels). Danach befindet sich der Ort der Leistung in Deutschland. L schuldet als Leistungsempfänger die Umsatzsteuer nach § 13b Abs. 1 i.V.m. Abs. 5 Satz 1 UStG.

Fall 57: Vermietung von Beförderungsmitteln/Ortsbestimmung

Ein Japaner (Privatmann) mietet sich für eine 26- bzw. 36-tägige Rundreise durch Deutschland, Belgien und Frankreich einen Pkw bei der Firma L in Landau.

Aufgabe: Bestimmen Sie jeweils den Ort der sonstigen Leistung.

Lösung:

Kurzfristige Vermietung eines Beförderungsmittels

Der deutsche Autovermieter L tätigt eine B2C-Vermietungsleistung eines Beförderungsmittels. Bei einer ununterbrochenen Mietdauer von 26 Tagen handelt es sich um eine kurzfristige Vermietung eines Beförderungsmittels i.S.d. § 3a Abs. 3 Nr. 2 Satz 2 Buchst. b UStG. Abweichend von der Grundregel des § 3a Abs. 1 UStG (Unternehmersitzprinzip) wird die kurzfristige Vermietung eines Beförderungsmittels an dem Ort ausgeführt, an dem dieses Beförderungsmittel dem Empfänger tatsächlich zur Verfügung gestellt wird (Abschn. 3a.5 Abs. 6 Satz 1 UStAE). Der Ort der körperlichen Übergabe liegt in Deutschland.

Langfristige Vermietung eines Beförderungsmittels

Bei einer ununterbrochenen Mietdauer von 36 Tagen handelt es sich um eine langfristige B2C-Vermietung eines Beförderungsmittels (Abschn. 3a.5 Abs. 8 Satz 6 UStAE). Die Ortsbestimmung des § 3a Abs. 3 Nr. 2 Satz 3 UStG gilt für sonstige Leistungen an Nichtunternehmer (Abschn. 3a.5 Abs. 7 Satz 1 UStAE).

Leistungsort bei der langfristigen Vermietung eines Beförderungsmittels ist regelmäßig der Ort, an dem der Leistungsempfänger seinen Wohnsitz, seinen gewöhnlichen Aufenthaltsort oder einen Sitz hat (Abschn. 3a.5 Abs. 8 Satz 1 UStAE). Zur Definition des Wohnsitzes und des gewöhnlichen Aufenthalts s. Abschn. 3a.1 Abs. 1 Satz 9 und 10 UStAE. Die Vermietung des Kraftfahrzeugs durch den im Inland ansässigen Unternehmer L ist insgesamt in Japan am Wohnsitz des Leistungsempfängers steuerbar, auch wenn das vermietete Beförderungsmittel während der Vermietung nicht in Japan, sondern ausschließlich im Inland genutzt wird.

Fall 58: Vermietung von beweglichen körperlichen Gegenständen, ausgenommen
           Beförderungsmittel

Unternehmer Z aus Zürich in der Schweiz vermietet einen Hydraulik-Bagger an Unternehmer B mit Sitz in Baden-Baden. Das Gerät wird in Zürich außerhalb einer Betriebsstätte von B genutzt.

Aufgabe: Bestimmen Sie den Ort der sonstigen Leistung.

Lösung:

Der Hydraulik-Bagger ist kein Beförderungsmittel (Abschn. 3a.5 Abs. 2 Satz 3 UStAE). Die sonstige Leistung fällt unter die Katalogleistungen des § 3a Abs. 4 Satz 2 Nr. 10 UStG. Für B2B-Dienstleistungen ist § 3a Abs. 4 UStG allerdings nicht anwendbar. Es gilt die Grundregel des § 3a Abs. 2 UStG. Nach dem Empfängersitzprinzip befindet sich der Leistungsort in Stuttgart. Der Züricher Unternehmer Z tätigt eine unter das deutsche UStG fallende steuerpflichtige Vermietungsleistung an B. Unter den Voraussetzungen des § 13b UStG ist der Leistungsempfänger Steuerschuldner.

Fall 59: Vermietung von Beförderungsmitteln/Ortsverlagerung nach § 3a Abs. 7 UStG

Unternehmer H aus Heidelberg vermietet an einen in der Schweiz ansässigen Unternehmer Lkw. Die Lkw werden in Deutschland übergeben und anschließend in Deutschland zu 20 % und in der Schweiz zu 80 % genutzt.

Aufgabe: Bestimmen Sie den Ort der kurzfristigen bzw. langfristigen Vermietung der Lkw.

Lösung:

Die kurzfristige Vermietung wird nach § 3a Abs. 3 Nr. 2 UStG dort ausgeführt, wo das Fahrzeug dem Leistungsempfänger übergeben wird (Abschn. 3a.5 Abs. 6 Satz 1 UStAE). Der Ort der Vermietung befindet sich in Deutschland. Nach § 3a Abs. 7 UStG erfolgt eine Ortsverlagerung ins Drittlandsgebiet, da dort die Leistung überwiegend genutzt wird (Abschn. 3a.14 Abs. 4 Satz 2 UStAE).

Der Leistungsort bei einer langfristigen Vermietung an einen Unternehmer für dessen Unternehmen bestimmt sich nach § 3a Abs. 2 UStG (Empfängersitzprinzip) und befindet sich somit in der Schweiz.

Fall 60: Arbeiten an beweglichen körperlichen Gegenständen/Ortsverlagerung nach § 3a Abs. 8 UStG

Ein Spezialfahrzeug des Fuhrunternehmers F mit Sitz in Frankfurt bleibt in Kiew mit einem Motorschaden liegen. F beauftragt die ukrainische Werkstatt Klitschklo (K) mit der Reparatur des Fahrzeugs. Ein Meister des K fährt nach Kiew und führt die Reparatur vor Ort durch.

Aufgabe: Bestimmen Sie den Ort der Reparaturleistung des K.

Lösung:

Da der Empfänger Unternehmer ist (B2B-Dienstleistung), kommt § 3a Abs. 3 Nr. 3 Buchst. c UStG nicht zur Anwendung. Es gilt daher die Grundregel des § 3a Abs. 2 UStG. Die Leistung wird an dem Ort ausgeführt, von dem aus der Empfänger sein Unternehmen betreibt (Deutschland).

Der Leistungsempfänger F würde die USt nach § 13b Abs. 2 Nr. 1 und 5 UStG schulden. Da die Reparaturleistung ausschließlich im Drittlandsgebiet in Anspruch genommen wurde und der Leistungsempfänger für den jeweiligen Umsatz Steuerschuldner nach § 13b Abs. 2 Nr. 1 und Abs. 5 Satz 1 UStG wäre, ist nach § 3a Abs. 8 UStG die Leistung abweichend von § 3a Abs. 2 UStG als im Drittlandsgebiet ausgeführt zu behandeln (Abschn. 3a.14 Abs. 5 UStAE). Die Reparaturleitung ist nicht steuerbar.

Fall 61: Vermittlung einer Pkw-Vermietung

Der deutsche Vermittler V vermittelt für eine Privatperson P aus Bingen/Rhein die Vermietung eines Pkw durch einen schweizerischen Pkw-Verleiher. Der Pkw wird kurzfristig (weniger als 30 Tage) in Deutschland genutzt. Das Fahrzeug wird in der Schweiz übergeben.

Aufgabe: Bestimmen Sie den Ort der Vermittlungsleistung des V.

Lösung:

Leistungsempfänger der Vermittlungsleistung des V ist P aus Bingen. Da die Vermittlungsleistung an einen Nichtunternehmer erfolgt, ist § 3a Abs. 3 Nr. 4 UStG anzuwenden. Die Vermittlungsleistung des V wird nach § 3a Abs. 3 Nr. 4 UStG an dem Ort erbracht, an dem der vermittelte Umsatz ausgeführt wird. Da es sich bei dem vermittelten Umsatz um eine kurzfristige Vermietung eines Beförderungsmittels handelt, bestimmt sich der Leistungsort der Pkw-Vermietung – unabhängig vom Status des Leistungsempfängers – nach dem Ort, an dem der Pkw dem Leistungsempfänger zur Verfügung gestellt (d.h. körperlich übergeben) wird (Abschn. 3a.5 Abs. 6 Satz 1 UStAE). Da die Übergabe in der Schweiz erfolgt, befindet sich der Ort der Pkw-Vermietung in der Schweiz. Nach § 3a Abs. 6 Satz 1 Nr. 1 Alternative 1 UStG wird der Leistungsort vom Drittland ins Inland verlagert, da der Pkw hier genutzt wird (Abschn. 3a.14 Abs. 1 und 2 UStAE). Dadurch wird die Vermittlungsleistung ebenfalls nach Deutschland verlagert. Der Pkw-Verleiher sowie der Vermittler V schulden in Deutschland die Umsatzsteuer nach § 13a Abs. 1 Nr. 1 UStG.

Fall 62: Einräumung von Eintrittsberechtigungen/Örtliche Zuständigkeit nach der UStZustV

Das in der Türkei ansässige Unternehmen Mehmet Üdücün veranstaltet in Frankfurt im Kj. 25 eine Ausstellung über unerkannte Plagiate. Zur Durchführung und Organisation wird die in der Türkei ansässige Durchführungsgesellschaft Halil Messüpü beauftragt. Die Eintrittsberechtigungen werden von Mehmet Üdücün im eigenen Namen und auf eigene Rechnung verkauft. Die Eintrittsberechtigungen werden sowohl an Privatbesucher als auch an das unternehmerische Fachpublikum verkauft.

Aufgabe: Bestimmen Sie jeweils den Ort der sonstigen Leistung der beteiligten Unternehmer.

Lösung:

Die Ausstellung findet im Rahmen des Unternehmens Mehmet Üdücün statt. Mit dem Verkauf der Eintrittsberechtigungen führt Üdücün sonstige Leistungen aus. Der Ort der B2B-Leistung befindet sich nach § 3a Abs. 3 Nr. 5 UStG in Frankfurt, da dort die Veranstaltung tatsächlich durchgeführt wird. Der Ort der B2C-Leistungen befindet sich nach § 3a Abs. 3 Nr. 3 Buchst. a UStG ebenfalls in Frankfurt. Der Umsatz aus dem Verkauf der Eintrittsberechtigungen ist steuerbar und steuerpflichtig.

Die Leistung des türkischen Unternehmers Üdücün an einen deutschen Unternehmer führt grundsätzlich bei dem deutschen Unternehmer zur Umkehr der Steuerschuldnerschaft nach § 13b Abs. 2 Nr. 1 i.V.m. Abs. 5 UStG. Die Leistung fällt allerdings unter die Ausnahmeregelung des § 13b Abs. 6 Nr. 4 UStG, so dass Üdücün Steuerschuldner bleibt (§ 13a Abs. 1 Nr. 1 UStG). Üdücün muss sich in Deutschland registrieren lassen. Zuständig nach der Verordnung über die örtliche Zuständigkeit für die Umsatzsteuer im Ausland ansässiger Unternehmer (UStZustV) ist nach § 1 Abs. 1 Nr. 30 UStZustV das FA Dortmund-Unna.

Die türkische Durchführungsgesellschaft Halil Messüpü erbringt gegenüber Üdücün eine sonstige Leistung, deren Ort sich nach § 3a Abs. 2 UStG bestimmt. Nach dem Empfängersitzprinzip ist die Leistung in der Türkei ausgeführt und somit in Deutschland nicht steuerbar. Eine Ortsverlagerung vom Drittland ins Inland – insbesondere nach § 3a Abs. 6 UStG – findet nicht statt.

Fall 63: Elektronische Dienstleistungen

Der selbstständig tätige Rechtsanwalt R aus Reutlingen bezieht für seine privaten Aktiengeschäfte von einem in der Schweiz ansässigen Informationsdienst Börseninformationen über das Internet. Die monatlichen Gebühren i.H.v. 150 € werden von seinem Kreditkartenkonto abgebucht.

Aufgabe: Bestimmen Sie den Ort der sonstigen Leistung.

Lösung:

Eine auf elektronischem Weg erbrachte sonstige Leistung i.S.d. § 3a Abs. 5 Satz 2 Nr. 3 UStG ist eine Leistung, die über das Internet oder ein elektronisches Netz, einschließlich Netze zur Übermittlung digitaler Inhalte, erbracht wird und deren Erbringung auf Grund der Merkmale der sonstigen Leistung in hohem Maße auf Informationstechnologie angewiesen ist; d.h. die Leistung ist im Wesentlichen automatisiert, wird nur mit minimaler menschlicher Beteiligung erbracht und wäre ohne Informationstechnologie nicht möglich (Abschn. 3a.12 Abs. 1 Satz 1 und Abs. 3 Nr. 4 UStAE). Der Ort der auf elektronischem Weg erbrachten sonstigen Leistungen bestimmt sich nach § 3a Abs. 5 Satz 1 UStG, wenn der Leistungsempfänger ein Nichtunternehmer ist.

Der Ort der sonstigen B2C-Leistung ist dort, wo der Leistungsempfänger R seinen Wohnsitz hat. Die Leistung des Schweizer Informationsdienstes ist somit in Deutschland ausgeführt. Die Leistung ist in Deutschland steuerbar und steuerpflichtig.

Nach § 13b Abs. 2 Nr. 1 und Abs. 5 Satz 3 UStG wird der Steuerberater S als Leistungsempfänger zum Steuerschuldner, weil er Unternehmer ist. Das Reverse-Charge-Verfahren ist auch dann anzuwenden, wenn die Leistung für den nichtunternehmerischen Bereich bezogen wird (§ 13b Abs. 5 Satz 6 UStG).

Fall 64: Leistungen im Zusammenhang mit einem Grundstück/Grundstücksvermietung/ Verzicht auf Steuerbefreiung

Andi Arbeit (A) nutzt sein Grundstück in Neustadt/Weinstraße – Teileigentum – wie folgt (Hinweis: die 4 Teileigentumseinheiten sind gleich groß):

1. Das Teileigentum Erdgeschoss vermietet A an einen Rechtsanwalt, der dort seine Kanzlei betreibt.
2. Das Teileigentum im 1.OG vermietet A an einen Makler, der dort sein Büro betreibt.
3. Das Teileigentum im 2.OG vermietet A an einen Arzt, der dort seine Praxis betreibt.
4. Das Dachgeschoss nutzt A als Büro für seinen Schreinerbetrieb.

Zum 1.1.16 schenkt A das Teileigentum Erdgeschoss seinem Sohn, der das Mietverhältnis mit dem Rechtsanwalt fortführt.

Aufgabe: Untersuchen Sie die von A bewirkten Umsätze.

Lösung:

Die Vermietungen des A stellen nach § 3 Abs. 9 UStG sonstige Leistungen dar. Die Vermietungsleistungen werden nach § 3a Abs. 3 Nr. 1 Buchst. a UStG dort ausgeführt, wo das Grundstück liegt. Die Vermietungsleistungen sind nach § 1 Abs. 1 Nr. 1 UStG steuerbar (Neustadt) und grundsätzlich nach § 4 Nr. 12 Buchst. a UStG steuerfrei. A hat jedoch die Möglichkeit nach § 9 Abs. 1 und 2 UStG auf die Steuerbefreiung zu verzichten.

Ein Verzicht auf die Steuerbefreiung ist für die Vermietungsleistung an den Rechtsanwalt (Erdgeschoss) und an den Makler (1. OG) möglich, da diese Unternehmer die Räume für unternehmerische Zwecke nutzen und mit ihren Ausgangsumsätzen zum Vorsteuerabzug berechtigt sind.

Hinsichtlich der Vermietung an den Arzt (2. OG) ist eine Option zur Steuerpflicht nicht möglich, da der Arzt gem. § 4 Nr. 14 Buchst. a UStG steuerfreie Umsätze ausführt, die zum Ausschluss des Vorsteuerabzug führen (§ 15 Abs. 2 Nr. 1 UStG).

Bei der Nutzung des Dachgeschosses für seinen Schreinerbetrieb handelt es sich um einen nichtsteuerbaren Innenumsatz.

Die unentgeltliche Übertragung des Teileigentums – Erdgeschoss an seinen Sohn stellt eine nichtsteuerbare unentgeltliche Teilgeschäftsveräußerung dar (§ 1 Abs. 1a UStG). Der Sohn führt das Mietverhältnis mit dem Rechtsanwalt fort und wird dadurch zum Unternehmer. Eine Geschäftsveräußerung i.S.d. § 1 Abs. 1a UStG liegt vor, wenn die wesentlichen Grundlagen eines Unternehmens oder eines gesondert geführten Betriebs an einen Unternehmer für dessen Unternehmen übertragen werden, wobei die unternehmerische Tätigkeit des Erwerbers auch erst mit dem Erwerb des Unternehmens oder des gesondert geführten Betriebs beginnen kann (Abschn. 1.5 Abs. 1 Satz 1 UStAE).

Fall 65: Grundstücksvermietung/Verzicht auf Steuerbefreiung/Vorsteuerabzug

Die X-GbR mietet mit Generalmietvertrag von der A-KG eine Geschäftspassage in Regensburg. Mietgegenstand sind sämtliche Mietflächen von 3.000 qm; davon werden 1.600 qm steuerpflichtig vermietet. Die steuerfreie Vermietung erfolgt an die Agentur für Arbeit, die Kreisverwaltung und an Ärzte. Die Nettomiete beträgt pauschal 33.000 €, zzgl. Betriebskostenvorauszahlungen i.H.v. 4.100 € und Heizkostenvorauszahlungen i.H.v. 2.000 € insgesamt somit 39.100 €. Hinzu kommt die auf die umsatzsteuerpflichtig vermieteten Grundstückteile (28.000 €) berechnete USt von 5.320 €; dadurch erhöht sich die Gesamtsumme auf 44.420 €.

Die GbR macht in der USt-Erklärung Vorsteuerbeträge aus der Anmietung der Passage i.H.d. von der Vermieterin ausgewiesenen USt i.H.v. 5.320 € geltend. Bei steuerfreien Umsätzen von 11.100 € und steuerpflichtigen Umsätzen von 28.000 € entspricht dies einem Vorsteuerabzug aus den Mietaufwendungen von 71,611 %.

Aufgabe: Nehmen Sie Stellung zur Möglichkeit der Option i.S.d. § 9 UStG sowie zur Höhe des Vorsteuerabzugs.

Lösung:

Der Sachverhalt und die Lösung sind dem BFH-Urteil vom 15.4.2015 (V R 46/13, BStBl II 2015, 947) nachgebildet.

Die GbR hat ein Objekt (Passage) angemietet, das sie sowohl für Umsätze verwendet, die den Vorsteuerabzug ausschließen (Agentur für Arbeit, Kreisverwaltung, Ärzte) als auch für solche, die den Vorsteuerabzug nicht ausschließen (Café, Friseur, Bäckerei etc.). Der Vorsteuerabzug aus der Anmietung der Passage richtet sich daher danach, inwieweit der Vermieter zulässigerweise zur USt optiert hat.

Eine Teiloption des Vermieters (A-KG) ist nur insoweit zulässig, als Teilflächen eindeutig bestimmbar sind und diese entweder steuerpflichtig weitervermietet werden oder aber die Absicht der steuerpflichtigen Weitervermietung besteht. Vorliegend optiert die Vermieterin (A-KG) nicht auf der Grundlage der steuerpflichtig oder steuerfrei vermieteten Teilflächen. Die USt wurde auf die Summe der steuerpflichtigen Umsätze (28.000 €) berechnet. Die Aufteilung ist aber nach räumlichen Gesichtspunkten und nicht dagegen durch eine bloße quotale Aufteilung möglich (Abschn. 9.1 Abs. 6 Satz 3 UStAE). Die Option zur Steuerpflicht ist auf die mit der steuerpflichtig vermieteten Fläche von 1.600 qm (von 3.000 qm) erzielten Umsätze begrenzt.

Steuerpflichtig vermietet werden 1.600qm/3.000 qm × 100 = 53,33 % von 39.100 € Gesamtumsatz = 20.852 € anteilige steuerpflichtige Umsätze. Die USt darauf beträgt 3.961,88 €.

Die im Mietvertag gesondert ausgewiesene USt von 5.320 € überschreitet die aufgrund der Teiloption zulässigerweise nach dem Flächenschlüssel auszuweisende USt (3.961,88 €). In Höhe der Differenz (1.358,12 €) liegt ein unrichtiger Steuerausweis vor. Die A-KG als Vermieterin schuldet diese USt zwar nach § 14c Abs. 1 UStG, hieraus steht der Mieterin (X-GbR) aber kein Recht auf Vorsteuerabzug zu, da es sich insoweit um keine gesetzlich geschuldete USt handelt.

Fall 66: Grundstücksvermietung/Abstellplätze für Fahrzeuge/Unentgeltliche Wertabgabe/
Teilunternehmerische Grundstücksnutzung/Vorsteuerabzug

Manni Money besitzt in Mayen ein Garagengrundstück mit 10 Garagen sowie in der Nachbarschaft ein Mietwohnhaus mit 7 vermieteten Wohnungen. Die Garagen hat Manni wie folgt vermietet:

a) 7 Garagen sind jeweils an die Wohnungsmieter der 7 vermieteten Wohnungen vermietet. Die Miete beträgt jeweils 100 €/Monat.

b) 1 Garage ist an Karl Lauer vermietet, der dort seine Modelleisenbahn betreibt. Karl wohnt in der Nähe in seinem eigenen Einfamilienhaus. Die Miete beträgt monatlich 150 €.

c) 1 Garage ist an den Unternehmer Willi Wasch vermietet, der dort seine Ware lagert. Willi ist Waschmittelverkäufer und Kleinunternehmer. Die monatliche Miete beträgt 150 € zzgl. 28,50 € USt.

d) 1 Garage nutzt Manni Money selbst für seinen Pkw. Er überweist monatlich 100 € von seinem privaten Konto auf sein Mietkonto.

Die monatlichen Ausgaben einschließlich Abschreibung betragen im Schnitt pro Garage 25 €.

Hinweis! Mit der Herstellung der Garagen wurde nach dem 31.12.2010 begonnen.
Manni Money hat das Garagengrundstück insgesamt seinem Unternehmen zugeordnet und dies dem Finanzamt auch ordnungsgemäß erklärt.

Aufgabe: Beurteilen Sie die Garagenvermietungen des Money aus umsatzsteuerrechtlicher Sicht, hinsichtlich Ort, Steuerpflicht, Bemessungsgrundlage und Vorsteuerabzug.

Lösung:

Sachverhalt a) bis c):
Mit den Vermietungen der Wohnungen und der Garagen ist Money Unternehmer nach § 2 Abs. 1 UStG. Die Vermietungen von Abstellplätzen für Fahrzeuge stellen nach § 3 Abs. 9 UStG sonstige Leistungen dar. Der Ort der Vermietungsleistung richtet sich nach dem Belegenheitsort des Grundstücks und befindet sich nach § 3a Abs. 3 Nr. 1 Satz 2 Buchst. a UStG in Mayen. Da für die Vermietungen unter a) bis c) ein Entgelt vereinbart ist, sind die sonstigen Leistungen steuerbar (§ 1 Abs. 1 Nr. 1 UStG).

Die Grundstücksvermietungen sind grundsätzlich nach § 4 Nr. 12 Buchst. a UStG steuerfrei. Die Vermietung von Plätzen für das Abstellen von Fahrzeugen ist nach § 4 Nr. 12 Satz 2 UStG umsatzsteuerpflichtig (s.a. Abschn. 4.12.2 Abs. 1 Satz 1 UStAE). Eine Vermietung von Plätzen für das Abstellen von Fahrzeugen liegt vor, wenn dem Fahrzeugbesitzer der Gebrauch einer Stellfläche überlassen wird.

Die Vermietung ist steuerfrei, wenn sie eine Nebenleistung zu einer steuerfreien Leistung, insbesondere zu einer steuerfreien Grundstücksvermietung nach § 4 Nr. 12 Satz 1 UStG ist. Für die Annahme einer Nebenleistung ist es unschädlich, wenn die steuerfreie Grundstücksvermietung und die Stellplatzvermietung zivilrechtlich in getrennten Verträgen vereinbart werden. Beide Verträge müssen aber zwischen denselben Vertragspartnern abgeschlossen sein. Die Verträge können jedoch zu unterschiedlichen Zeiten zu Stande kommen. Für die Annahme einer Nebenleistung ist ein räumlicher Zusammenhang zwischen Grundstück und Stellplatz erforderlich. Dieser Zusammenhang ist gegeben, wenn der Platz für das Abstellen des Fahrzeugs Teil eines einheitlichen Gebäudekomplexes ist oder sich in unmittelbarer Nähe des Grundstücks befindet (z.B. Reihenhauszeile mit zentralem Garagengrundstück; Abschn. 4.12.2 Abs. 3 UStAE). Die Vermietungsumsätze der 7 Garagen unter Sachverhalt a) sind somit steuerfrei nach § 4 Nr. 12 Buchst. a UStG.

Die Garagenvermietungen unter Sachverhalt b) und c) sind steuerpflichtig. Die Bemessungsgrundlage gem. § 10 Abs. 1 Satz 1 und 2 UStG beträgt für Garagenvermietung unter b) monatlich 150 €. Die Umsatzsteuer gehört allerdings nicht zur Bemessungsgrundlage. Bei einem Steuersatz von 19 % (§ 12 Abs. 1 UStG) ist die Umsatzsteuer aus dem Bruttobetrag rauszurechnen (s.a. Abschn. 15.4 Abs. 2 UStAE): 150 € : 119 × 19 = 23,95 € USt, die monatliche Bemessungsgrundlage beträgt somit 126,05 €.

Die Bemessungsgrundlage gem. § 10 Abs. 1 Satz 1 und 2 UStG beträgt für Garagenvermietung unter c) monatlich 178,50 €. Die Umsatzsteuer gehört allerdings nicht zur Bemessungsgrundlage. Bei einem Steuersatz von 19 % (§ 12 Abs. 1 UStG) ist die Umsatzsteuer aus dem Bruttobetrag rauszurechnen (s.a. Abschn. 15.4 Abs. 2 UStAE): 178,50 € : 119 × 19 = 28,50 € USt, die monatliche Bemessungsgrundlage beträgt somit 150 €.

Sachverhalt d):

Bei dem Garagengrundstück handelt es sich dann um ein teilunternehmerisch genutztes Grundstücke i.S.d. § 15 Abs. 1b UStG, wenn das Grundstück sowohl unternehmerisch als auch unternehmensfremd (privat) genutzt wird (Abschn. 15.6a Abs. 1 Satz 1 UStAE). Eine teilunternehmerische Verwendung i.S.d. § 15 Abs. 1b UStG liegt nur vor, wenn das dem Unternehmen zugeordnete Grundstück teilweise für unternehmensfremde Zwecke verwendet wird (s.a. Abschn. 3.4 Abs. 5a Satz 1 UStAE). Hierzu gehören nur solche Grundstücksverwendungen, die ihrer Art nach zu einer unentgeltlichen Wertabgabe i.S.d. § 3 Abs. 9a Nr. 1 UStG führen können. Die private Nutzung (Sachverhalt d) stellt dem Grunde nach eine unentgeltliche Wertabgabe i.S.d. § 3 Abs. 9a Nr. 1 UStG dar.

§ 15 Abs. 1b UStG stellt eine Vorsteuerabzugsbeschränkung dar und berührt nicht das Zuordnungswahlrecht des Unternehmers nach § 15 Abs. 1 UStG (Abschn. 15.6a Abs. 1 Satz 3 UStAE). Beabsichtigt der Unternehmer einen einheitlichen Gegenstand teilunternehmerisch sowohl für unternehmerische als auch für unternehmensfremde Tätigkeiten zu verwenden, hat der Unternehmer ein Zuordnungswahlrecht (Abschn. 15.2c Abs. 14 i.V.m. Abs. 2 Satz 1 Nr. 2 Buchst. b UStAE). Die (vollständige oder teilweise) Zuordnung des Gegenstands zum Unternehmen erfordert aus diesem Grund eine durch Beweisanzeichen gestützte Zuordnungsentscheidung des Unternehmers. Bei der Anschaffung oder Herstellung von teilunternehmerisch genutzten Grundstücken und Gebäuden ist die Zuordnung bei Leistungsbezug grundsätzlich in der erstmöglichen Voranmeldung zu dokumentieren (Abschn. 15.2c Abs. 18 UStAE). Ist bei der Anschaffung oder Herstellung eines Gebäudes ein Vorsteuerabzug nach § 15 Abs. 1b UStG (teilweise) nicht möglich, kann der Unternehmer durch eine gegenüber dem Finanzamt abgegebene schriftliche Erklärung dokumentieren, in welchem Umfang er das Gebäude dem Unternehmen zugeordnet hat, wenn sich aus dem Umfang des geltend gemachten Vorsteuerabzugs nicht ergibt, mit welchem Anteil das Gebäude dem Unternehmen zugeordnet wurde (Abschn. 15.2c Abs. 18 Satz 3 UStAE). Lt. Sachverhalt hat Manni das Grundstück in vollem Umfang zugeordnet (s.a. Abschn. 15.2c Abs. 2 Satz 1 Nr. 2 Buchst. b UStAE).

Auf Grund der Vorsteuerabzugsbeschränkung nach § 15 Abs. 1b UStG unterliegt die Verwendung des Grundstücks für unternehmensfremde Zwecke nicht der unentgeltlichen Wertabgabenbesteuerung nach § 3 Abs. 9a Nr. 1 UStG (Abschn. 15.6a Abs. 3 Satz 4 i.V.m. Abschn. 3.4 Abs. 5a UStAE).

Nach der Übergangsregelung des § 27 Abs. 16 UStG gilt u.a. § 15 Abs. 1b UStG für teilunternehmerisch genutzte Grundstücke, die nach dem 31.12.2010 angeschafft oder hergestellt wurden (s.a. Abschn. 15.6a Abs. 8 UStAE).

Fall 67: Güterbeförderungsleistung eines EU-Unternehmers an Nichtunternehmer bzw. Unternehmer

Transportunternehmer T mit Sitz in Polen transportiert im Auftrag des Nichtunternehmers F mit Wohnsitz in Frankfurt/Oder Ware von Frankfurt/Oder nach Dresden.

Aufgabe: Beurteilen Sie die Beförderungsleistung aus umsatzsteuerrechtlicher Sicht.

Lösung:

Der Ort der Beförderungsleistung des T ist gem. § 3b Abs. 1 Satz 3 i.V.m. Satz 1 UStG im Inland. Die Beförderungsleistung ist steuerbar und steuerpflichtig. Das Reverse-Charge-Verfahren greift nicht, da der Leistungsempfänger kein Unternehmer ist. Der leistende ausländische Unternehmer T hat den Umsatz im Inland im allgemeinen Besteuerungsverfahren nach § 16 und § 18 Abs. 1 bis 4 UStG zu versteuern (s.a. Abschn. 3b.3 Abs. 4 Beispiel 2 und Abschn. 3a.16 Abs. 3 UStAE).

Abwandlung:
T transportiert die Ware im Auftrag des Fabrikanten F.

Lösung:

Der Ort der Beförderungsleistung ist gem. § 3a Abs. 2 UStG in Frankfurt/Oder. Die Beförderungsleistung ist steuerbar und steuerpflichtig. Da der Beförderungsunternehmer aber nicht im Inland ansässig ist, greift grundsätzlich das Reverse-Charge-Verfahren des § 13b Abs. 1 i.V.m. Abs. 5 Satz 1 UStG. Dies bedeutet, dass der Leistungsempfänger F die USt einzubehalten und abzuführen hat.

Fall 68: EU-Außengrenzen überschreitende Güterbeförderungsleistung an Nichtunternehmer/ Steuerbefreiung
Frachtführer F aus Frankfurt/Main übernimmt für den Kunden K (Privatperson) aus Kaiserslautern im Juli 25 den Transport eines Möbelstücks in die USA für 3.000 €. Das Möbelstück wird 700 km im Inland, 4.200 km über den Atlantik und 1.000 km in den USA befördert.

Aufgabe: Beurteilen Sie die Beförderungsleistung aus umsatzsteuerrechtlicher Sicht.

Lösung:

Leistungsempfänger der Beförderungsleistung des F ist K als Privatmann. Die Ortsbestimmung des § 3b Abs. 1 Satz 3 UStG ist nur bei Güterbeförderungen an Nichtunternehmer, die keine innergemeinschaftlichen Güterbeförderungen i.S.d. § 3b Abs. 3 UStG sind, anzuwenden (Abschn. 3b.1 Abs. 3 UStAE). Grenzüberschreitende Beförderungen – mit Ausnahme der innergemeinschaftlichen Güterbeförderungen i.S.d. § 3b Abs. 3 UStG – sind in einen steuerbaren und einen nicht steuerbaren Leistungsteil aufzuteilen (§ 3b Abs. 1 Satz 3 i.V.m. Satz 2 UStG; Abschn. 3b.1 Abs. 4 Satz 1 UStAE). Der steuerbare Teil ist nach § 4 Nr. 3 Buchst. a UStG steuerfrei.

Fall 69: Güterbeförderungsleistung im Drittlandsgebiet an Unternehmer/Ortsverlagerung nach § 3a Abs. 8 UStG
Transportunternehmer T mit Sitz in Polen transportiert im Auftrag des Unternehmers F mit Sitz in Frankfurt/Oder Ware von Kiew (Ukraine) nach Dnipropetrowsk (Ukraine).

Aufgabe: Beurteilen Sie die Beförderungsleistung aus umsatzsteuerrechtlicher Sicht.

Lösung:

Der Ort der Beförderungsleistung ist gem. § 3a Abs. 2 UStG in Frankfurt/Oder. Die Beförderungsleistung ist steuerbar und steuerpflichtig. Da der Beförderungsunternehmer aber nicht im Inland ansässig ist, greift grundsätzlich das Reverse-Charge-Verfahren des § 13b Abs. 1 i.V.m. Abs. 5 Satz 1 UStG. Dies bedeutet, dass der Leistungsempfänger F die USt einzubehalten und abzuführen hat.

Werden Güterbeförderungsleistungen tatsächlich ausschließlich im Drittlandsgebiet – mit Ausnahme der in § 1 Abs. 3 UStG genannten Gebiete – erbracht und ist der Leistungsort für diese Leistungen unter Anwendung von § 3a Abs. 2 UStG im Inland, wird nach § 3a Abs. 8 UStG der Ort der Beförderungsleistung ins Drittlandsgebiet verlagert, da die Leistung dort genutzt wird und der Leistungsempfänger für den jeweiligen Umsatz Steuerschuldner nach § 13b Abs. 1 und Abs. 5 Satz 1 UStG wäre (Abschn. 3a.14 Abs. 5 UStAE).

Abwandlung:
Transportunternehmer T hat seinen Sitz in Deutschland, Fabrikant F hat seinen Sitz ebenfalls in Deutschland.

Lösung:

Die Beförderungsleistung des T ist nach § 3a Abs. 2 UStG in Deutschland steuerbar und steuerpflichtig. Der leistende inländische Unternehmer T hat den Umsatz im Inland im allgemeinen Besteuerungsverfahren nach § 16 und § 18 Abs. 1 bis 4 UStG zu versteuern. Soweit im Drittlandsgebiet Ukraine nicht auf die Besteuerungshoheit verzichtet wird, entsteht für die Leistung sowohl in der Ukraine als auch in Deutschland USt. Aus diesem Grund wird nach § 3a Abs. 8 UStG der Ort der Beförderungsleistung ins Drittlandsgebiet verlagert, da die Leistung dort genutzt wird und der leistende Unternehmer für den jeweiligen Umsatz Steuerschuldner nach § 13a Abs. 1 Nr. 1 UStG wäre (Abschn. 3a.14 Abs. 5 UStAE).

Fall 70: Dienstleistungskommission/Reiseleistungen i.S.d. § 25 UStG/Beherbergungsleistung
Der im Inland ansässige Eigentümer E eines im Inland (Elmstein im Pfälzer Wald) belegenen Ferienhauses beauftragt G mit Sitz in Kaiserslautern im eigenen Namen und für Rechnung des E, Mieter für kurzfristige Ferienaufenthalte in seinem Ferienhaus zu besorgen. Die Mieteinnahmen des G belaufen sich im Kalenderjahr 25 auf 20.000 €. Nach Abzug von 20 % überweist G 16.000 € an E.

Aufgabe: Nehmen Sie Stellung zu den umsatzsteuerrechtlichen Folgen hinsichtlich des E und G. Die Kleinunternehmerregelung des § 19 UStG kommt nicht zur Anwendung.

Lösung:

Es liegt eine Dienstleistungskommission i.S.d. § 3 Abs. 11 UStG vor. G wird in die Erbringung einer sonstigen Leistung – Vermietungsleistung – eingeschaltet und handelt dabei gegenüber den Mietern im eigenen Namen für Rechnung des E. Die Vermietungsleistung gilt daher an G und von G erbracht.

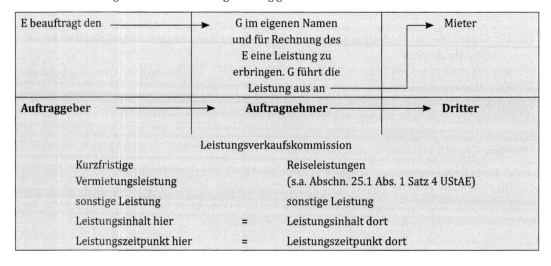

E wird durch die Vermietung an G zum Unternehmer gem. § 2 Abs. 1 UStG. Er führt mit der Vermietung sonstige Leistungen nach § 3 Abs. 9 UStG aus. Der Leistungsort befindet sich nach § 3a Abs. 3 Nr. 1 Satz 2 Buchst. a UStG in Elmstein (Inland gem. § 1 Abs. 2 UStG). Da auch ein Entgelt vorliegt, ist die Leistung steuerbar nach § 1 Abs. 1 Nr. 1 UStG. Da es sich um kurzfristige Vermietungsleistungen handelt, sind die Vermietungsleistungen nach § 4 Nr. 12 Satz 2 UStG steuerpflichtig. Eine Vermietung mit einer Vermietungsdauer bis zu sechs Monaten ist kurzfristig (s.a. Abschn. 4.12.3 Abs. 2 UStAE). Die Bemessungsgrundlage nach § 10 Abs. 1 Satz 1 und 2 UStG beträgt 16.000 € abzüglich der gesetzlichen Umsatzsteuer. Der Steuersatz beträgt nach § 12 Abs. 2 Nr. 11 UStG 7 %, sodass sich eine Umsatzsteuer von (16.000 € : 107 × 7 =) 1.046,73 € und eine Bemessungsgrundlage von 14.953,27 € ergibt.

Nach § 14 Abs. 2 Satz 1 Nr. 2 Satz 2 UStG ist E verpflichtet, innerhalb von sechs Monaten eine Rechnung gegenüber G auszustellen. Es besteht aber auch die Möglichkeit nach § 14 Abs. 2 Satz 2 UStG mittels Gutschrift abzurechnen.

G erbringt an die Mieter steuerbare und steuerpflichtige Reiseleistungen i.S.d. § 25 Abs. 1 UStG. Reiseleistungen sind als sonstige Leistungen anzusehen (§ 25 Abs. 1 Satz 2 UStG). Der Ort der Reiseleistungen bestimmt sich nach § 3a Abs. 1 UStG (§ 25 Abs. 1 Satz 4 UStG) und gilt am Sitz des leistenden Unternehmers G in Kaiserslautern ausgeführt.

Reiseleistungen sind nach § 25 Abs. 2 UStG nur dann steuerfrei, soweit die ihr zuzurechnenden Reisevorleistungen im Drittlandsgebiet bewirkt werden. Mangels Steuerbefreiung sind die sonstigen Leistungen steuerpflichtig. Die Bemessungsgrundlage beträgt nach § 25 Abs. 3 UStG 4.000 € abzüglich der gesetzlichen Umsatzsteuer. Der Steuersatz beträgt nach § 12 Abs. 1 UStG 19 %. Die Steuerermäßigung des § 12 Abs. 2 Nr. 11 UStG findet bei Reiseleistungen keine Anwendung (Abschn. 12.16 Abs. 9 UStAE). Danach ergibt sich eine Umsatzsteuer von (4.000 € : 119 × 19 =) 638,65 € und eine Bemessungsgrundlage von 3.361,35 €.

G ist nach § 25 Abs. 4 UStG nicht berechtigt, die in den Rechnungen des E ausgewiesenen Steuerbeträge als Vorsteuer abzuziehen.

Fall 71: Vermittlungsleistung an Unternehmer/Vermietung von Ferienhäusern/ Reiseleistungen i.S.d. § 25 UStG

Der in der Schweiz ansässige Eigentümer S eines in der Schweiz belegenen Ferienhauses beauftragt V mit Sitz im Inland, im Namen und für Rechnung des S Mieter für kurzfristige Ferienaufenthalte in seinem Ferienhaus in der Schweiz zu vermitteln.

Aufgabe: Nehmen Sie Stellung zu den umsatzsteuerrechtlichen Folgen hinsichtlich des S und V.

Lösung:

V vermittelt eine kurzfristige Vermietungsleistung einer Ferienwohnung an einen Unternehmer. Da der Leistungsempfänger ein Unternehmer ist, bestimmt sich der Ort der Vermittlungsleistung grundsätzlich nach § 3a Abs. 2 UStG. Die Vermittlung kurzfristiger Vermietungen von Grundstücken fällt nicht unter den Anwendungsbereich des § 3a Abs. 3 Nr. 1 UStG (Abschn. 3a.7 Abs. 1 Satz 4 UStAE i.V.m. Art. 31 Buchst. a EG-VO 282/2011, ABl. EU 2011 Nr. L 77, 1 sowie Abschn. 3a.3 Abs. 9 Satz 2 UStAE). Die Vermittlungsleistung des V an S ist im Inland nicht steuerbar. § 4 Nr. 5 Satz 1 Buchst. c UStG kommt für diese Vermittlungsleistung nicht in Betracht (s.a. Abschn. 4.5.2 Abs. 3 UStAE).

Die kurzfristige Vermietung des Ferienhauses durch S fällt nicht unter § 25 UStG, da S selbst tatsächlich am Ort der Ferienhäuser gegenüber dem Reisenden tätig wird. § 25 UStG gilt nicht, soweit der Unternehmer Reiseleistungen durch Einsatz eigener Mittel (Eigenleistungen) – z.B. eigene Beförderungsmittel, eigenes Hotel usw. – erbringt (Abschn. 25.1 Abs. 8 Satz 1 UStAE). Die kurzfristige Vermietungsleistung bestimmt sich unabhängig vom Status des Leistungsempfängers nach § 3a Abs. 3 Nr. 1 UStG nach dem Belegenheitsort des Grundstücks (Abschn. 3a.3 Abs. 4 Satz 4 UStAE). Die Vermietungsleistung des S ist somit im Inland nicht steuerbar.

Fall 72: Vermittlungsleistung an Privatperson/Vermietung von Ferienhäusern/ Reiseleistungen i.S.d. § 25 UStG

Der private Endverbraucher P beauftragt das im Inland ansässige Reisebüro V mit der Beschaffung einer Ferienwohnung in der Schweiz zur kurzfristigen Miete. V vermittelt diese Leistung im Namen und für Rechnung des P mit dem Eigentümer der Ferienwohnung S in der Schweiz.

Aufgabe: Nehmen Sie Stellung zu den umsatzsteuerrechtlichen Folgen hinsichtlich des S und V.

Lösung:

V vermittelt eine kurzfristige Vermietungsleistung einer Ferienwohnung an einen Privatmann. Da der Leistungsempfänger ein Privatmann ist, bestimmt sich der Ort der Vermittlungsleistung grundsätzlich nach § 3a Abs. 3 Nr. 4 UStG. Hierunter fällt auch die Vermittlung der kurzfristigen Vermietungen von Grundstücken an Nichtunternehmer (Abschn. 3a.7 Abs. 1 Satz 2 und 3 UStAE). Die Vermittlungsleistung des V an P ist im Inland steuerbar und steuerpflichtig. Die Steuerbefreiung ist nach § 4 Nr. 5 Satz 2 UStG nicht anzuwenden (s.a. Abschn. 4.5.2 Abs. 5 Satz 1 UStAE).

Die kurzfristige Vermietung des Ferienhauses durch S fällt nicht unter § 25 UStG, da S selbst tatsächlich am Ort der Ferienhäuser gegenüber dem Reisenden tätig wird. § 25 UStG gilt nicht, soweit der Unternehmer Reiseleistungen durch Einsatz eigener Mittel (Eigenleistungen) – z.B. eigene Beförderungsmittel, eigenes Hotel usw. – erbringt (Abschn. 25.1 Abs. 8 Satz 1 UStAE). Die Vermietungsleistung bestimmt sich unabhängig vom Status des Leistungsempfängers nach § 3a Abs. 3 Nr. 1 UStG nach dem Belegenheitsort des Grundstücks. Die Vermietungsleistung des S ist somit im Inland nicht steuerbar.

Fall 73: Vermittlungsleistung durch einen Drittlandsunternehmer für einen Unternehmer im Inland

Handelsvertreter H mit Sitz in Zürich vermittelt im Namen und für Rechnung der Fa. F mit Sitz in Stuttgart den Verkauf einer Maschine an den Abnehmer A mit Sitz in Zürich. Die Maschine wird von F von Stuttgart zu A nach Zürich befördert. F verwendet gegenüber H keine USt-IdNr.

Aufgabe: Nehmen Sie Stellung zu den umsatzsteuerrechtlichen Folgen hinsichtlich des H.

Lösung:

Da Leistungsempfänger der Vermittlungsleistung ein Unternehmer ist (Fa. F aus Stuttgart) und die Firma F die Vermittlungsleistung auch für ihr Unternehmen bezogen hat, bestimmt sich der Ort der Vermittlungsleistung nicht nach § 3a Abs. 3 Nr. 4 UStG, sondern nach der Grundregel des § 3a Abs. 2 UStG. Danach wird die Vermittlungsleistung an dem Ort ausgeführt, von dem aus der Empfänger sein Unternehmen betreibt (Empfängersitzprinzip). Der Ort befindet sich in Stuttgart. Die Vermittlungsleistung des H ist steuerbar.

F tätigt unter den Voraussetzungen des § 4 Nr. 1 Buchst. a i.V.m. § 6 Abs. 1 Nr. 1 UStG eine steuerfreie Ausfuhrlieferung. Da H eine steuerfreie Ausfuhrlieferung vermittelt hat, ist seine Vermittlungsleistung steuerfrei nach § 4 Nr. 5 Buchst. a UStG.

Fall 74: Vermittlungsleistung durch Reisebüros an den Reiseveranstalter/
Reiseleistungen i.S.d. § 25 UStG

Das Reisebüro Eva (E) in Edesheim vermittelt für die Firma Meckernann (M) an den Kunden K eine achttägige Pauschalurlaubsreise mit Flug, Übernachtung und Halbpension auf die Insel Lesbos für 938 €.

Aufgabe: Nehmen Sie Stellung zu den Umsätzen der Firma M und des Reisebüros E.

Lösung:

Die Firma Meckernann erbringt mit der Pauschalreise an K eine Reiseleistung gem. § 25 UStG. M tritt im eigenen Namen auf und nimmt Reisevorleistungen in Anspruch.

Reisevorleistungen sind alle Leistungen, die von einem Dritten erbracht werden und dem Reisenden unmittelbar zugutekommen. In Betracht kommen alle Leistungen, die der Reisende in Anspruch nehmen würde, wenn er die Reise selbst durchführen würde, insbesondere Beförderung, Unterbringung und Verpflegung (Abschn. 25.1 Abs. 9 UStAE). Alle bei der Durchführung der Reise erbrachten Leistungen gelten als einheitliche sonstige Leistung des Reiseveranstalters an den Leistungsempfänger K. Die sonstige Leistung wird nach § 3a Abs. 1 UStG an dem Ort ausgeführt, von dem aus der Reiseveranstalter sein Unternehmen betreibt (§ 25 Abs. 1 UStG, Abschn. 25.1 Abs. 6 UStAE).

Für die Vermittlungsleistung des Reisebüros E ist § 25 UStG nicht anzuwenden. Das Reisebüro erbringt eine im Inland steuerbare sonstige Leistung (Vermittlungsleistung). Nach § 3a Abs. 2 UStG wird eine Vermittlungsleistung an dem Ort erbracht, von dem aus der Reiseveranstalter sein Unternehmen betreibt. Die Vermittlung der im Inland steuerbaren Reiseleistung ist auch steuerpflichtig. Die Steuerbefreiung des § 4 Nr. 5 UStG ist nicht anzuwenden (Abschn. 4.5.2 Abs. 4 Satz 1 UStAE).

Fall 75: Reiseleistungen i.S.d. § 25 UStG/Ermittlung der Bemessungsgrundlage

Busunternehmer B betreibt in Bingen ein Busunternehmen. B organisiert auch selbst Busreisen nach Dresden. Dafür reserviert B in Dresden ein Hotelkontingent. Für den Besuch in Dresden erhält er pro Person 170 €. Die Reisegruppe umfasst 50 Personen.
Im Zusammenhang mit der Fahrt stehen folgende Aufwendungen

Zeitungsanzeigen	400 €
zzgl. USt 19 %	76 €
Hotelübernachtung	3.000 €
zzgl. USt 7 %	210 €
Frühstück im Hotel	500 €
zzgl. USt 19 %	95 €
Mittagessen	1.000 €
zzgl. USt 19 %	190 €
Kalkulierte Kosten für die Busfahrt (zutreffend)	2.000 €
zzgl. USt 19 %	380 €

Aufgabe: Nehmen Sie Stellung zu den Umsätzen der Firma B und ermitteln Sie die Bemessungsgrundlage.

Lösung:

Mit den Busreisen nach Dresden führt B Reiseleistungen nach § 25 UStG aus, weil er:

- gegenüber Nichtunternehmern
- im eigenen Namen auftritt und
- Reisevorleistungen in Anspruch nimmt.

Reisevorleistungen sind Leistungen Dritter, die den Reisenden unmittelbar zugutekommen (Abschn. 25.1 Abs. 9 UStAE).

§ 25 Abs. 1 UStG gilt nur bei der Inanspruchnahme von Reisevorleistungen durch den Reiseunternehmer, nicht jedoch, soweit dieser Reiseleistungen durch Einsatz eigener Mittel (Eigenleistungen) erbringt (Abschn. 25.1 Abs. 8 Satz 1 UStAE). Der Einsatz des eigenen Reisebusses unterliegt nicht der Margenbesteuerung des § 25 UStG. Der Reisepreis für diese gemischten Reiseleistungen muss aufgeteilt werden (Abschn. 25.1 Abs. 11 UStAE).

	Reisevorleistungen	Eigenleistungen	Allgemeine Aufwendungen
Hotelübernachtung	3.210 €		
Frühstück	595 €		
Mittagessen	1.190 €		
Fahrtkosten		2.380 €	
Zeitungsanzeigen			476 €
Summe	**4.995 €**	**2.380 €**	**476 €**
Reiseleistungen insgesamt	**7.375 €**		
prozentuale Aufteilung	**67,73 %**	**32,27 %**	

Die Aufwendungen für die Zeitungsanzeigen sind keine Reisevorleistungen, da diese Leistung nicht unmittelbar an die Reisenden ausgeführt wird.

Treffen bei einer Reise Leistungen des Unternehmers mit eigenen Mitteln und Leistungen Dritter zusammen (Abschn. 25.1 Abs. 11 UStAE), sind für die Berechnung der Marge die eigenen Leistungen grundsätzlich im prozentualen Verhältnis zu den Fremdleistungen auszuscheiden. Die eigenen Leistungen sind mit den dafür aufgewendeten Kosten (einschließlich USt) anzusetzen (Abschn. 25.3 Abs. 2 UStAE). Die Zahlungen der Reisenden sind entsprechend dem o.a. Verhältnis auf die beiden Leistungsteile aufzuteilen.

Die Marge errechnet sich wie folgt:

Aufwendungen der Reiseteilnehmer: 170 € × 50 Teilnehmer	8.500,00 €
abzgl. 32,27 % für Eigenleistungen	./. 2.420,00 €
verbleiben	**6.080,00 €**
abzgl. Reisevorleistungen	./. 4.995,00 €
Marge	**1.085,00 €**
abzgl. darin enthaltene USt (19/119)	./. 173,23 €
Marge = Bemessungsgrundlage	**911,77 €**

Die Reiseleistung ist insgesamt eine einheitliche sonstige Leistung und gilt nach § 3a Abs. 1 UStG dort als ausgeführt, wo der leistende Unternehmer B sein Unternehmen betreibt. Die Leistung ist somit nach § 1 Abs. 1 Nr. 1 UStG steuerbar und auch steuerpflichtig. In den Rechnungen darf die USt nicht gesondert ausgewiesen werden (§ 14a Abs. 6 UStG). Ein Vorsteuerabzug aus den Reisevorleistungen ist nicht möglich (§ 25 Abs. 4 UStG). Die Vorsteuer aus der Rechnung über die Zeitungsanzeigen ist nach § 15 Abs. 1 Nr. 1 UStG abziehbar und auch abzugsfähig, da nach § 15 Abs. 2 UStG kein Ausschlussgrund vorliegt.

Die Beförderungsleistung (Eigenleistung) ist steuerbar (§ 1 Abs. 1 Nr. 1 i.V.m. § 3b Abs. 1 UStG) und steuerpflichtig. Für die Beförderungsleistung hat B insgesamt einen Bruttobetrag von 2.420 € erhalten. Die USt ist mit 19 % = 386,39 € herauszurechnen. Die Bemessungsgrundlage beträgt 2.033,61 €.

Fall 76: Reiseleistungen nach § 25 UStG nach nationalem Recht sowie nach EuGH- und BFH-Rechtsprechung (Geltendmachung des Anwendungsvorrangs des Unionsrechts)

Die R-GmbH ist als Reiseveranstalterin mit Sitz in Deutschland tätig. Die GmbH bezieht bei der Firma F mit Sitz in Belgien Reisevorleitungen zur Durchführung von in Deutschland ausgeführten Radtouren.

Firma B Belgien	R-GmbH (Reiseveranstalter) in Deutschland R-GmbH führt Reiseleistungen aus an	Kunden (Privatpersonen)
Leistungserbringer ⟶	Leistungsempfänger	
Reisevorleistungen: • Unterbringung, • Verpflegung (nicht als Nebenleistung), • Beförderung des Reisenden, • Vermietung von Fahrrädern.	zur Durchführung von in Deutschland ausgeführten Radtouren	Reiseleistungen an Privatpersonen

Aufgabe: Nehmen Sie Stellung zu den Leistungen der Firma B und R-GmbH. Beurteilen Sie die Leistungen der Firma B sowie der R-GmbH zunächst nach deutschem Recht.

Beurteilen Sie danach die Leistungen der Firma B und der R-GmbH nach den Grundsätzen der EuGH-Entscheidung vom 26.9.2013 (C–189/11, UR 2013, 835) sowie nach den BFH-Urteilen vom 21.11.2013 (V R 11/11, BFH/NV 2014, 803) und vom 13.12.2017 (XI R 4/16).

Lösung:

Sachverhalt und Lösung ergeben sich aus dem BFH-Urteil vom 13.12.2017 (XI R 4/16).

Nationales Recht aus Sicht der in Deutschland ansässigen R-GmbH:

Zwischen der R-GmbH und den Kunden (B2C-Transaktionen) werden Reiseleistungen i.S.d. § 25 UStG ausgeführt. Die Leistungen werden auch nach § 25 UStG abgerechnet.

Zwischen der Firma B und der R-GmbH werden nach deutschem Recht keine Reiseleistungen i.S.d. § 25 UStG ausgeführt, da die Norm nach der Reisendenmaxime nur für B2C-Transaktionen anzuwenden ist. In diesen Fällen erfolgt die Besteuerung nach den allgemeinen Vorschriften des UStG. Die Beurteilung der Steuerbarkeit, Nichtsteuerbarkeit und die Steuerfreiheit richtet sich für die erbrachten Leistungen der Firma B insbesondere nach den folgenden Vorschriften (Abschn. 25.1 Abs. 2 Satz 2 und 3 UStAE):

Reisevorleistungen:	Ortsvorschrift:
• Unterbringung,	§ 3a Abs. 3 Nr. 1 Satz 2 Buchst. a UStG
• Verpflegung (nicht als Nebenleistung),	§ 3a Abs. 3 Nr. 3 Buchst. b UStG
• Beförderung des Reisenden,	§ 3b Abs. 1 Satz 1 UStG
• Vermietung von Fahrrädern.	§ 3a Abs. 3 Nr. 2 Satz 1 UStG
Der Ort der jeweiligen Reisevorleistung befindet sich im Inland. Die Leistungen der Firma B sind in Deutschland steuerbar und steuerpflichtig.	

Die Firma B weist in ihrer Rechnung keine USt gesondert aus. Die Rechnung enthält die Angabe: »Steuerschuldnerschaft des Leistungsempfängers« nach § 14a Abs. 5 UStG. Die R GmbH schuldet die USt nach § 13b Abs. 2 Nr. 1 i.V.m. Abs. 5 Satz 1 UStG.

EU-Recht sowie BFH-Entscheidung XI R 4/16:

In den bisherigen BFH-Entscheidungen vom 21.11.2013 (V R 11/11, BFH/NV 2014, 803) sowie vom 20.3.2014 (V R 25/11, BFH/NV 2014, 1173) hätte sich der Leistungserbringer (im Beispielsfall die Firma B in Belgien) auf Art. 306 MwStSystRL berufen um die Margenbesteuerung anzuwenden mit der Folge, dass der Ort der Reiseleistung sich nach § 3a Abs. 1 UStG bestimmen und am Sitzort der Firma B in Belgien befinden würde. Die Leistung der Firma B wäre danach in Belgien steuerbar und steuerpflichtig.

B wird sich somit nicht auf das EU-Recht berufen, da dies für ihn negative Folgen hätte. B müsste die einheitliche Dienstleistung in Belgien besteuern.

Zu beachten gilt, wie der BFH in Rz. 38 seines Urteils XI R 4/16 betont, dass sich die Rechtsfolgen des vom Stpfl. (der Firma B) geltend gemachten Anwendungsvorrangs auf seine eigene Person beschränken und sich erst dann auf die Besteuerung seines Geschäftspartners (hier die GmbH) auswirken würde, wenn dieser gleichfalls einen Anwendungsvorrang geltend machen könnte (s.a. BFH Urteil vom 24.10.2013 (V R 17/13, BStBl II 2015, 513). Dies würde in diesem Fall bedeuten, dass die GmbH weiterhin die Steuer nach § 13b UStG schulden würde, obwohl auch die Firma B in Belgien die Reiseleistungen nach der Marge besteuern würde. Der Umsatz würde somit **doppelt besteuert**.

Im Entscheidungsfall XI R 4/16 hat sich nicht der Leistungserbringer (Firma B in Belgien), sondern der Leistungsempfänger (R-GmbH in Deutschland) auf das EU-Recht berufen, sodass er als B2B-Empfänger der Reiseleistungen gilt. Als Folge davon schuldet die GmbH entgegen dem nationalen Recht keine Steuern nach § 13b UStG für die erbrachten Leistungen, weil diese danach im Inland nicht steuerbar sind. Der Ort der danach einheitlichen Dienstleistung der Firma B wäre nach Art. 307 Satz 2 MwStSystRL (§ 3a Abs. 1 UStG) in Belgien.

Für die Geltendmachung des Anwendungsvorrangs des Unionsrechts ist es unbeachtlich, dass der sich auf unionsrechtliche Bestimmungen berufende Steuerpflichtige selbst nicht Steuerschuldner, sondern (vorsteuerabzugsberechtigter) Abnehmer einer Lieferung ist. In Bezug auf den Anwendungsvorrang ist (allein) die Minderung der den Unternehmer treffenden Steuerschuld maßgeblich (BFH Urteil vom 24.10.2013, V R 17/13, BStBl II 2015, 513 Rz. 18).

Ebenso wenig ist es erheblich, welchen rechtlichen Interessen die Bestimmung des Unionsrechts dient, deren Anwendungsvorrang der Steuerpflichtige geltend macht, wenn die Berufung auf das Unionsrecht zu einer niedrigeren Steuerschuld des Steuerpflichtigen führt (BFH Urteil vom 24.10.2013, V R 17/13, BStBl II 2015, 513, Rz. 19). Deshalb kann sich auch der Steuerschuldner nach § 13b UStG auf das für ihn günstigere Unionsrecht berufen.

Aufgrund des Erfordernisses, für die volle Wirksamkeit des Unionsrechts Sorge zu tragen, kann dem sich auf unionsrechtliche Bestimmungen berufenden Steuerpflichtigen auch nicht entgegengehalten werden, dass für seinen Lieferer die nach nationalem Recht bestehende Rechtslage günstiger als das Unionsrecht ist. Die Rechtsfolgen des vom Steuerpflichtigen geltend gemachten Anwendungsvorrangs beschränken sich vielmehr auf seine eigene Person und wirken sich daher erst dann auf die Besteuerung seines Lieferers (Firma B in Belgien) aus, wenn dieser gleichfalls einen Anwendungsvorrang geltend machen könnte.

Soweit die von der Firma B erbrachten Reisevorleistungen unbelastet von der Steuer bleiben, weil sie in Belgien entgegen den unionsrechtlichen Bestimmungen der Art. 306 ff. MwStSystRL nicht der Margenbesteuerung unterworfen werden, ist dies notwendige Folge des Gebots, das Unionsrecht in jedem Falle gegenüber dem entgegenstehenden nationalen Recht durchzusetzen. Es kann sich nicht zulasten der R-GmbH auswirken, wenn sie sich auf eine für sie günstigere Bestimmung des Unionsrechts beruft, während die Firma B an der für sie günstigeren nationalen Regelung in Belgien festhält. Der Umsatz bliebe **unversteuert**.

Fall 77: Telekommunikations-Dienstleistungskommission nach § 3 Abs. 11a UStG

Die Endkunden bestellen über einen Schweizer Unternehmer S Dienstleistungen via Internet, die ein Deutscher Unternehmer U dem S in der Schweiz zur Verfügung stellt. Es handelt sich dabei insbesondere um diverse erotische Inhalte. Die Endkunden können die bei S »gespiegelten« Internet-Seiten über eine von S gestaltete Anmelde- und Bezahlseite in Anspruch nehmen.

Alternative 1:

U stellt die Internet-Dienstleistungen im Rahmen eines Webmaster-Rahmenvertrags dem S zur Verfügung. Der Rahmenvertrag regelt u.a., dass:

- S das Zugangs- und Zahlungsverfahren bereitstellt sowie
- den Forderungseinzug für die von den Endkunden geschuldeten Entgelte übernimmt.

Für die Endkunden ist nicht ersichtlich, dass U als Leistungserbringer auftritt.

Alternative 2:

Der Schweizer Unternehmer S benennt den deutschen Unternehmer U ausdrücklich als Leistungserbringer.

Alternative 3:

Neben der Benennung des deutschen Unternehmers U als Leistungserbringer hat der Schweizer Unternehmer S die Abrechnung gegenüber den Leistungsempfängern entscheidend beeinflusst und die allgemeinen Bedingungen der Leistungserbringung festgelegt.

Aufgabe: Nehmen Sie Stellung zu den Leistungen der Unternehmer U und S.
Nehmen Sie dabei auch kurz Stellung zum besonderen Besteuerungsverfahren des »Mini-One-Stop-Shop«.

Lösung:

Alternative 1:

Da die Branchenlösung als rein umsatzsteuerrechtliche Regelung konzipiert war, wurde die Regelung aus gesetzsystematischen Gründen unter Beachtung der unionsrechtlichen und nationalen Umsatzsteuervorschriften durch das Gesetz zur Anpassung des nationalen Steuerrechts an den Beitritt Kroatiens zur EU und zur Änderung weiterer steuerlichen Vorschriften vom 25.7.2014 (BGBl I 2014, 1266) mit Wirkung zum 1.1.2015 in das UStG eingefügt (§ 3 Abs. 11a UStG) und dabei die bisherige Branchenlösung des § 45h Abs. 4 TKG aufgehoben (s.a. BT-Drucks. 18/1529; 74 ff.).

In Fällen, in denen elektronische Dienstleistungen über ein Telekommunikationsnetz, eine Schnittstelle oder ein Portal wie z.B. einen Appstore erbracht werden, ist nach § 3 Abs. 11a Satz 1 UStG davon auszugehen, dass ein an dieser Erbringung beteiligter Unternehmer (S in der Schweiz) im eigenen Namen, aber für Rechnung des leistenden Unternehmers der elektronischen Dienstleistung (U in Deutschland) tätig ist. Diese Regelung dient dem Zweck, den für die Besteuerung maßgeblichen leistenden Unternehmer zu bestimmen.

Es gilt der Grundsatz des § 3 Abs. 11a Satz 1 UStG. Die Firma S gilt i.S.v. § 3 Abs. 11 UStG als im eigenen Namen und für fremde Rechnung handelnd. S ist Leistungsempfänger und zugleich Leistender. S erbringt Leistungen gleichen Inhalts wie U. Personenbezogene Merkmale sind für jede Leistung innerhalb der Dienstleistungskommission gesondert zu betrachten.

S erbringt B2C-Leistungen i.S.d. § 3a Abs. 5 Satz 2 UStG. Die Leistungen werden am Wohnsitz des Endverbrauchers ausgeführt. Unter den Voraussetzungen des § 18 Abs. 4c UStG kann sich S in Deutschland erfassen lassen (s. Abschn. 18.7a UStAE: »Mini-one-stop-shop« für nicht im übrigen Gemeinschaftsgebiet ansässige Unternehmer).

U erbringt B2B-Leistungen, die nach § 3a Abs. 2 UStG in der Schweiz als ausgeführt gelten.

Alternative 2:

Die Anwendung der Branchenlösung des § 3 Abs. 11a Satz 1 UStG gilt nach den Sätzen 2 und 3 des § 3 Abs. 11a UStG nicht, wenn der Anbieter der sonstigen Leistung (U in Deutschland) vom beteiligten Unternehmer (S in der Schweiz) als Leistungserbringer ausdrücklich benannt wird und dies in den vertraglichen Vereinbarungen zwischen den Parteien zum Ausdruck kommt. Diese Bedingung ist nach Satz 3 des § 3 Abs. 11a UStG erfüllt, wenn:

1. in den von jedem an der Erbringung beteiligten Unternehmer ausgestellten oder verfügbar gemachten Rechnungen die sonstige Leistung i.S.d. Satzes 2 und der Erbringer dieser Leistung angegeben sind;
2. in den dem Leistungsempfänger ausgestellten oder verfügbar gemachten Rechnungen die sonstige Leistung i.S.d. Satzes 2 und der Erbringer dieser Leistung angegeben sind.

S erbringt an U Zugangs- und Inkassoleistungen (B2B-Leistungen), die nach § 3a Abs. 2 UStG in Deutschland als ausgeführt gelten. U schuldet die USt nach § 13b Abs. 2 Nr. 1 i.V.m. Abs. 5 Satz 1 UStG.

U erbringt elektronische B2C-Dienstleistungen i.S.d. § 3a Abs. 5 Satz 2 UStG an die Endverbraucher. Die Leistungen werden am Wohnsitz der Endverbraucher ausgeführt. Für U ist eventuell die Regelung des § 18h UStG anwendbar (Abschn. 18h.1 UStAE: »Mini-one-stop-shop« für inländische Unternehmer).

Alternative 3:

Es gilt die Rückausnahme des § 3 Abs. 11a Satz 4 UStG, wonach die Branchenlösung des Satzes 1 anwendbar ist (s. Lösung Alternative 1).

Fall 78: Restaurationsleistungen/Imbissstand/Steuersatz

Metzgermeister M verkauft in einem vor seinem Ladengeschäft (Fleischerei) aufgebauten Imbissstand Bratwürste, Pommes Frites und täglich wechselnde Gerichte in verzehrfertigem Zustand. Der Stand hat eine Größe von ca. 3,5 m × 3,8 m und ist mit einem über die Außenwände hinausragenden Dach versehen. Umlaufend ist in einer Höhe von ca. 1,10 m ein ca. 0,5 m breites Brett angebracht, auf dem Ketchup- und Senfbehälter aufgestellt waren. Der Verkauf ist nach allen vier Seiten möglich, tatsächlich wird jedoch maximal zu zwei Seiten hin verkauft. Die jeweils nicht zum Verkauf genutzten Seiten sind durch herabgelassene Fensterläden geschlossen.

Unmittelbar vor dem Stand befindet sich eine fest installierte, allgemein zugängliche städtische Sitzbank. Zusätzlich stellt M ab dem 1.8.03 eine aus zwei Bänken und einem Tisch bestehende »Bierzeltgarnitur« vor seinem Stand auf.

Aufgabe: Nehmen Sie Stellung zum Verkauf der Imbisswaren.

Lösung:

Zu Sachverhalt und Lösung s. BFH Urteil vom 30.6.2011 (V R 18/10, BStBl II 2013, 246) sowie Beispiele 1 und 2 in Abschn. 3.6 UStAE.

Unabhängig davon, ob die Kunden die Speisen zum Mitnehmen oder zum Verzehr an Ort und Stelle erwerben, liegen insgesamt begünstigte Lieferungen i.S.d. § 12 Abs. 2 Nr. 1 UStG vor. Die erbrachten Dienstleistungselemente (Bereitstellung einfachster Verzehrvorrichtungen wie einer Theke und Stehtischen sowie von Mehrweggeschirr) führen bei einer wertenden Gesamtbetrachtung des Vorgangs auch hinsichtlich der vor Ort verzehrten Speisen nicht zur Annahme einer sonstigen Leistung (vgl. BFH-Urteil vom 8.6.2011, XI R 37/08, BStBl II 2013, 238 und vom 30.6.2011, V R 35/08, BStBl II 2013, 224).

Die im Kj. 03 erzielten Umsätze des M aus dem Betrieb des Imbissstands unterliegen nach den oben dargelegten Grundsätzen bis zum 31.7.03 in voller Höhe als Lieferungen dem ermäßigten Steuersatz. Seit dem 1.8.03 erzielt M daneben aber auch Umsätze, die als Dienstleistungen anzusehen sind und daher dem Regelsteuersatz unterliegen. Bei den auf den Bierzeltgarnituren entfallenden Umsätzen handelt es sich nicht um die Lieferungen von Lebensmitteln, sondern um Dienstleistungen.

Als für Restaurationsleistungen charakteristische Dienstleistungsbestandteile erwähnt der EuGH im Urteil vom 10.3.2011 (C-497/09 u.a., BStBl II 2013, 256, Rn. 69) zwar Kellnerservice, Beratung und Bedienung der Kunden im eigentlichen Sinne sowie das Vorhandensein geschlossener, temperierter Räume speziell für den Verzehr der abgegebenen Speisen, Garderobe und Toiletten und die Bereitstellung von Geschirr, Mobiliar und Gedeck. Während die Bereitstellung »behelfsmäßiger Vorrichtungen, d.h. ganz einfacher Verzehrtheken ohne Sitzgelegenheit« nur als geringfügige Nebenleistung anzusehen sind und am dominierenden Charakter einer Lieferung von Gegenständen nichts ändern (EuGH Urteil vom 10.3.2011, C-497/09 u.a., BStBl II 2013, 256, Rdnr. 70), verlangen dem Verzehr dienliche Elemente, wie die Bereitstellung von Geschirr, Besteck oder Mobiliar – im Unterschied zur bloßen Bereitstellung einer behelfsmäßigen Infrastruktur im Fall von Imbissständen, Imbisswagen oder Kinos – einen gewissen personellen Einsatz, um das gestellte Material herbeizuschaffen, zurückzunehmen und ggf. zu reinigen (EuGH Urteil vom 10.3.2011, C-497/09 u.a., BStBl II 2013, 256, Rdnr. 79).

Im Unterschied zur lediglich »behelfsmäßigen Infrastruktur« von Imbissständen stellt M seinen Kunden seit dem 1.8.03 zusätzlich »Mobiliar« (Tisch mit Sitzgelegenheit) zur Verfügung, das ausschließlich dazu bestimmt ist, den Verzehr der Speisen zu erleichtern. Unter Berücksichtigung des Umstands, dass der Auf- und Abbau sowie die Reinigung der Bierzeltgarnitur einen »gewissen personellen Einsatz« erfordern, wird die Schwelle zum Restaurationsumsatz überschritten.

Zu berücksichtigen ist, dass entgegen der früheren Rechtsprechung Verzehrvorrichtungen Dritter – wie z.B. Tische und Bänke eines Standnachbarn – nicht zu berücksichtigen sind, auch wenn diese im Interesse des leistenden Unternehmers zur Verfügung gestellt wurden. Die Qualität der Speisen und die Komplexität der Zubereitung haben auf die Beurteilung des Sachverhalts keinen Einfluss.

Fall 79: Restaurationsleistungen/Imbissstand/Steuersatz

Der Betreiber eines Imbissstandes gibt verzehrfertige Speisen an seine Kunden in Pappbehältern ab. Der Kunde erhält dazu eine Serviette, ein Einwegbesteck und auf Wunsch Ketchup, Mayonnaise oder Senf. Der Imbissstand verfügt nur über eine Verkaufstheke. Für die Rücknahme des Einweggeschirrs und Bestecks stehen Abfalleimer bereit. Die Kunden verzehren die Speisen im Stehen in der Nähe des Imbissstandes oder entfernen sich mit den Speisen gänzlich vom Imbissstand.

Aufgabe: Nehmen Sie Stellung zum Verkauf der Imbisswaren.

Lösung:

Es liegen begünstigte Lieferungen i.S.d. § 12 Abs. 2 Nr. 1 UStG vor, da neben den Speisenlieferungen nur Dienstleistungselemente erbracht werden, die notwendig mit der Vermarktung der Speisen verbunden sind. Dabei spielt es keine Rolle, ob die Speisen zum Mitnehmen verpackt werden.

Fall 80: Restaurationsumsätze/Party-Service/Ortsbestimmung/Steuersatz für Getränke/
Vorsteuerabzug/Unrichtiger Steuerausweis

Das Modehaus Klaus Klamotte (K) begeht in Mainz sein 10-jähriges Firmenjubiläum mit zahlreichen Sonderangeboten und am verkaufsoffenen Sonntag zusätzlich mit einer Darreichung von Häppchen, einer Suppe und einem Glas Sekt (Gedeck). Für das Gedeck müssen die Kunden 3 € entrichten. Der Erlös beträgt insgesamt 1.500 €. Damit die Kunden das Gedeck bequem verzehren können, stellt K im Geschäft und auch vor dem Geschäft Tische und Stühle auf.

Den Sekt besorgt K bei der Winzergenossenschaft Edenkoben. Die Genossenschaft berechnet K für den Sekt 1.000 € zzgl. 190 € USt.

Die Häppchen liefert die Metzgerei Mett (M), die einen Partyservice betreibt. Sie belegt Platten mit kalten Käse- und Wurstwaren und gibt noch Brot und Brötchen dazu. Außerdem wird frisch zubereitete Suppe in einem Warmhaltebehälter bereitgestellt. Die fertig belegten Platten und die Suppe werden von der Metzgerei zu K geliefert. Die leeren Platten und Warmhaltebehälter werden am Folgetag durch den Metzger abgeholt und gereinigt. M berechnet K für die Lebensmittel 2.000 € zzgl. 380 € USt.

Aufgabe: Beurteilen Sie den Einkauf und den Verkauf der Speisen und Getränke bei K aus umsatzsteuerrechtlicher Sicht.

Lösung:

Mit dem Verkauf der Speisen und Getränke tätigt K sonstige Leistungen i.S.d. § 3 Abs. 9 Satz 1 UStG. Die Bereitstellung einer die Bewirtung fördernden Infrastruktur stellt ein im Rahmen der Gesamtbetrachtung zu berücksichtigendes Dienstleistungselement dar. Zu berücksichtigen ist dabei insbesondere die Bereitstellung von Vorrichtungen, die den bestimmungsgemäßen Verzehr der Speisen und Getränke an Ort und Stelle fördern sollen (z.B. Räumlichkeiten, Tische und Stühle oder Bänke, Bierzeltgarnituren). Auf die Qualität der zur Verfügung gestellten Infrastruktur kommt es nicht an. Daher genügt eine Abstellmöglichkeit für Speisen und Getränke mit Sitzgelegenheit für die Annahme einer sonstigen Leistung (Abschn. 3.6 Abs. 4 Sätze 1 bis 3 UStAE).

Der Ort der sonstigen Leistung bestimmt sich nach § 3a Abs. 3 Nr. 3 Buchst. b UStG. Der Ort befindet sich in Mainz, da dort die Restaurationsleistung tatsächlich erbracht wird. Da die Leistung gegen Entgelt erbracht wird, ist die Leistung steuerbar und mangels Steuerbefreiung auch steuerpflichtig.

Der Steuersatz beträgt nach § 12 Abs. 1 UStG 19 %. Der ermäßigte Steuersatz von 7 % kommt für die Abgabe alkoholischer Getränke nicht in Betracht.

Hinweis! Die Anlage 2 zu § 12 Abs. 2 Nr. 1 und 2 UStG erwähnt nur wenige Getränke, die begünstigt geliefert werden können:

*   Nr. 34: Wasser aus der Leitung,
*   Nr. 4: Milch,
*   Nr. 35: Milchmischgetränke (75 % Milchanteil; s.a. die Vfg. der OFD Frankfurt vom 4.4.2014, S 7222 A – 7 – St 16, UR 2014, 670 u.a. auch zur Lieferung von Latte Macchiato).

Nicht begünstigt sind insbesondere folgende Getränke:

*   Wasser, das in Fertigverpackungen in den Verkehr gebracht wird (s. Nr. 34 der Anlage),
*   Frucht- und Gemüsesäfte (s. Nr. 32 der Anlage),
*   alle alkoholischen Getränke.

Nicht begünstigt sind auch trinkfertige Heißgetränke wie Kaffee und Tee (s.a. BFH Beschluss vom 29.8.2013, XI B 79/12, BFH/NV 2013, 1953).

Die Abgabe der Speisen unterliegt ebenfalls dem Regelsteuersatz von 19 %, da die Anlage 2 zu § 12 Abs. 2 Nr. 1 und 2 UStG nur für Lieferungen, Einfuhren und innergemeinschaftliche Erwerbe und nicht für sonstige Leistungen gilt. Nach § 10 Abs. 1 Satz 1 und 2 UStG ergibt sich eine Bemessungsgrundlage von (1.500 € : 119 × 100 =) 1.260,50 € und eine Umsatzsteuer von 239,50 €.

Unter den Voraussetzungen des § 15 Abs. 1 Satz 1 Nr. 1 UStG ist K zum Vorsteuerabzug berechtigt, da er sowohl den Sekt als auch die Speisen für sein Unternehmen erworben hat. Ausschlusstatbestände nach § 15 Abs. 1a, 1b und 2 UStG liegen nicht vor. Zwischen den Eingangs- und den Ausgangsleistung besteht auch nach dem objektiven Inhalt der bezogenen Leistung ein direkter und unmittelbarer Zusammenhang (Abschn. 15.2b Abs. 2 UStAE). Da die Eingangsleistungen ausschließlich für unternehmerische Tätigkeiten bezogen werden, sind sie vollständig dem Unternehmen zuzuordnen (Zuordnungsgebot; Abschn. 15.2c Abs. 1 Satz 1 UStAE).

Mit dem Verkauf des Sektes führt die Winzergenossenschaft steuerpflichtige Lieferungen an K aus, die dem Regelsteuersatz (§ 12 Abs. 1 UStG) unterliegen. Die in der Rechnung ausgewiesene, gesetzlich geschuldete USt i.H.v. 190 € ist bei K als Vorsteuer zu berücksichtigen (s.a. Abschn. 15.2 Abs. 1 UStAE).

Metzger M führt Lieferungen i.S.d. § 3 Abs. 1 UStG an K aus. Es liegen begünstigte Lieferungen i.S.d. § 12 Abs. 2 Nr. 1 UStG vor, da sich die Leistung des Unternehmers M auf die Zubereitung und die Abgabe von Speisen, ggf. deren Beförderung sowie die Beratung und Information beschränkt. Die Überlassung der Platten und Warmhaltebehälter besitzt vornehmlich Verpackungscharakter und führt bei der Gesamtbetrachtung des Vorgangs auch zusammen mit dem zu berücksichtigenden Dienstleistungselement »Beratung« nicht zu einem qualitativen Überwiegen der Dienstleistungselemente. Da die Platten und Warmhaltebehälter vornehmlich Verpackungsfunktion besitzen, ist deren Reinigung nicht zu berücksichtigen (Abschn. 3.6 Abs. 3 Satz 3 UStAE).

M hat in seiner Rechnung eine USt von 19 % ausgewiesen, obwohl er lediglich eine USt von 7 % schuldet (§ 12 Abs. 2 Nr. 1 UStG). Da M in seiner Rechnung einen höheren Steuerbetrag ausweist, als er nach dem Gesetz schuldet (unrichtiger Steuerausweis nach § 14c Abs. 1 UStG), schuldet er auch den Mehrbetrag nach § 14c Abs. 1 UStG. Die richtige Steuer ergibt sich durch Herausrechnen aus dem Rechnungsbetrag und beträgt (2.380 € : 107 × 7 =) 155,70 €. Den Mehrbetrag von (380 € ./. 155,70 € =) 224,30 € schuldet M nach § 14c Abs. 1 UStG. Eine Rechnungsberichtigung ist gem. § 14c Abs. 1 Satz 2 UStG möglich.

K hat die in der Rechnung enthaltenen Angaben auf ihre Vollständigkeit und Richtigkeit zu überprüfen (Abschn. 15.2a Abs. 6 Satz 1 UStAE). Der Leistungsempfänger hat u.a. die inhaltliche Richtigkeit der Angaben zu überprüfen. Dazu gehört insbesondere, ob es sich bei der ausgewiesenen Steuer um gesetzlich geschuldete Steuer für eine Lieferung oder sonstige Leistung handelt. Bei unrichtigen Angaben entfällt der Vorsteuerabzug. Zu den unrichtigen Angaben, die eine Versagung des Vorsteuerabzugs zur Folge haben, zählen in einer Rechnung enthaltene Rechenfehler oder die unrichtige Angabe des Entgelts, des Steuersatzes oder des Steuerbetrags. Im Fall des § 14c Abs. 1 UStG kann der Vorsteuerabzug jedoch unter den übrigen Voraussetzungen in Höhe der für die bezogene Leistung geschuldeten Steuer vorgenommen werden (Abschn. 15.2a Abs. 6 Sätze 8 bis 12 UStAE). K hat somit einen Vorsteuerabzug von 155,70 €.

Fall 81: Beherbergungsleistungen/Rechnung/Rechnungserteilungspflicht/Steuersatz

Hubert Letoh (L) betreibt ein Wellness- und Tagungshotel in Bad Dürkheim an der Deutschen Weinstraße. Unter anderem bietet L ein Arrangement für 3 Tage an. Das Arrangement für 360 € beinhaltet folgende Leistungen:

1. 3 Übernachtungen im komfortablen Doppelzimmer,
2. Telefon, Fernseher mit Pay-TV (Sky),
3. Wasserkocher,
4. 3 × reichhaltiges Frühstück vom Buffet,
5. 3 × Abendessen vom Buffet,
6. 1 × hausgemachte Waffel,
7. 1 × Heissgetränk,
8. W-Lan auf dem Zimmer,
9. Sauna & Solebadbenutzung,
10. Schwimmbadbenutzung,
11. Leihbademantel,
12. Handtücher,
13. öffentliche Parkplätze vor dem Hotel,
14. Tageszeitung,
15. Fitnessraumnutzung.

Aufgabe: Nehmen Sie Stellung zu den Pflichtangaben in der Rechnung des Hotels sowie zum jeweiligen Steuersatz der angegebenen Leistungen. Gehen Sie auch kurz ein auf die Problematik der Abgrenzung von Haupt- und Nebenleistungen.

Lösung:

Der Ort der Beherbergungsleistung bestimmt sich nach § 3a Abs. 3 Nr. 1 Satz 2 Buchst. a UStG und befindet sich in Bad Dürkheim (s.a. Abschn. 3a.3 Abs. 4 UStAE). Für die Ortsbestimmung kommt es nicht darauf an, ob die Vermietungsleistung nach § 4 Nr. 12 UStG steuerfrei ist. Die Ortsbestimmung gilt auch für die (unselbstständigen) Nebenleistungen.

Nach § 12 Abs. 2 Nr. 11 UStG unterliegen die Vermietung und Verpachtung von Wohn- und Schlafräumen, die ein Unternehmer zur kurzfristigen Beherbergung von Fremden bereithält, sowie die kurzfristige Vermietung von Campingflächen dem ermäßigten Steuersatz von 7 %. Dies gilt nicht für Leistungen, die nicht unmittelbar der Vermietung dienen, auch wenn diese Leistungen mit dem Entgelt für die Vermietung abgegolten sind. Die in § 12 Abs. 2 Nr. 11 Satz 1 UStG bezeichneten Umsätze sind nach § 4 Nr. 12 Satz 2 UStG von der Steuerbefreiung ausgenommen.

Nach § 12 Abs. 2 Nr. 11 Satz 2 UStG gilt die Steuerermäßigung nicht für Leistungen, die nicht unmittelbar der Vermietung dienen, auch wenn es sich um Nebenleistungen zur Beherbergung handelt und diese Leistungen mit dem Entgelt für die Vermietung abgegolten sind (Aufteilungsgebot). Der Grundsatz, dass eine (unselbstständige) Nebenleistung das Schicksal der Hauptleistung teilt, wird von diesem Aufteilungsgebot verdrängt. Das in § 12 Abs. 2 Nr. 11 Satz 2 UStG gesetzlich normierte Aufteilungsgebot für einheitliche Leistungen geht den allgemeinen Grundsätzen zur Abgrenzung von Haupt- und Nebenleistung vor (BFH-Urteil vom 24.4.2013, XI R 3/11, BStBl II 2014 S. 86; Abschn. 12.16 Abs. 8 Satz 2 und 3 UStAE).

Von den unter dem Pauschalarrangement aufgeführten Positionen dienen folgende Leistungen unmittelbar der Beherbergung und unterliegen somit dem ermäßigten Steuersatz (Abschn. 12.16 Abs. 4 UStAE):

Position 1 und 3	Überlassung von möblierten und mit anderen Einrichtungsgegenständen (z.B. Fernsehgerät, Radio, Telefon, Zimmersafe) ausgestatteten Räumen;
Position 11, 12	Überlassung von Bettwäsche, Handtüchern und Bademänteln;
Position 14	Tageszeitung.
Unter das Aufteilungsgebot des Abschn. 12.16 Abs. 8 Satz 4 UStAE fallen insbesondere:	
Position 4 bis 7	Verpflegungsleistungen (z.B. Frühstück, Halb- oder Vollpension, »All inclusive«);
Position 2 und 8	Nutzung von Kommunikationsnetzen (insbesondere Internet);
	Nutzung von Pay-TV;
Position 9, 10	Wellnessangebote.
	Die Überlassung von Schwimmbädern kann nach § 12 Abs. 2 Nr. 9 Satz 1 UStG dem ermäßigten Steuersatz unterliegen;
Position 15	Überlassung von Sportgeräten und -anlagen.

Der Hotelier L ist nach § 14 Abs. 2 Satz 1 Nr. 1 UStG grundsätzlich verpflichtet, innerhalb von 6 Monaten nach Ausführung der Leistung eine Rechnung mit den in § 14 Abs. 4 UStG genannten Angaben auszustellen. Für die nach § 4 Nr. 12 Satz 2 UStG von der Steuerbefreiung ausgenommenen Umsätze besteht keine Rechnungserteilungspflicht, wenn die Umsätze weder an einen anderen Unternehmer für dessen Unternehmen noch an juristische Person erbracht werden (Abschn. 14.1 Abs. 3 Satz 5 UStAE).

Da Hotelier L für die einzelnen Leistungen kein gesondertes Entgelt berechnet hat, ist für die Leistungen, die nicht von der Steuerermäßigung nach § 12 Abs. 2 Nr. 11 UStG erfasst werden, der jeweilige Entgeltanteil zu schätzen. Schätzungsanteil kann hierbei beispielsweise der kalkulatorische Kostenanteil zuzüglich eines angemessenen Gewinnaufschlags sein (Abschn. 12.16 Abs. 11 UStAE). Die Ermittlung des kalkulatorischen Kostenanteils dürfte den Hotelier vor erhebliche Probleme stellen. Der Kostenanteil wäre nach den Grundsätzen des § 10 Abs. 4 Nr. 2 UStG zu schätzen (s.a. Abschn. 10.6 Abs. 3 UStAE). Zu den Ausgaben zählen auch die anteiligen Anschaffungs- oder Herstellungskosten. Ohne besonderes Entgelt sind z.B. die Kosten für das Frühstück und das Abendessen nach den Lohnaufwendungen der Bediensteten, den anteiligen Anschaffungskosten der jeweiligen Räumlichkeiten, der Kücheneinrichtung, der Teller und Bestecke usw. zu schätzen. Ebenso aufwendig und schwierig wäre die Schätzung hinsichtlich der Sauna- und Fitnessraumnutzung.

Aus Vereinfachungsgründen lässt die Verwaltung ein vereinfachtes Verfahren zur Ermittlung der in einem Pauschalangebot enthaltenen nicht begünstigten Leistungen zu (Abschn. 12.16 Abs. 12 UStAE). Die folgenden in einem Pauschalangebot enthaltenen Leistungen können zu einem Sammelposten – dem sog. »Business-Package« oder »Servicepauschale« – zusammengefasst und der darauf entfallende Entgeltanteil in einem Betrag ausgewiesen werden:

Position 4	Frühstücksleistungen,
Position 8	Nutzung von Kommunikationsnetzen,
Position 15	Überlassung von Fitnessgeräten,
Position 9	Überlassung von Saunaleistungen (s.a. BMF vom 21.10.2015).

Die Verwaltung lässt es zu, dass der Entgeltanteil für die genannten Leistungen mit 20 % des Pauschalpreises angesetzt wird (Abschn. 12.16 Abs. 12 Satz 2 UStAE). Es ist noch darauf hinzuweisen, dass die Vereinfachungsregelung nicht für Leistungen gilt, für die ein gesondertes Entgelt vereinbart wird (z.B. Getränkeversorgung aus der Minibar, Pay-TV, Parkgebühr).

Nicht unter die Vereinfachungsregelung fällt die Position 5, das Abendessen vom Buffet. Es ist wohl nicht zu beanstanden, wenn das Abendessen mit dem Betrag angesetzt wird, der von einem Gast verlangt würde, der kein Pauschalangebot gebucht hat und für das Essen am Buffet lt. Restaurantkarte 25 € zahlen müsste.

Die Rechnung des L könnte wie folgt gegliedert sein:

Menge	Leistung		Einzelpreis	Summe
1	Sommerknaller inkl. Halbpension		360,00 €	360,00 €
1	Restaurant lt. Beleg Nr. 311650		25,00 €	25,00 €
1	Restaurant lt. Beleg Nr. 311685		19,40 €	19,40 €
1	Restaurant lt. Beleg Nr. 311705		23,70 €	23,70 €
1	Tanz Bar lt. Beleg Nr. 558450		35,70 €	35,70 €
6	Kurtaxe		2,20 €	13,20 €
		Total		477,00 €
		Zahlung		– 477,00 €
		Offener Betrag		0,00 €
Enthaltene Mehrwertsteuer				
MwSt		**Bruttobetrag**	**MwSt-Betrag**	**Nettobetrag**
19 %	Restaurant und Bar	103,80 €	16,57 €	87,23 €
19 %	Abendessen am Buffet 3 × 25,00 €	75,00 €	11,97 €	63,03 €
19 %	Business-Package 20 % von 360,00 €	72,00 €	11,50 €	60,50 €
7 %	Schwimmbadleistung geschätzt 3 Tage à 15,00 €	45,00 €	2,94 €	42,06 €
7 %	Übernachtungsleistung	168,00 €	10,99 €	157,01 €
0 %	Kurtaxe	13,20 €	0,00 €	13,20 €
	Summen	**477,00 €**	**53,97 €**	**423,03 €**

Soweit in Verbindung mit der Beherbergung Leistungen erbracht werden, die ebenfalls dem ermäßigten Steuersatz unterliegen und für die kein Entgelt berechnet wird (hier Schwimmbadleistungen), kann der auf die Beherbergung und diese Leistungen entfallende Entgeltsanteil in der Rechnung in einem Betrag ausgewiesen werden. Eine Kalkulation ist insoweit nicht erforderlich (FinMin Sachsen-Anhalt vom 12.5.2016, 42 – S 7220 – 18, UR 17/2016, 692, DStR 2016, 1474).

Fall 82: Entschädigungen für die vorzeitige Räumung der Mieträume/Schadensersatz/ Grundstücksumsätze

Lebensmittelhändler Frisch hat seine Geschäftsräume in einem gemeindeeigenen Gebäude. Er hat mit der Gemeinde einen Mietvertrag bis Ende des Kalenderjahres 25 abgeschlossen. Wegen einer Straßenerweiterung möchte die Gemeinde G das Gebäude abbrechen. Da Frisch die Geschäftsräume nicht freiwillig aufgibt, wird er aufgrund eines Enteignungsverfahrens durch gerichtliche Anordnung gezwungen, das Gebäude zum 31.12.23 zu räumen. Für die vorzeitige Räumung spricht ihm das Gericht eine von der Gemeinde zu zahlende Entschädigung von 100.000 € zu.

Aufgabe: Nehmen Sie aus umsatzsteuerrechtlicher Sicht Stellung zu der Leistung des Frisch.

Lösung:

Die Entschädigung ist Entgelt für eine Leistung des Frisch an G. F erbringt eine Verzichtsleistung gem. § 3 Abs. 9 UStG. Der fehlende Leistungswille wird durch rechtmäßigen Zwang der Gemeinde G ersetzt (Enteignung nach dem Bundesbaugesetz; s.a. Abschn. 1.1 Abs. 13 UStAE). Ein Leistungsaustausch wäre auch dann gegeben, wenn Frisch auf sein Recht, die Geschäftsräume bis zum Ablauf des Mietvertrags zu nutzen, freiwillig gegen Entgelt verzichtet hätte. Frisch gibt damit nämlich eine ihm vertraglich zustehende Rechtsposition, die er rechtlich auch durchsetzen könnte, wegen des Entgelts auf (vgl. hierzu BFH Urteil vom 27.2.1969, V 144/65, BStBl II 1969, 387).

Die Räumung ist ein Hilfsgeschäft des Frisch im Rahmen eines Unternehmens und somit steuerbar, aber steuerfrei. Der Vermietung eines Grundstücks gleichzusetzen ist der Verzicht auf Rechte aus dem Mietvertrag gegen eine Abstandszahlung (Abschn. 4.12.1 Abs. 1 Satz 5 UStAE).

Fall 83: Beseitigung von Unfallschäden/Schadensersatz

W ist Inhaber einer Kfz-Werkstatt. W verursacht mit seinem betrieblichen Pkw auf einer betrieblichen Fahrt schuldhaft einen Unfall, wobei am Pkw des ohne sein Verschulden beteiligten O ein Blechschaden entsteht. W repariert den Pkw des O in dessen Auftrag in seiner Werkstatt.

Aufgabe: Nehmen Sie aus umsatzsteuerrechtlicher Sicht Stellung zu der Leistung des W.

Lösung:

W erbringt im Rahmen seines Unternehmens eine Leistung an O. Dieser Leistung steht kein Entgelt seitens des O gegenüber. W erbringt seine Leistung, weil er gegenüber O zum Schadensersatz verpflichtet ist (§ 823 BGB). Da die Leistung von W an O nicht steuerbar ist, fällt bei W hierfür keine USt an (Abschn. 1.3 Abs. 1 Satz 3 UStAE).

Fall 84: Schadensersatz/Verzugszinsen, Mahnkosten u.ä.

Kfz-Händler H liefert dem Kunden K am 4.7.27 einen Pkw zum Preis von 20.000 €. K zahlt den Kaufpreis nicht wie vereinbart bis 4.8.27. Er zahlt erst, nachdem ihm H am 8.1.28 einen Zahlungsbefehl über 20.000 € zuzüglich 1.000 € Verzugszinsen und 500 € Mahnkosten (Gerichts- und Rechtsanwaltsgebühren) geschickt hatte. K überwies am 15.1.28 daraufhin 21.500 € an H.

Aufgabe: Nehmen Sie aus umsatzsteuerrechtlicher Sicht Stellung zu der Leistung des H.

Lösung:

Es handelt sich um einen Fall des Schadensersatzes wegen nicht gehöriger (nicht rechtzeitiger) Erfüllung (§§ 288 und 291 BGB). Die über den ursprünglichen Kaufpreis hinausgehenden Beträge sind Schadensersatz. K wendet sie nicht auf, weil er den Pkw erhalten hat, sondern weil er seiner vertraglichen Verpflichtung zur Zahlung des Kaufpreises (§ 433 Abs. 2 BGB) nicht rechtzeitig nachgekommen und deshalb zum Schadensersatz verpflichtet ist (vgl. auch Abschn. 1.3 Abs. 6 UStAE). Die USt aus der Lieferung beträgt unverändert 19/119 von 20.000 € = 3.193,27 €.

Fall 85: Unechter Schadensersatz

Unternehmer U verursacht mit seinem betrieblichen Pkw schuldhaft am Pkw des Alfred Winter (A) einen Blechschaden. A betreibt eine Kfz-Reparaturwerkstatt. A verlangt von U die Wiederherstellung des ursprünglichen Zustandes (Naturalrestitution), ist jedoch bereit, den Schaden im Auftrag des U selbst auszubessern. U ist damit einverstanden und zahlt die Rechnung des A i.H.v. 540 €. Die Rechnung wurde genauso gestellt, wie sie W jedem anderen Kunden auch gestellt hätte.

Aufgabe: Nehmen Sie aus umsatzsteuerrechtlicher Sicht Stellung zu der Leistung des O.

Lösung:

Hier treten Schadensersatz und Leistungsaustausch in Konkurrenz zueinander. Der Fall ist so zu behandeln, wie wenn U den Pkw des A in irgendeiner anderen Werkstatt hätte reparieren lassen und dann den reparierten Pkw dem A zurückgegeben hätte. Reparatur und Bezahlung erfolgen demnach im Rahmen eines Leistungsaustausches (unechter Schadensersatz). A erbringt aufgrund des Auftrags eine Reparaturleistung (Werkleistung) an den Auftraggeber U. Diese Reparaturleistung ist steuerbar und steuerpflichtig. Die USt beträgt 19/119 von 540 € = 86,22 € (Abschn. 1.3 Abs. 11 UStAE).

6.   Unentgeltliche Wertabgabe

6.1   Zuwendungen von Gegenständen nach § 3 Abs. 1b UStG

Fall 86: Unternehmensvermögen/Gegenstandsentnahme i.S.d. § 3 Abs. 1b Nr. 1 UStG/
Ortsvorschrift nach § 3f UStG

Unternehmer U aus Edesheim/Pfalz erwirbt im Kj. 21 einen Gegenstand für 10.000 € zzgl. 1.900 € USt, den er wie folgt nutzt (s. Abschn. 2.3 Abs. 1a UStAE):

- zu 60 % für seine wirtschaftlichen Tätigkeiten (Einzelunternehmer);
- zu 20% für seine unternehmensfremden Tätigkeiten (Nutzung für den privaten Bedarf);
- zu 20% für seine nichtwirtschaftlichen Tätigkeiten i.e.S. (reine Vermögensverwaltung).

Ab dem Kalenderjahr 23 nutzt U den Gegenstand nur noch privat.

Aufgabe: Nehmen Sie Stellung zur Zuordnung des Gegenstands zum Unternehmensvermögen sowie zur umsatzsteuerrechtlichen Behandlung der privaten Nutzung.

Lösung:

Hinsichtlich der nichtwirtschaftlichen Tätigkeiten i.e.S. ist kein Vorsteuerabzug und somit keine Zuordnung zum Unternehmensvermögen möglich (Abschn. 15.2c Abs. 2 Satz 1 Nr. 2 Buchst. a UStAE). Es besteht grundsätzlich ein Aufteilungsgebot (s.a. Abschn. 15.2b Abs. 2 Satz 6 ff. UStAE).

Besteht die nichtunternehmerische Verwendung in einer unternehmensfremden Verwendung, hat der Unternehmer ein Zuordnungswahlrecht (Abschn. 15.2c Abs. 2 Satz 1 Nr. 2 Buchst. b UStAE). Bei Erwerb des Gegenstandes im Kj. 21 ist U berechtigt, den Gegenstand zu 80 % oder zu 60 % seiner unternehmerischen Tätigkeit zuzuordnen. Er kann aber auch den Gegenstand in vollem Umfang seinem nichtunternehmerischen Bereich zuordnen.

Im Fall der Zuordnung des unternehmensfremd genutzten Teils zum nichtunternehmerischen Bereich wird dieser als separater Gegenstand angesehen, der nicht »für das Unternehmen« i.S.d. § 15 Abs. 1 Satz 1 Nr. 1 UStG bezogen wird (Abschn. 15.2c Abs. 4 UStAE). Wird dieser Gegenstand später unternehmerisch genutzt, ist eine Vorsteuerberichtigung zugunsten des Unternehmers nach § 15a UStG nicht zulässig (vgl. Abschnitt 15a.1 Abs. 6 UStAE).

Die Entnahme im Kj. 23 ist eine unentgeltliche Wertabgabe i.S.d. § 3 Abs. 1b Satz 1 Nr. 1 UStG. Die Wertabgabe unterliegt nur insoweit der Besteuerung, als U den Gegenstand seinem Unternehmensvermögen zugeordnet und zum Vorsteuerabzug berechtigt war (Abschn. 3.3 Abs. 2 UStAE).

Da der Gegenstand ab dem Kalenderjahr 23 nur noch privat genutzt wird, scheidet der Gegenstand aus dem Unternehmensvermögen aus. Mangels Gegenleistung liegt kein Leistungsaustausch vor. Das Ausscheiden aus dem Unternehmen erfolgt aus privaten Motiven und wird daher einer Lieferung gegen Entgelt gleichgestellt.

Unentgeltliche Lieferungen i.S.d. § 3 Abs. 1b UStG werden an dem Ort ausgeführt, von dem aus der Unternehmer sein Unternehmen betreibt (§ 3f Satz 1 UStG). Der Ort der gleichgestellten Lieferung befindet sich in Edesheim und somit im Inland (§ 1 Abs. 2 Satz 1 UStG). Die Wertabgabe ist steuerbar (§ 1 Abs. 1 Nr. 1 UStG) und mangels Steuerbefreiung auch steuerpflichtig.

Fall 87: Gegenstandsentnahme i.S.d. § 3 Abs. 1b Nr. 3 UStG/Geschenke i.S.d. § 4 Abs. 5 Satz 1 Nr. 1 EStG/Vorsteuerabzugsverbot gem. § 15 Abs. 1a UStG

Unternehmer U erwirbt im Voranmeldungszeitraum Februar 26 Gegenstände in der Absicht, sie in seinem Unternehmen zur Ausführung von Abzugsumsätzen einzusetzen. Der Wert der einzelnen Gegenstände beträgt 60 € zzgl. 11,40 € USt. Im Voranmeldungszeitraum Oktober 26 verschenkt U einen Gegenstand an einen Geschäftsfreund.

Aufgabe: Nehmen Sie Stellung zum Vorsteuerabzug aus der Anschaffung des Gegenstands und prüfen Sie, ob die Schenkung eine unentgeltliche Wertabgabe darstellt.

Lösung:

Im Zeitpunkt der Anschaffung des Gegenstandes finden § 4 Abs. 5 Satz 1 Nr. 1 EStG und somit auch § 15 Abs. 1a UStG keine Anwendung. Im Besteuerungszeitraum des erstmaligen Vorsteuerabzugs entscheidet sich der Vorsteuerabzug nach der geplanten Verwendung (Zuordnungsentscheidung, Abschn. 15.2c Abs. 3 und Abs. 12, Abschn. 15.2b Abs. 3 Satz 3 und Abschn. 15.12 Abs. 1 Satz 7 UStAE). Da U zu diesem Zeitpunkt eine Verwendung im eigenen Unternehmen plant (und auch tatsächlich durchführt), kann er die Vorsteuer nach § 15 Abs. 1 UStG geltend machen. Die Vorsteuer ist abziehbar und abzugsfähig. Die spätere tatsächlich anderweitige Nutzung führt aber nicht nachträglich zur Anwendung des § 15 Abs. 1a UStG; die Vorsteuer bleibt abziehbar.

Es handelt sich um eine unentgeltliche Wertabgabe i.S.d. § 3 Abs. 1b Satz 1 Nr. 3 UStG (Abschn. 3.3 Abs. 12 Satz 6 UStAE). Eine Vorsteuerkorrektur nach § 17 Abs. 2 Nr. 5 UStG ist in diesem Fall nicht durchzuführen.

Fall 88: Gegenstandsentnahme i.S.d. § 3 Abs. 1b Nr. 3 UStG/Geschenke i.S.d. § 4 Abs. 5 Satz 1 Nr. 1 EStG/Vorsteuerausschluss gem. § 15 Abs. 1a UStG/Vorsteuerkorrektur nach § 17 Abs. 2 Nr. 5 UStG

Weinhändler W schenkt seinem Geschäftskunden G im April 25 Wein aus seinem Warenbestand. Den Wein hatte W im Dezember 24 für 25 € zzgl. 4,75 € USt eingekauft. Im Dezember 25 erhält G von W aus Anlass des Weihnachtsfestes ein Buch, das W im Dezember 25 für 35 € zzgl. 2,45 € USt gekauft hatte.

Aufgabe: Nehmen Sie Stellung zur Zuordnung des Gegenstands zum Unternehmensvermögen sowie zur umsatzsteuerrechtlichen Behandlung der Zuwendungen.

Lösung:

Im Zeitpunkt der Anschaffung des Weines finden § 4 Abs. 5 Satz 1 Nr. 1 EStG und somit auch § 15 Abs. 1a UStG keine Anwendung. Im Besteuerungszeitraum des erstmaligen Vorsteuerabzugs entscheidet sich der

Vorsteuerabzug nach der geplanten Verwendung (Zuordnungsentscheidung, Abschn. 15.2c Abs. 3 und
Abs. 12, Abschn. 15.2b Abs. 3 Satz 3 und Abschn. 15.12 Abs. 1 Satz 7 UStAE). Da W zu diesem Zeitpunkt
eine Verwendung im eigenen Unternehmen plant (und auch tatsächlich durchführt), kann er die Vorsteuer
nach § 15 Abs. 1 UStG geltend machen. Die Vorsteuer ist abziehbar und abzugsfähig. Die spätere tatsächlich
anderweitige Nutzung führt aber nicht nachträglich zur Anwendung des § 15 Abs. 1a UStG; die Vorsteuer
bleibt abziehbar.

Im Normalfall würde es sich um eine unentgeltliche Wertabgabe i.S.d. § 3 Abs. 1b Satz 1 Nr. 3 UStG
(Abschn. 3.3 Abs. 12 Satz 6 UStAE) handeln. Da aber wegen der Geringfügigkeitsgrenze von 35 € § 3 Abs. 1b
Satz 1 Nr. 3 UStG nicht zur Anwendung kommt, bleibt der Vorsteuerabzug bei der Schenkung im April 25
weiterhin bestehen.

Durch das zweite Geschenk im Dezember i.H.v. 35 € wird auch das erste Geschenk im April i.H.v. 25 € zu
einem Geschenk i.S.d. § 4 Abs. 5 Satz 1 Nr. 1 EStG mit einem Gesamtwert an einen Erwerber von über 35 €.
Da für das erste Geschenk der Vorsteuerabzug noch nicht durch die unentgeltliche Wertabgabe nach § 3
Abs. 1b Satz 1 Nr. 3 UStG korrigiert wurde, ist in diesem Fall im Dezember 25 eine Änderung gem. § 17 Abs. 2
Nr. 5 UStG vorzunehmen (s.a. Abschn. 15.6 Abs. 4 und 5 UStAE).

Im Voranmeldungszeitraum Dezember 25 stellen die Anschaffungskosten für das zweite Geschenk Aufwendungen dar, die unter § 4 Abs. 5 Satz 1 Nr. 1 EStG fallen, da die Geschenke an einen Geschäftsfreund insgesamt 35 € übersteigen. Da im Zeitpunkt der Anschaffung die Aufwendungen nicht als Betriebsausgaben
berücksichtigt werden können, ist auch in diesem Voranmeldungszeitraum die Vorsteuer nach § 15 Abs. 1a
UStG nicht abziehbar. Eine unentgeltliche Wertabgabe i.S.d. § 3 Abs. 1b UStG liegt nach Satz 2 nicht vor, da
der Gegenstand nicht zum Vorsteuerabzug berechtigt hat.

Fall 89: Gegenstandsentnahme i.S.d. § 3 Abs. 1b Nr. 3 UStG/Geschenke i.S.d. § 4 Abs. 5 Satz 1 Nr. 1
EStG/Vorsteuerausschluss gem. § 15 Abs. 1a UStG/Vorsteuerkorrektur nach § 17 Abs. 2
Nr. 5 UStG

Weinhändler W schenkt seinem Geschäftskunden G im April 25 Wein aus seinem Warenbestand. Den
Wein hatte W im Dezember 24 für 90,00 € zzgl. 17,10 € USt eingekauft. Im Dezember 25 erhält G von
U aus Anlass des Weihnachtsfestes ein Buchpräsent, das U im Dezember 25 für 25,00 € zzgl. 1,75 € USt
gekauft hatte.

Aufgabe: Nehmen Sie Stellung zur Zuordnung des Gegenstands zum Unternehmensvermögen sowie zur
umsatzsteuerrechtlichen Behandlung der Zuwendungen.

Lösung:

Im Zeitpunkt der Anschaffung des Weines finden § 4 Abs. 5 Satz 1 Nr. 1 EStG und somit auch § 15 Abs. 1a
UStG keine Anwendung. Im Besteuerungszeitraum des erstmaligen Vorsteuerabzugs entscheidet sich der
Vorsteuerabzug nach der geplanten Verwendung (Zuordnungsentscheidung, Abschn. Abschn. 15.2c Abs. 3
und Abs. 12, Abschn. 15.2b Abs. 3 Satz 3 und Abschn. 15.12 Abs. 1 Satz 7 UStAE). Da W zu diesem Zeitpunkt
eine Verwendung im eigenen Unternehmen plant (und auch tatsächlich durchführt), kann er die Vorsteuer
nach § 15 Abs. 1 UStG geltend machen. Die Vorsteuer ist abziehbar und abzugsfähig. Die spätere tatsächlich
anderweitige Nutzung führt aber nicht nachträglich zur Anwendung des § 15 Abs. 1a UStG; die Vorsteuer
bleibt abziehbar.

Bei der Schenkung im April handelt es sich um eine unentgeltliche Wertabgabe i.S.d. § 3 Abs. 1b Satz 1 Nr. 3
UStG (Abschn. 3.3 Abs. 12 Satz 6 UStAE). § 17 Abs. 2 Nr. 5 UStG kommt in diesem Fall nicht zur Anwendung.

Im Voranmeldungszeitraum Dezember 25 stellen die Anschaffungskosten für das zweite Geschenk Aufwendungen dar, die unter § 4 Abs. 5 Satz 1 Nr. 1 EStG fallen, da die Geschenke an einen Geschäftsfreund insgesamt 35 € übersteigen. Da im Zeitpunkt der Anschaffung die Aufwendungen nicht als Betriebsausgaben
berücksichtigt werden können, ist auch in diesem Voranmeldungszeitraum die Vorsteuer nach § 15 Abs. 1a

UStG nicht abziehbar. Eine unentgeltliche Wertabgabe i.S.d. § 3 Abs. 1b UStG liegt nach Satz 2 nicht vor, da der Gegenstand nicht zum Vorsteuerabzug berechtigt hat.

Fall 90: Unternehmereigenschaft/Unternehmerrahmen/Leistungen zwischen Gesellschaft und Gesellschafter und umgekehrt/Organschaft/Grundstücksumsätze/Unentgeltliche Wertabgaben im Zusammenhang mit einem Grundstück/Vorsteuerausschluss nach § 15 Abs. 1b UStG/Mindestbemessungsgrundlage/Verzicht auf Steuerbefreiung

Die Eheleute Albert (A) und Berta (B) sind zu je 30 % als Kommanditisten an der AlBe-GmbH & Co. KG (KG) beteiligt. An der Komplementär-GmbH sind A und B zu jeweils 50 % beteiligt. Nach § 164 HGB ist die GmbH alleinige Geschäftsführerin der KG und erhält dafür ein Sonderentgelt. B wiederum ist alleinige, angestellte Geschäftsführerin der GmbH. Die KG betreibt auf eigenem Gelände in Speyer ein Reisebusunternehmen.

Für Rechtsberatungsleistungen bezüglich ihrer Beteiligungen an der GmbH bzw. der KG erhalten der Ehemann A als auch die Ehefrau B jeweils getrennte Rechnungen von Rechtsanwalt R: Der Ehemann A über 1.000 € zzgl. 190 € USt, die Ehefrau B über 2.000 € zzgl. 380 € USt.

Der Ehemann A betreibt seit Jahren ein Bauunternehmen in Neustadt/Weinstraße. A errichtet auf fremdem Grund und Boden schlüsselfertige Gebäude für seine Auftraggeber.

Von September 25 bis August 26 errichtet A auf dem in Speyer gelegenen Grundstück der Eheleute Albert und Berta ein Wohn- und Geschäftshaus. Fertigstellung und Bezugsfertigkeit ist ab 1.9.26 gegeben. Die Baufirma des A hat für die Gebäudeerrichtung an Material-, Lohn- und Gemeinkosten insgesamt 1 Mio. € aufgewendet, die von der Ehegattengemeinschaft A und B nicht erstattet werden. Einem fremden Dritten hätte A 1,5 Mio. € berechnet.

Das Gebäude wird von der Ehegattengemeinschaft wie folgt genutzt:

- Im Untergeschoss ist auf 480 qm eine Tiefgarage mit 32 Stellplätzen untergebracht. Alle Stellplätze sind gleich groß.
- Im Erdgeschoss und im 1. OG befinden sich auf je 300 qm die Büroräume der AlBe-GmbH & Co. KG. Zusätzlich sind an die KG 20 Stellplätze in der Tiefgarage vermietet. Die Stellplätze werden von den Arbeitnehmern der KG während der Arbeitszeit genutzt. Die Arbeitnehmer müssen dafür keine Zahlungen an die KG leisten.
  Die monatliche Miete für die Büroräume und die 20 Stellplätze beträgt lt. Mietvertrag 10.000 € zzgl. 1.900 € Umsatzsteuer.
- Im 2. OG befinden sich auf 300 qm die Büroräume der Firma Schaufel & Bagger GmbH. Die GmbH hat die Bürofläche sowie 10 Stellplätze für ihre Arbeitnehmer für monatlich 8.000 € zzgl. 1.520 € Umsatzsteuer gemietet. Diese Miete entspricht der ortsüblichen Miete in Speyer.
- Im obersten Stockwerk nutzt die Tochter der Eheleute A und B unentgeltlich eine 200 qm große Wohnung. Zusätzlich zur Wohnung nutzt die Tochter auch die 2 freien Stellplätze in der Tiefgarage. Die ortsübliche Miete für die Wohnung einschließlich der Stellplätze beträgt in Speyer 2.500 €.

Für das Gebäude sind im Kalenderjahr 26 folgende Aufwendungen angefallen:

Zinsen für Darlehen	20.000 €
Tilgung des Darlehens	50.000 €
Steuern und Versicherungen	7.000 €
Wartungs- und kleinere Reparaturen ab 1.9.26	2.000 €
Umsatzsteuer dafür	380 €

Aufgabe: Nehmen Sie Stellung zur Unternehmereigenschaft und zum Unternehmerrahmen der im Sachverhalt aufgeführten natürlichen Personen Albert und Berta sowie zu den Wirtschaftsgebilden, an denen diese beteiligt sind.
Begutachten Sie die im Sachverhalt geschilderten Geschäftsvorfälle.

Lösung:

Natürliche und juristische Personen sowie Personenzusammenschlüsse können Unternehmer sein. Unternehmer ist jedes selbstständig tätige Wirtschaftsgebilde, das nachhaltig Leistungen gegen Entgelt ausführt (§ 2 Abs. 1 UStG; Abschn. 2.1 Abs. 1 Satz 1 und 2 UStAE).

Allein mit der Beteiligung an der AlBe-GmbH & Co. KG sowie an der Komplementär-GmbH werden A und B nicht Unternehmer i.S.d. UStG. Das bloße Erwerben, Halten und Veräußern von gesellschaftsrechtlichen Beteiligungen stellt eine nicht wirtschaftliche Tätigkeit i.e.S. dar (Abschn. 2.3 Abs. 1a Satz 4 UStAE). Die Gewinnbeteiligungen aus Gesellschaftsverhältnissen sind nicht als umsatzsteuerrechtliches Entgelt im Rahmen eines Leistungsaustauschs anzusehen (Abschn. 2.3 Abs. 2 UStAE).

Hinweis! Zur Geschäftsführung s.a. Mutschler/Scheel, Umsatzsteuer, 4. Auflage; Steuern und Finanzen in Ausbildung und Praxis, Band 4, unter XV.5., HDS-Verlag.
Zu gesellschaftsrechtlichen Beteiligungen s.a. Fall 1 Buchst. c, 22 und 23.

Mit der Geschäftsführertätigkeit für die GmbH ist B lt. Sachverhalt nichtselbstständig tätig (§ 2 Abs. 2 Nr. 1 UStG). Die Frage der Selbstständigkeit natürlicher Personen ist für die USt, ESt und GewSt nach denselben Grundsätzen zu beurteilen (Abschn. 2.2 Abs. 2 Satz 1 UStAE). Ertragsteuerrechtlich werden die Einkünfte der B nach § 15 Abs. 1 Satz 1 Nr. 2 EStG in gewerbliche Einkünfte umqualifiziert. Umsatzsteuerrechtlich ist die Umqualifizierung nicht anzuwenden, so dass die Geschäftsführertätigkeit der B weiterhin nicht unternehmerisch ausgeführt wird (Abschn. 2.2 Abs. 2 Satz 2 UStAE). Die Vorsteuer i.H.v. 380 € für die Eingangsleistungen (Rechnung des Rechtsanwalts R) ist nach § 15 Abs. 1 Nr. 1 UStG nicht abziehbar, da diese Leistungen für den nichtunternehmerischen Bereich bezogen werden.

A ist als Bauunternehmer Unternehmer i.S.d. § 2 Abs. 1 UStG. Zum Unternehmen des A gehört die Bautätigkeit (§ 2 Abs. 1 Satz 2 UStG; Abschn. 2.7 Abs. 1 Satz 1 UStAE). Die Beteiligungen an der AlBe-GmbH & Co. KG sowie an der Komplementär-GmbH sind vom unternehmerischen Bereich zu trennen und gehören zum nichtunternehmerischen Bereich. A kann diese Beteiligungen nicht dem Unternehmen zuordnen (Abschn. 2.3 Abs. 2 Satz 4 ff. UStAE). Das Halten der Beteiligungen wäre u.a. dann eine unternehmerische Tätigkeit, wenn die Beteiligung zum Zweck des unmittelbaren Eingreifens in die Verwaltung der Gesellschaften, an denen die Beteiligung besteht, erfolgt (Abschn. 2.3 Abs. 3 Satz 5 Nr. 3 UStAE). Die Vorsteuer i.H.v. 190 € für die Eingangsleistungen (Rechnung des Rechtsanwalts R) ist nach § 15 Abs. 1 Nr. 1 UStG nicht abziehbar, da diese Leistungen für den nichtunternehmerischen Bereich bezogen werden (s.a. Abschn. 15.22 Abs. 1 UStAE).

Die Ehegattengemeinschaft A und B ist als Bruchteilsgemeinschaft Unternehmerin mit der Vermietung des Wohn- und Geschäftshauses sowie den Stellplätzen (Abschn. 2.1 Abs. 2 Satz 2 UStAE). Die Unternehmereigenschaft beginnt mit dem ersten nach außen erkennbaren, auf eine Unternehmertätigkeit gerichteten Tätigkeit, wenn die spätere Ausführung entgeltliche Leistungen beabsichtigt ist (Verwendungsabsicht) und die Ernsthaftigkeit dieser Absicht durch objektive Merkmale nachgewiesen oder glaubhaft gemacht wird (Abschn. 2.6 Abs. 1 Satz 1 UStAE). Lt. Sachverhalt ist der Beginn der Unternehmereigenschaft der Bruchteilsgemeinschaft nicht ersichtlich, müsste aber schon vor dem Baubeginn im Kalenderjahr 25 liegen. Zu den Vorbereitungshandlungen s. die Verwaltungsregelungen in Abschn. 2.6 Abs. 2 UStAE.

Die KG ist stets selbstständig (Abschn. 2.2 Abs. 5 Satz 1 UStAE). Ihr Unternehmen ist das Busreiseunternehmen in Speyer.

Die Komplementär-GmbH ist stets selbstständig tätig, außer sie ist nach § 2 Abs. 2 Nr. 2 UStG als Organgesellschaft in das Unternehmen eines Organträgers eingegliedert (Abschn. 2.2 Abs. 6 UStAE). Die Komplementär-GmbH ist mit ihren Geschäftsführungs- und Vertretungsleistungen selbstständig tätig (s.a. das Beispiel 1 in Abschn. 2.2 Abs. 6 UStAE).

Im Beispielsfall könnte hinsichtlich der GmbH & Co. KG eine Prüfung veranlasst sein, ob die GmbH die KG beherrscht. Ein Organschaftsverhältnis kann – trotz eventuell vorhandener finanzieller, organisatorischer und wirtschaftlicher Eingliederung – nicht vorliegen, da zwar die GmbH als Organträger, die KG aber nicht als Organgesellschaft in Betracht kommen können. Als Organgesellschaften kommen regelmäßig nur juristische Personen des Zivil- und Handelsrechts in Betracht (Abschn. 2.8 Abs. 2 Satz 1 UStAE). Eine GmbH, die an einer KG als persönlich haftende Gesellschafterin beteiligt ist, kann grundsätzlich nicht als Organgesellschaft in das Unternehmen dieser KG eingegliedert sein (BFH Urteil vom 14.12.1978, V R 85/74, BStBl II 1979, 288 und Abschn. 2.8 Abs. 2 Satz 3 und 4 UStAE). Wie bereits oben erläutert, könnte allenfalls die Prüfung veranlasst sein, ob die GmbH die KG beherrscht.

Hinweis! Zur Anwendung der Vorschriften über die umsatzsteuerrechtliche Organschaft hat der BFH mit Beschlüssen vom 11.12.2013 (XI R 17/11, BStBl II 2014, 417 und XI R 38/12, BStBl II 2014, 428) dem EuGH (Az. EuGH: C–108/14 und C–109/14) u.a. jeweils folgende Frage vorgelegt:

»Steht die Bestimmung über die Zusammenfassung mehrerer Personen zu einem Steuerpflichtigen in Art. 11 MwStSystRL einer nationalen Regelung entgegen, nach der (erstens) nur eine juristische Person – nicht aber eine Personengesellschaft – in das Unternehmen eines anderen Steuerpflichtigen (sog. Organträger) eingegliedert werden kann und die (zweitens) voraussetzt, dass diese juristische Person finanziell, wirtschaftlich und organisatorisch (i.S. eines Über- und Unterordnungsverhältnisses) „in das Unternehmen des Organträgers eingegliedert ist"?«

Die beiden Rechtssachen C–108/14 und C–109/14 wurden verbunden und mit Urteil vom 16.7.2015 (C–108/14, C–109/14, DStR 2015, 1673) vom EuGH entschieden. Danach steht Art. 11 Abs. 1 MwSt-SystRL einer nationalen Regelung entgegen, die die Möglichkeit, eine Mehrwertsteuergruppe zu bilden allein juristischen Personen vorbehält, die mit dem Organträger dieser Gruppe durch ein Unterordnungsverhältnis verbunden sind, es sei denn, dass diese Anforderungen Maßnahmen darstellen, die für die Erreichung der Ziele der Verhinderung missbräuchlicher Praktiken oder Verhaltensweisen und der Vermeidung von Steuerhinterziehung oder -umgehung erforderlich und geeignet sind. Der Steuerpflichtige kann sich mangels unmittelbarer Wirkung dieser Regelung nicht direkt hierauf stützen, um die Vorteile als Mehrwertsteuergruppe in Anspruch nehmen zu können.

Art. 11 MwStSystRL gestattet eine Behandlung als Organschaft ohne weitere Voraussetzungen; bestimmte Einheiten, wie Kommanditgesellschaften, sind nicht per se von seinem Anwendungsbereich ausgeschlossen. Mit mehreren Urteilen vom 2.12.2015 hat der BFH eine Reihe von Zweifelsfragen zur Konzernbesteuerung im Umsatzsteuerrecht (Organschaft) geklärt. Entgegen einer aus dem Unionsrecht abgeleiteten Sichtweise hält der BFH daran fest, dass der Organträger Unternehmer sein muss (BFH Urteil vom 2.12.2015, V R 67/14, BFH/NV 2016, 511, DStR 2016, 232).

Mit der Geschäftsführertätigkeit führt die GmbH sonstige Leistungen i.S.d. § 3 Abs. 9 UStG aus. Die Leistung wird nach § 3a Abs. 2 UStG in Speyer ausgeführt, da dort die KG als Leistungsempfänger ihr Unternehmen betreibt. Die Leistung der GmbH ist steuerbar (§ 1 Abs. 1 Nr. 1 UStG) und mangels Steuerbefreiung auch steuerpflichtig. Als Entgelt ist nach § 10 Abs. 1 Satz 1 und 2 UStG die Sondervergütung anzusetzen.

Der Ehemann A tätigt mit der Errichtung des Wohn- und Geschäftshauses auf dem Grundstück der Ehegattengemeinschaft eine Werklieferung i.S.d. § 3 Abs. 4 UStG. In analoger Anwendung des Abschn. 15.2b Abs. 1 Satz 2 und 4 UStAE wird der Ehemann zunächst allein Leistungsempfänger der Eingangsleistungen; er allein erlangt die Verfügungsmacht über das fertige Werk. Nach der Fertigstellung verschafft A der Ehegattengemeinschaft die Verfügungsmacht an dem Gebäude. Da aber von der Grundstücksgemeinschaft aus außerunternehmerischen Gründen kein Entgelt entrichtet wurde, liegt kein Leistungsaustausch, sondern nach § 3 Abs. 1b Nr. 1 UStG eine unentgeltliche Wertabgabe vor (Abschn. 3.3 Abs. 5 Satz 1 UStAE). Gegenstand der Entnahme ist das schlüsselfertige Haus (s.a. Abschn. 3.3 Abs. 7 UStAE).

Bauunternehmer A bezieht die Eingangsleistungen für den Hausbau zunächst ausschließlich und unmittelbar für die Fertigstellung des Wohn- und Geschäftshauses und nur mittelbar zur Ausführung einer – späteren – unentgeltlichen Wertabgabe. Bis zur Fertigstellung des Hauses vollzieht sich das Tätigwerden des A im unternehmerischen Bereich, so dass hinsichtlich der sukzessiv bezogenen Leistungen der Vorsteuerabzug zulässig ist. Hinsichtlich der bezogenen Eingangsleistungen ist Abschn. 15.15 Abs. 1 UStAE nicht anwendbar.

Gegenstand der Entnahme sind nicht die bezogenen Einzelleistungen einschließlich der Verwendung der betrieblichen Arbeitskräfte, sondern das fertige Werk (Abschn. 3.3 Abs. 5 Satz 1 UStAE). Der Grundsatz der Einheitlichkeit der Leistung gilt auch für die unentgeltlichen Wertabgaben.

Die unentgeltliche Wertabgabe wird nach § 3f Satz 1 UStG in Neustadt/Weinstraße ausgeführt und ist somit nach § 1 Abs. 1 Nr. 1 UStG steuerbar und auch steuerpflichtig. Die Steuerbefreiung des § 4 Nr. 9 Buchst. a UStG ist nicht erfüllt, da die Umsätze der Bauhandwerker nicht unter das Grunderwerbsteuergesetz fallen (s.a. Abschn. 4.9.1 Abs. 1 UStAE).

Bemessungsgrundlage ist nach § 10 Abs. 4 Satz 1 Nr. 1 UStG der Einkaufspreis zuzüglich der Nebenkosten für den Gegenstand oder für einen gleichartigen Gegenstand oder mangels eines Einkaufspreises nach den Selbstkosten, jeweils zum Zeitpunkt des Umsatzes. Dieser fiktive Einkaufspreis entspricht in der Regel dem – auf der Handelsstufe des Unternehmers ermittelbare – Wiederbeschaffungspreis im Zeitpunkt der Entnahme. Bei im eigenen Unternehmen hergestellten Gegenständen ist ebenfalls grundsätzlich der fiktive Einkaufspreis maßgebend.

Hinweis! Der Einkaufspreis ist regelmäßig für erworbene Gegenstände zugrunde zu legen. Dieser Einkaufspreis muss sich auf den entnommenen Gegenstand oder zumindest auf einen gleichartigen Gegenstand beziehen. Kann ein Einkaufspreis nicht ermittelt werden, sind die Selbstkosten anzusetzen. Maßgebend ist gem. § 10 Abs. 4 Satz 1 Nr. 1 UStG mithin primär der Einkaufspreis; die Selbstkosten sind nur subsidiär anzusetzen (BFH Urteil vom 12.2.2102, XI R 3/10, BStBl II 2014, 809).

Grundsätzlich soll der Unternehmer, der einen Gegenstand aus seinem Unternehmen für Zwecke entnimmt, die außerhalb des Unternehmens liegen (§ 3 Abs. 1b Satz 1 Nr. 1 UStG), mit der USt belastet werden, die im Zeitpunkt des Verbrauchs tatsächlich auf einem derartigen Gegenstand oder einem gleichartigen Gegenstand anhand der aktuellen Marktsituation lastet. Die Bemessungsgrundlage des § 10 Abs. 4 Satz 1 Nr. 1 UStG knüpft an den jeweiligen Gegenstand und dessen aktuelle Bewertung an. Der sich selbst versorgende Unternehmer wird damit systemgerecht nicht wie ein Verkäufer, sondern wie ein sich fremd versorgender Käufer – allerdings auf der Handelsstufe des Unternehmers – behandelt, der den (je nach Marktsituation niedrigeren oder höheren) aktuellen Preis bezahlen würde bzw. müsste. Dieser – fiktive – Einkaufspreis entspricht in der Regel dem Wiederbeschaffungspreis zum Zeitpunkt der Entnahme (BFH Urteil vom 12.2.2012, XI R 3/10, BStBl II 2014, 809 unter II.2.c aa).

Auch bei im eigenen Unternehmen hergestellten Gegenständen ist nach § 10 Abs. 4 Satz 1 Nr. 1 UStG grundsätzlich der (fiktive) Einkaufspreis maßgebend. § 10 Abs. 4 Satz 1 Nr. 1 UStG differenziert – entsprechend etwa den Regelungen in § 10 Abs. 4 Satz 1 Nr. 2 Sätze 2 und 3 UStG und in § 15a Abs. 1 Satz 1 und Abs. 6 UStG (»Anschaffungs- oder Herstellungskosten«) – nicht zwischen Anschaffungs- und Herstellungsvorgängen. Ist der hergestellte Gegenstand dagegen eine Sonderanfertigung, für die kein Marktpreis ermittelt werden kann, oder lässt sich aus anderen Gründen kein solcher Einkaufspreis am Markt für einen gleichartigen Gegenstand ermitteln, kommt die Bemessungsgrundlage der Selbstkosten zur Anwendung. Dafür, dass stets die Selbstkosten anzusetzen sind, wenn der Unternehmer Gegenstände entnimmt, die im Unternehmen selbst hergestellt wurden, geben weder § 10 Abs. 4 Satz 1 Nr. 1 UStG noch die MwStSystRL etwas her.

Lt. Sachverhalt müsste die Baufirma 1. Mio. € aufwenden, um einen gleichartigen Gegenstand zu erwerben. Die Wiederbeschaffungskosten von 1 Mio. € sind als Bemessungsgrundlage nach § 10 Abs. 4 Nr. 1 UStG anzusetzen. Bei einem Steuersatz von 19 % beträgt die USt darauf 190.000 €.

Mit der Vermietung erbringt die Ehegattengemeinschaft sonstige Leistungen i.S.d. § 3 Abs. 9 UStG. Der Ort der Leistungen ist nach § 3a Abs. 3 Nr. 1 Buchst. a UStG Speyer, da sich hier das Grundstück befindet. Es handelt sich um nach § 1 Abs. 1 Nr. 1 UStG steuerbare, aber grundsätzlich nach § 4 Nr. 12 Satz 1 Buchst. a UStG steuerfreie Vermietungsumsätze. Dies gilt auch für die Vermietung der Tiefgaragenstellplätze. Deren Vermietung ist zwar grundsätzlich nach § 4 Nr. 12 Satz 2 UStG steuerpflichtig. Da die Stellplatzvermietung eine Nebenleistung zu einer steuerfreien Grundstücksvermietung darstellt, sind die Stellplatzvermietungen steuerfrei (Abschn. 4.12.2 Abs. 3 Satz 4 ff. UStAE).

Vermietung an die AlBe-GmbH & Co. KG

Die Ehegattengemeinschaft hat auf die Steuerbefreiung verzichtet, da die Gemeinschaft gegenüber der KG mit gesondertem Ausweis der USt abrechnet. An eine besondere Form ist die Ausübung des Verzichts auf Steuerbefreiung nicht gebunden (Abschn. 9.1 Abs. 3 Satz 5 ff. UStAE). Ein Verzicht ist nur unter den Voraussetzungen des § 9 Abs. 1 und 2 UStG zulässig:

* Es handelt sich u.a. um einen Umsatz i.S.d. § 4 Nr. 12 UStG,
* der von einem Unternehmer im Rahmen seines Unternehmens (hier Ehegattengemeinschaft),
* an einen Unternehmer für dessen Unternehmen (hier AlBe-GmbH & Co. KG) ausgeführt wird (Abschn. 9.1 Abs. 5 UStAE),
* Die KG muss das Grundstück ausschließlich für Umsätze verwenden, die den Vorsteuerabzug nicht ausschließen (§ 9 Abs. 2 UStG; Abschn. 9.2 Abs. 1 UStAE).

Die Option ist zulässig, da sich aus dem Sachverhalt keine Hinweise darauf ergeben, dass die KG vorsteuerschädliche Ausgangsumsätze tätigt.

Die kostenlose Überlassung der Stellplätze durch die KG an ihre Arbeitnehmer stellt nicht steuerbare Leistungen dar, die überwiegend durch das betriebliche Interesse der KG veranlasst sind (Abschn. 1.8 Abs. 4 Satz 1 und 3 Nr. 5 UStAE). Da ein Zusammenhang zwischen einem Eingangs- und einem Ausgangsumsatz fehlt, bleibt der Vorsteuerabzug der KG erhalten (s.a. Abschn. 15.2b Abs. 2 Satz 4 Nr. 3 und Abschn. 15.15 Abs. 1 UStAE).

Als Bemessungsgrundlage hat die Ehegattengemeinschaft das Entgelt nach § 10 Abs. 1 Satz 1 und 2 UStG anzusetzen. Die KG wendet monatlich 10.000 € auf, um die Leistung zu erhalten. Die USt gehört nicht zur Bemessungsgrundlage.

Nach § 10 Abs. 5 Nr. 1 UStG ist der Ansatz der Mindestbemessungsgrundlage zu prüfen. Die KG ist als »nahestehende Person« anzusehen, da A und B als Gemeinschafter gleichzeitig an der KG beteiligt sind (Abschn. 10.7 Abs. 1 Satz 2 UStAE). Ist das von der nahestehenden Person entrichtete Entgelt niedriger als der nach § 10 Abs. 4 Nr. 2 UStG in Betracht kommende Wert, muss anstelle des tatsächlichen Entgelts die Bemessungsgrundlage nach § 10 Abs. 4 UStG angesetzt werden. Der Umsatz ist jedoch höchstens nach dem marktüblichen Entgelt zu bemessen.

Pro Etage werden von der KG lt. Sachverhalt monatlich 5.000 € entrichtet, marktüblich sind lt. Sachverhalt dagegen 8.000 €. Die Bemessungsgrundlage nach § 10 Abs. 4 Satz 1 Nr. 2 UStG sind die Ausgaben, soweit sie zum vollen oder teilweisen Vorsteuerabzug berechtigt haben. Dazu gehören auch die Anschaffungs- oder Herstellungskosten. Aus der Mindestbemessungsgrundlage i.S.d. § 10 Abs. 4 Nr. 2 UStG sind solche Ausgaben auszuscheiden, die nicht zum vollen oder teilweisen Vorsteuerabzug berechtigt haben. Da die Ehegattengemeinschaft das Grundstück unentgeltlich erworben hatte, wurde von der Gemeinschaft für den Erwerb des Grundstücks keine Umsatzsteuer geschuldet. Aus diesem Grund sind die Anschaffungskosten nach § 10 Abs. 4 Satz 1 Nr. 2 Satz 1 und 2 UStG nicht bei der Ermittlung der Mindestbemessungsgrundlage zu berücksichtigen (s.a. Abschn. 10.6 Abs. 3 UStAE).

Lt. Sachverhalt sind daher folgende Aufwendungen zu berücksichtigen:

Anschaffungskosten			0,00 €
Wartungs- und kleinere Reparaturen ab 1.9.26			2.000,00 €
Insgesamt			**2.000,00 €**
2.000 € : 4 Monte = Ausgaben im Monat			500,00 €
Das Grundstück hat folgende Nutzfläche:			
Tiefgarage:	480,00 qm	: 32 Stellplätze = 15 qm/Stellplatz	
		vermietet an die AlBe-GmbH & Co. KG: 20 Stellplätze	300,00 qm
Erdgeschoss	300,00 qm	vermietet an die AlBe-GmbH & Co. KG	600,00 qm
1. Obergeschoss	300,00 qm		
2. Obergeschoss	300,00 qm		
3. Obergeschoss	200,00 qm		
Insgesamt	**1.580,00 qm**		**900,00 qm**
Auf die AlBe-GmbH & Co. KG entfällt an Anteil von 56,96 %.			
Der monatliche Mindestwert beträgt 56,96 % von 500,00 € = 284,80 € für 2 Etagen. Für eine Etage beträgt der Mindestwert somit			142,40 €
Tatsächlich gezahlte monatliche Miete			5.000,00 €

Ist das von der nahestehenden Person entrichtete Entgelt niedriger als das nach § 10 Abs. 4 Nr. 2 UStG in Betracht kommende Wert, muss anstelle des tatsächlichen Entgelts die Bemessungsgrundlage nach § 10 Abs. 4 UStG angesetzt werden. Der Umsatz ist jedoch höchstens nach dem marktüblichen Entgelt zu bemessen.

Da die monatliche Mindestbemessungsgrundlage mit 142,40 € weitaus geringer ist als die tatsächlich gezahlte monatliche Miete i.H.v. 5.000 €, ist die tatsächliche Miete anzusetzen.

> **Hinweis!** Entgegen der bisherigen Verwaltungsregelung in Abschn. 10.7 Abs. 6 UStAE und in Anwendung des BFH-Urteils vom 5.6.2014 (XI R 44/12, BStBl II 2016, 187) sowie des EuGH-Urteils vom 26.4.2012 (C-621/10, C-129/11, DStZ 2012, 435) findet die Mindestbemessungsgrundlage bei Leistung an einen zwar nahestehenden, aber vorsteuerabzugsberechtigten Unternehmer dann keine Anwendung, wenn der vom Leistungsempfänger in Anspruch genommene Vorsteuerabzug keiner Vorsteuerberichtigung i.S.d. § 15a UStG unterliegt. Nach dem BMF-Schreiben vom 23.2.2016 (BStBl I 2016, 240) wird unter Bezugnahme auf das BFH-Urteil vom 5.6.2014 (XI R 44/12, BStBl II 2016, 187) Abschn. 10.7 Abs. 6 UStAE neu gefasst und ist in allen offen Fällen anzuwenden.

Vermietung an die Schaufel & Bagger GmbH:

Die Ehegattengemeinschaft hat auf die Steuerbefreiung wirksam verzichtet (s.o.). Bemessungsgrundlage ist nach § 10 Abs. 1 UStG die gezahlte (ortsübliche) Nettomiete von monatlich 8.000 €.

Unentgeltliche Überlassung an die Tochter:

Da das Grundstück von der Ehegattengemeinschaft sowohl unternehmerisch als auch unternehmensfremd (privat) genutzt wird, handelt es sich um ein teilunternehmerisch genutztes Grundstück (Abschn. 15.6a Abs. 1 Satz 1 UStAE). Nach § 15 Abs. 1b UStG ist der Vorsteuerabzug ausgeschlossen, soweit die Vorsteuer nicht auf die Verwendung des Grundstücks für Zwecke des Unternehmens entfällt. Aufgrund der Vorsteuerabzugsbeschränkung nach § 15 Abs. 1b UStG unterliegt die Verwendung des Grundstücks für unternehmensfremde Zwecke nicht der unentgeltlichen Wertabgabe nach § 3 Abs. 9a Nr. 1 UStG (Abschn. 15.6a Abs. 3 UStAE). § 15 Abs. 1b UStG stellt eine Vorsteuerabzugsbeschränkung dar und berührt nicht das Zuordnungswahlrecht des Unternehmers nach § 15 Abs. 1 UStG (Abschn. 15.6a Abs. 1 Satz 3 UStAE). Die Ehegattengemeinschaft kann somit das gesamte Grundstück ihrem Unternehmen zuordnen (Abschn. 15.2c Abs. 2 Satz 1 Nr. 2 Buchst. b UStAE).

Fall 91: Gegenstandsentnahme i.S.d. § 3 Abs. 1b Nr. 2 UStG
Arbeitgeber A erwirbt ein Fernsehgerät zum Preis von 1.000 € zuzüglich 190 € USt, um es dem Arbeitnehmer zum Dienstjubiläum zu schenken.

Aufgabe: Prüfen Sie den Sachverhalt aus umsatzsteuerrechtlicher Sicht.

Lösung:

Da der Arbeitgeber bereits beim Einkauf des Fernsehgerätes die Absicht hat, dieses dem Arbeitnehmer im Rahmen einer unentgeltlichen Sachzuwendung für dessen privaten Bedarf zu schenken, steht der Einkauf des Fernsehgeräts weder direkt noch unmittelbar im Zusammenhang mit der wirtschaftlichen Gesamttätigkeit des Arbeitgebers, sondern ausschließlich mit einer unternehmensfremden Tätigkeit (vgl. Abschn. 3.3 Abs. 1 i.V.m. Abschn. 2.3 Abs. 1a UStAE). Da das Fernsehgerät nicht dem Unternehmen zugeordnet werden kann, entfallen der Vorsteuerabzug und deshalb auch die Versteuerung der unentgeltlichen Wertabgabe (s.a. Abschn. 15.15 Abs. 1 UStAE).

Fall 92: Gegenstandsentnahme i.S.d. § 3 Abs. 1b Nr. 2 UStG
Arbeitgeber A wendet seinem Arbeitnehmer anlässlich des Dienstjubiläums ein Fernsehgerät aus dem Warenbestand zu, das A für 1.000 € zuzüglich 190 € USt eingekauft hatte.

Aufgabe: Prüfen Sie den Sachverhalt aus umsatzsteuerrechtlicher Sicht.

Lösung:

Beim Einkauf des Gerätes war A zum Vorsteuerabzug berechtigt, da er die Eingangsleistung für sein Unternehmen und damit für seine unternehmerischen Tätigkeiten zur Erbringung entgeltlicher Leistungen zu verwenden beabsichtigt (Abschn. 15.2b Abs. 2 UStAE). Die unentgeltliche Sachzuwendung an den Arbeitnehmer unterliegt der Wertabgabenbesteuerung nach § 3 Abs. 1b Nr. 2 UStG.

Fall 93: Unentgeltliche Wertabgaben anlässlich einer Werbeaktion bzw. anlässlich eines Preisausschreibens
Kfz-Händler U aus Landau/Pfalz erwirbt:
- ein Fernsehgerät zum Preis von 1.000 € zuzüglich 190 € USt,
- eine Flasche Sekt für 10 € zuzüglich 1,90 USt
- eine Eintrittskarte für 100 € zuzüglich 19 € USt für ein Konzert der Pfälzer Schoppenquäler
um diese im Rahmen einer Werbeaktion zum Firmenjubiläum zu verlosen.

Aufgabe: Prüfen Sie den Sachverhalt aus umsatzsteuerrechtlicher Sicht.
Wie wäre die Lösung bezüglich der Eintrittskarte, wenn diese nicht anlässlich einer Werbeaktion, sondern als Geschenk an einen Geschäftsfreund hingegeben wird?

Lösung:

Fernsehgerät

Bei der Anschaffung des Fernsehgeräts kommt ein Ausschluss des Vorsteuerabzugs i.S.d. § 15 Abs. 1a UStG nicht zur Anwendung, da Preise anlässlich eines Preisausschreibens keine Geschenke i.S.d. § 4 Abs. 5 Satz 1 Nr. 1 EStG darstellen (R 4.10 Abs. 4 Satz 5 Nr. 3 EStR). Die Abgabe des Fernsehgeräts erfolgt aus unternehmerischen Gründen und fällt der Art nach unter § 3 Abs. 1b Satz 1 Nr. 3 UStG. Es handelt sich nicht um ein Geschenk von geringem Wert i.S.d. Abschn. 3.3 Abs. 11 UStAE). Da bereits bei Leistungsbezug feststand, die bezogene Leistung nicht für die unternehmerische Tätigkeit des U, sondern ausschließlich und unmittelbar für eine unentgeltliche Wertabgabe i.S.d. § 3 Abs. 1b Satz 1 Nr. 3 UStG zu verwenden, ist U nach § 15 Abs. 1 Nr. 1 UStG nicht zum Vorsteuerabzug berechtigt (Abschn. 15.15 Abs. 1 Satz 1 und Abschn. 15.2b Abs. 2 Satz 5 UStAE). Das Fernsehgerät darf nicht dem Unternehmen des U zugeordnet werden (Abschn. 3.3 Abs. 1 Satz 7 und Abschn. 15.2c Abs. 1 Satz 2 UStAE; Zuordnungsverbot). Nach § 3 Abs. 1b Satz 2 UStG unterbleibt eine Wertabgabenbesteuerung (Abschn. 3.3 Abs. 1 Satz 1 UStAE).

Flasche Sekt

Bei der Anschaffung des Sektes kommt ein Ausschluss des Vorsteuerabzugs i.S.d. § 15 Abs. 1a UStG nicht zur Anwendung, da Preise anlässlich eines Preisausschreibens keine Geschenke i.S.d. § 4 Abs. 5 Satz 1 Nr. 1 EStG darstellen (R 4.10 Abs. 4 Satz 5 Nr. 3 EStR). Die Abgabe des Sektes erfolgt aus unternehmerischen Gründen, fällt aber nicht unter § 3 Abs. 1b Satz 1 Nr. 3 UStG, da es sich um ein Geschenk von geringem Wert i.S.d. Abschn. 3.3 Abs. 11 UStAE handelt. Die Abgabe des Sektes ist ein nicht steuerbarer Vorgang. Der Vorsteuerabzug aus der Anschaffung bleibt unberührt. Der Vorsteuerabzug bestimmt sich nach der Gesamttätigkeit des Unternehmers (s. Abschn. 15.15 Abs. 1 Satz 2 und Abs. 2 UStAE).

Eintrittskarte

Bei der Anschaffung der Eintrittskarte kommt ein Ausschluss des Vorsteuerabzugs i.S.d. § 15 Abs. 1a UStG nicht zur Anwendung, da Preise anlässlich eines Preisausschreibens keine Geschenke i.S.d. § 4 Abs. 5 Satz 1 Nr. 1 EStG darstellen (R 4.10 Abs. 4 Satz 5 Nr. 3 EStR). Die Abgabe der Eintrittskarte aus unternehmerischen Gründen stellt ein nicht steuerbarer Vorgang dar, da § 3 Abs. 9a UStG Wertabgaben aus unternehmerischen Gründen nicht erfasst (Abschn. 3.3 Abs. 10 Satz 10 und Abschn. 3.4 Abs. 1 Satz 3 UStAE). Der Vorsteuerabzug aus der Anschaffung bleibt unberührt. Der Vorsteuerabzug bestimmt sich nach der Gesamttätigkeit des Unternehmers (s. Abschn. 15.15 Abs. 1 Satz 2 und Abs. 2 UStAE).

Abwandlung

Die Anschaffungskosten für die Eintrittskarte stellen Aufwendungen dar, die unter § 4 Abs. 5 Satz 1 Nr. 1 EStG fallen, da die Aufwendungen 35 € übersteigen. Der Vorsteuerabzug aus der Anschaffung des Geschenks i.S.d. § 4 Abs. 5 Satz 1 Nr. 1 EStG ist nach § 15 Abs. 1a UStG ausgeschlossen. Der Vorsteuerausschluss und die Freigrenze gelten nicht nur für Sachgeschenke, sondern auch für Geschenke in Form anderer geldwerter Vorteile (z.B. Eintrittsberechtigungen zu kulturellen oder sportlichen Veranstaltungen; Abschn. 15.6 Abs. 4 Satz 6 UStAE).

6.2 Zuwendungen von sonstigen Leistungen nach § 3 Abs. 9a UStG

Fall 94: Nichtunternehmerische Nutzung eines gemischt genutzten Pkw

Ein Unternehmer führt zu 70 % steuerfreie nicht zum Vorsteuerabzug berechtigende und zu 30 % steuerpflichtige Umsätze aus. Er erwirbt ein Fahrzeug für 40.000 € zzgl. 7.600 € USt (aus Vereinfachungsgründen entspricht der Betrag von 47.600 € auch dem Bruttolistenpreis). Die laufenden Kosten für Benzin, Wartung u.Ä. betragen im Jahr 2.300 € zzgl. 380 € USt. 60 % der im Jahr gefahrenen Kilometer sind durch Fahrten für unternehmerische Zwecke und 40 % durch Fahrten für private Zwecke veranlasst. Den Umfang der Nutzung für die verschiedenen Zwecke hat der Unternehmer nicht anhand eines ordnungsgemäßen Fahrtenbuchs, sondern durch eine sachgerechte Schätzung ermittelt.

Aufgabe: Nehmen Sie Stellung zum Vorsteuerabzug und zur umsatzsteuerrechtlichen Behandlung der nichtunternehmerischen Nutzung.

Lösung:

Der Sachverhalt und die Lösung ergeben sich aus der Vfg. der OFD Niedersachsen vom 8.10.2012 (S 7109 – 22 – St 171, UR 2013, 441).

Der Unternehmer verwendet das Fahrzeug sowohl für unternehmerische als auch für nichtunternehmerische Tätigkeiten. Er ist grundsätzlich nur im Umfang der beabsichtigten Verwendung für seine unternehmerische Tätigkeit zum Vorsteuerabzug berechtigt. Im Beispiel ist er darüber hinaus auch hinsichtlich der Verwendung des Fahrzeugs für nichtunternehmerische Zwecke zum Vorsteuerabzug berechtigt, da die nichtunternehmerische Tätigkeit in der Nutzungsentnahme für private Zwecke i.S.v. § 3 Abs. 9a Nr. 1 UStG besteht (BFH Urteil vom 3.3.2011, V R 23/10, BStBl II 2012, 74, Abschn. 15.2b Abs. 2 und Abschn. 15.2c Abs. 2 Satz 6 UStAE). Für unternehmerische Zwecke nutzt er das Fahrzeug zu mehr als 10 %, sodass er es in vollem Umfang seinem Unternehmen zuordnen kann (Zuordnungswahlrecht) und nach § 15 Abs. 1 Nr. 1 UStG zum Vorsteuerabzug berechtigt ist (§ 15 Abs. 1 Satz 2 UStG; Abschn. 15.2c Abs. 5 UStAE). Das gilt nicht nur für die Anschaffungskosten, sondern aus Vereinfachungsgründen auch für die laufenden Kosten (Abschn. 15.23 Abs. 4 i.V.m. Abschn. 15.2c Abs. 2 Satz 2 bis 6 UStAE). Der Vorsteuerabzug ist wegen der steuerfreien Umsätze nach § 15 Abs. 4 UStG aufzuteilen.

70 % von 60 %	der gefahrenen km führen zu steuerfreien Umsätzen und zu einem	Vorsteuerabzug von 0 %
30 % von 60 %	der gefahrenen km führen zu stpfl. Umsätzen und zu einem	Vorsteuerabzug von 18 %
100 % von 40 %	der gefahrenen km führen zu stpfl. Umsätzen und zu einem	Vorsteuerabzug von 40 %

Dem Unternehmer steht ein Vorsteuerabzug i.H.v. 58 % und damit von 4.661,46 € zu (7.600 € + 437 € = 8.037 € × 58 %).

Die Verwendung des Fahrzeugs für privat veranlasste Fahrten unterliegt als unentgeltliche Wertabgabe i.S.d. § 3 Abs. 9a Nr. 1 UStG der Umsatzbesteuerung (Abschn. 15.23 Abs. 3 Satz 3 UStAE). Die unentgeltliche sonstige Leistung i.S.d. § Abs. 9a Nr. 1 UStG wird nach § 3f UStG an dem Ort ausgeführt, von dem aus der Unternehmer sein Unternehmen betreibt. Bemessungsgrundlage sind die Ausgaben, die zum Vorsteuerabzug berechtigt haben (§ 10 Abs. 4 Satz 1 Nr. 2 UStG). Zur Ermittlung der Ausgaben hat der Unternehmer, da er kein ordnungsgemäßes Fahrtenbuch geführt hat, die Wahl zwischen der 1 %-Regelung und der Schätzung (Abschn. 15.23 Abs. 5 Satz 4 Nr. 1 bis 4 UStAE).

1 %-Regelung

Die Bemessungsgrundlage beträgt 4.570 € (1 % von 47.600 € = 476 € × 12 Monate = 5.712 € abzüglich 20 % = 1.142 € für nicht mit Vorsteuer belastete Kosten) und die USt 868,30 € (Abschn. 15.23 Abs. 5 Satz 4 Nr. 1 Buchst. a UStAE).

Schätzung

Die Fahrzeugkosten, die zum Vorsteuerabzug berechtigt haben, betragen im Jahr 10.300 € (8.000 € Anschaffungskosten verteilt auf den § 15a-Zeitraum von 5 Jahren + 2.300 € laufende Kosten). Der Unternehmer hat den Anteil der privat veranlassten Fahrten auf 40 % geschätzt. Die Bemessungsgrundlage beträgt mithin 4.120 € und die USt 782,80 € (Abschn. 15.23 Abs. 5 Satz 4 Nr. 3 UStAE).

> **Hinweis!** Liegen keine geeignete Unterlagen für eine Schätzung vor, ist der private Nutzungsanteil mit mindestens 50 % zu schätzen (Abschn. 15.23 Abs. 5 Satz 4 Nr. 3 Satz 3 UStAE).

Die Einschränkung des Vorsteuerabzugs führt nicht zu einer Herabsetzung der Bemessungsgrundlage der unentgeltlichen Wertabgabe, weder bei der 1 %-Regelung, noch bei der Schätzung. Denn in Bezug auf die private Nutzung des Fahrzeugs hat der Unternehmer den Vorsteuerabzug in vollem Umfang erhalten.

> **Fall 95: Nichtunternehmerische Nutzung eines unternehmerischen Pkw**
>
> Unternehmer U erwirbt am 19.4.24 einen Pkw für 80.000 € zzgl. 15.200 € USt, den er sowohl für unternehmerische (70 %) als auch für private Zwecke nutzt. Die Nutzungsdauer für den Pkw beträgt sechs Jahre. Die laufenden Kosten betragen 4.000 €, davon sind 1.300 € ohne USt. Der Bruttolistenpreis beträgt 88.000 €.
>
> **Aufgabe:** Ermitteln Sie die nicht als Betriebsausgaben abziehbaren Ausgaben sowie die umsatzsteuerrechtliche Bemessungsgrundlage der unternehmensfremden Pkw-Nutzung nach der Fahrtenbuch- und der Listenpreismethode für die Jahre 24 bis 30.

Lösung:

Ertragsteuerrechtliche Lösung

Bei einer betrieblichen Nutzung von 70 % ist der Pkw notwendiges Betriebsvermögen (R 4.2 Abs. 1 Satz 5 EStR), da die eigenbetriebliche Nutzung mehr als 50 % beträgt. Die Anschaffungskosten sind auf die Nutzungsdauer zu verteilen. Die Anschaffungskosten sind nach § 255 HGB zu ermitteln. Die Vorsteuer ist zu 100 % = 15.200 € abzugsfähig. Die abzugsfähige Vorsteuer gehört nach § 9b Abs. 1 EStG nicht zu den Anschaffungskosten. Die Anschaffungskosten betragen somit 80.000 € und bilden in dieser Höhe die Bemessungsgrundlage für die AfA (R 7.3 Abs. 1 EStR). Bei einer Nutzungsdauer von sechs Jahren beträgt der lineare AfA-Satz 16,67 %. Nach § 7 Abs. 1 Satz 4 EStG ist die AfA zeitanteilig zu gewähren.

Anschaffungskosten	80.000 €
abzüglich AfA im Jahr 24: 16,67 % von 80.000 € = 13.334 € : 12 × 9	./. 10.000 €
Restwert zum 31.12.24	**70.000 €**

Umsatzsteuerrechtliche Lösung

Die nichtunternehmerische Nutzung ist gem. § 3 Abs. 9a Nr. 1 UStG der Besteuerung zu unterwerfen. Dabei fließen die Anschaffungskosten entsprechend den Grundsätzen des Abschn. 10.6 Abs. 3 UStAE in die Ermittlung der Bemessungsgrundlage für die Besteuerung der unentgeltlichen Wertabgabe ein (§ 10 Abs. 4 Nr. 2 UStG; Abschn. 10.6 Abs. 3 UStAE).

In die Bemessungsgrundlage der unentgeltlichen Wertabgabe sind neben den anteiligen mit USt belasteten Betriebskosten auch die anteiligen ertragsteuerrechtlichen AfA-Beträge einzubeziehen. Dadurch fließen die Anschaffungskosten in die Ermittlung der Bemessungsgrundlage für die Besteuerung der unentgeltlichen Wertabgabe ein. Nach § 10 Abs. 4 Satz 1 Nr. 2 Satz 2 und 3 UStG (Abschn. 10.6 Abs. 3 UStAE) sind die Anschaffungskosten abweichend von den ertragsteuerlichen Grundsätzen gleichmäßig auf den nach § 15a UStG für diesen Gegenstand (Pkw) jeweils maßgeblichen Berichtigungszeitraum zu verteilen. Die Laufzeit des § 15a UStG beginnt ab 1.5.24 (§ 45 UStDV) und beträgt noch 60 Monate (bis 30.4.29).

	Fahrtenbuchmethode		Listenpreismethode	
Einkommensteuerrechtliche Behandlung im Jahr 24	laufende Kosten	4.000 €	Bruttolistenpreis	88.000 €
	AfA	10.000 €	× 1 % =	880 €
	insgesamt	**14.000 €**	× 9 Monate	
	davon 30 % Privatanteil	4.200 €	= privater Anteil	7.920 €
	= Wert der Nutzungsentnahme		= Wert der Nutzungsentnahme	
Umsatzsteuerrechtliche Behandlung im Jahr 24	gesamte Kosten	14.000 €	Ertragsteuerlicher Wert	7.920 €
	abzüglich nicht mit Vorsteuer belastete Kosten	./. 1.300 €	20 % pauschaler Abschlag	./. 1.584 €
	verbleiben	**12.700 €**	**Bemessungsgrundlage**	**6.336 €**
	abzgl. AfA	./. 10.000 €		
	verbleiben	**2.700 €**		
	zzgl. anteiliger Betrag nach § 15a UStG: 80.000 € : 60 Monate × 8 Monate =	10.667 €		
	verbleiben	**13.367 €**		
	davon 30 % Privatanteil	4.010 €		
	Steuersatz (§ 12 Nr. 1 UStG) 19 %. **Die USt beträgt**	**762 €**	Steuersatz (§ 12 Nr. 1 UStG) 19 %. **Die USt beträgt**	**1.204 €**

	Fahrtenbuchmethode		Listenpreismethode	
Einkommensteuerrechtliche Behandlung der Jahre 25 bis 28	laufende Kosten	4.000 €	Bruttolistenpreis	88.000 €
	AfA	13.334 €	× 1 % =	880 €
	insgesamt	**17.334 €**	× 12 Monate	
	davon 30 % Privatanteil	5.200 €	**= privater Anteil**	**10.560 €**
	= Wert der Nutzungsentnahme		**= Wert der Nutzungsentnahme**	

Umsatzsteu-errechtliche Behandlung der Jahre 25 bis 28	gesamte Kosten	17.334 €	Ertragsteuerlicher Wert	10.560 €
	abzüglich nicht mit Vorsteuer belastete Kosten	./. 1.300 €	20 % pauschaler Abschlag	./. 2.112 €
	verbleiben	**16.034 €**	**Bemessungsgrundlage**	**8.448 €**
	abzüglich AfA	./. 13.334 €		
	verbleiben	**2.700 €**		
	zzgl. anteiliger Betrag nach § 15a UStG (12 × 1.333,33 € =)	16.000 €		
	verbleiben	**18.700 €**		
	davon 30 % Privatanteil	5.610 €		
	Steuersatz (§ 12 Nr. 1 UStG) 19 %. **Die USt beträgt**	**1.066 €**	Steuersatz (§ 12 Nr. 1 UStG) 19 %. **Die USt beträgt**	**1.605 €**

	Fahrtenbuchmethode		**Listenpreismethode**	
Einkom-mensteuer-rechtliche Behandlung Jahr 29	laufende Kosten	4.000 €	Bruttolistenpreis	88.000 €
	AfA	13.334 €	× 1 % =	880 €
	insgesamt	**17.334 €**	× 12 Monate	
	davon 30 % Privatanteil	5.200 €	**= privater Anteil**	**10.560 €**
	= Wert der Nutzungsentnahme		= Wert der Nutzungs-entnahme	
Umsatzsteu-errechtliche Behandlung Jahr 29	gesamte Kosten	17.334 €	Ertragsteuerlicher Wert	10.560 €
	abzüglich nicht mit Vorsteuer belastete Kosten	./. 1.300 €	20 % pauschaler Abschlag	./. 2.112 €
	verbleiben	**16.034 €**	**Bemessungsgrundlage**	**8.448 €**
	abzüglich AfA	./. 13.334 €		
	verbleiben	**2.700 €**		
	zzgl. anteiliger Betrag nach § 15a UStG (4 × 666,67 € =)	5.333 €		
	verbleiben	**8.033 €**		
	davon 30 % Privatanteil	2.410 €		
	Steuersatz (§ 12 Nr. 1 UStG) 19 %. **Die USt beträgt**	**458 €**	Steuersatz (§ 12 Nr. 1 UStG) 19 %. **Die USt beträgt**	**1.605 €**

	Fahrtenbuchmethode		Listenpreismethode	
Einkom-mensteuer-rechtliche Behandlung im Jahr 30	laufende Kosten	4.000 €	Bruttolistenpreis	88.000 €
	AfA (13.334 € : 12 × 3 =)	3.334 €	× 1 % =	880 €
	insgesamt	**7.334 €**	× 12 Monate	
	davon 30 % Privatanteil	2.200 €	= privater Anteil	10.560 €
	= Wert der Nutzungs-entnahme		= Wert der Nutzungs-entnahme	
Umsatzsteu-errechtliche Behandlung im Jahr 30	gesamte Kosten	7.334 €	Ertragsteuerlicher Wert	10.560 €
	abzüglich nicht mit Vorsteuer belastete Kosten	./. 1.300 €	20 % pauschaler Abschlag	./. 2.112 €
	verbleiben	**6.034 €**	Bemessungsgrundlage	8.448 €
	abzüglich AfA	./. 3.334 €		
	verbleiben	**2.700 €**		
	davon 30 % Privatanteil	810 €		
	Steuersatz (§ 12 Nr. 1 UStG) 19 %. **Die USt beträgt**	**154 €**	Steuersatz (§ 12 Nr. 1 UStG) 19 %. **Die USt beträgt**	**1.605 €**

Ab 1.5.29 sind die Anschaffungskosten vollständig in die umsatzsteuerrechtliche Bemessungsgrundlage eingeflossen und ab dem Jahr 30 nicht mehr als Bemessungsgrundlage zu berücksichtigen. Es fließen nur noch die anteiligen laufenden Betriebskosten ein.

Fall 96: Firmenwagenüberlassung an Arbeitnehmer

Arbeitgeber A überlässt Arbeitnehmer B einen Firmenwagen mit einem Bruttolistenpreis von 55.777 €. Der Firmenwagen wird von X genutzt für:

- Privatfahrten,
- Fahrten zur 7,7 km von der Zweitwohnung entfernt liegenden ersten Tätigkeitsstätte,
- insgesamt 92 Familienheimfahrten zur 250 km entfernt liegenden Familienwohnung. Den Familien-wohnsitz sucht X immer am Mittwoch (46 Fahrten) und am Wochenende (46 Fahrten) auf.

Ein ordnungsgemäßes Fahrtenbuch wird nicht geführt.

Arbeitgeber und Arbeitnehmer sind sich einig, dass der Wert der durchschnittlichen monatlichen Arbeitsleistung, die auf die Firmenwagenüberlassung entfällt, 1.900 € beträgt, d.h. der Arbeitnehmer erhält monatlich 1.900 € weniger Barlohn.

Die Gesamtkosten lt. Buchhaltung für den Pkw betragen insgesamt 24.000 €.

Bei dem Firmenfahrzeug handelt es sich um ein Elektrofahrzeug mit einer Batteriekapazität von 24 kWh. Arbeitgeber A hat dieses Fahrzeug im Kj. 2014 angeschafft.

Aufgabe: Nehmen Sie Stellung zur lohnsteuerrechtlichen und umsatzsteuerrechtlichen Wertermittlung.

Lösung:

Hinweis! Durch das Amtshilferichtlinie-Umsetzungsgesetz (AmtshilfeRLUmsG) vom 26.6.2013 (BGBl I 2013, 1809) wird in § 6 Abs. 1 Nr. 4 Satz 2 und 3 EStG der Listenpreis von Elektrofahrzeugen und Hybridelektrofahrzeugen gemindert. Nach § 52 Abs. 12 EStG gilt die Regelung für Fahrzeuge, die vor dem 1.1.2023 angeschafft werden. Zur Definition des Elektro- und Hybridelektrofahrzeugs siehe Rz. 1 und 2 des BMF-Schreibens vom 5.6.2014 (BStBl I 2014, 835).

Für die oben genannten Kraftfahrzeuge ist der Listenpreis wegen der darin enthaltenen Kosten für das Batteriesystem pauschal zu mindern; der pauschale Abschlag ist der Höhe nach begrenzt. Der Minderungs- und der Höchstbetrag richten sich nach dem Anschaffungsjahr des Kraftfahrzeugs und können aus der Tabelle in Rz. 3 des BMF-Schreibens vom 5.6.2014 (BStBl I 2014, 835) entnommen werden. Werden Elektro- und Hybridelektrofahrzeuge gebraucht erworben, richtet sich der Minderungsbetrag nach dem Jahr der Erstzulassung des Kraftfahrzeugs. Der kWh-Wert kann dem Feld 22 der Zulassungsbescheinigung entnommen werden.

Die Abrundung des Listenpreises auf volle Hundert Euro nach R 8.1 Abs. 9 Nr. 1 Satz 6 LStR ist nach Abzug des Abschlages vorzunehmen. Auf den so ermittelten Wert sind die Prozentsätze u.a. nach § 8 Abs. 2 Satz 2, 3 und 5 EStG anzuwenden.

Anschaffung im Kj. 2014	
Listenpreis	55.777 €
Minderung des Listenpreises um 500 €/kWh-Speicherkapazität	
[500 € ./. (1 × 50 €)] × 24 kWh = 10.800 €	
Der Betrag von 500 € mindert sich für ab dem 1.1.2014 angeschaffte Kraftfahrzeuge jährlich um 50 €/kWh Speicherkapazität der Batterie	
Der Höchstbetrag reduziert sich in den Jahren ab 2014 jährlich um 500 €	
Höchstbetrag 2014: 10.000 € ./. (1 × 500 €) = 9.500 €	./. 9.500 €
gekürzter Listenpreis zum 31.12.2014	**46.277 €**
Der für die Anwendung der Prozentsätze i.S.d. § 8 Abs. 2 Satz 2, 3 bis 5 EStG geminderte und auf volle Hundert Euro abgerundete Bruttolistenpreis beträgt	**46.200 €**

	Monatswert	**Jahreswert**
Privatfahrten: § 8 Abs. 2 Satz 2 EStG (R 8.1 Abs. 9 Nr. 1 Satz 1 LStR)		
1 % von 46.200 €	462,00 €	5.544,00 €
Fahrten zwischen Zweitwohnung und erster Tätigkeitsstätte: § 8 Abs. 2 Satz 3 EStG (R 8.1 Abs. 9 Satz 2 LStR) 0,03 % von 46.200 € × 7 km (H 8.1 (9, 10) [Fahrten zwischen Wohnung und regelmäßiger Arbeitsstätte bei pauschaler Nutzungswertermittlung] LStH)	97,02 €	1.164,24 €

Familienheimfahrten im Rahmen eines doppelten Haushaltsführung, für die der Werbungskostenabzug nach § 9 Abs. 1 Satz 3 Nr. 5 Satz 3 EStG ausgeschlossen ist: § 8 Abs. 2 Satz 5 EStG (R 8.1 Abs. 9 Nr. 1 Satz 3 LStR). Aufwendungen für Familienheimfahrten können nach § 9 Abs. 1 Nr. 5 Satz 5 EStG jeweils nur für eine Familienheimfahrt wöchentlich abgezogen werden. 0,002 % von 46.200 € × 46 Mittwochsfahrten × 250 km		10.626,00 €
jährlicher geldwerter Vorteil		**17.334,24 €**

Ermittlung der umsatzsteuerrechtlichen Bemessungsgrundlage:

Überlässt der Unternehmer (Arbeitgeber) seinem Personal (Arbeitnehmer) ein Fahrzeug auch zu Privatzwecken (Privatfahrten, Fahrten zwischen Wohnung und erster Tätigkeitsstätte sowie Familienheimfahrten aus Anlass einer doppelten Haushaltsführung), ist dies regelmäßig eine entgeltliche sonstige Leistung i.S.d. § 1 Abs. 1 Nr. 1 Satz 1 UStG. Das Fahrzeug wird, wenn es nicht ausnahmsweise zusätzlich vom Unternehmer nichtunternehmerisch verwendet wird, durch die entgeltliche umsatzsteuerpflichtige Überlassung an das Personal ausschließlich unternehmerisch genutzt (Abschn. 15.23 Abs. 8 UStAE).

Die Gegenleistung des Arbeitnehmers für die Fahrzeugüberlassung besteht regelmäßig in der anteiligen Arbeitsleistung, die er für die Privatnutzung des gestellten Fahrzeugs erbringt. Die Überlassung des Fahrzeugs ist als Vergütung für geleistete Dienste und damit als entgeltlich anzusehen, wenn sie im Arbeitsvertrag geregelt ist oder auf mündlichen Abreden oder sonstigen Umständen des Arbeitsverhältnisses (z.B. der faktischen betrieblichen Übung) beruht. Von Entgeltlichkeit ist stets auszugehen, wenn das Fahrzeug dem Arbeitnehmer für eine gewisse Dauer und nicht nur gelegentlich zur Privatnutzung überlassen wird (Abschn. 15.23 Abs. 9 UStAE).

Mit der Firmenwagenüberlassung an ArbN tätigt der ArbG in der Regel eine entgeltliche sonstige Leistung (tauschähnlicher Umsatz). Dabei handelt es sich um eine langfristige Vermietung eines Beförderungsmittels an Personen, die keine Unternehmer sind. Durch § 3a Abs. 3 Nr. 2 Satz 3 ff. UStG wird der Leistungsort einer langfristigen Vermietung eines Beförderungsmittels an einen Nichtunternehmer an den Ort verlagert, an dem der Leistungsempfänger seinen Sitz oder seinen Wohnsitz hat (Empfängersitzprinzip; Abschn. 3a.5 Abs. 4 UStAE).

Die Bemessungsgrundlage ist nach § 10 Abs. 2 Satz 2 i.V.m. Abs. 1 Satz 1 UStG der Wert der nicht durch den Barlohn abgegoltenen Arbeitsleistung. Deren Wert entspricht dem Betrag, den der Arbeitgeber zu diesem Zweck aufzuwenden bereit ist (vgl. Abschn. 10.5 Abs. 1 UStAE). Das sind die Gesamtausgaben für die Überlassung des Fahrzeugs (Abschn. 15.23 Abs. 10 UStAE).

Umsatzsteuerrechtlich kann die anteilige Arbeitsleistung i.H.v. 12 × 1.900 € = 22.800 € jährlich angesetzt werden, da die Parteien Aussagen zum Wert der Arbeitsleistung getroffen haben. Der Wert der Arbeitsleistung kann aber nur dann als Bemessungsgrundlage für die Überlassung des Fahrzeugs zu Grunde gelegt werden, wenn dieser Wert (hier 22.800 €) die Ausgaben für die Fahrzeugüberlassung (hier 24.000 €) übersteigt (Abschn. 15.23 Abs. 10 Satz 7 UStAE). Als Bemessungsgrundlage sind die Gesamtausgaben für das Fahrzeug i.H.v. 24.000 € anzusetzen. Dieser Wert ist ein Nettowert (Abschn. 15.23 Abs. 10 UStAE).

Als umsatzsteuerrechtliche Bemessungsgrundlage können aber auch die lohnsteuerrechtlichen Werte der Listenpreismethode angesetzt werden. Eine Kürzung des inländischen Listenpreises für Elektro- und Hybridelektrofahrzeuge ist nicht vorzunehmen.

	Monatswert	Jahreswert
Privatfahrten: § 8 Abs. 2 Satz 2 EStG (R 8.1 Abs. 9 Nr. 1 Satz 1 LStR) 1 % von 55.700 € (auf volle 100 € abgerundet gem. R 8.1 Abs. 9 Nr. 1 Satz 6 LStR)	557,00 €	6.684,00 €
Fahrten zwischen Zweitwohnung und erster Tätigkeitsstätte: § 8 Abs. 2 Satz 3 EStG (R 8.1 Abs. 9 Satz 2 LStR) 0,03 % von 55.700 € × 7 km (H 8.1 (9, 10) [Fahrten zwischen Wohnung und regelmäßiger Arbeitsstätte bei pauschaler Nutzungswertermittlung] LStH)	116,97 €	1.403,64 €
Familienheimfahrten im Rahmen eines doppelten Haushaltsführung, für die der Werbungskostenabzug nach § 9 Abs. 1 Satz 3 Nr. 5 Satz 3 EStG ausgeschlossen ist: § 8 Abs. 2 Satz 5 EStG (R 8.1 Abs. 9 Nr. 1 Satz 3 LStR). Aufwendungen für Familienheimfahrten können nach § 9 Abs. 1 Nr. 5 Satz 5 EStG jeweils nur für eine Familienheimfahrt wöchentlich abgezogen werden. 0,002 % von 55.700 € × 46 Mittwochsfahrten × 250 km für die lohnsteuerrechtlich kein Werbungskostenabzug möglich ist.		12.811,00 €
Der USt unterliegen die auf die Familienheimfahrten entfallenden Kosten auch dann, wenn ein lohnsteuerrechtlicher Wert nach § 8 Abs. 2 Satz 5 EStG nicht anzusetzen ist. Somit zzgl.		12.811,00 €
Bemessungsgrundlage für die USt nach der Listenpreismethode Der nach der Listenpreismethode ermittelte Wert ist ein Bruttobetrag, aus dem die USt herauszurechnen ist.		33.709,64 €
Bemessungsgrundlage = Nettowert somit (33.709,64 € : 119 × 100 =)		**28.327,43 €**
Bemessungsgrundlage für die USt nach den Gesamtkosten (Nettowert)		**24.000,00 €**

Fall 97: Pkw-Nutzung durch den Unternehmer und Unfallkosten

Pkw-Nutzung durch Unternehmer U:

- Bruttolistenpreis: 55.700 €;
- gesamte Pkw-Kosten: 24.000 € (davon Jahres-AfA i.H.v. 8.000 € bei einer Nutzungsdauer von 6 Jahren);
- zusätzliche Unfallkosten: 4.380 €;
- nicht mit Vorsteuern belastete Kosten: 3.000 €.

U nutzt seinen Pkw wie folgt:

Geschäftsfahrten	20.725 km
Fahrten zwischen Wohnung und Betrieb an 220 Tagen zu je 20 Entfernungskilometer (220 Tage × 20 km × 2)	8.800 km
5 Familienheimfahrten im Rahmen einer doppelten Haushaltsführung zu je 166 Entfernungskilometern	1.660 km
betriebliche Nutzung insgesamt	**31.185 km**
private Fahrten	7.050 km
Gesamtkilometer	**38.235 km**

Da die betriebliche Nutzung mehr als 50 % beträgt (81,56 %), ist nach § 6 Abs. 1 Satz 3 EStG die Fahrtenbuchmethode oder nach § 6 Abs. 1 Nr. 4 Satz 2 EStG die Listenpreismethode möglich.

Der Unfall ereignet sich:

a) auf einer Geschäftsfahrt;

b) auf einer Fahrt zwischen Wohnung und Betriebsstätte;

c) auf einer privaten Fahrt.

Aufgabe: Nehmen Sie Stellung zur ertrag- und umsatzsteuerrechtlichen Wertermittlung und zur Berücksichtigung der Unfallkosten.

Lösung:

Ertragsteuerrechtlich zählt auch die auf die Wege zwischen Wohnung und Betriebsstätte und Familienheimfahrten entfallende Nutzung gem. § 4 Abs. 5 Satz 1 Nr. 6 EStG zur betrieblichen Nutzung (BMF vom 18.11.2009, BStBl I 2009, 1326, Rz. 1).

Umsatzsteuerrechtlich sind die Fahrten des Unternehmers zwischen Wohnung und Betriebsstätte sowie Familienheimfahrten wegen einer aus betrieblichem Anlass begründeten doppelten Haushaltsführung der unternehmerischen Nutzung des Fahrzeugs zuzurechnen. Es ist auch keine Vorsteuerkürzung nach § 15 Abs. 1a UStG vorzunehmen (Abschn. 15.23 Abs. 2 Satz 2 UStAE).

Für die Frage der Zuordnung des Pkw sind die allgemeinen Zuordnungsgrundsätze zu beachten (Abschn. 15.23 Abs. 1 i.V.m. Abschn. 15.2c UStAE). Es wird unterstellt, dass der Unternehmer den Pkw insgesamt seiner unternehmerischen Tätigkeit zugeordnet hat (Zuordnungswahlrecht; Abschn. 15.2c Abs. 2 Nr. 2 Buchst. b UStAE). Aus den Aufwendungen kann aus Vereinfachungsgründen der volle Vorsteuerabzug in Anspruch genommen werden (Abschn. 15.23 Abs. 4 i.V.m. Abschn. 15.2c Abs. 2 Satz 6 UStAE).

Folgende Vorsteuerbeträge sind zu berücksichtigen:

Pkw-Kosten	24.000 €
abzgl. AfA	./. 8.000 €
verbleiben	**16.000 €**
zzgl. Unfallkosten	+ 4.380 €
abzgl. nicht mit Vorsteuer belastete Kosten	./. 3.000 €
Kosten mit Vorsteuerabzug	**17.380 €**
Vorsteuer dafür 19 %	**3.302 €**

Ertragsteuerrechtliche Behandlung
Nach der BFH-Rspr. und der Verwaltungsanweisung im BMF-Schreiben vom 18.11.2009 (BStBl I 2009, 1326, Rz. 32) sind die außergewöhnlichen Kfz-Kosten (Unfallkosten) vorab den jeweiligen Fahrten genau zuzuordnen. Danach sind die Unfallkosten wie folgt zu behandeln:

a) Unfall auf einer betrieblichen Fahrt
Die Unfallkosten sind in voller Höhe der betrieblichen Nutzung des Pkw zuzurechnen und somit auch in voller Höhe als Betriebsausgaben zu berücksichtigen. Umsatzsteuerrechtlich gehören die Unfallkosten zu den Gesamtaufwendungen.

b) Unfall auf einer Fahrt zwischen Wohnung und Betrieb
Wie oben bereits erläutert, zählen diese Fahrten zur betrieblichen Nutzung (BMF vom 18.11.2009, BStBl I 2009, 1326, Rz. 1). Die Unfallkosten sind in voller Höhe Betriebsausgaben. Die Entfernungspauschale des § 9 Abs. 1 Satz 3 Nr. 4 EStG ist als Betriebsausgabe zu berücksichtigen (§ 4 Abs. 5 Nr. 6 EStG). Die Unfallkosten sind als außergewöhnliche Aufwendungen neben der Entfernungspauschale zu berücksichtigen (BMF vom 31.10.2013, BStBl I 2013, 1376, Tz. 4).

Listenpreismethode (20 Entfernungskilometer)
Ertragsteuerrechtliche Behandlung
A hat insgesamt 28.380 € als Betriebsausgaben behandelt; davon entfallen 4.380 € auf Unfallkosten.

Die Höhe der nicht als Betriebsausgaben abziehbaren Aufwendungen werden nach § 4 Abs. 5 Nr. 6 EStG wie folgt ermittelt:

0,03 % von 55.700 € × 12 Monate × 20 Entfernungskilometer	4.010 €
zzgl. Unfallkosten	4.380 €
Höhe der Betriebsausgaben für die Fahrten zwischen Wohnung und Betriebsstätte	**8.390 €**
0,002 % von 55.700 € × 5 Fahrten × 166 Entfernungskilometer	925 €
Höhe der Betriebsausgaben für die Fahrten zwischen Wohnung und Betriebsstätte und Familienheimfahrten	**9.315 €**
Entfernungspauschale i.S.d. § 9 Abs. 1 Satz 3 Nr. 4 EStG (als Betriebsausgaben zu berücksichtigen): 220 Tage × 20 Entfernungskilometer × 0,30 €	./. 1.320 €
Unfallkosten	./. 4.380 €
Entfernungspauschale i.S.d. § 9 Abs. 1 Satz 3 Nr. 5 Satz 5 und 6 EStG (als Betriebsausgaben zu berücksichtigen): 166 Entfernungskilometer × 5 × 0,30 €	./. 249 €
Nicht als Betriebsausgaben zu berücksichtigen	**3.366 €**

Nach § 6 Abs. 1 Nr. 4 Satz 2 EStG ist die Listenpreismethode zulässig, da der Pkw zu mehr als 50 % betrieblich genutzt wird.	
1 % von 55.700 € × 12 Monate (als Betriebseinnahme)	**6.684 €**
Umsatzsteuerrechtliche Behandlung	
Umsatzsteuerrechtlich kann die Listenpreismethode angewendet werden (Abschn. 15.23 Abs. 5 Satz 4 Nr. 1 Buchst. a UStAE). Für die nicht mit Vorsteuern belasteten Kosten kann ein pauschaler Abschlag von 20 % vorgenommen werden	./. 1.337 €
Bemessungsgrundlage für die USt (Nettobetrag)	**5.347 €**
USt 19 %	**1.016 €**

Umsatzsteuerrechtliche Berücksichtigung der Unfallkosten
Umsatzsteuerrechtlich gehören die Unfallkosten zu den Gesamtkosten und bilden insgesamt mit den anderen Kosten die Bemessungsgrundlage für die unentgeltliche Wertabgabe nach § 10 Abs. 4 Nr. 2 UStG.

Fahrtenbuchmethode (20 Entfernungskilometer)
Ertragsteuerrechtliche Behandlung
Der Stpfl. A hat insgesamt 28.380 € als Betriebsausgaben behandelt; davon entfallen 4.380 € auf Unfallkosten.

Die Höhe der nicht als Betriebsausgaben abziehbaren Aufwendungen werden nach § 4 Abs. 5 Nr. 6 EStG wie folgt ermittelt:

220 Tage × 20 km × 2 = 8.800 km von insgesamt 38 235 km = 23,02 % von 24.000 €	5.525 €
zzgl. Unfallkosten	4.380 €
Höhe der Betriebsausgaben für die Fahrten zwischen Wohnung und Betriebsstätte	**9.905 €**
5 Fahrten × 166 km × 2 = 1.660 km von insgesamt 38.235 km = 4,34 % von 24.000 €	1.041 €
Höhe der Betriebsausgaben für die Fahrten zwischen Wohnung und Betriebsstätte und Familienheimfahrten	**10.946 €**
Entfernungspauschale i.S.d. § 9 Abs. 1 Satz 3 Nr. 4 EStG (als Betriebsausgaben zu berücksichtigen): 220 Tage × 20 Entfernungskilometer × 0,30 €	./. 1.320 €
Unfallkosten	./. 4.380 €
Entfernungspauschale i.S.d. § 9 Abs. 1 Satz 3 Nr. 5 Satz 5 und 6 EStG (als Betriebsausgaben zu berücksichtigen): 166 Entfernungskilometer × 5 × 0,30 €	./. 249 €
Nicht als Betriebsausgaben zu berücksichtigen	**4.997 €**
Fahrtenbuchmethode nach § 6 Abs. 1 Nr. 4 Satz 3 EStG	
7.050 km von 38.235 km = 18,44 % von 24.000 € (als Betriebseinnahme)	**4.425 €**

Umsatzsteuerrechtliche Behandlung
Umsatzsteuerrechtlich ist ebenfalls die Fahrtenbuchmethode anzuwenden (Abschn. 15.23 Abs. 5 Satz 4 Nr. 1 Buchst. b UStAE). Umsatzsteuerrechtlich gehören die Unfallkosten zu den Gesamtaufwendungen. Lediglich das Nutzungsverhältnis ist bei der Umsatzsteuer zugrunde zu legen.

Kosten insgesamt	28.380 €
abzüglich ertragsteuerrechtliche AfA (8.000 × 6 Jahre = 48.000 € AfA-Bemessungsgrundlage)	./. 8.000 €
verbleiben	**20.380 €**
Verteilung der Anschaffungskosten auf den Zeitraum des § 15a UStG	
zzgl. 48.000 € : 5 Jahre =	+ 9.600 €
ergibt	**29.980 €**
nicht mit Vorsteuern belasteten Kosten in der belegmäßig nachgewiesenen Höhe	./. 3.000 €
Ausgangswert für die USt	**26.980 €**
18,44 % von 26.980 € =	4.975 €
USt 19 %	**945 €**

c) Unfall auf einer privaten Fahrt

Die Unfallkosten sind in voller Höhe keine Betriebsausgaben. Die gesamten Unfallkosten sind zusätzlich zu den anteiligen Gesamtkosten als Nutzungsentnahme i.S.d. § 4 Abs. 1 Satz 2 EStG zu behandeln (BMF vom 18.11.2009, BStBl I 2009, 1326, Rz. 32).

Ertragsteuerrechtliche Behandlung
Listenpreismethode

Nach § 6 Abs. 1 Nr. 4 Satz 2 EStG ist die Listenpreismethode zulässig, da der Pkw zu mehr als 50 % betrieblich genutzt wird.

0,03 % von 55.700 € × 12 Monate × 20 Entfernungskilometer	4.010 €
Unfallkosten	0 €
Höhe der Betriebsausgaben für die Fahrten zwischen Wohnung und Betriebsstätte	**4.010 €**
0,002 % von 55.700 € × 5 Fahrten × 166 Entfernungskilometer	925 €
zzgl. Unfallkosten	0 €
Höhe der Betriebsausgaben für die Fahrten zwischen Wohnung und Betriebsstätte und Familienheimfahrten	**4.935 €**
Entfernungspauschale i.S.d. § 9 Abs. 1 Satz 3 Nr. 4 EStG (als Betriebsausgaben zu berücksichtigen): 220 Tage × 20 Entfernungskilometer × 0,30 €	./. 1.320 €
Unfallkosten	0 €
Entfernungspauschale i.S.d. § 9 Abs. 1 Satz 3 Nr. 5 Satz 5 und 6 EStG (als Betriebsausgaben zu berücksichtigen): 166 Entfernungskilometer × 5 × 0,30 €	./. 249 €
Unfallkosten	./. 0 €
Nicht als Betriebsausgaben zu berücksichtigen	**3.366 €**
Die Unfallkosten als außergewöhnliche Kfz-Kosten sind vorab als Entnahme zu behandeln (§ 4 Abs. 1 Satz 2 i.V.m. § 6 Abs. 1 Nr. 4 Satz 1 EStG). Die Unfallkosten sind nicht mit dem anteiligen Listenpreis abgegolten (BMF vom 18.11.2009, BStBl I 2009, 1326, Rz. 32).	4.380 €

Nach § 6 Abs. 1 Nr. 4 Satz 2 EStG ist die Listenpreismethode zulässig, da der Pkw zu mehr als 50 % betrieblich genutzt wird.	
1 % von 55.700 € × 12 Monate (als Betriebseinnahme)	**6.684 €**
Umsatzsteuerrechtliche Behandlung	
Umsatzsteuerrechtlich kann die Listenpreismethode angewendet werden (Abschn. 15.23 Abs. 5 Satz 4 Nr. 1 Buchst. a UStAE). Für die nicht mit Vorsteuern belasteten Kosten kann ein pauschaler Abschlag von 20 % vorgenommen werden	./. 1.337 €
Bemessungsgrundlage für die USt (Nettobetrag)	**5.347 €**
USt 19 %	**1.016 €**

Fahrtenbuchmethode
Ertragsteuerrechtliche Behandlung

220 Tage × 20 km × 2 = 8.800 km von insgesamt 38.235 km = 23,02 % von 24.000 €	5.525 €
zzgl. Unfallkosten	0 €
Höhe der Betriebsausgaben für die Fahrten zwischen Wohnung und Betriebsstätte	**5.525 €**
5 Fahrten × 166 km × 2 = 1.660 km von insgesamt 38.235 km = 4,34 % von 24.000 €	1.041 €
zzgl. Unfallkosten	0 €
Höhe der Betriebsausgaben für die Fahrten zwischen Wohnung und Betriebsstätte und Familienheimfahrten	**6.566 €**
Entfernungspauschale i.S.d. § 9 Abs. 1 Satz 3 Nr. 4 EStG (als Betriebsausgaben zu berücksichtigen): 220 Tage × 20 Entfernungskilometer × 0,30 €	./. 1.320 €
Unfallkosten	0 €
Entfernungspauschale i.S.d. § 9 Abs. 1 Satz 3 Nr. 5 Satz 5 und 6 EStG (als Betriebsausgaben zu berücksichtigen): 166 Entfernungskilometer × 5 × 0,30 €	./. 249 €
Unfallkosten	0 €
Nicht als Betriebsausgaben zu berücksichtigen	**4.997 €**
Die Unfallkosten als außergewöhnliche Kfz-Kosten sind vorab als Entnahme zu behandeln. Die Unfallkosten sind nicht mit dem anteiligen Listenpreis abgegolten (BMF vom 18.11.2009, BStBl I 2009, 1326, Rz. 32).	4.380 €
Fahrtenbuchmethode nach § 6 Abs. 1 Nr. 4 Satz 3 EStG	
7.050 km von 38.235 km = 18,44 % von 24.000 € (als Betriebseinnahme)	**4.425 €**

Umsatzsteuerrechtliche Behandlung
Umsatzsteuerrechtlich ist ebenfalls die Fahrtenbuchmethode anzuwenden (Abschn. 15.23 Abs. 5 Satz 4 Nr. 1 Buchst. b UStAE). Umsatzsteuerrechtlich gehören die Unfallkosten zu den Gesamtaufwendungen. Lediglich das Nutzungsverhältnis ist bei der Umsatzsteuer zugrunde zu legen.

Kosten insgesamt	28.380 €
abzüglich ertragsteuerrechtliche AfA (8.000 × 6 Jahre = 48.000 € AfA-Bemessungsgrundlage)	./. 8.000 €
verbleiben	**20.380 €**
Verteilung der Anschaffungskosten auf den Zeitraum des § 15a UStG	
zzgl. 48.000 € : 5 Jahre =	+ 9.600 €
ergibt	**29.980 €**
nicht mit Vorsteuern belasteten Kosten in der belegmäßig nachgewiesenen Höhe	./. 3.000 €
Ausgangswert für die USt	**26.980 €**
18,44 % von 26.980 € =	**4.975 €**
USt 19 %	**945 €**

7. Steuerbefreiungen

Fall 98: Gewährung von Versicherungsschutz/Garantieleistungen/Gebrauchtwagenhandel

Die Gebrauchtwagenhändlerin Gabi Schrott aus Groß-Gerau bietet den Erwerbern von Gebrauchtfahrzeugen wahlweise die Garantie an, binnen einer bestimmten Zeit im Schadensfall die Reparatur auf eigene Kosten durchzuführen. Die Garantievergabe erfolgte entgeltlich, allerdings ohne gesonderten Rechnungsausweis. Gabi Schrott offeriert die Fahrzeuge mit einem Komplettpreis. Sofern der Käufer kein Garantiepaket wünscht, wird der Verkaufspreis entsprechend reduziert.

Die Garantie ist bei der X-Versicherungs-AG (rück-)versichert. Im Garantiefall hat der Käufer die Wahl, ob er das Fahrzeug bei der Händlerin Gabi Schrott (Garantiegeber) kostenlos reparieren lässt oder ob er die Reparatur bei einer anderen Werkstatt auf Kosten der Versicherung ausführen lässt.

Aufgabe: Prüfen Sie, ob die Kfz-Händlerin einen oder zwei Umsätze ausführt. Falls es sich um zwei Umsätze handelt prüfen Sie bitte, ob hinsichtlich des Garantiepakets eine Steuerbefreiung gegeben ist.

Lösung:

Hinweis! Der Sachverhalt und die Lösung sind der Entscheidung des FG Münster vom 8.6.2009 (5 K 3002/05 U, EFG 2009, 2068) nachgebildet. Mit Urteil vom 10.2.2010 (XI R 49/07, BStBl II 2010, 1109) hat der BFH die Rechtsausführungen des FG Münster bestätigt und ändert dabei seine Rechtsauffassung der bisherigen Rechtsprechung im BFH-Urteil vom 16.1.2003, V R 16/02, BStBl II 2003, 445).

Ob von einer einheitlichen Leistung oder von mehreren getrennt zu beurteilenden selbständigen Einzelleistungen auszugehen ist, hat umsatzsteuerrechtlich insbesondere Bedeutung für die Bestimmung des Orts und des Zeitpunkts der Leistung sowie für die Anwendung von Befreiungsvorschriften und des Steuersatzes. Es ist das Wesen des fraglichen Umsatzes zu ermitteln, um festzustellen, ob der Unternehmer dem Abnehmer mehrere selbständige Hauptleistungen oder eine einheitliche Leistung erbringt. Dabei ist auf die Sicht des Durchschnittsverbrauchers abzustellen (BFH-Urteile vom 31.5.2001, V R 97/98, BStBl II 2001, 658 und vom 24.1.2008, V R 42/05, BStBl II 2008, 697; Abschn. 3.10 Abs. 1 UStAE).

In der Regel ist jede Lieferung und jede sonstige Leistung als eigene selbständige Leistung zu betrachten. Deshalb können zusammengehörige Vorgänge nicht bereits als einheitliche Leistung angesehen werden, weil sie einem einheitlichen wirtschaftlichen Ziel dienen. Dass die einzelnen Leistungen auf einem einheitlichen Vertrag beruhen und für sie ein Gesamtentgelt entrichtet wird, reicht noch nicht aus, sie umsatzsteuerrechtlich als Einheit zu behandeln. Entscheidend ist der wirtschaftliche Gehalt der erbrachten Leistungen (BFH-Urteil vom 24.11.1994, V R 30/92, BStBl II 1995, 151). Die dem Leistungsempfänger aufgezwungene Koppelung mehrerer Leistungen allein führt nicht zu einer einheitlichen Leistung (BFH-Urteil vom 13.7.2006, V R 24/02, BStBl II 2006, 935; Abschn. 3.10 Abs. 2 UStAE). Unter Berücksichtigung dieser Grundsätze erbringt Gabi Schrott zwei eigenständige Hauptleistungen.

Mit dem Verkauf der Fahrzeuge tätigt Gabi Lieferungen nach § 3 Abs. 1 UStG, deren Ort sich in Groß-Gerau befindet (§ 3 Abs. 6 Satz 1 UStG). Da auch ein Entgelt gegeben ist, sind die Lieferungen steuerbar (§ 1 Abs. 1 Nr. 1 UStG) und mangels Steuerbefreiung auch steuerpflichtig.

Die Einräumung der Garantie handelt es sich um eine sonstige Leistung eigener Art i.S.d. § 3 Abs. 9 UStG, die aus der Sicht des Durchschnittsverbrauchers nicht durch die – gem. § 4 Nr. 10 Buchst. b UStG steuerfreie – Verschaffung von Versicherungsschutz, sondern durch das Versprechen der Einstandspflicht des Händlers (Garantie) geprägt ist. Bei den zu beurteilenden Garantiebedingungen dominiert das Versprechen der Händlerin, für bestimmte, eventuell eintretende Schäden einzustehen. Der Leistungsort bestimmt sich bei B2C-Leistungen nach § 3a Abs. 1 UStG und bei B2B-Leistungen nach § 3a Abs. 2 UStG. Da die Garantieleistungen gegen Entgelt ausgeführt werden, sind sie steuerbar gem. § 1 Abs. 1 Nr. 1 UStG. Die Garantiezusage ist nicht nach § 4 Nr. 8 Buchst. g UStG und/oder nach § 4 Nr. 10 Buchst. b UStG steuerfrei, sondern steuerpflichtig (s.a. Abschn. 4.8.12 Abs. 1 UStAE).

Fall 99: Ausfuhrlieferung durch den Unternehmer

Unternehmer U aus Mannheim liefert an einen Kunden B in Basel eine Maschine für 50.000 €. Die Maschine wird mit eigenem Lkw des U von Mannheim nach Basel transportiert.

Aufgabe: Nehmen Sie Stellung zur Steuerbarkeit und zur Steuerbefreiung der Lieferung.

Lösung:

Die Lieferung der Maschine ist steuerbar gem. § 1 Abs. 1 Nr. 1 UStG; der Ort der Lieferung ist gem. § 3 Abs. 6 UStG Mannheim. Die steuerbare Lieferung ist gem. § 4 Nr. 1 Buchst. a i.V.m. § 6 Abs. 1 Satz 1 Nr. 1 UStG steuerfrei; der Unternehmer U hat den Liefergegenstand (Maschine) in das Drittlandsgebiet (Schweiz; § 1 Abs. 2a Satz 3 UStG) befördert.

Fall 100: Lieferung aus dem Freihafen

Unternehmer R aus Russland bestellt bei Unternehmer D aus Deutschland eine Maschine. D hat die Maschine in einem Lager im Freihafen Hamburg gelagert. Er lässt die bestellte Maschine direkt von diesem Lager mit einem eigenen Lkw auf dem Landweg zu R nach Russland transportieren.

Aufgabe: Nehmen Sie Stellung zur Steuerbarkeit und zur Steuerbefreiung der Lieferung.

Lösung:

Die Lieferung erfolgt nach § 3 Abs. 6 Satz 1 UStG mit Beginn der Beförderung im Freihafen und ist somit nicht steuerbar. Die Freihäfen stellen nach § 1 Abs. 2 Satz 1 und 2 UStG Ausland dar. Die Frage nach der Steuerbefreiung stellt sich somit überhaupt nicht.

Fall 101: Gebrochene Beförderungslieferung

Unternehmer R aus Russland bestellt bei Unternehmer D aus Düsseldorf eine Maschine. D befördert die Maschine mit eigenem Lkw nach Flensburg in den Hafen. R nimmt die Maschine dort in Empfang und verlädt sie auf ein Schiff, mit welchem er die Maschine weiter nach Russland transportiert.

Aufgabe: Nehmen Sie Stellung zur Steuerbarkeit und zur Steuerbefreiung der Lieferung.

Lösung:

Es liegt eine gebrochene Beförderungslieferung von D an R vor. Der Lieferort ist somit nach § 3 Abs. 6 Satz 1 UStG bei Beginn der Beförderung in Düsseldorf. Die Lieferung ist nach § 1 Abs. 1 Nr. 1 UStG steuerbar. Die Steuerbefreiung des § 6 Abs. 1 Nr. 1 UStG greift hier nicht ein, da die Maschine nicht durch den Unternehmer D in das Drittlandsgebiet befördert oder versendet wird. Die Maschine gelangt durch die Weiterversendung durch R ins Drittlandsgebiet. Die Lieferung ist unter den weiteren Voraussetzungen des § 6 Abs. 1 Nr. 2 UStG steuerfrei.

§ 6 Abs. 1 Satz 1 Nr. 1 UStG setzt voraus, dass der Unternehmer den Gegenstand der Lieferung in das Drittlandsgebiet befördert oder versendet hat und § 6 Abs. 1 Satz 1 Nr. 2 UStG setzt voraus, dass der Abnehmer den Gegenstand der Lieferung in das Drittlandsgebiet befördert oder versendet hat und ein ausländischer Abnehmer ist. Nach dem Wortlaut des Gesetzes muss entweder der Unternehmer oder der Abnehmer den Gegenstand der Lieferung ins Drittlandsgebiet befördern oder versenden. Bei einer gebrochenen Beförderung oder Versendung (s. Abschn. 3.14 Abs. 4 Satz 1 UStAE) ist kein einheitlicher Vorgang gegeben, da mehrere beteiligte Unternehmer (oder der Abnehmer) in die Beförderung oder Versendung involviert sind. So ist z.B. mit Übergabe des Liefergegenstandes durch den Unternehmer an den Abnehmer die Beförderung beendet und – falls die Beförderung im Drittlandsgebiet endet – die Lieferung nach § 6 Abs. 1 Satz 1 Nr. 1 i.V.m. § 4 Nr. 1 Buchst. a UStG steuerfrei. Endet die Beförderung des Unternehmers dagegen im Inland und befördert oder versendet der Abnehmer den Gegenstand der Lieferung weiter ins Drittlandsgebiet (gebrochene Beförderungs- oder Versendungslieferung), so ist unter den weiteren Voraussetzungen des § 6 Abs. 1 Satz 1 Nr. 2 UStG die Lieferung steuerfrei (s.a. Abschn. 6.1 Abs. 3a Satz 3 UStAE).

Fall 102: Ausfuhrlieferung durch den Abnehmer/Lohnveredelung/
**   Grenzüberschreitende Güterbeförderung**

K aus Kiew erwirbt bei Unternehmer L aus Ludwigshafen Stahlbleche. K lässt die Stahlbleche durch die Firma T in Edenkoben zu Auspuffrohlingen verarbeiten. Spediteur S aus Neustadt transportiert die Rohlinge aufgrund eines Auftrages von K nach Kiew.

Aufgabe: Nehmen Sie Stellung zur Steuerbarkeit und zur Steuerbefreiung der Leistungen der im Sachverhalt genannten Unternehmer.

Lösung:

L tätigt mit dem Verkauf der Bleche im Inland (§ 3 Abs. 6 Satz 1 UStG) einen steuerbaren Umsatz (§ 1 Abs. 1 Nr. 1 UStG). Die Lieferung der Bleche ist nach § 4 Nr. 1 Buchst. a i.V.m. § 6 Abs. 1 Nr. 2 UStG steuerfrei. Nach § 6 Abs. 2 Nr. 1 UStG ist K ein ausländischer Abnehmer, der auch den Gegenstand der Lieferung in das Drittlandsgebiet (Ukraine) versendet hat. Dass der ausländische Abnehmer nicht die Bleche, sondern die Rohlinge in das Drittlandsgebiet versendet hat, steht der Steuerbefreiung nicht entgegen, weil der Gegenstand der Lieferung (Bleche) durch einen Beauftragten des Abnehmers K vor der Ausfuhr be- oder verarbeitet worden ist (§ 6 Abs. 1 Satz 2 UStG).

Voraussetzung für die Steuerbefreiung ist nach § 6 Abs. 4 UStG der Beleg- und Buchnachweis. Auch die Be- oder Verarbeitung müssen durch den Unternehmer L nachgewiesen werden.

T tätigt mit der Verarbeitung der Stahlbleche eine Werkleistung (§ 3 Abs. 9 Satz 1 UStG). Die Werkleistung wird nach § 3a Abs. 2 in Kiew ausgeführt, da dort der Leistungsempfänger K sein Unternehmen betreibt. Die Werkleistung ist nicht steuerbar.

S hat an K eine grenzüberschreitende Güterbeförderung ausgeführt, die nach § 3a Abs. 2 UStG in der Ukraine ausgeführt wird, da der Leistungsempfänger K dort seinen Sitz hat. Die Güterbeförderung des S ist nicht steuerbar.

Fall 103: Ausländischer Abnehmer

De pensionierte Beamte B verlegt seinen Wohnsitz von Freudenstadt nach Basel (Schweiz). Kurz vor der Ausreise erwirbt B bei Unternehmer U aus Freudenstadt ein Bücherregal, das B in den Umzugscontainer zu den übrigen Sachen stellt.

Aufgabe: Prüfen Sie, ob eine Ausfuhrlieferung vorliegt.

Lösung:

Nach § 3 Abs. 6 Satz 1 UStG ist die Lieferung in Freudenstadt ausgeführt und nach § 1 Abs. 1 Nr. 1 UStG steuerbar. Die Lieferung ist auch steuerpflichtig, weil B im Zeitpunkt der Ausfuhr noch kein ausländischer Abnehmer ist (§ 6 Abs. 1 Nr. 2, Abs. 2 UStG, Abschn. 6.3 Abs. 2 Satz 9 UStAE). Die Steuerbefreiung ist nur gegeben, wenn Unternehmer U das Regal in die Schweiz befördert oder versendet. Dies kann dadurch geschehen, dass er mit dem Spediteur des B einen besonderen Beförderungsvertrag mit gesondertem Frachtbrief und mit gesonderter Abrechnung vereinbart. Die Beförderung kann als Sammelgut mit demselben Container durchgeführt werden.

Fall 104: Ausschluss der Steuerbefreiung nach § 6 Abs. 3 UStG/Ausfuhrlieferung durch den Abnehmer/Abgrenzung Werklieferung – Werkleistung

Der Schweizer Unternehmer Z aus Zürich verbringt vom 15.7.29 bis 10.8.29 seinen Urlaub in Deutschland. Hierzu ist er mit seinem nur privat genutzten Pkw eingereist. Während des Urlaubs erbringt der deutsche Unternehmer L aus Lindau/Bodensee an Z verschiedene Leistungen, über die er rechtmäßig wie folgt abrechnet:

a)	Inspektion Pkw am 1.8.29			
	Material	400 €		
	Löhne	500 €	900 €	
	zzgl. 19 % USt			171 €
b)	Lieferung und Montage einer Stoßstange an Ihrem Pkw am 5.8.29		1.200 €	
c)	Lieferung einer Auspuffanlage für Ihren Pkw am 5.8.29		1.000 €	
	zzgl. 19 % USt			190 €
d)	Lieferung eines Ersatzteils für den Transporter Ihres Malergeschäftes in Zürich		1.500 €	
	Summe		**4.600 €**	**361 €**

S führt die Auspuffanlage und das Ersatzteil anlässlich der Rückkehr in die Schweiz im Kofferraum des Pkw mit. Der erforderlichen Beleg- und Buchnachweise des U sind erfüllt.

Aufgabe: Prüfen Sie, ob Ausfuhrlieferungen vorliegen.

Lösung:

Reparaturen beweglicher körperlicher Gegenstände können in Form einer Werklieferung oder Werkleistung erbracht werden (Abschn. 3.8 Abs. 6 Satz 1 UStAE). Kann in Abgrenzungsfällen nicht zweifelsfrei entschieden werden, ob die Reparaturleistung als Werklieferung oder Werkleistung zu qualifizieren ist, kann von einer Werklieferung ausgegangen werden, wenn der Entgeltanteil, der auf das bei der Reparatur verwendete Material entfällt, mehr als 50 % des für die Reparatur berechneten Gesamtentgelts beträgt (Abschn. 3.8 Abs. 6 Satz 6 UStAE). Die Inspektion stellt eine Werkleistung dar. Der Entgeltsanteil für Material übersteigt nicht 50 % des Gesamtentgelts.

Die Werkleistung des deutschen Unternehmers L wird nicht für das Unternehmen des Z ausgeführt. Die Ortsregelung des § 3a Abs. 2 UStG kommt nicht zur Anwendung. Der Ort bestimmt sich nach § 3a Abs. 3 Nr. 3 Buchst. c UStG nach dem Tätigkeitsprinzip und befindet sich in Lindau/Bodensee (Inland nach § 1 Abs. 2 Satz 1 UStG). Die Werkleistung ist somit steuerbar nach § 1 Abs. 1 Nr. 1 UStG.

Eine steuerfreie Lohnveredelung liegt nach § 4 Nr. 1 Buchst. a i.V.m. § 7 Abs. 1 Satz 1 UStG nicht vor, weil das Fahrzeug nicht zum Zwecke der Bearbeitung in das Gemeinschaftsgebiet eingeführt wurde (Abschn. 7.1 Abs. 2 UStAE). Die Reparaturleistung des L ist daher steuerpflichtig.

Hinsichtlich der montierten Stoßstange liegt eine Werklieferung vor (Abschn. 3.8 Abs. 1 UStAE). Die Werklieferung wird nach § 3 Abs. 6 Satz 1 und 2 UStG am 5.8.29 in Lindau ausgeführt (s.a. Abschn. 3.12 Abs. 7 UStAE). Die Werklieferung ist steuerbar nach § 1 Abs. 1 Nr. 1 UStG. Sie ist steuerfrei gem. § 4 Nr. 1 Buchst. a i.V.m. § 6 Abs. 1 Nr. 2 UStG, weil der Abnehmer den Gegenstand der Werklieferung in das Drittlandsgebiet befördert, außengebietlicher Abnehmer (§ 6 Abs. 2 UStG) ist und der Ausfuhrnachweis sowie der buchmäßige Nachweis vorliegt. Für Werklieferungen ist die Steuerbefreiung für Ausfuhrlieferungen nicht nach § 6 Abs. 3 UStG ausgeschlossen (Abschn. 6.4 Abs. 1 Satz 3 UStAE).

Hinsichtlich der Auspuffanlage liegt eine Lieferung des L an Z vor. Die Lieferung wird nach § 3 Abs. 6 Satz 1 und 2 UStG am 5.8.29 in Lindau ausgeführt (s.a. Abschn. 3.12 Abs. 7 UStAE). Die Werklieferung ist steuerbar nach § 1 Abs. 1 Nr. 1 UStG. Sie ist grundsätzlich steuerfrei nach § 4 Nr. 1 Buchst. a i.V.m. § 6 Abs. 1 Nr. 2 UStG. Da das Fahrzeug nicht dem Unternehmen des Z dient, kommt es zu einem Ausschluss der Steuerbefreiung nach § 6 Abs. 3 UStG (Abschn. 6.4 Abs. 1 UStAE). § 6 Abs. 3a UStG findet keine Anwendung, da ein Fahrzeug, seine Bestandteile und sein Zubehör kein persönliches Reisegepäck sind. Die Lieferung des L ist daher steuerpflichtig.

Hinsichtlich des Ersatzteils für den Transporter des Z liegt eine Lieferung des L an Z vor. Die Lieferung wird nach § 3 Abs. 6 Satz 1 und 2 UStG am 5.8.29 in Lindau ausgeführt (s.a. Abschn. 3.12 Abs. 7 UStAE). Die Werklieferung ist steuerbar nach § 1 Abs. 1 Nr. 1 UStG. Sie ist grundsätzlich steuerfrei gem. § 4 Nr. 1 Buchst. a i.V.m. § 6 Abs. 1 Nr. 2 UStG. Die Steuerbefreiung ist nicht nach § 6 Abs. 3 UStG ausgeschlossen, weil Z ausländischer Unternehmer ist und der Transporter dem Unternehmen des Z dient.

Fall 105: Ausfuhrlieferung im nichtkommerziellen Reiseverkehr 1

Vladimir (V) ist Russe, hat eine Wohnung in Köln und arbeitet hier. Er kauft beim Händler H in Köln ein Smartphone. Anlässlich eines Besuchs nimmt er das Gerät im Kofferraum seines Pkw mit nach Russland.

Aufgabe: Prüfen Sie, ob eine Ausfuhrlieferung vorliegt.

Lösung:

Die Lieferung von H an V ist steuerbar (§ 3 Abs. 6 Satz 1 und 2 UStG, § 1 Abs. 1 Nr. 1 UStG) und steuerpflichtig.

Ausfuhrlieferungen von Unternehmern sind umsatzsteuerfrei. Das gilt unter bestimmten Voraussetzungen auch für Verkäufe von Unternehmern an Reisende aus Staaten außerhalb der Europäischen Union

(EU). Man spricht vom »Export über den Ladentisch«. Die Steuerbefreiung wird dem Unternehmer gewährt, wenn (§ 6 Abs. 3a UStG):

- der Käufer im Drittlandsgebiet ansässig ist (Drittlandskäufer) und
- die Waren innerhalb von drei Monaten nach Kauf in das Drittlandsgebiet gelangen (s.a. Abschn. 6.11 Abs. 1 UStAE).

Drittlandskäufer sind Reisende mit Wohnort in einem Staat außerhalb der EU. Wohnort ist der Ort, an dem der Käufer für längere Zeit eine Wohnung genommen hat und der als der örtliche Mittelpunkt seines Lebens anzusehen ist. Als Wohnort in diesem Sinne gilt der Ort, der im Pass oder sonstigen Grenzübertrittspapier eingetragen ist. Auf die Staatsangehörigkeit des Käufers kommt es nicht an. Der Wohnort im Drittland muss im Zeitpunkt der Lieferung vorhanden sein (BMF vom 12.8.2014, BStBl I 2014 S. 1202, Tz. 1.2, Beispiel 3).

Da V der Ausführer des Geräts ist und eine Ausfuhr im nichtkommerziellen Reiseverkehr vorliegt, ist für die Steuerfreiheit ein ausländischer Abnehmer erforderlich. Da V aber eine Wohnung in Köln hat, ist dies bei ihm nicht der Fall. Die Lieferung ist steuerpflichtig.

Fall 106: Ausfuhrlieferung im nichtkommerziellen Reiseverkehr 2

Wie im Beispiel zuvor. Jedoch hat V das Gerät im Namen und auf Rechnung seines in Russland wohnenden Bruders erworben. Die Rechnung lautet auf seinen Bruder. An der Grenzzollstelle des EU-Mitgliedsstaates, über den der Käufer die Ware aus der EU ausführt (z.B. Polen) erhält V eine Ausfuhrbestätigung (Tz. 3.1 des BMF-Schreibens vom 12.8.2014, BStBl I 2014, 1202). Die Abnehmerbestätigung kann jedoch nicht erteilt werden, da Name und Anschrift des Passes mit dem Namen des Käufers nicht übereinstimmt. Siehe dazu auch Tz. 4 des BMF-Schreibens vom 12.8.2014 (BStBl I 2014, 1202) zu den Verfahrensschritten an der Grenzzollstelle.

Aufgabe: Prüfen Sie, ob eine Ausfuhrlieferung vorliegt.

Lösung:

Es handelt sich um eine Ausfuhrlieferung im nichtkommerziellen Reiseverkehr. Da der Bruder des V nunmehr den Gegenstand erworben hat, liegt ein ausländischer Abnehmer vor. Die Lieferung ist jedoch nur dann steuerfrei, wenn der Bruder sich bei der deutschen Botschaft oder bei einem deutschen Konsulat in Russland einen Identitätsnachweis erteilen lässt und diesen dem H zusendet (Tz. 5 und 6 des BMF-Schreibens vom 12.8.2014, BStBl I 2014 S. 1202).

Fall 107: Abgrenzung der Be- oder Verarbeitung eines Gegenstandes nach
§ 6 Abs. 1 Satz 2 UStG von der Lohnveredelung nach § 7 UStG

Unternehmer Murat (M) aus der Türkei bestellt beim inländischen Unternehmer U einen Pkw für sein Unternehmen mit Werbeschrift.

- **a)** U beauftragt den inländischen Unternehmer X mit der Beschriftung. Danach befördert U den Pkw zu M.
- **b)** U beauftragt den türkischen Unternehmer Recep (R) mit der Beschriftung. U befördert den Pkw zu R. Nach der Beschriftung befördert R, im Auftrag des U, den Pkw zu M.

Abwandlung 1:

Unternehmer Murat (M) aus der Türkei bestellt beim inländischen Unternehmer U einen Pkw für sein Unternehmen ohne Werbeschrift.

- **c)** M beauftragt den inländischen Unternehmer X mit der Beschriftung. Danach befördert X den Pkw zu M.
- **d)** M beauftragt den türkischen Unternehmer Recep (R) mit der Beschriftung. U befördert den Pkw zu R. Nach der Beschriftung befördert R, im Auftrag des M, den Pkw zu M.

Abwandlung 2:

e) M bringt seinen unternehmerisch genutzten Pkw ins Inland zu X, um dort die Werbeschrift erneuern zu lassen. Nach Ausführung der Arbeiten befördert X den Pkw zurück zu M.

Abwandlung 3:

f) Der türkische Privatmann Yasar (Y) bringt seinen Pkw ins Inland zu X, um dort die Lackierung erneuern zu lassen. Nach Ausführung der Arbeiten befördert X den Pkw zurück zu Y.

Aufgabe: Nehmen Sie Stellung zu den Bearbeitungsfällen und prüfen Sie, ob Ausfuhrlieferungen gegeben sind.

Lösung:

a) Gegenstand der Lieferung von U an M ist das fertige Werk – der beschriftete Pkw. Die Lieferung ist nach § 3 Abs. 6 Satz 1 und 2 UStG im Inland ausgeführt und gem. § 1 Abs. 1 Nr. 1 UStG steuerbar. Da der liefernde Unternehmer den Bearbeitungs- oder Verarbeitungsauftrag erteilt, ist die Ausführung dieses Auftrages ein der Lieferung des Unternehmers vorgelagerter Umsatz (Abschn. 6.1 Abs. 5 Satz 3 UStAE). U tätigt eine steuerfreie Ausfuhrlieferung nach § 4 Nr. 1 Buchst. a i.V.m. § 6 Abs. 1 Nr. 1 UStG, da er den Gegenstand der Lieferung – den beschrifteten Pkw – in das Drittlandsgebiet befördert hat. Ein Fall des § 6 Abs. 1 Satz 2 UStG liegt nicht vor.

X tätigt im Auftrag des U eine Werkleistung, deren Ort sich nach § 3a Abs. 2 UStG bestimmt. Der Ort befindet sich danach im Inland am Unternehmenssitz des U. Die Werbeschrift wird aber ausschließlich in der Türkei genutzt und wahrgenommen. Nach § 3a Abs. 8 UStG kommt es zu einer Ortsverlagerung ins Drittlandsgebiet (Abschn. 3a.14 Abs. 5 UStAE). Die Leistung des X ist nicht steuerbar.

b) Gegenstand der Lieferung von U an M ist das fertige Werk – der beschriftete Pkw. Da der liefernde Unternehmer den Bearbeitungs- oder Verarbeitungsauftrag erteilt, ist die Ausführung dieses Auftrages ein der Lieferung des Unternehmers vorgelagerter Umsatz (Abschn. 6.1 Abs. 5 Satz 3 UStAE). Da U nicht den »Gegenstand der Lieferung« ins Drittlandsgebiet befördert, handelt es sich nicht um eine steuerfreie Ausfuhrlieferung, sondern um ein nichtsteuerbares Verbringen vom Inland ins Drittlandsgebiet (Einfuhr in die Türkei). Nach § 3 Abs. 6 Satz 1 UStG gilt die Lieferung dort als ausgeführt, wo die Beförderung an den Abnehmer beginnt. Ein Befördern i.S.d. § 3 Abs. 6 UStG ist erst dann gegeben, wenn der »Gegenstand der Lieferung« fortbewegt wird. Der Ort der Lieferung befindet sich daher in der Türkei.

R tätigt im Auftrag des U eine Werkleistung, deren Ort sich nach § 3a Abs. 2 UStG bestimmt. Der Ort befindet sich danach im Inland am Unternehmenssitz des U. Nach § 3a Abs. 8 UStG kommt es zu einer Ortsverlagerung ins Drittlandsgebiet (Abschn. 3a.14 Abs. 5 UStAE). Die Leistung des R ist nicht steuerbar.

c) Gegenstand der Lieferung des U ist in diesem Fall der unbeschriftete Pkw. Dieser wird jedoch nicht unmittelbar ausgeführt, sondern in veränderter Form. Für U ergibt sich, dass die Be- oder Verarbeitung nach § 6 Abs. 1 Satz 2 UStG grundsätzlich für die Steuerfreiheit seiner Lieferung i.S.d. § 6 Abs. 1 UStG unschädlich ist (Abschn. 6.1 Abs. 5 Satz 1 und 2 UStAE), er aber zwei Nachweise zu erbringen hat. Nach § 6 Abs. 4 UStG müssen die Ausfuhr sowie die Be- oder Verarbeitung durch den Unternehmer nachgewiesen werden (s.a. § 8 Abs. 1 und 2 UStDV).

X tätigt im Auftrag des M eine Werkleistung, deren Ort sich nach § 3a Abs. 2 UStG bestimmt. Der Ort befindet sich danach in der Türkei am Unternehmenssitz des M. Die Werkleistung ist nicht steuerbar. Die Steuerfreiheit der Lohnveredelung i.S.d. § 4 Nr. 1 Buchst. a i.V.m. § 7 UStG ist nicht zu prüfen.

d) Gegenstand der Lieferung des U ist der unbeschriftete Pkw. Dieser wird unmittelbar durch U in das Drittlandsgebiet ausgeführt. Die Lieferung ist nach § 3 Abs. 6 Satz 1 und 2 UStG im Inland ausgeführt und gem. § 1 Abs. 1 Nr. 1 UStG steuerbar. Ein Fall des § 6 Abs. 1 Satz 2 UStG liegt nicht vor, da der Gegenstand der Lieferung nicht »vor der Ausfuhr« bearbeitet wurde. Nach § 6 Abs. 4 UStG muss die Ausfuhr durch den Unternehmer nachgewiesen werden (s.a. § 8 Abs. 1 UStDV). Die Lieferung ist steuerfrei.

R tätigt im Auftrag des M eine Werkleistung, deren Ort sich nach § 3a Abs. 2 UStG bestimmt. Der Ort befindet sich danach in der Türkei.

e) X tätigt im Auftrag des M eine Werkleistung, deren Ort sich nach § 3a Abs. 2 UStG bestimmt. Der Ort befindet sich danach in der Türkei am Unternehmenssitz des M. Die Steuerfreiheit der Lohnveredelung i.S.d. § 4 Nr. 1 Buchst. a i.V.m. § 7 UStG ist nicht zu prüfen.

f) X tätigt im Auftrag des Y eine Werkleistung, deren Ort sich nach § 3a Abs. 3 Nr. 3 Buchst. c UStG bestimmt. Der Ort befindet sich danach im Inland. Eine Ortsverlagerung nach § 3a Abs. 8 UStG findet nicht statt. Die steuerbare Leistung ist aber nach § 4 Nr. 1 Buchst. a i.V.m. § 7 Abs. 1 Nr. 1 UStG steuerfrei, da die Voraussetzungen der Lohnveredelung erfüllt sind. Der Auftraggeber Y hat den Pkw zum Zweck der Bearbeitung in das Gemeinschaftsgebiet eingeführt und der Werkunternehmer X hat den Pkw ins Drittlandsgebiet befördert (§ 7 Abs. 1 Satz 1 Nr. 1 UStG). Die Absicht, den Pkw bearbeiten zu lassen, bestand beim Auftraggeber Y bereits im Zeitpunkt der Einfuhr. Dabei braucht die Bearbeitung nicht der ausschließliche Zweck für die Einfuhr zu sein (Abschn. 7.1 Abs. 2 Sätze 2 und 3 UStAE).

Fall 108: Lohnveredelung und Dienstleistungskommission

Der türkische Privatmann Süleyman (S) erwirbt bei Unternehmer U im Inland einen Pkw und beauftragt den inländischen Unternehmer X mit einer Sonderlackierung. X wiederum beauftragt Z. X verbringt den Pkw zu Z. Nach der Lackierung durch Z bringt Z den Pkw zu X, dieser befördert dann den Pkw zu S in die Türkei.

Aufgabe: Nehmen Sie Stellung zu den Bearbeitungsfällen und prüfen Sie, ob Ausfuhrlieferungen gegeben sind.

Lösung:

Z wird als Subunternehmer für X tätig. Z erbringt eine Werkleistung an X. X erbringt mit Hilfe seines Subunternehmers Z eine Werkleistung an S. Es handelt sich um eine Dienstleistungskommission i.S.d. § 3 Abs. 11 UStG. Auftragnehmer X ist Leistungsempfänger und zugleich Leistender (s.a. Abschn. 3.15 Abs. 1 UStAE). Die Leistungen der Leistungskette werden bezüglich ihres Leistungsinhalts gleich behandelt. Die Leistungen werden zum selben Zeitpunkt erbracht (Abschn. 3.15 Abs. 2 UStAE).

Z hat an X eine im Inland steuerbare (§ 3a Abs. 2 UStG) und steuerpflichtige Lohnveredelung ausgeführt. Z hat den Pkw nicht in das Drittlandsgebiet versandt. Sein Auftraggeber X hat den Pkw nicht zu Zwecken der Lohnveredelung im Gemeinschaftsgebiet erworben, so dass die Voraussetzungen des § 7 UStG nicht erfüllt sind.

X hat an S mit Hilfe des Subunternehmers Z eine im Inland steuerbare (§ 3a Abs. 3 Nr. 3 Buchst. c Satz 1 UStG), aber als Lohnveredelung an einem Gegenstand der Ausfuhr steuerfreie Werkleistung (§ 4 Nr. 1 Buchst. a, § 7 Abs. 1 Nr. 1 UStG) ausgeführt.

Abwandlung:
Nach der Lohnveredelung befördert Z den Pkw zu S.

Lösung:

Hat der Werkunternehmer (X) einen anderen Unternehmer (Z) mit der Bearbeitung oder Verarbeitung beauftragt und befördert oder versendet dieser den bearbeiteten Gegenstand in das Drittlandsgebiet, kann die Ausfuhr in diesen Fällen durch eine Versandbestätigung nachgewiesen werden (Abschn. 7.2 Abs. 1 Satz 3 UStAE). Z handelt als Beauftragter des X, dem die Beförderung zuzurechnen ist. Der Werkunternehmer X erfüllt in diesen Fällen die Voraussetzungen des § 7 UStG, da ihm die Leistungen des Subunternehmers Z im Verhältnis zu seinem eigenen Auftraggeber wie die eines unselbstständigen Erfüllungshilfen zuzurechnen sind.

Zur Lohnveredelung s.a. Fall 196.

8. Bemessungsgrundlage für Leistungen/Änderung der Bemessungsgrundlage/Unrichtiger bzw. unzulässiger Steuerausweis

Fall 109: Unrichtiger Steuerausweis

Ein Unternehmer stellt folgende Rechnung:

Bücher	600 €
zzgl. 19 % USt	114 €
Versandkosten	10 €
Summe	**724 €**

Aufgabe: Ermitteln Sie die Bemessungsgrundlage sowie die Höhe der geschuldeten Umsatzsteuer.

Lösung:

Bemessungsgrundlage dieser Lieferung ist gem. § 10 Abs. 1 Satz 1 und 2 UStG das Entgelt. Der Steuersatz für Bücher beträgt aber 7 % nach § 12 Abs. 2 Nr. 1 UStG i.V.m. Anlage 2 Nr. 49. Die Versandkosten teilen als Nebenleistung das umsatzsteuerliche Schicksal der zugrunde liegenden Lieferung. Bemessungsgrundlage ist alles, was der Leistungsempfänger aufwendet – also der Bruttobetrag –, jedoch abzüglich der gesetzlich richtigen USt. Die richtige USt muss aus allem herausgerechnet werden und beträgt demnach 724 € : 107 × 7 = 47,36 €. Die Bemessungsgrundlage beträgt demnach (724 € ./. 47,36 € =) 676,64 €.

Zum unrichtigen Steuerausweis s. § 14c Abs. 1 UStG sowie Abschn. 14c.1 UStAE. Neben der gesetzlich richtigen USt i.H.v. 47,36 € schuldet der Unternehmer auch den in der Rechnung ausgewiesenen Mehrbetrag i.H.v. (114 € ./. 47,36 € =) 66,64 €.

Fall 110: Unrichtiger Steuerausweis/Einkaufkommission/Abgrenzung Werklieferung – Werkleistung

Vermietungsunternehmer V aus Edesheim/Pfalz hat ein Geschäftsgebäude insgesamt steuerpflichtig als Büroräume vermietet.

Im August 25 wütete ein heftiger Sturm und beschädigte zwei Dachfenster im Dachgeschoss. V beauftragte den Dachdeckermeister D (Landau) mit dem Einbau neuer Fenster. D beendete seine Arbeiten im September 25. Er berechnete V am 9.10.25 4.800 € zzgl. USt für die Lieferung und den Einbau der Dachfenster. Da D die Dachfenster im eigenen Namen, aber auf Rechnung des V besorgt hatte, stellte er am 10.10.25 noch eine weitere Rechnung über die Vermittlung des Einkaufs der Dachfenster = 400 € zzgl. 76 € USt aus. Beide Rechnungen beglich V sofort nach Erhalt.

Aufgabe: Nehmen Sie Stellung zu den Umsätzen des Unternehmers D. Unterstellen Sie dabei die Regelbesteuerung. Nehmen Sie weiterhin Stellung zum Vorsteuerabzug des V.

D erbringt mit dem Einbau der Dachfenster eine unbewegte Werklieferung (Montagefall) nach § 3 Abs. 4 UStG, da er den Einbau per Werkvertrag (§ 631 BGB) übernommen und den Hauptstoff selbst beschafft hat. Die Besorgung der Dachfenster erfolgte im Rahmen einer Einkaufskommission (§ 383 Abs. 1 HGB), es liegt keine Materialbeistellung des V vor (Abschn. 3.8 Abs. 4 Satz 1 und 2 UStAE). Die Lieferung der Dachfenster nimmt am Leistungsaustausch zwischen D und V teil, wobei die Verschaffung der Verfügungsmacht erst im fertigen Werk (eingebaute Dachfenster) erfolgt. Der Ort bestimmt sich nach § 3 Abs. 7 Satz 1 UStG und liegt in Edesheim. Die Werklieferung ist somit steuerbar und mangels Steuerbefreiung steuerpflichtig.

Die Bemessungsgrundlage ist das von V insgesamt aufgewendete Entgelt (§ 10 Abs. 1 Satz 1 und 2 UStG):

Einbau Dachfenster	4.800 €
»Vermittlung«	+ 400 €
Gesamtbetrag netto	**5.200 €**
USt 19 %	**988 €**

Die Umsatzsteuer entsteht mit Ablauf 9/25; Steuerschuldner ist D.

D hätte die Werklieferung in einer Gesamtrechnung mit allen Entgeltsbestandteilen berechnen müssen. Rechnung 1 ist daher unvollständig und die USt wurde zu niedrig ausgewiesen (s.a. Abschn. 14c.1 Abs. 9 UStAE). Mit Rechnung 2 rechnet D über eine Vermittlungsleistung ab, die er – aufgrund der Einkaufskommission – tatsächlich aber nicht erbracht hat. Dies ist ein Fall des unberechtigten Steuerausweises nach § 14c Abs. 2 Satz 2 UStG (vgl. auch Abschn. 3.15 Abs. 4 UStAE). Die ausgewiesene USt i.H.v. 76 € entsteht nach § 13 Abs. 1 Nr. 4 UStG am 10.10.25. Steuerschuldner ist D (§ 13a Abs. 1 Nr. 4 UStG). Die USt i.H.v. 76 € schuldet D zusätzlich zur gesetzlich in richtiger Höhe entstandenen USt i.H.v. 988 € (s.a. Abschn. 14c.2 Abs. 2 Nr. 3 Satz 2 UStAE).

Fall 111: Mindestbemessungsgrundlage

Der Einzelunternehmer E verkauft den 8 Jahre alten Betriebs-Pkw an seinen Neffen für 2.000 €. Der Buchwert des Pkw beträgt im Zeitpunkt des Verkaufs 1 €, im Falle eines Verkaufes an einen Gebrauchtwagenhändler würde E einen Nettoerlös von 5.000 € erzielen.

Aufgabe: Ermitteln Sie die Bemessungsgrundlage.

Die Grundvoraussetzungen (Einzelunternehmer, nahestehende Person) für die Mindestbemessungsgrundlage liegen vor. Es muss jedoch ermittelt werden, welcher Mindestwert im obigen Falle anzusetzen ist und ob dieser das tatsächlich entrichtete Entgelt übersteigt. Hierbei ist zu prüfen, welcher Wert im Falle einer Entnahme des Pkw in den Privatbereich des E anzusetzen wäre. Dies wäre hier gem. § 10 Abs. 4 Nr. 1 UStG unstreitig der Einkaufspreis. Im obigen Falle wären das die Wiederbeschaffungskosten bei E, also 5.000 €. Dieser Wert entspricht zugleich dem Mindestwert. Da der Neffe weniger bezahlt als diesen Mindestwert, greift die Mindestbemessungsgrundlage ein. E muss anstelle des erhaltenen Entgelts mindestens 5.000 € versteuern.

Fall 112: Mindestbemessungsgrundlage/Mahlzeitengestellung an Arbeitnehmer

Arbeitgeber A gibt seinen Arbeitnehmern die Möglichkeit, in der betriebseigenen Kantine täglich gegen Bezahlung von 1,80 € ein in der Kantine hergestelltes Mittagessen einzunehmen. Das einzelne Mittagessen kostet ihn schätzungsweise jeweils zwischen 8 und 10 €.

Aufgabe: Ermitteln Sie die Bemessungsgrundlage.

Lösung:

Die Essensabgaben des A an seine Arbeitnehmer sind steuerbar und steuerpflichtig. Der Steuersatz beträgt 19 %, da es sich um Restaurationsleistungen handelt (§ 3 Abs. 9 UStG).

Werden Mahlzeiten in unternehmenseigenen Kantinen entgeltlich abgegeben, ist der vom Arbeitnehmer gezahlte Essenspreis, mindestens jedoch der Wert der Besteuerung zu Grunde zu legen, der dem amtlichen Sachbezugswert entspricht. Der von den Arbeitnehmern bezahlte Betrag liegt unter dem Bruttowert, der bei völlig unentgeltlicher Essensabgabe anzusetzen wäre. Gem. Abschn. 1.8 Abs. 11 Satz 2 UStAE kann der lohnsteuerrechtliche Sachbezugswert von 3,23 € (ab 1.1.2018; BMF vom 21.12.2017, BStBl I 2018, 63) je Essen als Mindestbemessungsgrundlage nach § 10 Abs. 5 Nr. 2 i.V.m. § 10 Abs. 4 Nr. 1 UStG angesetzt werden. Die USt je Essen beträgt somit 3,23 € : 119 × 19 = 0,52 €. Die Bemessungsgrundlage beträgt 2,71 €.

Fall 113: Mindestbemessungsgrundlage/Mahlzeitengestellung an Arbeitnehmer während einer vorübergehenden Auswärtstätigkeit

Der ArbN übernachtet während einer zweitägigen Auswärtstätigkeit im Hotel. Die Rechnung des Hotels ist auf den Namen des ArbG ausgestellt. Das Hotel rechnet eine Übernachtung mit Frühstück wie folgt ab:

Übernachtung   107,00 €, Steuersatz 7 %,
Frühstück   17,85 €, Steuersatz 19 %,
Insgesamt   124,85 €.
Der ArbN zahlt den Rechnungsbetrag für den ArbG.

Aufgabe: Nehmen Sie kurz aus lohnsteuerrechtlicher Sicht Stellung.
Welche Auswirkung hat die lohnsteuerrechtliche Behandlung auf die Umsatzsteuer?

Lösung:

S.a. BMF vom 24.10.2014 (BStBl I 2014, 1412, Beispiel 63 und 64 in Rz. 113).

Der Arbeitgeber hat hinsichtlich der **lohnsteuerrechtlichen** Reisekostenabrechnung folgende Möglichkeiten:

Die Übernachtungskosten von 107,00 € können vom Arbeitgeber steuerfrei erstattet werden. Für den An- und Abreisetag stehen dem Arbeitnehmer Verpflegungspauschalen von insgesamt 24 € (je 12 € für den An- und Abreisetag) zu (§ 9 Abs. 4a Satz 3 EStG). Die Verpflegungspauschale für den Abreisetag ist nicht zu kürzen (um 4,80 € für das Frühstück; § 9 Abs. 4a Satz 8 EStG), wenn der Arbeitgeber dem Arbeitnehmer lediglich die 107,00 € als Übernachtungskosten erstattet. Insgesamt kann der ArbG somit 131,00 € steuerfrei erstatten (107,00 € Unterkunft plus 24 € Verpflegung; § 3 Nr. 16 EStG).

Erstattet der Arbeitgeber dem Arbeitnehmer hingegen den Gesamtpreis von 124,85 € (also einschließlich Frühstück), wären die Verpflegungspauschalen von insgesamt 24,00 € (2 × 12,00 €) um 4,80 € zu kürzen (§ 9 Abs. 4a Satz 8 Buchst. a EStG) auf einen Betrag von 19,20 € für Verpflegung. Insgesamt könnte der Arbeitgeber somit 144,05 € steuerfrei erstatten (124,85 € Unterkunft und Frühstück plus 19,20 € Verpflegung).

Umsatzsteuerrechtlich handelt es sich um eine Kleinbetragsrechnung nach § 33 UStDV (Gesamtbetrag bis 250 €). Die Kleinbetragsrechnung muss u.a. folgende Angaben enthalten:
- das Entgelt und der darauf entfallende Steuerbetrag in einer Summe (Bruttobetrag) sowie
- der anzuwendende Steuersatz.

Wird in einer Kleinbetragsrechnung über verschiedene Leistungen abgerechnet, die verschiedenen Steuersätzen unterliegen, sind für die verschiedenen Steuersätzen unterliegenden Leistungen die jeweiligen Summen anzugeben (Abschn. 14.6 Abs. 1 Satz 2 UStAE).

Da eine ordnungsgemäße Rechnung vorliegt, ist der Vorsteuerabzug unter den weiteren Voraussetzungen des § 15 Abs. 1 Nr. 1 UStG möglich (s.a. Abschn. 15.2a Abs. 1 UStAE).

Unabhängig vom Vorsteuerabzug sind umsatzsteuerrechtlich die Leistungsbeziehungen zu prüfen. Da die Rechnung auf den Namen des Arbeitgebers ausgestellt ist, tritt der Arbeitgeber als Besteller der Leistungen für den Arbeitnehmer auf. Es liegt einerseits ein Leistungsaustausch zwischen dem Hotelier und dem Arbeitgeber und andererseits ein Leistungsaustausch des Arbeitgebers gegenüber dem Arbeitnehmer vor (s.a. Abschn. 1.8 Abs. 12 Nr. 1 UStAE und dort das Beispiel 1). In beiden Fällen liegt eine sonstige Leistung vor.

Werden die Aufwendungen anlässlich der Auswärtstätigkeit des Arbeitnehmers in voller Höhe durch den Arbeitgeber getragen, handelt es sich um Leistungen, die überwiegend durch das betriebliche Interesse des Arbeitgebers veranlasst sind (Abschn. 1.8 Abs. 2 Satz 7, Abs. 4 und Abs. 13 UStAE). Es liegt keine einer entgeltlichen Leistung gleichgestellte unentgeltliche Wertabgabe vor (Abschn. 1.8 Abs. 13 Satz 2 UStAE).

Erstattet der Arbeitgeber lediglich die Übernachtungskosten i.H.v. 107,00 €, trägt der Arbeitnehmer die Kosten für das Frühstück selbst. Lohnsteuerrechtlich sind in diesem Fall die Verpflegungspauschalen nicht zu kürzen. Die Leistungsbeziehung besteht zwischen Arbeitgeber und Arbeitnehmer. Der Arbeitgeber tätigt eine sonstige Leistung gegen Entgelt an den Arbeitnehmer. Die sonstige Leistung ist steuerbar (s.a. Abschn. 1.8 Abs. 1 Satz 3 UStAE).

Mit Urteil vom 14.1.2016 (V R 63/14, BStBl II 2016, 360) hat der BFH entschieden, dass die Besteuerung bzw. Nichtversteuerung unentgeltlicher Leistungen keinen Rückschluss auf die Besteuerung gegen (verbilligtes) Entgelt erbrachter Dienstleistungen erlaubt.

Im Urteilsfall vertrat die Klägerin die Auffassung, bei der Parkraumüberlassung an die Angestellten gegen verbilligtes Entgelt handele es sich um einen nichtsteuerbaren Vorgang. Die Überlassung erfolge »aufgrund des Dienstverhältnisses« und deshalb im – einen möglichen privaten Bedarf der Angestellten überlagernden – unternehmerischen Interesse der Klägerin (Gewährleistung eines ungestörten Betriebsablaufs). Die Klägerin beruft sich auf Abschn. 1.8 Abs. 4 Nr. 5 UStAE.

Nach dem EuGH-Urteil Fillibeck vom 16.10.1997 (C–258/95, Rz. 29 f.) komme es für die Steuerbarkeit einer unentgeltlichen Leistung darauf an, ob sie dem privaten Bedarf des Arbeitnehmers und damit unternehmensfremden Zwecken dient oder ob die Erfordernisse des Unternehmens es gebieten, diese Leistung nicht als zu unternehmensfremden Zwecken erbracht erscheinen zu lassen, sodass sie dem überwiegenden Interesse des Arbeitgebers (und damit unternehmenseigenen Interessen) dient. Diese in Art. 16 und Art. 26 Abs. 1 MwStSystRL angelegte Differenzierung komme ausschließlich bei unentgeltlichen Leistungen zur Anwendung. Eine vergleichbare Unterscheidung sei in Art. 2 Abs. 1 Buchst. a und c MwStSystRL für (teil-) entgeltliche Lieferungen von Gegenständen oder Dienstleistungen nicht angelegt.

Entgegen der Auffassung der Klägerin beziehen sich die Ausführungen in Abschn. 1.8 Abs. 4 Nr. 5 UStAE ausschließlich auf unentgeltliche Leistungen, nicht hingegen auf Sachleistungen, die der Arbeitgeber an seine Arbeitnehmer gegen ein (verbilligtes) Entgelt erbringt. Nach Abschn. 1.8 Abs. 1 Satz 3 UStAE sind u.a. sonstige Leistungen nach § 1 Abs. 1 Nr. 1 Satz 1 UStG steuerbar, die der Unternehmer an seine Arbeitnehmer aufgrund des Dienstverhältnisses gegen verbilligtes Entgelt ausführt. In Abschn. 1.8 Abs. 2 bis 4 UStAE werden sodann die Voraussetzungen beschrieben, unter denen (ausschließlich) unentgeltliche (Arbeitgeber-)Leistungen den entgeltlichen Leistungen gleichzustellen sind (§ 3 Abs. 1b Satz 1 Nr. 2 und § 3 Abs. 9a UStG).

Der BFH weist darauf hin, dass die Rechtsprechung davon ausgeht, dass entgeltliche Leistungen auch dann vorliegen, wenn sie verbilligt erbracht werden (z.B. BFH-Urteile vom 15.11.2007, V R 15/06, BStBl II 2009, 423, Rz 19 f. und vom 27.2.2008, XI R 50/07, BStBl II 2009, 426, Rz 9). In den genannten Urteilen hat der BFH die Rechtsfrage geklärt, dass bei den Leistungen an Arbeitnehmer gegen verbilligtes Entgelt die Mindestbemessungsgrundlage dann nicht anzuwenden ist, wenn die unentgeltliche Leistungserbringung wegen des überwiegend betrieblichen Interesse des Arbeitgebers nicht steuerbar ist (s.a. Vfg. OFD Karlsruhe vom 28.1.2009, S 7208, UR 2009, 357).

Fall 114: Mahlzeitengestellung an Arbeitnehmer während einer vorübergehenden Auswärtstätigkeit und Beteiligung des Arbeitnehmers an den Kosten

Ein Arbeitnehmer ist durch eine Auswärtstätigkeit an einem Kalendertag 15 Stunden abwesend. Nach der betrieblichen Reisekostenregelung beträgt der Reisekostenzuschuss bei einer 15-stündigen Abwesenheit 20 €, die bei Gewährung einer Mahlzeit um 30 % zu kürzen ist. Der Arbeitnehmer hat deshalb nur Anspruch auf eine Reisekostenvergütung von 14,00 € in bar.

Der Arbeitnehmer erhält vom Arbeitgeber eine Mittagsmahlzeit, für die ein Entgelt von 3,23 € (Sachbezugswert 2018) vereinbart ist. Dieses Entgelt wird von der Reisekostenvergütung einbehalten. Statt 14,00 € erhält der Arbeitnehmer nur 10,77 € ausgezahlt.

Aufgabe: Nehmen Sie kurz aus lohnsteuerrechtlicher Sicht Stellung.
Welche Auswirkung hat die lohnsteuerrechtliche Behandlung auf die Umsatzsteuer?

Lösung:

Die Kürzung der Verpflegungspauschale ist auch dann vorzunehmen, wenn der Arbeitgeber die dem Arbeitnehmer zustehende Reisekostenvergütung lediglich gekürzt ausbezahlt. Nur ein für die Gestellung der Mahlzeit vereinbartes und vom Arbeitnehmer tatsächlich gezahltes Entgelt mindert den Kürzungsbetrag nach § 9 Abs. 4a Satz 10 EStG. Es ist hierbei nicht zu beanstanden, wenn der Arbeitgeber das für die Mahlzeit vereinbarte Entgelt im Rahmen eines abgekürzten Zahlungsweges unmittelbar aus dem Nettolohn des Arbeitnehmers entnimmt. Gleiches gilt, wenn der Arbeitnehmer das Entgelt im Wege der Verrechnung aus der dem Arbeitnehmer dienst- oder arbeitsrechtlich zustehenden Reisekostenerstattungen entnimmt (BMF vom 24.10.2014, BStBl I 2014, 1412, Rz. 77). Eine Verminderung der steuerfreien Reisekostenerstattung (einseitige Kürzung des Tagegeldanspruchs) führt hingegen nicht zu einer Minderung des Kürzungsbetrages (BFH Urteil vom 24.3.2011, VI R 11/10, BStBl II 2011, 829).

Einseitige Kürzung der Reisekostenvergütung

Der Arbeitgeber zahlt eine gekürzte Reisekostenvergütung von 10,77 € (14,00 € ./. 3,23 €). Da der Kürzungsbetrag i.S.d. § 9 Abs. 4a Satz 8 Nr. 2 EStG von 9,60 € nicht zu mindern ist, bedeutet dies, dass der Arbeitnehmer tatsächlich kein Entgelt für die Mahlzeit aufgewendet hat.

Umsatzsteuerrechtlich bedeutet das, dass der Arbeitgeber die Mahlzeit unentgeltlich abgegeben hat. Die unentgeltliche Mahlzeitgestellung im Rahmen der Auswärtstätigkeit stellt keinen steuerbaren Umsatz dar, da die Leistung überwiegend durch das betriebliche Interesse des Arbeitgebers veranlasst ist (s.a. Abschn. 1.8 Abs. 13 Satz 3 UStAE).

Verrechnung des Entgelts

Der Arbeitnehmer kann für die Auswärtstätigkeit folgende Verpflegungspauschale als Werbungskosten geltend machen:

Pauschbetrag nach § 9 Abs. 4a Satz 3 Nr. 3 EStG	12,00 €
Kürzung (§ 9 Abs. 4a Satz 8 Nr. 2 EStG)	
1 Mittagessen: 1 × (40 % von 24 € =) 9,60 € ./. 3,23 €	./. 6,37 €
Verbleiben an Werbungskosten	**5,63 €**

Dem Arbeitnehmer sind zunächst 14,00 € zugeflossen. Durch die Minderung des Kürzungsbetrages wird deutlich, dass der Arbeitnehmer ein Entgelt für die Mahlzeitgewährung aufgewendet hat.

Umsatzsteuerrechtlich bedeutet das, dass der Arbeitgeber die Mahlzeit entgeltlich abgegeben hat. S.o. die Lösung Fall 113.

Fall 115: Mindestbemessungsgrundlage/Rechnungserstellung
Eine Gesellschaft liefert an ihren unternehmerisch tätigen Gesellschafter eine gebrauchte Maschine, deren Wiederbeschaffungskosten netto 20.000 € betragen, zu einem Kaufpreis von 10.000 €.

Aufgabe: Ermitteln Sie die Bemessungsgrundlage und nehmen Sie Stellung zu den Angaben in einer ordnungsgemäßen Rechnung.

Lösung:

Im Fall der Mindestbemessungsgrundlage muss die Rechnung neben den übrigen erforderlichen Angaben enthalten:

Mindestbemessungsgrundlage	20.000 €
19 % USt	3.800 €

Der die Maschine erwerbende Gesellschafter kann unter den weiteren Voraussetzungen des § 15 UStG 3.800 € als Vorsteuer abziehen.

Bei der verbilligten Überlassung könnte eine verdeckte Gewinnausschüttung gegeben sein.

Fall 116: Änderung der Bemessungsgrundlage/Vermittlungsleistung/Rabattgewährung durch den Vermittler
Der Autovermittler Volker Völker (V) vermittelt für den Hersteller BMW den Verkauf eines Neuwagens an einen Unternehmer für 100.000 € zzgl. 19.000 € USt. Für die Vermittlung erhält der Vermittler vom Hersteller 5.000 € zzgl. 950 € USt. Damit der Käufer den Pkw erwirbt, gibt der Vermittler dem Käufer einen Rabatt i.H.v. 1.190 €.

Aufgabe: Ermitteln Sie die Bemessungsgrundlage beim V sowie zur Höhe des Vorsteuerabzugs beim Erwerber des Pkw.

Lösung:

Nach der Rechtsprechung des EuGH und des BFH sowie nach dem BMF-Schreiben vom 27.2.2015 (BStBl I 2015, 232) liegt kein Fall der Minderung der Bemessungsgrundlage beim Vermittler vor, d.h., die Bemessungsgrundlage für die Vermittlungsleistung bleibt bei 5.000 €. Auch das Entgelt der Lieferfirma (BMW) für die Lieferung des Pkw ändert sich nicht. Der Vermittler ist nicht berechtigt, dem Abnehmer eine Abrechnung über den Preisnachlass mit Ausweis der USt zu erteilen und einen entsprechenden Vorsteuerabzug vorzunehmen, weil zwischen ihm und dem Abnehmer kein Leistungsaustausch stattfindet (Beispiel 2 zu Abschn. 10.3 Abs. 4 sowie Abschn. 17.2 Abs. 7 und 8 UStAE).

Der EuGH hat mit seinem Urteil vom 16.1.2014 (C-300/12, BStBl II 2015, 317) auf den Vorlagebeschluss des BFH vom 26.2.2012 (V R 18/11, BFH/NV 2012, 1393) entschieden, dass die Grundsätze, die der EuGH im Urteil vom 24.10.1996 (C–317/94, BStBl II 2004, 324) zur Bestimmung der Besteuerungsgrundlage der Mehrwertsteuer aufgestellt hat, nicht anzuwenden sind, wenn ein Reisebüro als Vermittler dem Endverbraucher aus eigenem Antrieb und auf eigene Kosten einen Nachlass auf den Preis der vermittelten Leistung gewährt, die von dem Reiseveranstalter erbracht wird.

Der BFH hat sich mit dem Folgeurteil vom 27.2.2014 (V R 18/11, (BStBl II 2015, 306) dieser Rechtsauffassung unter Aufgabe seiner bisherigen Rechtsprechung (s.o.) angeschlossen. Danach kommt es nicht zu einer Minderung der Bemessungsgrundlage, wenn ein Vermittler dem Empfänger des von ihm vermittelten Umsatzes einen Teil des Preises für den vermittelten Umsatz vergütet. Dementsprechend führt der Preisnachlass auch nicht zu einer Berichtigung des Vorsteuerabzugs beim Kunden (BFH Urteil vom 3.7.2014, V R 3/12, BStBl II 2015, 307).

Fall 117: Änderung der Bemessungsgrundlage/Rabattgewährung durch einen Lieferer
Die Firma F aus Deutschland liefert Produkte an die Großhändler G in Deutschland. Die Großhändler liefern die Produkte an die Unternehmer U in Deutschland. Die Firma F gewährt Unternehmer U einen Rabatt.

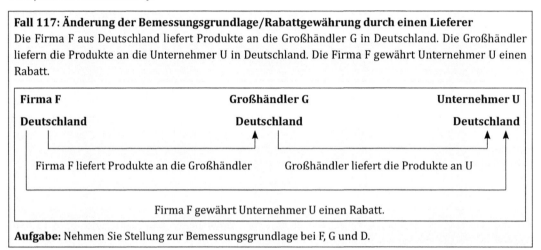

Aufgabe: Nehmen Sie Stellung zur Bemessungsgrundlage bei F, G und D.

Lösung:

Hat sich die Bemessungsgrundlage für einen steuerpflichtigen Umsatz i.S.d. § 1 Abs. 1 Nr. 1 UStG geändert, so hat nach § 17 Abs. 1 UStG der Unternehmer, der diesen Umsatz ausgeführt hat (Firma F), den dafür geschuldeten Steuerbetrag zu berichtigen (§ 17 Abs. 1 Satz 1 UStG). Ebenfalls ist der Vorsteuerabzug bei dem Unternehmer, an den dieser Umsatz ausgeführt wurde (Großhändler), zu berichtigen (§ 17 Abs. 1 Satz 2 UStG). Dies gilt nicht, soweit er durch die Änderung der Bemessungsgrundlage wirtschaftlich nicht begünstigt wird (§ 17 Abs. 1 Satz 3 UStG). Wird in diesen Fällen ein anderer Unternehmer (Unternehmer U) durch die Änderung der Bemessungsgrundlage wirtschaftlich begünstigt, hat dieser Unternehmer seinen Vorsteuerabzug zu berichtigen (§ 17 Abs. 1 Satz 4 UStG).

Die Voraussetzungen für eine Vorsteuerkorrektur nach § 17 Abs. 1 Satz 2 UStG sind im Ausgangsfall nicht erfüllt, denn die Bemessungsgrundlage für den Umsatz der Großhändler an U, der sie zum Vorsteuerabzug berechtigt, hat sich nicht geändert. Da sich die Bemessungsgrundlage i.S.d. § 10 Abs. 1, § 17 Abs. 1 Satz 1 UStG (das Entgelt) grundsätzlich nach dem zwischen Leistendem und Leistungsempfänger bestehenden Rechtsverhältnis richtet (BFH Urteile vom 17.12.2009, V R 1/09, BFH/NV 2010, 1869; vom 16.1.2003, V R 36/01, BFH/NV 2003, 667), betrifft auch die Berichtigungspflicht nach § 17 Abs. 1 Satz 2 UStG nur die am Leistungsaustausch unmittelbar beteiligten Unternehmer. Dies folgt systematisch aus den Regelungen des § 17 Abs. 1 Sätze 3 und 4 UStG, welche die Auswirkungen regeln, die die Änderung der Bemessungsgrundlage im jeweiligen Rechtsverhältnis auf andere Unternehmer hat.

Das Entgelt im Rechtsverhältnis zwischen den Großhändlern und U, also alles, was der Leistungsempfänger aufwendet, um die Leistung zu erhalten (§ 10 Abs. 1 Satz 2 UStG), hat sich nicht geändert, weil sich der Wert dessen, was U gegenüber den Großhändlern aufgewandt hat, durch den Rabatt nicht verändert hat;

eine Berücksichtigung des von F gewährten Rabattes scheidet im Verhältnis zwischen den Großhändlern und U aus (s.a. Abschn. 17.2 Abs. 1 UStAE).

Gemäß § 17 Abs. 1 Satz 3 UStG muss der Unternehmer, an den der Umsatz ausgeführt wurde, den Vorsteuerabzug nicht berichtigen, soweit er durch die Änderung der Bemessungsgrundlage wirtschaftlich nicht begünstigt wird. Wird in diesen Fällen ein anderer Unternehmer durch die Änderung der Bemessungsgrundlage wirtschaftlich begünstigt, hat dieser Unternehmer seinen Vorsteuerabzug zu berichtigen (§ 17 Abs. 1 Satz 4 UStG).

§ 17 Abs. 1 Satz 4 UStG regelt die Voraussetzungen der Vorsteuerberichtigung nicht dem Grunde nach, sondern bestimmt, welcher Unternehmer seinen Vorsteuerabzug zu berichtigen hat. Abweichend von § 17 Abs. 1 Satz 2 UStG, wonach der Vorsteuerabzug bei dem Unternehmer (Großhändler) zu berichtigen ist, »an den dieser Umsatz ausgeführt wurde«, ordnet § 17 Abs. 1 Satz 4 UStG die Berichtigung des Vorsteuerabzugs bei dem (anderen) Unternehmer (U) an, der durch die Änderung der Bemessungsgrundlage »wirtschaftlich begünstigt« wird.

Die Vorsteuerberichtigung nach § 17 Abs. 1 Satz 4 UStG setzt ebenso wie die des § 17 Abs. 1 Satz 2 UStG eine **Änderung der Bemessungsgrundlage** für einen **steuerpflichtigen** Umsatz voraus. Mit der Formulierung »in diesen Fällen« knüpft die Vorsteuerberichtigung nach § 17 Abs. 1 Satz 4 UStG nach Wortlaut und Gesetzessystematik nämlich nicht nur an die in § 17 Abs. 1 Satz 3 UStG geregelten Fälle an, in denen ein anderer Unternehmer durch die Änderung der Bemessungsgrundlage wirtschaftlich begünstigt wird, sondern auch an die in § 17 Abs. 1 Satz 1 UStG enthaltene Bedingung, dass »sich die Bemessungsgrundlage für einen steuerpflichtigen Umsatz i.S.d. § 1 Abs. 1 Nr. 1 UStG geändert« hat. § 17 Abs. 1 Satz 4 UStG gleicht mit der Vorsteuerkorrektur beim wirtschaftlich begünstigten Unternehmer den nach § 17 Abs. 1 Satz 1 UStG geminderten Steuerbetrag aus. Diese Korrektur hängt davon ab, ob es zu einer Minderung des Steuerbetrags i.S.d. § 17 Abs. 1 Satz 1 UStG kommt.

F hat den für seine Umsätze geschuldeten Steuerbetrag nach § 17 Abs. 1 Satz 1 UStG zu seinen Gunsten zu berichtigen, da seine Umsätze nach § 1 Abs. 1 Nr. 1 UStG der USt im Inland unterliegen und steuerpflichtig sind. Korrespondierend hat dies die Verpflichtung des Unternehmers U zur Berichtigung seines Vorsteuerabzugs nach § 17 Abs. 1 Satz 4 UStG zur Folge (s.a. Beispiel zu Abschn. 17.2 Abs. 1 UStAE).

Abwandlung:

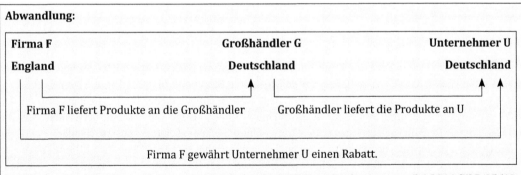

Firma F	Großhändler G	Unternehmer U
England	Deutschland	Deutschland

Firma F liefert Produkte an die Großhändler   Großhändler liefert die Produkte an U

Firma F gewährt Unternehmer U einen Rabatt.

Der Sachverhalt der Abwandlung entspricht denen der BFH-Entscheidungen vom 5.6.2014 (XI R 25/12, BFH/NV 2014, 1692) und 4.12.2014 (V R 6/13, BFH/NV 2015, 459; Anmerkung von Marchal, UR 6/2015, 243).

Lösung:

Für keinen der in Betracht kommenden Umsätze in der Leistungskette F – Großhändler – Unternehmer U liegen die Korrekturvoraussetzungen vor: Für die Lieferung der Großhändler an U folgt das aus den oben genannten Gründen. Die Bemessungsgrundlage für den Umsatz der Großhändler an U, der U zum Vorsteuerabzug berechtigt, hat sich nicht geändert. Dasselbe gilt für die steuerfreie Lieferung durch F an die Großhändler und für den nach § 1 Abs. 1 Nr. 5 UStG im Inland steuerpflichtigen innergemeinschaftlichen Erwerb der Großhändler.

Bei der Lieferung des F an die Großhändler fehlt es am Merkmal eines steuerpflichtigen Umsatzes (§ 17 Abs. 1 Satz 4 i.V.m. Satz 1 UStG). Eine Umsatzsteuerkorrektur bei F kommt nicht zum Tragen, da es sich bei der Lieferung des ersten Unternehmers (F) um eine steuerfreie innergemeinschaftliche Lieferung handelt. F erbringt keine im Inland steuerbaren und steuerpflichtigen Umsätze. F führt seine Lieferungen (an die Großhändler) in Großbritannien aus, und zwar als steuerfreie innergemeinschaftliche Lieferungen.

Die Voraussetzungen des § 17 Abs. 1 Satz 4 UStG liegen auch nicht bei dem innergemeinschaftlichen Erwerb durch die Großhändler vor. Zwar gelten § 17 Abs. 1 Sätze 1 bis 4 UStG auch in den Fällen des § 1 Abs. 1 Nr. 5 UStG (§ 17 Abs. 1 Satz 5 UStG). Die Bemessungsgrundlage für den innergemeinschaftlichen Erwerb hat sich allerdings nicht geändert. Der von F an U gewährte Rabatt hat keinen Einfluss auf den Wert dessen, was die Großhändler aufgewandt haben, um die Lieferungen zu erhalten (§ 10 Abs. 1 Satz 1 UStG).

Fall 118: Abgrenzung Werklieferung – Werkleistung/Factoring/
Änderung der Bemessungsgrundlage/Rechnungserteilungspflicht

Der selbstständig tätige Dienstleister Dieter Dödel (D) aus Düsseldorf hat für einen Privatkunden P in Köln im Juli 26 dessen Wohnung renoviert und hierbei die Wohnung tapeziert und einen Laminatboden verlegt. Nach Absprache mit D besorgt P den Laminatboden und die Tapeten, den Kleister und die weiter benötigten Materialien selbst in einem Baumarkt und D nimmt wie vereinbart lediglich die Arbeiten vor. D benötigt lediglich ein paar Nägel und das erforderliche Werkzeug. D stellt dem P für seine erbrachten Leistungen am 2. August 26 4.800 € in Rechnung. D ist zur monatlichen Abgabe von Voranmeldungen verpflichtet.

Als P nach mehrfacher Aufforderung bis zum 31. Oktober 26 nicht bezahlte, verkauft D seine Forderung an das Inkassounternehmen Ingo Kasso (I) mit Sitz in Düsseldorf. I zahlt dafür an D einen Festpreis von 3.000 €; I und D gehen einvernehmlich davon aus, dass P höchstens 3.800 € zahlen wird. I kann bei P trotz intensiver Bearbeitung des P am 30. November 26 nur 2.900 € einziehen.

Seit 5. Dezember 26 ist P nachweislich zahlungsunfähig.

Aufgabe: Beurteilen Sie den Sachverhalt aus umsatzsteuerrechtlicher Sicht.

Lösung:

D erbringt an P eine steuerbare und steuerpflichtige Werkleistung nach § 3 Abs. 9 UStG. Es liegt eine Materialgestellung des P vor, da der Auftraggeber den gesamten Hauptstoff hingibt (Abschn. 3.8 Abs. 2 Satz 4 UStAE). Eine Werklieferung i.S.d. § 3 Abs. 4 UStG liegt daher nicht vor, da der Werkunternehmer D für das Werk keine selbstbeschafften Stoffe bzw. lediglich Zutaten oder sonstige Nebensachen verwendet (Abschn. 3.8 Abs. 1 Satz 1 UStAE). Das von P gestellte Material nimmt nicht am Leistungsaustausch teil.

Der Ort der Werkleistung bestimmt sich als Bauleistung (Abschn. 3a.3 Abs. 8 Satz 2 Nr. 1 UStAE) nach § 3a Abs. 3 Nr. 1 Satz 2 Buchst. c UStG und befindet sich in Köln am Belegenheitsort des Grundstücks. Die steuerbare und steuerpflichtige Werkleistung unterliegt dem Regelsteuersatz nach § 12 Abs. 1 UStG mit 19 %.

Nach § 14 Abs. 2 Satz 1 Nr. 1 UStG ist D zur Rechnungserteilung innerhalb von sechs Monaten nach Ausführung der Leistung verpflichtet, da er Bauleistungen an einem Grundstück ausgeführt hat (Abschn. 14.2 Abs. 2 und 3 UStAE). Eine Steuerschuldnerschaft des Leistungsempfängers i.S.d. § 13b Abs. 2 Nr. 4 i.V.m. Abs. 5 Satz 1 UStG tritt nicht ein, da der Leistungsempfänger P kein Unternehmer ist. Die Rechnung des D muss nicht die Pflichtangaben des § 14 Abs. 4 und § 14a UStG enthalten, da diese Pflichtangaben (z.B. Steuersatz) u.a. nur für Rechnungen an andere Unternehmer gelten (Abschn. 14.5 Abs. 1 Satz 1 UStAE).

Die nach § 13 Abs. 1 Nr. 1 Buchst. a UStG mit Ablauf des Voranmeldungszeitraums Juli 26 entstandene USt beträgt (4.800 € : 119 × 19 =) 766,39 €. Die Bemessungsgrundlage nach § 10 Abs. 1 Satz 1 und 2 UStG beträgt somit 4.033,61 €.

Die Abtretung der Forderung an I unter dem Nennwert hat keine Auswirkung auf das Entgelt des D. Bei der Abtretung der Forderung unter dem Nennwert bestimmt sich deshalb das Entgelt für die der abgetretenen Forderung zu Grunde liegende Werkleistung nach den tatsächlichen Aufwendungen des Leistungsempfängers (Abschn. 17.1 Abs. 6 i.V.m. Abschn. 10.1 Abs. 4 Satz 4 UStAE).

Die Forderungsabtretung des D an I erfolgt grundsätzlich im Rahmen eines echten Factorings. Im Falle des echten Factoring besteht der wirtschaftliche Gehalt der Leistung des Factors im Wesentlichen im Einzug von Forderungen (Abschn. 2.4 Abs. 4 Satz 1 UStAE). Durch die Festpreisvereinbarung hat I das Risiko des Ausfalls der Forderung übernommen. Beim Forderungskauf mit Übernahme des tatsächlichen Einzugs und ggf. des Ausfallrisikos durch den Forderungskäufer erbringt der Forderungsverkäufer (Anschlusskunde) mit der Abtretung seiner Forderung keine Leistung an den Factor. Vielmehr ist der Anschlusskunde Empfänger einer Leistung des Factors (Abschn. 2.4 Abs. 3 Satz 1 und 2 UStAE).

D tritt an I allerdings eine zahlungsgestörte Forderung i.S.d. Abschn. 2.4 Abs. 7 UStAE ab. Die fällige Forderung wurde seit mehr als 90 Tagen nicht ausgeglichen. Bei der Übertragung einer zahlungsgestörten Forderung unter Übernahme des Ausfallrisikos durch den Erwerber besteht der wirtschaftliche Gehalt in der Entlastung des Verkäufers vom wirtschaftlichen Risiko und nicht in der Einziehung der Forderung. Der Forderungserwerber erbringt keine wirtschaftliche Tätigkeit (Abschn. 2.4 Abs. 8 Sätze 1bis 3 UStAE). Der Verkäufer D erbringt mit der Abtretung oder Übertragung einer zahlungsgestörten Forderung unter Übernahme des Ausfallrisikos durch den Erwerber eine nach § 4 Nr. 8 Buchst. c UStG steuerfreie Leistung im Geschäft mit Forderungen an den Erwerber (Abschn. 2.4 Abs. 8 Satz 7 UStAE). Die Bemessungsgrundlage für die Forderungsübertragung beträgt 3.000 €.

Die Steuer des Werkunternehmers D richtet sich zunächst nach dem vereinbarten Entgelt von 4.033,61 € (USt: 766,39 €). Die endgültige Steuer des D beträgt allerdings nur 463,05 €, da der Abnehmer P nur 2.900 € aufgewandt hat (§ 10 Abs. 1 Satz 2 UStG), während die restlichen 1.900 € uneinbringlich sind. Eine entsprechende Minderung der Steuer nach § 17 Abs. 2 Nr. 1 i.V.m. § 17 Abs. 1 Satz 1 UStG von 766,39 € auf 463,05 € setzt jedoch voraus, dass D die teilweise Uneinbringlichkeit der Forderung nachweist. Er muss sich also Kenntnis davon verschaffen, welchen Betrag das Inkassobüro tatsächlich noch einziehen konnte.

Fall 119: Entstehung der Steuer in den Fällen des unrichtigen Steuerausweises
Unternehmer U verkauft im Voranmeldungszeitraum Januar 01 einen Rollstuhl (Position 8713 des Zolltarifs) für insgesamt 238 € und weist in der am 2.2.01 ausgegebenen Rechnung unter Anwendung des Steuersatzes von 19 % eine darin enthaltene USt i.H.v. 38 € gesondert aus.

Aufgabe: Nehmen Sie Stellung zur Steuerentstehung.

Lösung:

Mit Urteil vom 5.6.2014 (XI R 44/12, BFH/NV 2014 S. 1695) und vom 28.8.2014 (V B 28/14, BFH/NV 2014, 1916) hat der BFH entschieden, dass der nach § 14c Abs. 1 Satz 1 UStG geschuldete Mehrbetrag nach § 13 Abs. 1 Nr. 3 zweiter Halbsatz UStG im Zeitpunkt der Ausgabe der Rechnung entsteht. Aus Vereinfachungsgründen wird es jedoch nicht beanstandet, wenn der Unternehmer den Mehrbetrag für den Voranmeldungszeitraum anmeldet, mit dessen Ablauf die Steuer für die zu Grunde liegende Leistung nach § 13 Abs. 1 Nr. 1 Buchst. a oder b UStG entsteht.

Mit Schreiben vom 2.4.2015 (BStBl I 2015, 272) schließt sich die Verwaltung der BFH-Rechtsprechung an und ändert Abschn. 13.7 Satz 2 und das Beispiel 1 entsprechend der BFH-Rechtsprechung im Urteil vom 5.6.2014 (XI R 44/12, BFH/NV 2014, 1695).

Die gesetzlich geschuldete Steuer i.H.v. 7 % entsteht mit Ablauf des Voranmeldungszeitraums Januar 01. Der nach § 14c Abs. 1 Satz 1 UStG geschuldete Mehrbetrag entsteht im Zeitpunkt der Ausgabe der Rechnung im Februar 01. Es wird jedoch nicht beanstandet, wenn der Unternehmer die in der Rechnung ausgewiesene Steuer in voller Höhe für den Voranmeldungszeitraum Januar 01 anmeldet.

9. Steuerschuldnerschaft des Leistungsempfängers

Fall 120: Werkleistung eines ausländischen Unternehmers an einen Unternehmer für dessen Privatbereich/Steuerschuldnerschaft des Leistungsempfängers

Der Arzt Dr. A, ansässig in Hamburg bzw. alternativ in Mailand, ist Eigentümer eines eigengenutzten Ferienhauses am Timmendorfer Strand. Der dänische Malermeister D renoviert das Ferienhaus im November 26 für 15.000 €.

Aufgabe: Nehmen Sie Stellung zur Entstehung der Umsatzsteuer, zur Steuerschuldnerschaft sowie zum Vorsteuerabzug.

Lösung:

D aus Dänemark tätigt eine Werkleistung nach § 3 Abs. 9 Satz 1 UStG. Die Leistung wird nach § 3a Abs. 3 Nr. 1 UStG dort ausgeführt, wo das Grundstück liegt. Die Leistung des D ist somit in Deutschland steuerbar und steuerpflichtig. Die Steuerschuldnerschaft geht nach § 13b Abs. 2 Nr. 1 und Abs. 5 Satz 1 UStG auf A über, weil dieser Unternehmer ist und einen in § 13b Abs. 2 Nr. 1 UStG bezeichneten Umsatz empfängt und auch der Umsatz des ausländischen Unternehmers nicht nach § 13b Abs. 6 UStG vom Reverse-Charge-Verfahren ausgenommen ist. Unerheblich ist, dass A eventuell nicht im Inland ansässig ist und dass er die Leistung nicht für sein Unternehmen empfängt (§ 13b Abs. 5 Sätze 1 und 6 UStG). Die Steuer entsteht mit Ausstellung der Rechnung, spätestens jedoch mit Ablauf der der Ausführung der Leistung folgenden Kalendermonats.

Die Vorsteuer ist gem. § 15 Abs. 1 Nr. 4 UStG nicht abziehbar, da die Leistung i.S.d. § 13b Abs. 2 Nr. 1 UStG nicht für das Unternehmen des A ausgeführt worden ist.

§ 13b Abs. 2 Nr. 4 UStG ist u.a. deshalb nicht anzuwenden, weil die Bauleistungen nicht von einem im Inland ansässigen Unternehmer erbracht werden (§ 13b Abs. 2 Nr. 4 Satz 2 UStG; Abschn. 13b.3 Abs. 1 UStAE).

Fall 121: Werkleistung eines Unternehmers im Gemeinschaftsgebiet an einen Unternehmer im Inland/Steuerschuldnerschaft des Leistungsempfängers

Schreiner D mit Sitz in Dänemark erneuert für den Unternehmer U mit Sitz in Kiel einen Aktenschrank. Die Leistung wird für das Unternehmen des U ausgeführt.

Aufgabe: Nehmen Sie Stellung zur Entstehung der Umsatzsteuer sowie zur Steuerschuldnerschaft.

Lösung:

Der Leistungsort für die Reparatur des Schranks ist nach § 3a Abs. 2 UStG in Deutschland. § 3a Abs. 2 UStG regelt nicht, wie der leistende Unternehmer nachzuweisen hat, dass sein Leistungsempfänger Unternehmer ist, der die sonstige Leistung für den unternehmerischen Bereich bezieht. Entsprechend bleibt es dem leistenden Unternehmer überlassen, auf welche Weise er den entsprechenden Nachweis führt (Abschn. 3a.2 Abs. 9 UStAE). Bezieht ein im Gemeinschaftsgebiet ansässiger Unternehmer eine sonstige Leistung, die der Art nach unter § 3a Abs. 2 UStG fällt, für seinen unternehmerischen Bereich, muss er die ihm von dem EU-Mitgliedstaat, von dem aus er sein Unternehmen betreibt, erteilte USt-IdNr. für diesen Umsatz gegenüber seinem Auftragnehmer verwenden.

U ist für die Leistung des D Steuerschuldner (§ 13b Abs. 1 und Abs. 5 Satz 1 UStG). Die Steuer entsteht mit Ablauf des Voranmeldungszeitraums, in dem die Leistung ausgeführt worden ist.

Fall 122: Werkleistung eines Unternehmers im Drittlandsgebiet an einen Unternehmer im Inland/Steuerschuldnerschaft des Leistungsempfängers

Schreiner N mit Sitz in Norwegen erneuert für den Unternehmer U mit Sitz in Kiel einen Aktenschrank. Die Leistung wird für das Unternehmen des U ausgeführt.

Aufgabe: Nehmen Sie Stellung zur Entstehung der Umsatzsteuer sowie zur Steuerschuldnerschaft.

Lösung:

Der Leistungsort für die Reparatur des Schranks ist nach § 3a Abs. 2 UStG in Deutschland.

Da die Leistung nicht von einem im übrigen Gemeinschaftsgebiet ansässigen Unternehmer ausgeführt wird, schuldet U die USt nicht nach § 13b Abs. 1 UStG. Die Umkehr der Steuerschuldnerschaft richtet sich nach § 13b Abs. 2 Nr. 1 UStG, da es sich um eine nicht unter § 13b Abs. 1 UStG fallende sonstige Leistung eines im Ausland ansässigen Unternehmers handelt. Die Steuer entsteht in diesen Fällen mit Ausstellung der Rechnung, spätestens jedoch mit Ablauf des der Ausführung der Leistung folgenden Kalendermonats.

Fall 123: Werkleistung eines Unternehmers im Gemeinschaftsgebiet an einen Unternehmer im Inland für dessen Privatbereich/Steuerschuldnerschaft des Leistungsempfängers

Der Schreiner D mit Sitz in Dänemark erneuert für den Unternehmer U mit Sitz in Kiel einen Wohnzimmerschrank in dessen Wohnung in Kiel. Die Leistung wird nachweislich für den Privatbereich des U ausgeführt.

Aufgabe: Nehmen Sie Stellung zur Entstehung der Umsatzsteuer sowie zur Steuerschuldnerschaft.

Lösung:

Die Leistung wird nach § 3a Abs. 3 Nr. 3 Buchst. c UStG an dem Ort erbracht, an dem der Unternehmer tatsächlich die Leistung ausführt (s.a. Abschn. 3a.6 Abs. 10 UStAE). Der Leistungsort liegt somit in Kiel.

Da die Leistung nicht unter § 3a Abs. 2 UStG fällt, schuldet U die USt nicht nach § 13b Abs. 1 UStG. Die Umkehr der Steuerschuldnerschaft richtet sich nach § 13b Abs. 2 Nr. 1 UStG, da es sich um eine nicht unter § 13b Abs. 1 UStG fallende sonstige Leistung eines im Ausland ansässigen Unternehmers handelt. Die Steuer entsteht in diesen Fällen mit Ausstellung der Rechnung, spätestens jedoch mit Ablauf des der Ausführung der Leistung folgenden Kalendermonats. Die Umkehr der Steuerschuldnerschaft gilt nach § 13b Abs. 5 Satz 6 UStG auch, wenn die Leistung für den nichtunternehmerischen Bereich bezogen wird.

Fall 124: Werkleistung bzw. Werklieferung eines ausländischen Unternehmers/Steuerschuldnerschaft des Leistungsempfängers/Bauleistungen/Rechnungserteilungspflicht

Vermieter V besitzt in Freiburg im Schwarzwald ein Immobilienobjekt, das er ausschließlich steuerfrei vermietet (15 Wohnungen an Privatpersonen). Im Kj. 25 muss V eine neue Heizungsanlage einbauen lassen. V entscheidet sich für den Schweizer Heizungsbauer S, der in Freiburg ein Auslieferungslager unterhält.

Alternative 1:

S liefert die einzelnen Heizungsteile aus dessen Auslieferungslager in Freiburg an das Grundstück für 25.000 € zzgl. USt. V beauftragt den örtlichen Wasser- und Heizungsinstallateur I mit dem Einbau der Heizung für 8.000 € zzgl. USt.

Alternative 2:

V beauftragt den Schweizer Heizungsbauer S mit der Lieferung und dem Einbau der Heizung für 33.000 € zzgl. USt. S beauftragt wiederum den örtlichen Wasser- und Heizungsinstallateur I als Subunternehmer mit dem Einbau der Heizung für 10.000 € zzgl. USt.

Aufgabe: Nehmen Sie Stellung zu den Leistungen der Heizungsinstallateure S und I. Gehen Sie auch ein auf die Steuerschuldnerschaft hinsichtlich der ausgeführten Leistungen, zur Rechnungserteilungspflicht sowie zum eventuell möglichen Vorsteuerabzug.

Beachte! S unterhält in Deutschland keine Betriebsstätte oder Zweigniederlassung. S führt selbst nachhaltig Bauleistungen aus.

Lösung:

Alternative 1:

Der Schweizer Unternehmer S liefert die Heizungsteile, ohne die Be- oder Verarbeitung selbst vorzunehmen. Es handelt sich um eine Lieferung der Heizung nach § 3 Abs. 1 UStG. Die Ortsvorschrift des § 3 Abs. 6 UStG ist anzuwenden, da die Be- oder Verarbeitung, die sich an die Beförderung des Liefergegenstands anschließt, vom Abnehmer selbst oder in seinem Auftrag von einem Dritten (hier von I) vorgenommen wird (Abschn. 3.12 Abs. 4 Satz 10 UStAE). Danach befindet sich der Ort der Lieferung des S im Auslieferungslager in Freiburg (§ 3 Abs. 6 Satz 1 UStG). Die Lieferung des S ist nach § 1 Abs. 1 Nr. 1 UStG in Deutschland steuerbar und mangels Steuerbefreiung auch steuerpflichtig.

Nach § 13a Abs. 1 Nr. 1 UStG ist S für seine Lieferung Steuerschuldner. S muss für seine Lieferung von 25.000 € 19 % USt (4.750 €) berechnen. Nach § 14 Abs. 2 Satz 1 Nr. 2 Satz 2 UStG ist S zur Rechnungsausstellung verpflichtet.

Der örtliche Wasser- und Heizungsinstallateur I tätigt mit dem Einbau der Heizungsanlage eine Werkleistung (§ 3 Abs. 4 UStG). I verwendet bei seiner Leistung keinerlei selbstbeschaffte Stoffe oder nur Stoffe, die als Zutaten oder sonstige Nebensachen anzusehen sind (Abschn. 3.8 Abs. 1 Satz 3 UStAE). Die Heizungsanlage, die der V dem I zur Verfügung stellt, scheidet aus dem Leistungsaustausch aus und geht auch nicht in die Verfügungsmacht der I über (Abschn. 3.8 Abs. 2 Satz 1 und 2 UStAE).

Die Installation der Heizungsanlage gehört als sonstige Leistung bzw. Werkleistung zu den Leistungen i.S.d. § 3a Abs. 3 Nr. 1 Satz 2 Buchst. c UStG (s.a. Abschn. 3a.3 Abs. 8 Satz 1 und 3 Nr. 1 UStAE). Die Leistung des I ist dort ausgeführt, wo sich das Grundstück befindet (Freiburg). Die Leistung ist in Deutschland steuerbar (§ 1 Abs. 1 Nr. 1 UStG) und steuerpflichtig.

Nach § 13a Abs. 1 Nr. 1 UStG ist I für seine Werkleistung Steuerschuldner. I muss für seine Leistung von 8.000 € 19 % USt (1.520 €) berechnen. Nach § 14 Abs. 2 Satz 1 Nr. 1 UStG ist I zur Rechnungsausstellung verpflichtet.

Für die von S und I jeweils in Rechnung gestellte USt ist nach § 15 Abs. 2 Nr. 1 UStG der Vorsteuerabzug des V ausgeschlossen, da V ausschließlich steuerfreie Vermietungsleistungen nach § 4 Nr. 12 Buchst. a UStG ausführt. Eine Option nach § 9 Abs. 1 UStG scheidet aus, da Leistungsempfänger der Vermietungsleistungen keine Unternehmer sind.

Alternative 2:

Der Schweizer Unternehmer S liefert nicht nur die Heizungsteile, sondern baut auch die Heizungsteile ein. Es handelt sich um eine Werklieferung nach § 3 Abs. 4 UStG, da S für das Werk selbstbeschaffte Stoffe verwendet die nicht nur Zutaten oder sonstige Nebensachen sind (Abschn. 3.8 Abs. 1 Satz 1 UStAE). S schuldet gegenüber V die eingebaute und funktionsfähige Heizungsanlage. Dass sich S bei der Ausführung seiner Werklieferung eines Subunternehmers bedient, ist dabei unschädlich.

Der Ort der Lieferung bestimmt sich nicht nach § 3 Abs. 6 UStG, wenn der Gegenstand der Lieferung nach dem Beginn der Beförderung oder nach der Übergabe des Gegenstands an den Beauftragten vom Lieferer noch einer Behandlung unterzogen wird, die seine Marktgängigkeit ändert. In diesen Fällen wird nicht der Liefergegenstand, sondern ein Gegenstand anderer Wesensart befördert. Das ist insbesondere dann der Fall, wenn Gegenstand der Lieferung eine vom Lieferer errichtete ortsgebundene Anlage ist, die am Bestimmungsort funktionsfähig gemacht wird. Da die einzelnen Teile einer Maschine ein Gegenstand anderer Marktgängigkeit sind als die ganze Maschine, ist § 3 Abs. 6 UStG auch dann nicht anzuwenden, wenn die einzelnen Teile einer Maschine zum Abnehmer befördert werden und dort vom Lieferer zu der betriebsfertigen Maschine zusammengesetzt werden (Abschn. 3.12 Abs. 4 Satz 1 ff. UStAE). Der Ort der ruhenden Werklieferung bestimmt sich nach § 3 Abs. 7 Satz 1 UStG und ist dort, wo sich der Gegenstand im Moment der Verschaffung der Verfügungsmacht befindet (Freiburg). Die Werklieferung ist somit in Deutschland steuerbar (§ 1 Abs. 1 Nr. 1 UStG) und auch steuerpflichtig.

Nach § 13b Abs. 7 Satz 1 UStG ist S ein ausländischer Unternehmer. Nach § 13b Abs. 2 Nr. 1 UStG geht die Steuerschuldnerschaft für die von S an V ausgeführte Werklieferung auf V über (§ 13b Abs. 5 Satz 1 UStG). § 13b Abs. 2 Nr. 1 UStG geht der Anwendung des § 13b Abs. 2 Nr. 4 i.V.m. Abs. 5 Satz 2 UStG vor. V wird zum Steuerschuldner für die ihm gegenüber ausgeführte Werklieferung und muss von dem vereinbarten Nettobetrag von 33.000 € die USt mit 19 % (6.270 €) berechnen und an das FA abführen. Die USt entsteht nach § 13b Abs. 2 UStG mit Ausstellung der Rechnung, spätestens mit Ablauf des der Ausführung der Leistung folgenden Monats.

S ist nach § 14a Abs. 5 UStG zur Ausstellung einer Rechnung mit der Angabe »Steuerschuldnerschaft des Leistungsempfängers« verpflichtet. S darf in der Rechnung keine USt gesondert ausweisen.

Ein Vorsteuerabzug nach § 15 Abs. 1 Satz 1 Nr. 4 UStG ergibt sich für V nicht, da er nur steuerfreie Umsätze nach § 4 Nr. 12 Buchst. a UStG ausführt und der Vorsteuerabzug nach § 15 Abs. 2 Satz 1 Nr. 1 UStG ausgeschlossen ist.

Der örtliche Wasser- und Heizungsinstallateur I führt seine Leistung als Subunternehmer des S gegenüber S aus. Mit dem Einbau der von S gestellten Heizungselemente erbringt I gegenüber S eine Werkleistung, da I lediglich Nebensachen oder Zutaten verwendet (s.o.). Die Werkleistung des I ist nach § 3a Abs. 3 Nr. 1 Buchst. c UStG am Grundstücksort ausgeführt und daher in Deutschland steuerbar (§ 1 Abs. 1 Nr. 1 UStG) und auch steuerpflichtig.

Mit dem Einbau der Heizung bewirkt I eine Bauleistung i.S.d. § 13b Abs. 2 Nr. 4 UStG. Eine Bauleistung muss sich unmittelbar auf die Substanz des Bauwerks auswirken, d.h. es muss u.a. eine Substanzerhaltung bewirkt werden. Hierzu zählen auch Erhaltungsaufwendungen (Abschn. 13b.2 Abs. 3 UStAE). Nach Abschn. 13b.2 Abs. 7 Nr. 15 Satz 2 UStAE stellt die Werkleistung des I eine Bauleistung dar, da der Nettowert die Leistung 500 € übersteigt und mit der Leistung Teile verändert, bearbeitet, oder ausgetauscht werden.

Werden Bauleistungen von einem im Inland ansässigen Unternehmer (I) im Inland erbracht, ist der Leistungsempfänger (S) Steuerschuldner, wenn er Unternehmer ist und selbst Bauleistungen erbringt, unabhängig davon, ob er sie für eine von ihm erbrachte Bauleistung verwendet (§ 13b Abs. 5 Satz 2 UStG; Abschn. 13b.3 Abs. 1 Satz 1 UStAE). S als Leistungsempfänger muss derartige Bauleistungen nachhaltig erbringen oder erbracht haben (lt. Sachverhalt gegeben). Ein Unternehmer erbringt zumindest dann nachhaltig Bauleistungen, wenn er mindestens 10 % seines Weltumsatzes (Summe seiner im Inland steuerbaren und nicht steuerbaren Umsätze) als Bauleistungen erbringt (Abschn. 13b.3 Abs. 2 Satz 1 UStAE). Die Steuerschuldnerschaft für die von I ausgeführte Werkleistung geht auf S über. I darf in seiner Rechnung an S keine USt gesondert ausweisen (s. § 14a Abs. 5 UStG; s.o.). S schuldet eine USt von 19 % von 10.000 € (1.900 €). S kann diesen Betrag la Vorsteuer nach § 15 Abs. 1 Satz 1 Nr. 4 UStG geltend machen, da S die Leistung des I zur Ausführung seiner steuerpflichtigen Leistung erhält. Ein Ausschlussgrund nach § 15 Abs. 2 UStG ergibt sich somit nicht.

Fall 125: Leistungen eines Unternehmers im Gemeinschaftsgebiet an einen Unternehmer im Inland für dessen Unternehmen/Kurzfristige Pkw-Vermietung/Steuerschuldnerschaft des Leistungsempfängers

Der in Belgien ansässige Unternehmer U1 berät den in Deutschland ansässigen Unternehmer U2 in Unternehmensfragen. U1 führt im Inland keine weiteren Umsätze aus.

Zur Durchführung der Beratungsleistungen mietet sich U1 von dem belgischen Pkw-Vermieter P für 20 Tage einen Pkw, welcher dem U1 durch einen Angestellten des P in Deutschland übergeben wird.

Aufgabe: Nehmen Sie Stellung zur Entstehung der Umsatzsteuer sowie zur Steuerschuldnerschaft des U1 und des U2. Gehen Sie auch ein auf das Besteuerungsverfahren hinsichtlich des U1.

Lösung:

Der Beratungsumsatz des U1 wird nach § 3a Abs. 2 UStG im Inland ausgeführt. U2 schuldet als Leistungsempfänger die USt nach § 13b Abs. 1 i.V.m. Abs. 5 Satz 1 UStG.

Der Ort der kurzfristigen Pkw-Vermietung richtet sich nach § 3a Abs. 3 Nr. 2 UStG. Da der Pkw dem Leistungsempfänger U1 in Deutschland übergeben wird, ist der Ort in Deutschland (Abschn. 3a.5 Abs. 5 und 6 UStAE). Da es sich bei der Pkw-Vermietung um eine im Inland steuerpflichtige sonstige Leistung eines im Ausland ansässigen Unternehmers handelt, schuldet der belgische Leistungsempfänger U1 die USt nach § 13b Abs. 2 Nr. 1 i.V.m. Abs. 5 Satz 1 UStG.

U1 hat im Inland Steueranmeldungen abzugeben, da er selbst als Leistungsempfänger eine Steuer nach § 13b UStG schuldet, selbst aber nur Umsätze ausführt, für die der Leistungsempfänger die Steuer nach § 13b UStG schuldet (§ 18 Abs. 4a UStG). Eine Besteuerung nach § 16 und § 18 Abs. 1 bis 4 UStG ist jedoch nicht durchzuführen (Abschn. 13b.16 Abs. 2 UStAE). Voranmeldungen sind nur für die Voranmeldungszeiträume abzugeben, in denen die Steuer für diese Umsätze zu erklären ist. Voranmeldungszeitraum ist immer das Kalendervierteljahr (§ 18 Abs. 4a Satz 2 und 3 UStG). Die nach § 15 UStG abziehbaren Vorsteuerbeträge (u.a. § 15 Abs. 1 Nr. 4 UStG) können unter den weiteren Voraussetzungen nur im Vorsteuervergütungsverfahren (§ 18 Abs. 9 UStG, §§ 59 bis 61a UStDV) vergütet werden (Abschn. 13b.16 Abs. 4 UStAE).

Der belgische Unternehmer U1 muss seine in Deutschland (übriges Gemeinschaftsgebiet aus belgischer Sicht) ausgeführte steuerpflichtige sonstige Leistung i.S.d. § 3a Abs. 2 UStG, für die der in einem anderen Mitgliedstaat (Deutschland) ansässige Leistungsempfänger die Steuer dort schuldet, nach analoger Anwendung des § 18b Satz 1 Nr. 2 UStG in Belgien erklären. Nach analoger Anwendung des § 18a Abs. 2 UStG muss der belgische Unternehmer U1 dem belgischen Zentralamt eine Zusammenfassende Meldung über seine im übrigen Gemeinschaftsgebiet ausgeführten steuerpflichtigen Leistungen i.S.d. § 3a Abs. 2 UStG, für die der in einem anderen Mitgliedstaat ansässige Leistungsempfänger die Steuer dort schuldet, abgeben.

Fall 126: Langfristige Pkw-Vermietung eines Unternehmers im Drittlandsgebiet an einen Unternehmer im Inland für dessen Privatbereich/Steuerschuldnerschaft des Leistungsempfängers

Unternehmer U mit Wohnsitz in Freiburg mietet bei einem in der Schweiz ansässigen Autovermieter S einen Pkw für ein Jahr. Das Fahrzeug wird ausschließlich für Privatzwecke im Inland genutzt.

Aufgabe: Nehmen Sie Stellung zur Entstehung der Umsatzsteuer sowie zur Steuerschuldnerschaft.

Lösung:

Der Ort der langfristigen Vermietung des Pkw ist nach § 3a Abs. 3 Nr. 2 Satz 3 UStG am Wohnsitz des U in Freiburg. Der Umsatz des S ist in Deutschland steuerbar und steuerpflichtig. Da U Unternehmer ist, wird er in Deutschland zum Steuerschuldner nach § 13b Abs. 2 Nr. 1 i.V.m. Abs. 5 Satz 6 UStG. Die USt kann U nicht als Vorsteuer abziehen, da die Leistung nicht für sein Unternehmen ausgeführt wurde.

Fall 127: Gemeinnütziger Verein/Steuerschuldnerschaft des Leistungsempfängers/
Ortsbestimmung/Verwendung einer Umsatzsteuer-Identifikationsnummer/
Vorsteuerabzug

Der gemeinnützige Sportverein FC Bolz X-Stadt e.V. (X) veranstaltet im Rahmen seines 50-jährigen Jubiläums einen Sportlerball und unterhält damit einen wirtschaftlichen Geschäftsbetrieb. Umsatzsteuerrechtlich ist der Verein Kleinunternehmer i.S.d. § 19 Abs. 1 UStG.

Für seinen ideellen Bereich bezieht der Verein Beratungsleistungen eines Unternehmers B aus Belgien. Als Entgelt für die Beratungsleistungen des B sind 1 000 € vereinbart.

Aufgabe: Bestimmen Sie den Ort der Beratungsleistungen des Beraters B. Gehen Sie dabei auch ein auf die Verwendung der USt-IdNr. des Vereins. Prüfen Sie die Steuerschuldnerschaft für die Beratungsleistungen des B.

Zu Vereinen s.a. Fall 134 und 152.

Lösung:

Für die vom belgischen Unternehmer B ausgeführte sonstige Leistung (§ 3 Abs. 9 UStG) ist die Steuerschuldnerschaft zu prüfen. Ist die Leistung des B im Inland ausgeführt, ist die Leistung des B steuerbar nach § 1 Abs. 1 Nr. 1 UStG und es gilt grundsätzlich B als Steuerschuldner nach § 13a Abs. 1 Nr. 1 UStG. Zu prüfen ist daher, ob die sonstige Leistung des B im Inland als ausgeführt gilt.

Empfänger der Beratungsleistung ist eine juristische Person (Sportverein), die sowohl unternehmerisch (wirtschaftlicher Geschäftsbetrieb) als auch nicht unternehmerisch (ideeller Bereich) tätig ist. Nach § 3a Abs. 2 Satz 1 und 3 UStG gilt das Empfängersitzprinzip. Es spielt keine Rolle, ob die Leistung für den unternehmerischen oder den nicht unternehmerischen Bereich bezogen wird (Abschn. 3a.2 Abs. 1 Satz 1 und Abs. 13 UStAE). Unproblematisch ist die Ortsbestimmung nach § 3a Abs. 2 Satz 1 und 3 UStG, wenn dem Verein eine USt-IdNr. erteilt worden ist. Nach Abschn. 3a.2 Abs. 13 i.V.m. Abs. 14 Satz 4 UStAE ist die USt-IdNr. zu verwenden. Dies gilt auch dann, wenn die bezogene Leistung ausschließlich für den ideellen Bereich bestimmt ist.

Der Ort der Beratungsleistungen des belgischen Unternehmers B liegt in Deutschland und ist umsatzsteuerbar. Der ausländische Unternehmer müsste in seiner Rechnung deutsche USt ausweisen und diese an das für ihn zuständige Finanzamt abführen.

Die Ortsbestimmung des § 3a Abs. 2 UStG führt aber zur Umkehr der Steuerschuldnerschaft nach § 13b Abs. 1 UStG. Der Verein schuldet die USt für den leistenden Unternehmer B. Voraussetzung für die Umkehr der Steuerschuldnerschaft ist, dass der Leistungsempfänger Unternehmer oder eine juristische Person ist (§ 13b Abs. 5 Satz 1 UStG). Nach § 13b Abs. 5 Satz 6 UStG gilt das auch, wenn die Leistung für den nichtunternehmerischen Bereich (ideellen Bereich) bezogen wird. Auch Kleinunternehmer (§ 19 UStG) schulden die Steuer (§ 19 Abs. 1 Satz 3 UStG; Abschn. 13b.1 Abs. 1 Satz 3 UStAE).

Für den belgischen Unternehmer B gelten nach § 14 Abs. 7 UStG für die Rechnungserteilung die Vorschriften des belgischen Umsatzsteuerrechts.

B hat eine Rechnung über den Nettobetrag auszustellen und auf die Anwendung des Reverse-Charge-Verfahrens hinzuweisen (analog § 14a Abs. 1 UStG). In entsprechender Anwendung des § 18a Abs. 2 UStG hat B in den Fällen des § 3a Abs. 2 UStG eine Zusammenfassende Meldung zu übermitteln, in der er nach § 18a Abs. 7 Nr. 3 UStG u.a. die USt-IdNr. des Leistungsempfängers (Sportverein) anzugeben hat.

Der Sportverein hat die USt durch Voranmeldungen und eine Steuererklärung nach § 18 Abs. 4a UStG beim FA zu erklären und zu entrichten.

Verwendet der Verein gegenüber seinem Auftragnehmer B keine USt-IdNr., kann B grundsätzlich davon ausgehen, dass sein Leistungsempfänger eine juristische Person ist, die die Beratungsleistung ausschließlich für den privaten Bedarf des Personals bezieht. Der Leistungsort bestimmt sich dann nach § 3a Abs. 1 UStG und befindet sich in Belgien. B wird nach belgischem Recht eine Rechnung erteilen, in der er die belgische USt gesondert ausweist. Der USt-Standartsatz in Belgien beträgt 21 %. Die Rechnung an den Verein lautet:

Bauleistung	1.000 €
zzgl. 21 % USt	210 €
insgesamt	1.210 €

Der Verein wird von der Steuerschuldnerschaft nicht entbunden, da die Voraussetzungen des § 13b Abs. 2 Nr. 1 UStG erfüllt sind und der Leistungsempfänger eine juristische Person ist (§ 13b Abs. 5 Satz 1 und 6 UStG). Bemessungsgrundlage ist der in der Rechnung ausgewiesene Betrag i.H.v. 1.210 € (Abschn. 13b.13 Abs. 1 Satz 1 UStAE). Der Leistungsempfänger hat bei der Steuerberechnung den Steuersatz zugrunde zu legen, der sich für den maßgeblichen Umsatz nach § 12 UStG ergibt. Das gilt auch in den Fällen, in denen der Leistungsempfänger die Besteuerung nach § 19 Abs. 1 UStG anwendet.

Der Verein muss vom Rechnungsbetrag i.H.v. 1.210 € 19 % USt = 229,90 € an das FA abführen.

In beiden Fällen ist der Verein definitiv mit der USt belastet, da ein Vorsteuerabzug i.S.d. § 15 Abs. 1 Satz 1 Nr. 4 UStG ausscheidet. Der Vorsteuerabzug des § 15 findet bei der Kleinunternehmerregelung keine Anwendung (§ 19 Abs. 1 Satz 4 UStG). Ohne Anwendung der Kleinunternehmerregelung wäre der Vorsteuerabzug nach § 15 Abs. 1 Nr. 1 UStG ebenfalls nicht möglich, da die Leistung für den ideellen – nichtunternehmerischen – Bereich des Vereins ausgeführt wurde.

Um die Belastung gering zu halten, sollte der Verein beim BZSt eine USt-IdNr. beantragen. Es bleibt dem leistenden Unternehmer B überlassen, auf welche Weise er den Nachweis der maßgeblichen Verwendung i.S.d. § 3a Abs. 2 Satz 3 UStG führt. Dieser Nachweis hat nur vorläufigen Charakter. Für den endgültigen Nachweis bedarf es der Vorlage der dem Leistungsempfänger erteilten USt-IdNr. (Abschn. 3a.2 Abs. 9 Satz 6 ff. UStAE). Unschädlich ist es im Einzelfall, wenn der Leistungsempfänger eine USt-IdNr. erst nachträglich verwendet oder durch eine andere ersetzt. In diesem Fall muss ggf. die Besteuerung in dem einen EU-Mitgliedstaat (Belgien) rückgängig gemacht und in dem anderen EU-Mitgliedstaat (Deutschland) nachgeholt und ggf. die übermittelte ZM berichtigt werden. In einer bereits erteilten Rechnung sind die USt-IdNr. des Leistungsempfängers (vgl. § 14a Abs. 1 UStG) und ggf. ein gesonderter Steuerausweis (vgl. § 14 Abs. 4 Nr. 8 und § 14c Abs. 1 UStG) zu berichtigen. Die nachträgliche Angabe oder Änderung einer USt-IdNr. als Nachweis der Unternehmereigenschaft und des unternehmerischen Bezugs ist der Umsatzsteuerfestsetzung nur zugrundezulegen, wenn die Steuerfestsetzung in der Bundesrepublik Deutschland noch änderbar ist (Abschn. 3a.2 Abs. 10 Satz 6 ff. UStAE).

10. Unternehmensvermögen/Vorsteuerabzug/ Vorsteuerberichtigung/Vorsteuer-Vergütungsverfahren

Fall 128: Vorsteuerabzug der gesetzlich geschuldeten Umsatzsteuer

Unternehmer U erhält für die Inanspruchnahme einer Leistung für sein Unternehmen von einem anderen Unternehmer eine Rechnung i.H.v. 16.000 € zzgl. 19 % USt i.H.v. 3.140 €. U zahlt den Betrag von 19.140 €.

Aufgabe: Prüfen Sie den Vorsteuerabzug des H. Gehen Sie dabei auch ein auf die Pflichten des Leistungsempfängers bezüglich der Überprüfung der Rechnungsangaben.

Lösung:

Aus dem Leistungsbezug hat U grundsätzlich den Vorsteuerabzug nach § 15 Abs. 1 Nr. 1 UStG. Allerdings ist der Vorsteuerabzug auf die gesetzlich geschuldete USt beschränkt (Abschn. 15.2 Abs. 1 Satz 1 UStAE). Der leistende Unternehmer hat zu viel USt gesondert ausgewiesen (16.000 € × 19 % = 3.040 €). Nach § 10 Abs. 1 Satz 1 UStG berechnet sich die gesetzlich geschuldete USt aus dem Betrag, den der Leistungsempfänger aufwendet – hier: 19.140 € – abzüglich der gesetzlich geschuldeten USt – hier: 19.140 € : 119 × 19 = 3.056 €. U kann diesen Betrag als Vorsteuer abziehen. Die Differenz zu der für die ausgeführte Leistung geschuldete Steuer von (3.140 € ./. 3.056 € =) 84 € schuldet der leistende Unternehmer nach § 14c Abs. 1 UStG. Ein Vorsteuerabzug ist damit nicht zulässig, soweit der die Rechnung ausstellende Unternehmer die Steuer nach § 14c UStG schuldet (Abschn. 15.2 Abs. 1 Satz 2 UStAE).

Der Leistungsempfänger hat die in der Rechnung enthaltenen Angaben auf ihre Vollständigkeit und inhaltliche Richtigkeit zu überprüfen (Abschn. 15.2a Abs. 6 UStAE). Dazu gehört insbesondere, ob es sich bei der ausgewiesenen Steuer um gesetzlich geschuldete Steuer für eine Lieferung oder sonstige Leistung handelt. Bei unrichtigen Angaben entfällt der Vorsteuerabzug. Zu den unrichtigen Angaben, die eine Versagung des Vorsteuerabzugs zur Folge haben, zählen in einer Rechnung enthaltene Rechenfehler oder die unrichtige Angabe des Entgelts, des Steuersatzes oder des Steuerbetrags. Im Fall des § 14c Abs. 1 UStG kann der Vorsteuerabzug jedoch unter den übrigen Voraussetzungen in Höhe der für die bezogene Leistung geschuldeten Steuer vorgenommen werden.

Fall 129: Vorsteuerausschlussumsätze i.S.d. § 15 Abs. 2 Satz 1 Nr. 2 UStG

Die Bau-GmbH aus Kiel möchte in Dänemark Massivhäuser erstellen und beauftragt dafür den dänischen Architekten Smöre Planson mit der Planung eines Prototyps unter Beachtung des dänischen Baurechts. Die Bau-GmbH möchte dann die Massivhäuser auf den von ihr erworbenen Grundstücken in Dänemark errichten und dann an dortige Kunden veräußern. Für die Planung des Prototyps vereinbart die Bau-GmbH mit den Architekten ein Honorar von 80.000 €.

Aufgabe: Prüfen Sie den Vorsteuerabzug der Bau-GmbH.

Lösung:

Der Architekt tätigt eine sonstige Leistung nach § 3 Abs. 9 UStG. Der Leistungsort für die Leistung des Architekten bestimmt sich nicht nach § 3a Abs. 3 Nr. 1 Satz 2 Buchst. c UStG, da die Leistung nicht in einem engen Zusammenhang mit einem konkreten Grundstück steht (Abschn. 3a.3 Abs. 10 Nr. 1 UStAE). Der Leistungsort der B2B-Leistung des Architekten bestimmt sich nach § 3a Abs. 2 Satz 1 UStG und ist in Kiel, da dort der Leistungsempfänger (Bau-GmbH) sein Unternehmen betreibt. Die Leistung ist somit steuerbar nach § 1 Abs. 1 Nr. 1 UStG.

Die Leistung des dänischen Architekten ist in Deutschland steuerpflichtig. Nach § 13b Abs. 5 Satz 1 i.V.m. Abs. 1 UStG schuldet die Bau-GmbH die USt für die nach § 3a Abs. 2 UStG im Inland steuerpflichtige sonstige

Leistung des im übrigen Gemeinschaftsgebiet ansässigen Architekten (§ 13b Abs. 7 Satz 2 UStG). Die USt entsteht mit Ablauf des Voranmeldungszeitraums, in dem die Leistung ausgeführt worden ist.

Die Bemessungsgrundlage beträgt nach § 10 Abs. 1 UStG 80.000 €. Bei einem Steuersatz von 19 % (§ 12 Abs. 1 UStG) beträgt die USt 15.200 €, die von der Bau-GmbH geschuldet wird.

Unter den Voraussetzungen des § 15 Abs. 1 Nr. 4 UStG ist die USt der Bau-GmbH als Vorsteuer abziehbar. Die abziehbare Vorsteuer ist dann abzugsfähig, wenn sie nicht mit Ausschlussumsätzen i.S.d. § 15 Abs. 2 UStG im Zusammenhang steht. Zwischen Eingangs- und Ausgangsleistung muss nach dem objektiven Inhalt der bezogenen Leistung ein direkter und unmittelbarer Zusammenhang bestehen (Abschn. 15.2b Abs. 2 Satz 3 UStAE). Die bezogene Architektenleistung steht mit zukünftigen Grundstücksveräußerungen in Dänemark in Zusammenhang. Diese Grundstückslieferungen werden nach § 3 Abs. 7 Satz 1 UStG in Dänemark ausgeführt und werden in Deutschland nicht steuerbar sein.

Umsätze im Ausland, die steuerfrei wären, wenn sie im Inland ausgeführt würden, schließen den Vorsteuerabzug aus inländischen Leistungsbezügen grundsätzlich aus (§ 15 Abs. 2 Satz 1 Nr. 2 UStG). Der Abzug entfällt unabhängig davon, ob der maßgebliche Umsatz nach dem Umsatzsteuerrecht des Staates, in dem er bewirkt wird, steuerpflichtig ist oder als steuerfreier Umsatz zum Vorsteuerabzug berechtigt, da sich der Ausschluss vom Vorsteuerabzug ausschließlich nach dem deutschen Umsatzsteuerrecht beurteilt (Abschn. 15.14 Abs. 1 UStAE). Der Verkauf der Grundstücke wäre in Deutschland nach § 4 Nr. 9 Buchst. a UStG steuerfrei. Da eine Ausnahme vom Abzugsverbot nach § 15 Abs. 3 UStG nicht vorliegt, ist die von der Bau-GmbH zu entrichtende USt nicht als Vorsteuer abzugsfähig.

Fall 130: Mindestnutzung gem. § 15 Abs. 1 Satz 2 UStG/Vorsteuerberichtigung
Unternehmer K (Regelbesteuerung) erwirbt am 15.8.25 einen Pkw für 80.000 € zzgl. 15.200 € USt. Er benutzt das Fahrzeug nachweislich in der Zeit vom 15.8.25 bis 31.12.25 nur zu 8 % für unternehmerische Zwecke. Im darauf folgenden Jahr nutzt er das Fahrzeug zu 20 % für unternehmerische Zwecke.

Aufgabe: Prüfen Sie den Vorsteuerabzug des K aus der Anschaffung des Pkw und auf Grund der Nutzungsänderung.

Lösung:

Die 15.200 € Vorsteuer sind gem. § 15 Abs. 1 Nr. 1 UStG nicht abziehbar. Da das Fahrzeug im Kalenderjahr der Anschaffung bzw. der erstmaligen Verwendung zu weniger als 10 % unternehmerisch genutzt worden ist (unternehmerische Mindestnutzung), gehört es zum nicht unternehmerischen Bereich (Zuordnungsverbot). Die Voraussetzung »Lieferung an das Unternehmen« liegt nicht vor (§ 15 Abs. 1 Satz 2 UStG; Abschn. 15.2c Abs. 1 Satz 3 und Abs. 5 UStAE). Bezüglich dieses Fahrzeuges kann weder ein Vorsteuerabzug noch in den Folgejahren eine Vorsteuerberichtigung geltend gemacht werden (Abschn. 15a.1 Abs. 6 Satz 2 Nr. 5 UStAE).

Fall 131: Berechnung des Vorsteuerberichtigungsbetrags
Unternehmer X errichtet ein gemischt genutztes Gebäude, das er, wie beabsichtigt, ab Fertigstellung hälftig steuerpflichtig und steuerfrei vermietet. Die nach § 15 Abs. 1 Nr. 1 UStG abziehbare Vorsteuer beträgt 189.000 € (Ausgangsbetrag). Dieser Betrag ist die spätere Ausgangsbasis für § 15a UStG. Nach § 15 Abs. 2 UStG sind davon abzugsfähig 50 % = 94.500 €, bezogen auf die ursprüngliche Verwendungsabsicht (maßgebende Verhältnisse). Im fünften Jahr des Überwachungszeitraums verwendet der Unternehmer die steuerpflichtig vermieteten Räume vier Monate lang für Ausschlussumsätze, die restliche Nutzung bleibt unverändert.

Aufgabe: Ermitteln Sie den Vorsteuerberichtigungsbetrag im Jahr der Nutzungsänderung.

Lösung:

Ausgangsbasis ist der gesamte Vorsteuerbetrag i.S.d. § 15 Abs. 1 UStG = 189.000 €, und nicht wie häufig angenommen der nach § 15 Abs. 2 bis 4 UStG abzugsfähige Teil. Auf den Berichtigungszeitraum (zehn Jahre) entfällt ein monatlicher Betrag (zehn Jahre = 120 Monate) von 1.575 €. Für einen Monat stehen also insgesamt 1.575 € zur Überwachung an. Vier Monate vorsteuerschädliche Verwendung des bisher steuerpflichtig vermieteten Bereichs im 5. Jahr bedeuten also einen 100 %-igen Ausschluss der Vorsteuer für diesen Zeitraum. Vier Monate à 1.575 € = 6.300 € stehen dem Unternehmer für diesen Zeitraum nicht zu. Erhalten hat er aber 50 % hiervon = 3.150 €, nämlich durch den ursprünglichen Vorsteuerabzug. Bei einem erhaltenen Betrag von 3.150 € und einem zustehenden Betrag von 0 € ergibt sich ein Berichtigungsbetrag von 3.150 € für das Jahr der Nutzungsänderung.

Jahresmethode:
Ermittlung des Vorsteuerabzugsverhältnisses im 5. Jahr und Vergleich mit dem ursprünglichen Vorsteuerabzug:
Jahresüberwachungsbetrag = $^1/_{10}$ von 189.000 € = 18.900 €.

4 Monate	0 %	abzugsfähig =	0	
8 Monate	50 %	abzugsfähig =	400	
		Summe	400	: 12 Monate = 33,3333 % durchschnittliche Nutzung für Abzugsumsätze
33,33 %	vom jährlichen Überwachungsbetrag i.H.v. 18.900 € =		6.300 €	
50,00 %	von 18.900 € im Jahr der Nutzungsänderung bereits in Anspruch genommen		9.450 €	
16,67 %	**Differenz von 18.900 € = Berichtigungsbetrag =**		**3.150 €**	

Fall 132: Beginn und Ende des Vorsteuerberichtigungszeitraums (§ 45 UStDV)
Unternehmer U hat am 10.1.01 eine Maschine angeschafft, die er zunächst wie geplant ab diesem Zeitpunkt zu 90 % zur Erzielung von Abzugsumsätzen und zu 10 % zur Erzielung von Ausschlussumsätzen verwendet. Die Vorsteuern aus der Anschaffung betragen 80.000 €. Ab dem 1.8.01 nutzt U die Maschine nur noch zu 10 % für zum Vorsteuerabzug berechtigende Umsätze.

Aufgabe: Ermitteln Sie den Vorsteuerberichtigungsbetrag im Jahr 01 und den Folgejahren.

Lösung:

Insgesamt in Rechnung gestellte USt: 80.000 €; jährlicher Überwachungsbetrag 16.000 € (80.000 € : 5 Jahre).

Ursprünglicher Vorsteuerabzug (Ermittlung eines prozentualen Verhältnisses des ursprünglichen Vorsteuerabzugs zum Vorsteuervolumen insgesamt): 72.000 € (90 % von 80.000 €).

Zeitpunkt der erstmaligen Verwendung: 10.1.01.

Dauer des Berichtigungszeitraums: 1.1.01 bis 31.12.05 (nach § 45 UStDV bleibt der Januar 06 für die Berichtigung unberücksichtigt, da der Berichtigungszeitraum vor dem 16.1.06 endet; entsprechend beginnt der Berichtigungszeitraum dann mit dem 1.1.01).

Tatsächliche zum Vorsteuerabzug berechtigende Verwendung im Berichtigungszeitraum:

Nutzung Januar bis Juli 01	90 %	× 7 Monate =	630	
Nutzung August bis Dezember 01	10 %	× 5 Monate =	50	
		Summe	680	: 12 Monate = 56,7 %

56,70 %	vom jährlichen Überwachungsbetrag i.H.v. 16.000 € =	9.072 €
90,00 %	von 16.000 € im Jahr 01 bereits in Anspruch genommen	14.400 €
33,30 %	**Differenz von 16.000 € = Berichtigungsbetrag =**	**5.328 €**

Ab dem Jahr 02

10,00 %	vom jährlichen Überwachungsbetrag i.H.v. 16.000 € =	1.600 €
90,00 %	von 16.000 € im Jahr 01 bereits in Anspruch genommen	14.400 €
80,00 %	**Differenz von 16.000 € = Berichtigungsbetrag =**	**12.800 €**

**Fall 133: Verwendung eines Gebäudes/Leerstand eines Gebäudes/Nutzungsänderungen/
Vorsteuerberichtigung**

Unternehmer D beginnt am 1.4.15 mit dem Bau eines Wohn- und Geschäftshauses. Die Investitions- und die Nutzungsphasen des Gebäudes verlaufen wie folgt:

	Erdgeschoss (40 % der Fläche)	1. Obergeschoss (40 % der Fläche)	2. Obergeschoss (20 % der Fläche)
Investitionsphase I:			
vom 1.4.15 bis 31.12.15 beabsichtigte Verwendung	Vermietung an ein Steuerberatungs-büro	Vermietung an ein Architekturbüro	eigengenutzter Wohnraum
Vorsteuer:	insgesamt 44.000 € gesondert in Rechnungen ausgewiesen.		
Investitionsphase II:			
vom 1.1.16 bis 30.4.16		Der Architekt kündigt seinen Mietvertrag und es kommt zum Abschluss eines neuen Mietver-trages mit einem Arzt.	
Vorsteuer:	insgesamt 36.000 € gesondert in Rechnungen ausgewiesen.		
Nutzungsphasen:			
ab 1.5.16	Steuerberater	Arztpraxis	eigene Wohnung
ab 1.10.18	Steuerberater hat gekündigt, Vermie-tung als Wohnung		
ab 1.1.20	eigengenutzter Wohnraum		
1.3.23	Das Grundstück wird steuerpflichtig an einen Rechtsanwalt veräußert.		

Die Nutzungen sind durch Mietverträge nachgewiesen. Unternehmer D erklärt vor dem 31.5.16 die vollständige Zuordnung des Gebäudes zum Unternehmensvermögen.

Aufgabe: Ermitteln Sie die abzugsfähige Vorsteuer ab dem Kalenderjahr 15 bis zur Veräußerung im Kalenderjahr 23.

Lösung:

Unternehmer D hat das Grundstück insgesamt seinem Unternehmen zugeordnet und seine Zuordnungsentscheidung dokumentiert (s.a. Abschn. 15.2c Abs. 14 ff. UStAE).

Für die Beurteilung der Abzugsfähigkeit ist die beabsichtigte Verwendung maßgebend. Die Vorsteuer in der Investitionsphase I i.H.v. 44.000 € ist 20 % = 8.800 € nicht abziehbar. Für die eigene Wohnung greift der Vorsteuerausschluss des § 15 Abs. 1b UStG. Die Vorsteuerabzugsbeschränkung des § 15 Abs. 1b UStG berührt nicht das Zuordnungswahlrecht des Unternehmers nach § 15 Abs. 1 UStG (Abschn. 15.6a Abs. 1 Satz 3 UStAE). Die abziehbare Vorsteuer i.H.v. 35.200 € ist in voller Höhe abzugsfähig, da die Verwendung ausschließlich auf beabsichtigte Abzugsumsätze entfällt. Eine Option ist nach § 9 Abs. 1 und 2 UStG möglich und zulässig, da das Grundstück an Unternehmer für deren Unternehmen vermietet werden soll und diese Unternehmer ebenfalls ausschließlich Abzugsumsätze tätigen.

Während der Investitionsphase II ändert sich die beabsichtigte Nutzung. Die beabsichtigte Vermietung an den Arzt bleibt nach § 4 Nr. 12 Buchst. a UStG steuerfrei, da eine Option nach § 9 Abs. 2 UStG ausgeschlossen ist. Die Vorsteuer i.H.v. 36.000 € ist zu 20 % = 7.200 € nach § 15 Abs. 1b UStG nicht abziehbar. Nach § 15 Abs. 4 UStG ist die abziehbare Vorsteuer i.H.v. 28.800 € zu 50 % nicht abzugsfähig bzw. zu 50 % abzugsfähig (jeweils 14.400 €).

Während der Investitionsphasen I und II sind von insgesamt 80.000 € Vorsteuern 49.600 € (35.200 € + 14.400 €) abzugsfähig. Dies entspricht einem Anteil von 62 %.

Der Berichtigungszeitraum des § 15a Abs. 1 UStG beginnt am 1.5.16 und endet mit Ablauf des 30.4.26. Nach § 15a Abs. 5 UStG ist für die Zwecke der Berichtigung von $\frac{1}{10}$ der auf die Herstellungskosten entfallenden Vorsteuer für das jeweilige Jahr der Nutzungsänderung auszugehen.

Ab 1.5.16 weicht die tatsächliche Verwendung von der ursprünglichen beabsichtigten Verwendung ab.

Im Kalenderjahr 16 wird das Grundstück wie folgt zu Abzugsumsätzen verwendet (s.a. die Beispiele 1 und 2 in Abschn. 15a.3 Abs. 6 UStAE):

Nutzung Mai bis Dezember 16	40 %	× 8 Monate =	<u>320</u>	
		Summe	320	: 8 Monate =	40,00 %
ursprünglicher Vorsteuerabzug während der Bauphase				<u>62,00 %</u>
Nutzungsänderung				22,00 %
40,00 %	vom jährlichen Überwachungsbetrag i.H.v. 8.000 € : 12 × 8 =			2.133,33 €
62,00 %	vom jährlichen Überwachungsbetrag i.H.v. 8.000 € : 12 × 8 =			3.306,66 €
22,00 %	**Differenz = Berichtigungsbetrag zu Ungunsten =**			**1.173,33 €**

Nach § 44 Abs. 3 UStDV ist Vorsteuerberichtigung in der Jahreserklärung für das Kj. 16 vorzunehmen, da der Berichtigungsbetrag 6.000 € nicht übersteigt.

Auch im Jahr 17 ist die Vorsteuer zu berichtigen:

40,00 %	vom jährlichen Überwachungsbetrag i.H.v. 8.000 € =	3.200,00 €
62,00 %	von 8.000 € bereits in Anspruch genommen	4.960,00 €
22,00 %	**Differenz = Berichtigungsbetrag zu Ungunsten =**	**1.760,00 €**

Nutzung im Kalenderjahr. 18: Ab 1.10.18 wird das Grundstück ausschließlich steuerfrei vermietet.

9 Monate	40 %	abzugsfähig =	360	
3 Monate	0 %	abzugsfähig =	<u>0</u>	
		Summe	360	: 12 Monate = 30,00 % durchschnittliche Nutzung
				für Abzugsumsätze

30,00 %	vom jährlichen Überwachungsbetrag i.H.v. 8.000 € =	2.400,00 €
62,00 %	von 8.000 € bereits in Anspruch genommen	4.960,00 €
32,00 %	**Differenz = Berichtigungsbetrag zu Ungunsten =**	**2.560,00 €**

Nutzung im Kalenderjahr. 19:

12 Monate	0 %	abzugsfähig = 0	
0,00 %	vom jährlichen Überwachungsbetrag i.H.v. 8.000 € =		0,00 €
62,00 %	von 8.000 € bereits in Anspruch genommen		4.960,00 €
62,00 %	**Differenz = Berichtigungsbetrag zu Ungunsten =**		**4.960,00 €**

Nutzungsänderung in den Kalenderjahren 20 bis 22:

Es liegt zum 1.1.20 eine Änderung der Verhältnisse i.S.d. § 15a Abs. 6a UStG vor, da sich die private Nutzung erhöht hat. Die Bagatellgrenzen des § 44 UStDV sind überschritten.

12 Monate	0 %	abzugsfähig = 0	
0,00 %	vom jährlichen Überwachungsbetrag i.H.v. 8.000 € =		0,00 €
62,00 %	von 8.000 € bereits in Anspruch genommen		4.960,00 €
62,00 %	**Differenz = Berichtigungsbetrag zu Ungunsten =**		**4.960,00 €**

Nutzungsänderung in den Kalenderjahren 23 bis 26:

Die Grundstücksveräußerung am 1.3.23 ist nach der Option i.S.d. § 9 Abs. 3 Satz 2 UStG steuerpflichtig. Die USt für die steuerpflichtige Lieferung schuldet der Erwerber nach § 13b Abs. 2 Nr. 3 UStG. Nach § 15a Abs. 8 UStG liegt eine Änderung der Verhältnisse vor. Nach § 15a Abs. 9 UStG ist bis zum Ende des Berichtigungszeitraums von einer 100 %-igen steuerpflichtigen Verwendung auszugehen.

Nutzungsänderung im Kalenderjahr 23:

2 Monate	0 %	abzugsfähig =	0	
10 Monate	100 %	abzugsfähig =	1.000	
		Summe	1.000	: 12 Monate = 83,33 % durchschnittliche Nutzung für Abzugsumsätze
83,33 %	vom jährlichen Überwachungsbetrag i.H.v. 8.000 € =			6.666,40 €
62,00 %	von 8.000 € bereits in Anspruch genommen			4.960,00 €
21,33 %	**Differenz = Berichtigungsbetrag zu Gunsten =**			**1.706,40 €**

Nutzungsänderung in den Kalenderjahren 24 und 25:

12 Monate	100 %	abzugsfähig =	1.200	
		Summe	1.200	: 12 Monate = 100 % durchschnittliche Nutzung für Abzugsumsätze
100 %	vom jährlichen Überwachungsbetrag i.H.v. 8.000 € =			8.000,00 €
62 %	von 8.000 € bereits in Anspruch genommen			4.960,00 €
38 %	**Differenz = Berichtigungsbetrag zu Gunsten =**			**3.040,40 €**

Nutzungsänderung in den Kalenderjahr 26:

| 12 Monate | 100 % | abzugsfähig = | 1.200 | |
| | | Summe | 1.200 | : 12 Monate = 100 % durchschnittliche Nutzung für Abzugsumsätze |

100 %	vom jährlichen anteiligen Überwachungsbetrag i.H.v. 8.000 € : 12 × 4 =	2.666,66 €
62 %	von 8.000 € bereits in Anspruch genommen = 4.960,00 € : 12 × 4 =	1.653,33 €
38 %	**Differenz = Berichtigungsbetrag zugunsten =**	**1.013.33 €**

Die Berichtigung des Vorsteuerabzugs ist für das Kalenderjahr der Lieferung (Kj. 23) und die folgenden Kalenderjahre des Berichtigungszeitraums (24 bis 26) bereits bei der Berechnung der Steuer für den Voranmeldungszeitraum durchzuführen, in dem die Lieferung stattgefunden hat (Voranmeldungszeitraum März 23).

**Fall 134: Teilunternehmerische Verwendung für nichtwirtschaftliche Tätigkeiten i.e.S./
        Gemeinnütziger Verein/Vorsteuerabzug/Vorsteuerberichtigung**

Der Sportverein FC Bolz X-Stadt e.V. (X) unterhält einen unternehmerischen und einen ideellen Bereich (z.B. Alte Herren bzw. Jugendarbeit). X erwirbt am 1.4.24 einen Transporter für 50.000 € zzgl. 9.500 € USt. Der Transporter soll zu 40 % für unternehmerische Zwecke verwendet werden. Am Ende des Jahres stellt sich heraus, dass der Transporter tatsächlich zu 20 % bzw. zu 60 % für unternehmerische Zwecke verwendet wurde.

Aufgabe: Prüfen Sie den Vorsteuerabzug des Vereins aus der Anschaffung des Pkw und auf Grund der Nutzungsänderung.

Zu Vereinen s.a. Fall 127 und 152.

Lösung:

Der Verein X hat als Unternehmer einen Unternehmensbereich und einen nichtwirtschaftlichen Bereich im engeren Sinne (s.a. Abschn. 2.3 Abs. 1a UStAE). Unter den Voraussetzungen des § 15 Abs. 1 Nr. 1 UStG ist lediglich die Vorsteuer für die Eingangsleistungen abziehbar, die auf den unternehmerischen Bereich entfallen (Abschn. 15.2c Abs. 2 Satz 1 Nr. 2 Buchst. a i.V.m. Abschn. 2.10 Abs. 3 und 5 UStAE und BFH Urteil vom 3.3.2011, V R 23/10, BStBl II 2012 S. 74, Abschn. 15.2b Abs. 2 UStAE). Hinsichtlich des Vorsteuerabzugs besteht grundsätzlich ein Aufteilungsgebot.

Der Verein X kann somit im Zeitpunkt des Leistungsbezugs am 1.4.24 von der gesamten Vorsteuer 40 % (von 9.500 €) = 3.800 € abziehen (§ 15 Abs. 1 Nr. 1 UStG, kein Vorsteuerausschluss nach § 15 Abs. 2 UStG).

Verringert sich die unternehmerische (hier von 40 % auf 20 %) bzw. erhöht sich die nichtunternehmerische Nutzung (hier von 60 % auf 80 %), bleibt der Vorsteuerabzug erhalten. Die nichtunternehmerische Verwendung unterliegt aber nach § 3 Abs. 9a Nr. 1 UStG der USt (Abschn. 2.10 Abs. 5 i.V.m. Abschn. 3.4 Abs. 2 Satz 4 UStAE). Die unentgeltliche Wertabgabe ist steuerbar und steuerpflichtig (§ 1 Abs. 1 Nr. 1 i.V.m. § 3f Satz 1 UStG). Die Bemessungsgrundlage besteht nach § 10 Abs. 4 Nr. 2 UStG aus den Betriebskosten und den Anschaffungskosten des Fahrzeugs. Die Anschaffungskosten werden über den maßgeblichen Vorsteuerberichtigungszeitraum des § 15a Abs. 1 UStG von 5 Jahren verteilt. Von den Anschaffungskosten von 50.000 € entfallen auf das Kj. 24 9/60 = 7.500 €. Da sich die unentgeltliche Nutzung um 20 % erhöht, unterliegen 20 % der anteiligen Anschaffungskosten von 7.500 € = 1.500 € – neben den anteiligen Betriebskosten – der Wertabgabenbesteuerung nach § 3 Abs. 9a Nr. 1 UStG. Die USt darauf beträgt 19 % von 1.500 € = 285 €. Das Fahrzeug bleibt weiterhin zu 40 % Unternehmensvermögen.

Wenn sich die Nutzung für unternehmerische Zwecke erhöht (hier von 40 % auf 60 %), handelt es sich um eine Einlage in das Unternehmensvermögen. In diesen Fällen ist grundsätzlich keine Vorsteuerberichtigung möglich (Abschn. 15a.1 Abs. 6 Nr. 2 i.V.m. Abschn. 15.2c Abs. 4 Satz 4 UStAE). Zu Gunsten des Unternehmers kann aber aus Billigkeitsgründen eine Vorsteuerberichtigung nach § 15a UStG vorgenommen werden (Abschn. 3.4 Abs. 2 Satz 5 i.V.m. Abschn. 15a.1 Abs. 7 Satz 1 UStAE). Die Billigkeitsregelung ist deshalb gegeben, weil der Unternehmer keine Möglichkeit auf vollständige Zuordnung zum Unternehmen hatte. Zur Anwendung der Vorsteuerberichtigung i.S.d. § 15a UStG müssen die Bagatellgrenzen des § 44 UStDV überschritten sein. Die Vorsteuerberichtigung nach § 15a Abs. 1 und 5 UStG beträgt (9.500 € × 9/60 × 20%=) 285 €. Bei Anwendung der Billigkeitsregelung gilt das Fahrzeug zu 60 % als Unternehmensvermögen (Abschn. 15a.1 Abs. 7 Satz 2 UStAE). Bis zum Ablauf des Berichtigungszeitraums ist die Vorsteuer zugunsten des Vereins zu berichtigen.

Der Verein kann aber auch aus Billigkeitsgründen den Gegenstand in vollem Umfang in seinem nichtunternehmerischen Bereich belassen. Ein Vorsteuerabzug aus den Anschaffungskosten ist in diesen Fällen nicht möglich. Der Vorsteuerabzug aus den Betriebskosten für unternehmerisch bedingte Fahrten ist aber zulässig (Abschn. 15.2c Abs. 3 UStAE). Im Fall der ausschließlichen Zuordnung des Fahrzeugs zum nichtunternehmerischen Bereich ist eine spätere Vorsteuerberichtigung zugunsten des Unternehmers im Billigkeitswege nach Abschn. 15a.1 Abs. 7 UStAE ausgeschlossen (Abschn. 15.2c Abs. 2 Satz 1 Nr. 2 Buchst. a Satz 2 UStAE).

Verringert sich in einem Folgejahr die unternehmerische Nutzung von 60 % z.B. auf 50 %, so ist die Vorsteuerberichtigung nach § 15a UStG zu prüfen. Aus Billigkeitsgründen beträgt der Vorsteuerabzug 50 %. Im Vergleich zum ursprünglichen Vorsteuerabzug von 40% ist eine Vorsteuerberichtigung aus Billigkeitsgründen i.H.v. 10 Prozentpunkten durchzuführen. Die Vorsteuerberichtigung beträgt (9.500 € × 12/60 × 10 % =) 190 €. Eine Entnahmebesteuerung wegen des im Verhältnis zum Vorjahr gesunkenen unternehmerischen Nutzungsumfangs – von 60 % auf 50 % – kommt während des Berichtigungszeitraums nach § 15a UStG im Rahmen der Billigkeit nicht in Betracht, weil die in Abschn. 15a.1 Abs. 7 Satz 2 UStAE angeordnete Zuordnung entsprechend dem Berichtigungsbetrag nach § 15a UStG nur eine zeitraumbezogene Korrekturgröße darstellt (s. Abschn. 15.23 Abs. 6 und dort das Beispiel 1 UStAE).

Fall 135: Änderung der Verhältnisse i.S.d. § 15a Abs. 3 Satz 3 UStG/Pkw-Entnahme

Ein Unternehmer erwirbt am 1.7.24 aus privater Hand einen gebrauchten Pkw für 20.000 € und ordnet ihn zulässigerweise seinem Unternehmen zu. Am 1.3.25 lässt er den Pkw wegen eines Unfalls für 7.000 € zzgl. 1.330 € reparieren (werterhaltende Maßnahmen). Den Vorsteuerabzug macht U in der Voranmeldung 3/25 geltend. Am 1.3.26 entnimmt der Unternehmer den Pkw in sein Privatvermögen.

Aufgabe: Prüfen Sie den Vorsteuerabzug aus der Anschaffung des Pkw und nehmen Sie Stellung zu den umsatzsteuerrechtlichen Folgen der Entnahme.

Lösung:

Aus den Anschaffungskosten hat der Unternehmer keinen Vorsteuerabzug, da der Leistende kein Unternehmer war. Eine Besteuerung der unentgeltlichen Wertabgabe findet nach § 3 Abs. 1b Satz 2 UStG nicht statt, da der Pkw oder seine Bestandteile nicht zum Vorsteuerabzug berechtigt haben (Abschn. 3.3 Abs. 2 Satz 1 UStAE). Die Reparaturleistung führt nicht zum Einbau eines Bestandteils, da es sich lediglich um eine werterhaltende Maßnahme handelt (Abschn. 3.3 Abs. 3 Satz 1 und 4 UStAE). Weiterhin handelt es sich um eine sonstige Leistung (Dienstleistung), die bereits im Zeitpunkt des Leistungsbezugs wirtschaftlich verbraucht ist. Eine Verpflichtung zur Berichtigung des Vorsteuerabzugs nach § 15a Abs. 3 Satz 1 UStG besteht nicht (Abschn. 15a.6 Abs. 6 UStAE). Aus diesem Grund tritt für die Reparaturleistung eine Änderung der Verhältnisse i.S.d. § 15a Abs. 3 Satz 3 UStG ein (Abschn. 15a.6 Abs. 16 UStAE). Die Wertgrenze des § 44 Abs. 1 UStDV ist überschritten. Die Reparaturleistung löst nach § 15a Abs. 3 UStG einen neuen Berichtigungszeitraum von fünf Jahren aus. Der Berichtigungszeitraum beginnt am 1.3.25 und endet mit Ablauf des 28.2.30. Der zu überwachende jährliche Vorsteuerbetrag beträgt 1.330 € : 5 = 266 €. Im Zeitpunkt der Entnahme beträgt der Berichtigungszeitraum noch vier Jahre, der Berichtigungsbetrag somit 266 € × 4 = 1.064 €. Zum Zeitpunkt der Berichtigung s. § 44 Abs. 3 Satz 2 UStDV.

Fall 136:	**Erhaltungsaufwendungen/Anschaffungskosten/Herstellungskosten/Grundstücksaufwendungen/Anschaffungsnaher Herstellungsaufwand/Vorsteuerabzug/Vorsteuerberichtigung**			

**Fall 136: Erhaltungsaufwendungen/Anschaffungskosten/Herstellungskosten/Grundstücks-
aufwendungen/Anschaffungsnaher Herstellungsaufwand/Vorsteuerabzug/
Vorsteuerberichtigung**

Am 15.9.23 (Übergang Nutzen, Lasten und Gefahr) erwirbt Unternehmer U ein bebautes Grundstück. Die Anschaffungskosten betragen 720.000 €; davon entfallen 120.000 € auf den Grund und Boden. Die Anschaffung des Grundstücks erfolgte nach § 4 Nr. 9 Buchst a UStG steuerfrei. Das Grundstück wird seit der Fertigstellung im Kj. 10 auch weiterhin vom Erwerber zu jeweils 50 % vorsteuerunschädlich bzw. vorsteuerschädlich vermietet. Der Erwerber hat die Mietverträge des Veräußerers übernommen.

Nach dem Erwerb lässt U folgende Modernisierungsmaßnahmen durchführen:

Rechnung I	09.10.24	für Sanitärinstallation zzgl. 19 % USt	24.000 €	4.560 €
Rechnung II	10.03.25	für Dacheindeckung zzgl. 19 % USt	38.000 €	7.220 €
Rechnung III	04.12.25	für Wärmedämmung der Fassade zzgl. 19 % USt	22.000 €	4.180 €
Rechnung IV	18.02.26	für Elektroinstallation zzgl. 19 % USt	16.000 €	3.040 €
Summe			**100.000 €**	**19.000 €**

Eine Hebung des Gebäudestandards ist nicht geplant.

Die Ingebrauchnahme der jeweiligen Modernisierungsmaßnahmen soll jeweils mit Rechnungsstellung erfolgen.

Ab 1.1.27 wird das Grundstück ausschließlich zur Ausführung steuerpflichtiger Umsätze verwendet.

Aufgabe: Nehmen Sie Stellung zu der ertrag- und umsatzsteuerrechtlichen Behandlung der Modernisierungsmaßnahmen.

Lösung:

Ertragsteuerrechtliche Lösung

Herstellungskosten als Folge einer über den ursprünglichen Zustand hinausgehenden wesentlichen Verbesserung können vorliegen, wenn in zeitlicher Nähe zur Anschaffung – in der Regel innerhalb von drei Jahren – im Verhältnis zum Kaufpreis hohe Reparatur- oder Modernisierungsaufwendungen anfallen. Ob anschaffungsnaher Herstellungsaufwand vorliegt, ist für die ersten drei Jahre nach Anschaffung des Gebäudes in der Regel nicht zu prüfen, wenn die Aufwendungen für Instandsetzung (Rechnungsbetrag ohne USt) in diesem Zeitraum insgesamt 15 % der Anschaffungskosten des Gebäudes nicht übersteigen (§ 6 Abs. 1 Nr. 1a EStG). Der Dreijahreszeitraum beginnt mit Anschaffung am 15.9.23 und endet mit Ablauf des 14.9.26.

Bei den nachträglichen Aufwendungen ist nach dem Gesetzeswortlaut des § 6 Abs. 1 Nr. 1a EStG unabhängig von der Abziehbarkeit der Vorsteuer stets der Nettobetrag ohne USt maßgeblich. Der Vergleichswert – nämlich die Anschaffungskosten des Gebäudes – ist hingegen nach Maßgabe des § 9b EStG zu ermitteln. Danach gehören die nichtabzugsfähigen Vorsteuerbeträge zu den Anschaffungskosten. Die Anschaffungskosten des Gebäudes betrugen 600.000 € (Vergleichswert). Zweifelsfragen zur Anwendung des § 6 Abs. 1 Nr. 1a EStG regelt die FinBeh Berlin mit Vfg. vom 5.4.2017 (III B – S 2211 – 2/2005 – 2, SIS 17 12 76).

Veranlagungen sind nach Rz. 36 bis 38 des BMF-Schreibens vom 18.7.2003 (BStBl I 2003, 386) vorläufig durchzuführen, wenn innerhalb der ersten drei Jahre nach der Anschaffung die Instandsetzungsarbeiten 15 % der Anschaffungskosten des Gebäudes nicht übersteigen oder wenn eine Sanierung in Raten (Rz. 31 des BMF-Schreibens vom18.7.2003, BStBl I 2003, 386) zu vermuten ist. Aufwendungen u.a. zur Hebung des Standards sind in die Prüfung der 15 %-Grenze einzubeziehen (BFH Urteile vom 14.6.2016, IX R 25/14,

BStBl II 2016, 992, IX R 15/15, BStBl II 2016, 996 sowie IX R 22/15, BStBl II 2016, 999 und BMF vom 20.10.2017, BStBl I 2017, 1447).

Von einer Sanierung in Raten ist grundsätzlich auszugehen, wenn die Maßnahmen zur Standardhebung innerhalb eines Fünfjahreszeitraums durchgeführt werden.

Die Aufwendungen im Kj. 24 betragen 24.000 € (Rechnung I). Die 15 %-Grenze der Anschaffungskosten des Gebäudes i.H.v. 600.000 € = 90.000 € ist nicht erreicht. Ob anschaffungsnahe Aufwendungen i.S.d. § 6 Abs. 1 Nr. 1a EStG vorliegen, kann nicht abschließend geprüft werden. Bei der ESt-Veranlagung für das Kj. 24 sind die Nettoaufwendungen i.H.v. 24.000 € zzgl. 50 % der nach § 15 Abs. 2 Nr. 1 UStG nichtabzugsfähigen Vorsteuer von (50 % von 4.560 € =) 2.280 €, insgesamt 26.280 €, als Werbungskosten bzw. als Betriebsausgaben zu berücksichtigen. Bezüglich dieser Erhaltungsaufwendungen ergeht der Bescheid allerdings mit folgender Begründung vorläufig nach § 165 Abs. 1 AO:

»Eine abschließende Prüfung über die Berücksichtigung der Erhaltungsaufwendungen erfolgt nach dem dritten Jahr.«

Die Aufwendungen im Kj. 25 (Rechnung II und III) i.H.v. 60.000 € stellen Erhaltungsaufwendungen dar. Da die gesamten Erhaltungsaufwendungen i.H.v. jetzt 84.000 € die Grenze von 90.000 € nicht erreichen, kann § 6 Abs. 1 Nr. 1a EStG noch nicht abschließend geprüft werden. Die weitere Behandlung erfolgt wie im Kj. 24.

Die Aufwendungen vom 18.2.26 i.H.v. 16.000 € (netto) stellen dem Grunde nach Erhaltungsaufwendungen dar. Die anschaffungsnahen Aufwendungen innerhalb der ersten drei Jahre betragen danach 100.000 € und überschreiten die 15 %-Grenze der Anschaffungskosten des Gebäudes i.H.v. 600.000 € = 90.000 €. Die Aufwendungen i.H.v. 100.000 € sind in den jeweiligen Kj. als Herstellungskosten anzusetzen. Die ESt-Veranlagungen für die Kj. 24 und 25 sind nach § 165 Abs. 2 AO zu ändern; die Vorläufigkeit ist aufzuheben. Die Umqualifizierung der Erhaltungsaufwendungen zu nachträglichen Anschaffungs- bzw. Herstellungskosten erhöht die bisherige AfA-Bemessungsgrundlage (H 7.3 [Nachträgliche Anschaffungs- oder Herstellungskosten] und H 7.4 [AfA nach nachträglichen Anschaffungs- oder Herstellungskosten – Beispiele] EStH).

Die AfA beginnt am 15.9.23 (R 7.4 Abs. 1 Satz 1 EStR). Nach § 7 Abs. 1 Satz 4 EStG ist die AfA zeitanteilig vorzunehmen.

Bemessungsgrundlage sind die Anschaffungskosten (R 7.3 Abs. 1 Satz 1 EStR):		600.000 €
2% von 600.000 € = 12.000 € Jahresbetrag. Die AfA für 4 Monate (ab 01.09.23) beträgt		./. 4.000 €
Restwert zum 31.12.23		**596.000 €**
Bisherige AfA-Bemessungsgrundlage	600.000 €	
zzgl. anschaffungsnaher Herstellungsaufwand im Kj. 24	24.000 €	24.000 €
zzgl. nicht abzugsfähige Vorsteuer (§ 9b Abs. 1 EStG)	2.280 €	2.280 €
neue AfA-Bemessungsgrundlage	**626.280 €**	
insgesamt AfA-Volumen		**622.280 €**
Nach R 7.4 Abs. 9 Satz 3 EStR sind die Aufwendungen so zu berücksichtigen, als wären sie zu Beginn des Jahres aufgewendet worden. AfA für Kj. 24: 2 % von 626.280 €		./. 12.526 €
Restwert zum 31.12.24		**609.754 €**
zzgl. anschaffungsnaher Herstellungsaufwand im Kj. 25	60.000 €	60.000 €

zzgl. nicht abzugsfähige Vorsteuer (§ 9b Abs. 1 EStG; 50 % von 11.400 €)	5.700 €	5.700 €
neue AfA-Bemessungsgrundlage	**691.980 €**	
insgesamt AfA-Volumen		**675.454 €**
AfA für Kj. 25: 2 % von 691.980 €		./. 13.840 €
Restwert zum 31.12.25		**661.614 €**
zzgl. anschaffungsnaher Herstellungsaufwand im Kj. 26	16.000 €	16.000 €
zzgl. nicht abzugsfähige Vorsteuer (§ 9b Abs. 1 EStG; 50 % von 3.040 €)	1.520 €	1.520 €
neue AfA-Bemessungsgrundlage	709.500 €	
insgesamt AfA-Volumen		**679.134 €**
AfA für Kj. 26: 2 % von 709.500 €		./. 14.190 €
Restwert zum 31.12.26		**664.944 €**

Umsatzsteuerrechtliche Lösung

Bei einer umsatzsteuerrechtlichen Geschäftsveräußerung i.S.d. § 1 Abs. 1a UStG tritt der erwerbende Unternehmer an die Stelle des Veräußerers (§ 1 Abs. 1a Satz 3 UStG). In diesem Fall wird der für das Grundstück maßgebliche Berichtigungszeitraum nicht unterbrochen (§ 15a Abs. 10 Satz 1 UStG) bzw. beginnt wegen des Erwerbs nicht neu zu laufen. Der Berichtigungszeitraum für das Grundstück endete nach § 15a Abs. 1 Satz 1 und 2 UStG im Kj. 20.

Für den Umfang des Vorsteuerabzugs bei Erwerb und Umbau eines Gebäudes, das vom Erwerber für vorsteuerunschädliche und vorsteuerschädliche Verwendungsumsätze genutzt wird, ist zu entscheiden, ob es sich um Erhaltungsaufwand am Gebäude oder um Anschaffungskosten handelt (BFH Urteil vom 28.9.2006, V R 43/03, BStBl II 2007, 417; Abschn. 15.17 Abs. 5 Satz 1 UStAE). Handelt es sich dabei um Anschaffungskosten, kommt nur eine Aufteilung der gesamten auf den einheitlichen Gegenstand entfallenden Vorsteuerbeträge nach einem sachgerechten Aufteilungsmaßstab (§ 15 Abs. 4 UStG) in Betracht. Der Umfang der abzugsfähigen Vorsteuerbeträge auf Erhaltungsaufwendungen an dem Gegenstand kann sich hingegen danach richten, für welchen Nutzungsbereich des gemischt genutzten Gegenstands die Aufwendungen vorgenommen werden (Abschn. 15.17 Abs. 5 UStAE). Für jeden Leistungsbezug ist die Zuordnung zum Unternehmen vorzunehmen bzw. eine Entscheidung darüber zu treffen. Dies gilt auch für Erhaltungsaufwendungen, weil die Vorsteuern aus der Anschaffung bzw. Herstellung eines Gegenstands und die Vorsteuern aus seinem Gebrauch und seiner Erhaltung einer getrennten umsatzsteuerrechtlichen Beurteilung unterliegen. Erhaltungsaufwendungen, die nach § 6 Abs. 1 Nr. 1a EStG zu Herstellungskosten (anschaffungsnahe Herstellungskosten) umqualifiziert werden, sind umsatzsteuerlich weiterhin wie Erhaltungsaufwendungen zu behandeln (Abschn. 15.2c Abs. 9 UStAE).

Die Begriffe der Anschaffungs- oder Herstellungskosten, der nachträglichen Anschaffungs- oder Herstellungskosten und der Erhaltungsaufwendungen sind nach den für das Einkommensteuerrecht geltenden Grundsätzen auszulegen. Dies gilt jedoch nicht, soweit nach § 6 Abs. 1 Nr. 1a EStG Erhaltungsaufwendungen zu Herstellungskosten (anschaffungsnahe Herstellungskosten) umqualifiziert werden (Abschn. 15.17 Abs. 6 und Abschn. 15.2c Abs. 9 Nr. 2 mit Beispielen UStAE). Der Vorsteuerabzug aus den weiterhin vorliegenden Erhaltungsaufwendungen – keine anschaffungsnahen Herstellungsaufwendungen wie bei der ESt –, ist mit Ablauf des Voranmeldungszeitraums zulässig, in dem die Voraussetzungen des § 15 Abs. 1 Nr. 1 UStG erfüllt sind. So ist z.B. für die Rechnung I die Vorsteuer i.H.v. 4.560 € im Voranmeldungszeitraum Oktober nach § 15 Abs. 1 Nr. 1 UStG abziehbar und i.H.v. 2.280 € (§ 15 Abs. 2 Nr. 1 UStG) auch abzugsfähig (s.a. Abschn. 15.12 Abs. 1 Satz 6 ff. UStAE).

Rechnung I	09.10.24	für Sanitärinstallation zzgl. 19 % USt	24.000 €	4.560 €
Rechnung II	10.03.25	für Dacheindeckung zzgl. 19 % USt	38.000 €	7.220 €
Rechnung III	04.12.25	für Wärmedämmung der Fassade zzgl. 19 % USt	22.000 €	4.180 €
Rechnung IV	18.02.26	für Elektroinstallation zzgl. 19 % USt	16.000 €	3.040 €
Summe			**100.000 €**	**19.000 €**

Bei den ausgeführten Modernisierungsmaßnahmen handelt es sich insgesamt um Werklieferungen. Sämtliche Neuerungen am Gebäude sind grundsätzlich als Einbau von Bestandteilen zu werten (s.a. Abschn. 15a.6 Abs. 1 UStAE). Nur wenn die Maßnahmen als nachträgliche Anschaffungs- oder Herstellungskosten zu qualifizieren wären, würden diese als Berichtigungsobjekt der Berichtigungsvorschrift des § 15a Abs. 6 UStG unterliegen (Abschn. 15a.6 Abs. 2 UStAE).

Nach § 15a Abs. 3 Satz 1 UStG laufen für das Gebäude fortan unterschiedliche Vorsteuerberichtigungszeiträume. Nach § 15a Abs. 3 Satz 2 UStG sind mehrere im Rahmen einer Maßnahme in ein Wirtschaftsgut eingegangene Bestandteile zu einem Berichtigungsobjekt zusammenzufassen. Bei einem Grundstück kann dies unterstellt werden, wenn die verschiedenen Leistungen innerhalb von sechs Monaten bezogen werden (Abschn. 15a.6 Abs. 11 UStAE). Danach sind die Maßnahmen der Rechnungen I und II sowie der Rechnungen III und IV jeweils zu einem Objekt zusammenzufassen. Der Berichtigungszeitraum beginnt zu dem Zeitpunkt, zu dem der Unternehmer das Wirtschaftsgut nach Durchführung der Maßnahme erstmalig zur Ausführung von Umsätzen verwendet.

Berichtigungszeitraum 1	Gebäude	Kj. 10 bis Kj. 20
Berichtigungszeitraum 2	Rechnungen I und II: Sanitärinstallation und Dacheindeckung	10.03.25 bis 09.03.35
	§ 45 UStDV:	01.03.25 bis 28.02.35
Berichtigungszeitraum 3	Rechnungen III und IV: Wärmedämmung und Elektroinstallation	18.02.26 bis 17.02.36
	§ 45 UStDV:	01.03.26 bis 28.02.36

Die USt aus den Renovierungsarbeiten war gem. § 15 Abs. 1 Nr. 1 UStG jeweils in voller Höhe abziehbar. Die abziehbare Vorsteuer entfällt sowohl auf Abzugs- als auch auf Ausschlussumsätze. Da die Erhaltungsaufwendungen keinem Nutzungsbereich konkret zugeordnet werden können, ist die Vorsteuer nach § 15 Abs. 4 UStG durch eine sachgerechte Schätzung wirtschaftlich aufzuteilen (Abschn. 15.17 Abs. 5 Satz 4 UStAE). Die Aufteilung erfolgt nach dem Verhältnis der Nutzflächen. Die Vorsteuer ist somit jeweils zu 50 % abzugsfähig und zu 50 % nicht abzugsfähig.

Ab 1.1.27 wird das Grundstück ausschließlich zur Ausführung steuerpflichtiger Umsätze verwendet. Es handelt sich dabei um eine Änderung der Verhältnisse i.S.d. § 15a Abs. 3 Satz 1 i.V.m. Abs. 1 UStG von 50 % auf 100 %, somit um 50 %.

Die zu überwachende Vorsteuer beträgt:		
Berichtigungsobjekt 1:	**Berichtigungsobjekt 2:**	**Berichtigungsobjekt 3:**
Gebäude	Rechnungen I und II	Rechnungen III und IV
Berichtigungszeitraum abgelaufen	11.780 €	7.220 €
Die Vereinfachungsregelungen des § 44 UStDV, nämlich:		
• die auf das Berichtigungsobjekt entfallende Vorsteuer übersteigt jeweils 1.000 € (§ 44 Abs. 1 UStDV),		
• die Änderung der Verhältnisse beträgt mehr als 10 Prozentpunkte (§ 44 Abs. 2 UStDV)		
liegen vor.		

Berichtigungs-objekt	Berichtigungszeit-raum	Änderung der Verhältnisse			Jährlicher Vorsteuerbetrag	Vorsteuerberichtigung im Kj.
2: 11.780 €	01.03.25 bis 28.02.35	von auf +	50 % 100 % 50 %		589,00 € 1.178,00 € 589,00 €	jeweils im Besteuerungszeitraum 27 bis 35 (§ 44 Abs. 3 Satz 1) jeweils 589,00 €/Kj.; im Kj. 35: 89,20 €.
3: 7.220 €	01.03.26 bis 28.02.36	von auf +	50 % 100 % 50 %		361,00 € 722,00 € 361,00 €	jeweils im Besteuerungszeitraum 27 bis 36 (§ 44 Abs. 3 Satz 1) jeweils 361,00 €/Kj.; im Kj. 36: 60,20 €.

Fall 137: Vorsteuerabzug/Vorsteuerberichtigung/Pkw-Schenkung/Gemischt genutzter Pkw
Der selbstständig tätige Physiotherapeut Philipp Steif (S) aus Landau/Pfalz erwirbt am 1.5.27 einen neuen Pkw zum Kaufpreis von 50.000 € zzgl. 9.500 € USt. Wie beabsichtigt nutzt S den Pkw zu 50 % für private Zwecke, 30 % für seine physiotherapeutische Tätigkeit, zu 10 % für seine Tätigkeit als selbstständiger Dozent in der physiotherapeutischen Fortbildung sowie zu 10 % zu den Fahrten zu seinem steuerfrei vermieteten Mietwohngrundstück in Ludwigshafen. S kann keine Bescheinigung i.S.d. § 4 Nr. 21 UStG vorlegen. S möchte den Pkw insgesamt seinem Unternehmensvermögen zuordnen.
Zum 1.12 27 schenkt S den Pkw seiner Tochter zum Geburtstag. Das Fahrtzeug hat zu diesem Zeitpunkt einen Verkehrswert von 45.000 €.
S ist gem. § 18 Abs. 2 Satz 2 UStG zur Abgabe von monatlichen Voranmeldungen verpflichtet.

Aufgabe: Beurteilen Sie den Vorsteuerabzug des S aus dem Erwerb des Fahrzeugs und nehmen Sie Stellung zu den umsatzsteuerrechtlichen Folgen bezüglich der Schenkung an die Tochter.
Die Bemessungsgrundlage für die Privatnutzung ist nicht zu ermitteln.

Lösung:

Bei dem Pkw handelt es sich um einen einheitlichen Gegenstand, der zum Teil unternehmerisch und zum Teil unternehmensfremd verwendet wird. Die unternehmensfremde Verwendung besteht in der 50 %-igen Privatnutzung (s.a. Abschn. 2.3 Abs. 1a Satz 3 UStAE). Hinsichtlich der Zuordnung zum Unternehmensvermögen hat der Unternehmer ein Zuordnungswahlrecht. S kann den Pkw insgesamt seiner unternehmerischen Tätigkeit zuordnen (Abschn. 15.2c Abs. 2 Satz 1 Nr. 2 Buchst. b Satz 2 UStAE). Die Zuordnungsentscheidung ist bei Leistungsbezug zu treffen. Zur fristgerechten Zuordnung s. Abschn. 15.2c Abs. 16 UStAE. Dabei ist die Geltendmachung des Vorsteuerabzugs regelmäßig ein gewichtiges Indiz für die Zuordnung des Pkw zum Unternehmen (Abschn. 15.2c Abs. 17 Satz 1 UStAE). Bei der Zuordnung eines einheitlichen Gegenstands handelt es sich um eine Prognoseentscheidung, die sich grundsätzlich nach der im Zeitpunkt des Leistungsbezugs beabsichtigten Verwendung für den Besteuerungszeitraum der erstmaligen Verwendung des bezogenen Pkw richtet (Abschn. 15.2b Abs. 3 Satz 3 i.V.m. Abschn. 15.2c Abs. 12 Satz 1 UStAE). Die beabsichtigte Nutzung im Folgejahr ist für die Zuordnungsentscheidung unerheblich, da nur der Besteuerungszeitraum der ersten Verwendung maßgebend ist. Eine Nutzungsänderung in den Folgejahren kann zu einer Vorsteuerberichtigung i.S.d. § 15a UStG führen.

Da S den Pkw zulässigerweise insgesamt seinem Unternehmen zugeordnet hat, ist die Vorsteuer aus der Abschaffung des Pkw i.H.v. 9.500 € in voller Höhe abziehbar nach § 15 Abs. 1 Satz 1 Nr. 1 UStG.

Da S den Pkw sowohl für Umsätze, die zum Vorsteuerabzug berechtigen, als auch für Umsätze, die den Vorsteuerabzug nach § 15 Abs. 2 und 3 UStG ausschließen, verwendet, hat er die angefallenen Vorsteuerbeträge in einen abzugsfähigen und einen nicht abzugsfähigen Teil aufzuteilen (Abschn. 15.16 Abs. 1 Satz 1 UStAE). Die Aufteilung ist nach § 15 Abs. 4 UStG vorzunehmen.

Nach der Prognoseentscheidung bei der Anschaffung des Pkw dient der Pkw zu 30 % der physiotherapeutischen Tätigkeit. Die Tätigkeit eines Physiotherapeuten ist nach § 4 Nr. 14 Buchst. a UStG steuerfrei (s.a. Abschn. 4.14.4 Abs. 2 UStAE). Nach § 15 Abs. 2 Satz 1 Nr. 1 UStG ist der Vorsteuerabzug hinsichtlich dieser Nutzung ausgeschlossen. Ein Ausschluss des Abzugsverbots nach § 15 Abs. 3 UStG ist nicht gegeben.

Die Dozententätigkeit ist steuerpflichtig, da die Voraussetzungen der Steuerbefreiung gem. § 4 Nr. 21 Buchst. b UStG nicht erbracht werden kann. 10 % der Vorsteuer ist damit abzugsfähig.

Die Vermietungsumsätze sind nach § 4 Nr. 12 Buchst. a UStG steuerfrei. Nach § 15 Abs. 2 Satz 1 Nr. 1 UStG ist der Vorsteuerabzug hinsichtlich dieser Nutzung ausgeschlossen. Ein Ausschluss des Abzugsverbots nach § 15 Abs. 3 UStG ist nicht gegeben.

Da ein teilweiser Abzug der Vorsteuer gegeben ist und der Pkw dem Unternehmen zugeordnet wurde, ist die private Nutzung des Pkw als unentgeltliche Wertabgabe nach § 3 Abs. 9a Nr. 1 UStG zu behandeln (Abschn. 3.4 Abs. 2 Satz 1 UStAE). Der Ort der unentgeltlichen Wertabgabe bestimmt sich nach § 3f UStG und befindet sich im Inland. Die private Nutzung ist somit steuerbar nach § 1 Abs. 1 Nr. 1 UStG und mangels Steuerbefreiung auch steuerpflichtig. Die steuerpflichtige private Nutzung führt dazu, dass die anteilige Vorsteuer aus der Anschaffung (50 %) abzugsfähig ist.

S kann somit einen Vorsteuerabzug von 60 % von 9.500 € = 5.700 € geltend machen.

Die Schenkung an die Tochter stellt eine unentgeltliche Wertabgabe i.S.d. § 3 Abs. 1b Nr. 1 UStG dar, da der Pkw:

* zum Unternehmensvermögen gehört (Abschn. 3.3 Abs. 1 UStAE) und
* zumindest zum teilweisen Vorsteuerabzug berechtigt hatte (Abschn. 3.3 Abs. 2 UStAE).

Die Wertabgabe ist nach § 3f UStG im Inland und somit steuerbar. Mangels Steuerbefreiung ist Wertabgabe auch steuerpflichtig. Insbesondere kommt die Steuerbefreiung des § 4 Nr. 28 UStG nicht zur Anwendung, da der Pkw nicht ausschließlich für Tätigkeiten verwendet wird, die nach § 4 Nr. 8 bis 27 UStG steuerfrei sind (s.a. Abschn. 4.28.1 Abs. 1 und 2 UStAE). Die unentgeltliche Lieferung ist somit zu 100 % steuerbar, da der Pkw zu 100 % dem Unternehmen zugeordnet war. Die Bemessungsgrundlage nach § 10 Abs. 4 Nr. 1 UStG beträgt 45.000 € (Einkaufspreis im Zeitpunkt der Entnahme). Bei einem Steuersatz von 19 % (§ 12 Abs. 1 UStG) ergibt sich eine USt von 7.181,87 €.

Die zu 100 % steuerpflichtige unentgeltliche Wertabgabe i.S.d. § 3 Abs. 1b Nr. 1 UStG führt zu einer Änderung der Verhältnisse i.S.d. § 15a Abs. 8 und 9 UStG (Abschn. 15a.2 Abs. 2 Satz 3 Nr. 2 UStAE). Voraussetzung für die Vorsteuerberichtigung ist, dass der maßgebliche Berichtigungszeitraum noch nicht abgelaufen ist. Der Zeitraum, für den eine Berichtigung des Vorsteuerabzugs durchzuführen ist, beträgt grundsätzlich volle fünf Jahre ab dem Beginn der erstmaligen tatsächlichen Verwendung (§ 15a Abs. 1 Satz 1 UStG; Abschn. 15a.3 Abs. 1 Satz 1 UStAE). Eine kürzere betriebsgewöhnliche Nutzungsdauer ist aus dem Sachverhalt nicht ersichtlich (Abschn. 15a.3 Abs. 1 Satz 4 UStAE). Verwendung i.S.d. § 15a UStG ist die tatsächliche Nutzung des Berichtigungsobjekts zur Erzielung von Umsätzen (Abschn. 15a.2 Abs. 1 Satz 1 UStAE). Der Berichtigungszeitraum beginnt am 1.5.27 und endet mit Ablauf des 30.4.32. Eine Vorsteuerberichtigung ist durchzuführen, da die Bagatellgrenze des § 44 Abs. 1 UStDV i.H.v. 1.000 € überschritten ist.

Tatsächliche zum Vorsteuerabzug berechtigte Verwendung im Erstjahr:

Mai bis November des Kj. 27:	60 %	×	7 Monate =	420
Dezember des Kj. 27:	100 %	×	1 Monat =	100
Summe			**8 Monate**	**520**

520 : 8 Monate = 65 %. Änderung gegenüber den Verhältnissen zum Zeitpunkt des Leistungsbezugs (60 %): 5 Prozentpunkte zu Gunsten. 5 % der auf das Jahr 27 entfallenden Vorsteuer ([9.500 € : 60 Monate × 8 Monate] × 5 % =) 63,33 € könnte S zusätzlich geltend machen. Nach der Vereinfachungsregelung des § 44 Abs. 2 UStDV entfällt die Vorsteuerberichtigung im Kj. 27, da sich die Verhältnisse um weniger als 10 % Prozentpunkte geändert haben. Auch die absolute Grenze von 1.000 € ist unterschritten (Abschn. 15a.11 Abs. 3 UStAE).

In den Folgejahren 28 bis 30.4.32 kommt es zu jeweils ausschließlich vorsteuerunschädlichen Ausgangsumsätzen. Die Änderung beträgt somit jeweils (100 % ./. 60 % =) 40 % zu Gunsten des S. Die Berichtigungen sind durchzuführen, weil in den Berichtigungsjahren jeweils die Bagatellgrenzen des § 44 Abs. 2 UStDV überschritten sind. Wird ein Wirtschaftsgut, das nicht nur einmalig zur Ausführung von Umsätzen verwendet wird, während des nach § 15a Abs. 1 UStG maßgeblichen Berichtigungszeitraums veräußert oder nach § 3 Abs. 1b UStG geliefert, stehen damit die Verhältnisse bis zum Ablauf des Berichtigungszeitraums fest. Daher ist die Berichtigung stets für den Voranmeldungszeitraum durchzuführen, in dem die Veräußerung oder unentgeltliche Wertabgabe nach § 3 Abs. 1b UStG stattgefunden hat (§ 44 Abs. 3 Satz 2 UStDV). Hierbei sind die Berichtigung für das Kalenderjahr der Veräußerung oder unentgeltlichen Wertabgabe nach § 3 Abs. 1b UStG und die Berichtigung für die noch folgenden Kalenderjahre des Berichtigungszeitraums gleichzeitig vorzunehmen (Abschn. 15a.11 Abs. 4 UStDV). S hat in seiner Umsatzsteuervoranmeldung für den Monat Dezember 27 auch die Vorsteuerberichtigung für den gesamten Rest des Berichtigungszeitraums (1.1.28 bis 30.4.32) vorzunehmen:

9.500 € : 60 Monate × 52 Monate × 40 % = 3.293,33 €.

> **Hinweis!** Zum Vorsteuerabzug sowie zur Berichtigung der Vorsteuer s. Mutschler/Scheel, Umsatzsteuer, 4. Auflage; Steuern und Finanzen in Ausbildung und Praxis, Band 4, unter XII, HDS Verlag.

Fall 138: Wechsel der Besteuerungsform/Vorsteuerberichtigung nach § 15a UStG 1

Unternehmer U vermietet im Kalenderjahr 25 als Kleinunternehmer ein Ferienhaus. Die Vorsteuer auf die Anschaffungskosten beträgt 16.000 €. Ab dem Kalenderjahr 27 überschreitet U den maßgeblichen Gesamtumsatz und unterliegt der Regelbesteuerung. Gleichzeitig wird die Immobilie nur noch langfristig an einen privaten Mieter zu Wohnzwecken vermietet.

Aufgabe: Nehmen Sie Stellung zu den Auswirkungen des Wechsels der Besteuerungsform.

Lösung:

Wegen der Kleinunternehmerregelung entfällt in den Kj. 25 und 26 der Vorsteuerabzug nach § 19 Abs. 1 Satz 4 UStG, obwohl die Vermietung nach § 4 Nr. 12 Satz 2 UStG steuerpflichtig ist.

Der Wechsel der Besteuerungsform – von der Kleinunternehmerregelung des § 19 Abs. 1 UStG zur Regelbesteuerung – im Kj. 27 führt für sich allein noch nicht zu einer Änderung der Verhältnisse i.S.d. § 15a Abs. 7 UStG. Da vor dem Wechsel der Vorsteuerabzug nicht möglich war und nach dem Wechsel der Vorsteuerabzug nach § 15 Abs. 2 Nr. 1 i.V.m. § 4 Nr. 12 Buchst. a UStG ebenfalls ausgeschlossen ist, liegt keine Änderung in Bezug auf den Vorsteuerabzug gem. § 15a Abs. 1 UStG vor. Im Kj. 27 erfolgt somit keine Vorsteuerberichtigung.

Fall 139: Wechsel der Besteuerungsform/Vorsteuerberichtigung nach § 15a UStG 2

Unternehmer U vermietet im Kj. 25 als Kleinunternehmer ein Ferienhaus. Die Vorsteuer auf die Anschaffungskosten beträgt 16.000 €. Ab dem Kj. 27 überschreitet U den maßgeblichen Gesamtumsatz und unterliegt der Regelbesteuerung.

Aufgabe: Nehmen Sie Stellung zu den Auswirkungen des Wechsels der Besteuerungsform.

Lösung:

Wegen der Kleinunternehmerregelung entfällt in den Kj. 25 und 26 der Vorsteuerabzug, obwohl die Vermietung nach § 4 Nr. 12 Satz 2 UStG steuerpflichtig ist.

Der Wechsel von § 19 Abs. 1 UStG zur Regelbesteuerung begründet im Kj. 27 eine Änderung der Verhältnisse i.S.d. § 15a Abs. 7 i.V.m. Abs. 1 UStG. Nach dem Wechsel ist der Vorsteuerabzug zu gewähren. Der Berichtigungszeitraum (1.1.25 bis 31.12.34) läuft vom 1.1.27 bis zum Ablauf des 31.12.34. Der Berichtigungsbetrag beträgt 1/10 von 16.000 € (§ 15a Abs. 5 UStG), somit 1.600 €. Nach § 44 Abs. 3 Satz 1 UStDV ist die Berichtigung in der Jahreserklärung des Kj. 27 vorzunehmen.

Fall 140: Vorsteuer-Vergütungsverfahren

Aufgabe: Prüfen Sie, ob in den folgenden Fällen das Vorsteuer-Vergütungsverfahren zur Anwendung kommt.

Beispiel a):
Ein im Ausland ansässiger Beförderungsunternehmer B hat im Inland in den Monaten Januar bis Mai nur steuerfreie Beförderungen i.S.d. § 4 Nr. 3 UStG ausgeführt. In denselben Monaten ist ihm für empfangene Leistungen, z.B. für Autoreparaturen, USt i.H.v. insgesamt 650 € in Rechnung gestellt worden.

Lösung:

Die Vergütung der abziehbaren Vorsteuerbeträge ist im Vorsteuer-Vergütungsverfahren durchzuführen (§ 59 Satz 1 Nr. 1 UStDV).

Beispiel b):
Der im Ausland (Türkei) ansässige Unternehmer T hat in den Monaten Januar bis Mai Gegenstände aus dem Drittlandsgebiet Türkei an Abnehmer im Inland geliefert. T beförderte die Gegenstände mit eigenen Fahrzeugen an die Abnehmer. Bei den Beförderungen ist dem Unternehmer T im Inland für empfangene Leistungen, z.B. für Autoreparaturen, USt i.H.v. insgesamt 600 € in Rechnung gestellt worden. Schuldner der EUSt für die eingeführten Gegenstände war jeweils der Abnehmer. T hat in den Monaten Januar bis Mai keine weiteren Umsätze im Inland erbracht.

Lösung:

T erbringt in den Monaten Januar bis Mai keine Umsätze im Inland. Der Ort seiner Lieferungen liegt im Drittlandsgebiet Türkei (§ 3 Abs. 6 UStG). Die Vergütung der abziehbaren Vorsteuerbeträge ist im Vorsteuer-Vergütungsverfahren durchzuführen (§ 59 Satz 1 Nr. 1 UStDV).

Abwandlung:
T ist Schuldner der EUSt.

Lösung:

Der Ort der Lieferungen des T liegt im Inland (§ 3 Abs. 8 UStG). T schuldet die Steuer für die Lieferungen. Die Vorsteuerbeträge können daher nicht im Vorsteuer-Vergütungsverfahren vergütet werden. Das allgemeine Besteuerungsverfahren ist durchzuführen.

Beispiel c):
Der im Ausland (Türkei) ansässige Unternehmer T erbringt im Jahr 25 im Inland ausschließlich steuerpflichtige Werkleistungen an den Unternehmer U. Zur Ausführung der Werkleistungen ist T im Inland für empfangene Leistungen, z.B. Materialeinkauf, USt i.H.v. insgesamt 2.000 € in Rechnung gestellt worden.

Lösung:

Steuerschuldner für die Leistungen des T ist U (§ 13b Abs. 2 Satz 1 UStG). Die Vergütung der abziehbaren Vorsteuerbeträge des T ist im Vorsteuer-Vergütungsverfahren durchzuführen (§ 59 Satz 1 Nr. 2 UStDV).

Beispiel d):
K aus Kopenhagen verkauft Pkws an A aus Amsterdam, der seinerseits die Pkws an P aus Pforzheim verkauft. K transportiert die Pkws mit eigenem Lkw direkt zu P. K, A und P benutzen jeweils die IdNr. ihres Landes.

Lösung:

1. Lieferung K an A
Nach § 3 Abs. 6 Satz 5 und 6 UStG ist die Beförderung dieser Lieferung zuzuordnen. Ort der Lieferung ist nach § 3 Abs. 6 Satz 1 UStG in Kopenhagen. K tätigt eine innergemeinschaftliche Lieferung entsprechend dem dänischen UStG.

Bei A liegt ein innergemeinschaftlicher Erwerb vor (§ 1a Abs. 1 Nr. 1 bis 3 UStG). Die Warenbewegung wird der 1. Lieferung zugeordnet. Nach § 3d Satz 1 UStG befindet sich der Ort des innergemeinschaftlichen Erwerbs in Deutschland, da dort die Beförderung endet. Der Erwerb ist gem. § 1 Abs. 1 Nr. 5 UStG steuerbar und mangels Befreiung nach § 4b UStG steuerpflichtig in Deutschland.

2. Lieferung A an P
Ort dieser bewegungslosen Lieferung ist gem. § 3 Abs. 7 Nr. 2 UStG in Pforzheim. Die Lieferung ist steuerbar und steuerpflichtig. Da die Voraussetzungen des § 25b Abs. 1 und 2 UStG erfüllt sind, wird die Steuer für die Lieferung an den letzten Abnehmer P von diesem geschuldet (innergemeinschaftliches Dreiecksgeschäft). Der innergemeinschaftliche Erwerb des ersten Abnehmers A gilt als besteuert. Da A somit keine USt-Voranmeldungen abzugeben hat, unterliegen die eventuell anfallenden Vorsteuerbeträge dem Vorsteuer-Vergütungsverfahren.

Beispiel e):
Ein dänischer Arzt besucht einen Ärztekongress im Inland.

Lösung:

Da ärztliche Leistungen grundsätzlich steuerfrei sind und den Vorsteuerabzug ausschließen, können die angefallenen Vorsteuerbeträge nicht vergütet werden.

Beispiel f):
Der im Ausland (Schweiz) ansässige Unternehmer S führt an dem in Bad Bellingen (Schwarzwald) belegenen Einfamilienhaus einer Privatperson Umbauarbeiten (Werklieferungen) durch. Die hierfür erforderlichen Gegenstände hat S teils im Inland erworben, teils in das Inland eingeführt. Für den Erwerb der Gegenstände im Inland ist S USt i.H.v. 1.000 € in Rechnung gestellt worden. Für die Einfuhr der Gegenstände hat S EUSt i.H.v. 350 € entrichtet.

> **Lösung:**

Auf die Umsätze des S findet § 13b UStG keine Anwendung, da der Leistungsempfänger als Privatperson nicht Steuerschuldner wird (§ 13b Abs. 5 Satz 1 UStG). Die Vorsteuerbeträge (USt und EUSt) können daher nicht im Vorsteuervergütungsverfahren vergütet werden. Das allgemeine Besteuerungsverfahren ist durchzuführen.

> **Beispiel g):**
>
> Handelsvertreter H mit Sitz in Warschau (bzw. Kiew) besucht für seinen Auftraggeber, die Firma F mit Sitz in Warschau (bzw. Kiew), die »IAA« in Frankfurt. F tätigt ausschließlich Umsätze in Polen (bzw. in der Ukraine). Bei der Anfahrt erleidet H in Frankfurt einen Auffahrunfall. Für die Reparatur in Frankfurt werden ihm 3.000 € zzgl. 570 € USt berechnet. An Benzinkosten sind 200 € zzgl. 38 € USt angefallen.

> **Lösung:**

H erbringt Vermittlungsleistungen gegenüber seinem Auftraggeber F. Gem. § 3a Abs. 2 UStG ist Leistungsort jeweils in Polen (in der Ukraine). § 3a Abs. 3 Nr. 4 UStG ist nur bei Vermittlungsleistungen an Nichtunternehmer anzuwenden. Die Vermittlungsleistungen sind somit nicht steuerbar. Gem. § 59 Abs. 1 Nr. 1 UStDV muss H die Vorsteuern im Vergütungsverfahren geltend machen.

Für H aus der Ukraine sind die Vorsteuerbeträge, die auf den Bezug von Kraftstoffen entfallen, von der Vergütung ausgeschlossen (§ 18 Abs. 9 Satz 5 UStG).

H aus Warschau kann die Vorsteuerbeträge, die auf den Bezug von Kraftstoffen entfallen, im Vergütungsverfahren geltend machen.

11. Voranmeldungen/Vorauszahlungen

> **Fall 141: Voranmeldungszeitraum**
>
> Die USt-Zahllast des Unternehmers U betrug im Kj. 22:
> a) 7.000 €,
> b) 7.500 €,
> c) 8.000 €,
> d) Überschuss 7.000 €,
> e) Überschuss 8.000 €,
> f) 1.000 €.
>
> **Aufgabe:** Bestimmen Sie den Voranmeldungszeitraum für das Kalenderjahr 23 nach § 18 Abs. 2 und 2a UStG.

Lösung:

Im Fall **a)**, **b)** und **d)** ist das Kalendervierteljahr Voranmeldungszeitraum, da die Steuer für das vorangegangene Kalenderjahr nicht mehr als 7.500 € beträgt (§ 18 Abs. 2 Satz 1 UStG). Bei einem Überschuss im
vorangegangenen Kalenderjahr kann sich der Unternehmer auf Antrag von der Verpflichtung zur Abgabe
der Voranmeldungen und Entrichtung der Vorauszahlungen befreien lassen (Abschn. 18.2 Abs. 2 Satz 4 und
5 UStAE).

Im Fall **c)** ist der Kalendermonat Voranmeldungszeitraum, da die Steuer im vorangegangenen Kalenderjahr 7.500 € überstiegen hat.

Im Fall **e)** kann der Unternehmer als Voranmeldungszeitraum den Kalendermonat anstelle des Kalen-
dervierteljahrs wählen (§ 18 Abs. 2a UStG). Die Ausübung des Wahlrechts zur monatlichen Abgabe bindet
den Unternehmer für das laufende Kalenderjahr (§ 18 Abs. 2a Satz 3 UStG). Das Wahlrecht muss der Unternehmer bis zum 10. Februar des laufenden Kalenderjahres, durch Abgabe einer Voranmeldung für den
Kalendermonat Januar, ausüben. Diese Frist kann nicht verlängert werden (Wiedereinsetzung nach § 110
AO ist möglich).

Da die Steuer im Fall **f)** für das vorangegangene Kalenderjahr nicht mehr als 1.000 € betrug, wird der
Unternehmer im laufenden Kalenderjahr von Amts wegen von der Verpflichtung zur Abgabe der Voranmeldungen und Entrichtung der Vorauszahlungen befreit (Abschn. 18.2 Abs. 2 Satz 1 und 2 UStAE).

Fall 142: Dauerfristverlängerung und Sondervorauszahlung

Der Unternehmer U nimmt am 5.11.22 seine gewerbliche Tätigkeit neu auf. Im November tätigt U steuerbare und steuerpflichtige Umsätze i.H.v. 52.318 €. Die abzugsfähige Vorsteuer beträgt im November
4.312 €. Der Umsatz im Dezember 22 beträgt 79.234 €. Die abzugsfähige Vorsteuer im Dezember 22
beträgt 8.572 €. Zu Beginn der unternehmerischen Tätigkeit rechnet U für den Besteuerungszeitraum 22
mit Umsätzen i.H.v. 103.469 €. Gleichzeitig rechnet er auch mit etwa 10.789 € abzugsfähiger Vorsteuer.
Mit Beginn seiner unternehmerischen Tätigkeit stellt U einen Dauerfristverlängerungsantrag. U versteuert nach vereinbarten Entgelten.

Aufgabe: Ermitteln Sie die Höhe der Sondervorauszahlung für die Kalenderjahr 22 und 23. Nehmen Sie
dabei auch Stellung zum Dauerfristverlängerungsantrag.

Lösung:

Nach § 18 Abs. 2 Satz 4 UStG ist U zur Abgabe von monatlichen Voranmeldungen verpflichtet.

Gem. § 18 Abs. 6 UStG ist ein Antrag auf Dauerfristverlängerung möglich. U muss den Antrag nach amtlich
vorgeschriebenem Datensatz durch Datenfernübertragung bis 10.12.22 an das FA übermitteln (§ 48 Abs. 1
Satz 1 UStDV i.V.m. § 18 Abs. 1 UStG), da die Fristverlängerung ab November 22 wirken soll. Aufgrund der
Tatsache, dass U monatlich Voranmeldungen abzugeben hat, muss er eine Sondervorauszahlung auf der
Grundlage der zu erwartenden Vorauszahlungen des Kalenderjahres 22 berechnen, anmelden und abführen (§ 47 Abs. 3 UStDV). Die Sondervorauszahlung soll der durchschnittlichen Vorauszahlung eines Kalen-
dermonats entsprechen.

Die durchschnittliche zu erwartende Vorauszahlung für das Kalenderjahr 22 beträgt:

zu erwartende Umsätze des U	103.469 €	
Steuersatz 19 % = USt		19.659 €
abzgl. zu erwartender Vorsteuer		./. 10.789 €
voraussichtliche Steuer des laufenden Kalenderjahres		**8.870 €**

für zwei Monate (8.870 € : 2 =)		4.435 €
Die Sondervorauszahlung des Kalenderjahres 22 beträgt		4.435 €
Die Sondervorauszahlung ist bis zum 10.12.22 zu entrichten (§ 48 Abs. 1 Satz 4 UStDV).		
Berechnung der USt-Zahllast für das Kalenderjahr 22		
Umsätze November 22	52.318 €	
Steuersatz 19 % = USt		9.940 €
abzugsfähige Vorsteuer		./. 4.312 €
verbleibende Steuer = Zahllast November 22		**5.628 €**
Umsätze Dezember 22	79.234 €	
Steuersatz 19 % = USt		15.768 €
abzugsfähige Vorsteuer		./. 8.572 €
verbleibende Steuer = Zahllast Dezember 22		**7.196 €**
abzüglich der geleisteten Sondervorauszahlung 12 gem. § 48 Abs. 4 UStDV		./. 4.435 €
Zahllast Dezember 12		**2.761 €**

Gem. § 48 Abs. 2 UStDV hat U die Sondervorauszahlung für das Kalenderjahr 23 bis zum 10.2.23 zu berechnen, anzumelden und zu entrichten. Da U seine gewerbliche Tätigkeit nur in einem Teil des Kalenderjahres 22 ausgeübt hat, ist die Summe der Vorauszahlungen dieses Zeitraums in eine Jahressumme umzurechnen (§ 47 Abs. 2 UStDV).

Summe der Vorauszahlung 22

November	5.628 €
Dezember	+ 2.761 €
zzgl. Sondervorauszahlung 22	+ 4.435 €
Vorauszahlungen 22	**12.824 €**
Die umgerechnete Jahressumme beträgt: 12.824 € : 2 Monate × 12	**76.944 €**
Die Sondervorauszahlung beträgt nach § 47 Abs. 1 Satz 2 UStDV $\frac{1}{11}$ dieser Jahressumme: 76.944 € : 11 =	**6.995 €**

Fall 143: Fälligkeit von Vorauszahlungen/Säumniszuschlag
Unternehmer U gibt die monatliche USt-Voranmeldung Mai 22 am 20.6.22 mit einer Zahllast i.H.v. 4.563 € ab. Beigefügt ist ein Scheck i.H. des Betrages.

Aufgabe: Nehmen Sie Stellung zur Fälligkeit der USt-Vorauszahlung und prüfen Sie, ob ein Säumniszuschlag entstanden und zu entrichten ist.

Lösung:

Nach § 18 Abs. 1 Satz 4 UStG ist die USt-Vorauszahlung am 10.6.22 fällig. Mit Eingang beim Finanzamt steht die Steueranmeldung einer Steuerfestsetzung unter Vorbehalt der Nachprüfung gleich (§ 168 Satz 1

AO). Nach § 240 Abs. 1 Satz 3 AO tritt die Säumnis nicht ein, bevor die Steuer angemeldet oder festgesetzt worden ist. Die Säumnis beginnt somit ab dem 21.6.22.

Nach § 224 Abs. 2 Nr. 1 AO gilt die Zahlung bei Hingabe von Schecks drei Tage nach dem Tag des Eingangs als bewirkt. Die Zahlung gilt somit erst am 23.6.22 als geleistet. Da auch die Säumnisfrist von drei Tagen nicht gilt (§ 240 Abs. 3 Satz 2 AO), sind Säumniszuschläge entstanden und zu erheben. Der Säumniszuschlag beträgt nach § 240 Abs. 1 Satz 1 AO 1 % von 4.550 € = 45,50 €.

12. Kleinunternehmer/Gesamtumsatz/Istversteuerung

Fall 144: Istversteuerung nach § 20 UStG

Der Unternehmer hat im Juni 29 seine unternehmerische Tätigkeit begonnen und einen tatsächlichen Gesamtumsatz i.H.v. 286.125 € erzielt. In diesem Gesamtumsatz enthalten ist ein Umsatz aus der Veräußerung von Anlagevermögen i.H.v. 30.000 €. Zu Beginn der unternehmerischen Tätigkeit schätzt der Unternehmer seinen voraussichtlichen Gesamtumsatz von Juni bis Dezember 29 auf 273.000 €. Eine Veräußerung von Anlagevermögen war zu Beginn der unternehmerischen Tätigkeit nicht absehbar.

Aufgabe: Prüfen Sie, ob die Istversteuerung in den Kalenderjahren 29 und 30 möglich ist.

Lösung:

Für die Anwendung der Istbesteuerung im Kalenderjahr des Beginns der unternehmerischen Tätigkeit ist auf den voraussichtlichen Gesamtumsatz des laufenden Kalenderjahres abzustellen. Der voraussichtliche Gesamtumsatz von Juni bis Dezember 29 ist in einen voraussichtlichen Jahresgesamtumsatz umzurechnen (§ 19 Abs. 3 Satz 3 UStG und Abschn. 20.1 Abs. 4 UStAE).

273.000 € : 7 Monate × 12 Monate = 468.000 €. Da der voraussichtliche Jahresgesamtumsatz 500.000 € nicht übersteigt, kann die Istbesteuerung nach § 20 Abs. 1 Satz 1 Nr. 1 UStG beantragt werden.

Für die Anwendung der Istversteuerung im Kalenderjahr 30 darf der tatsächlich umgerechnete Vorjahresgesamtumsatz 500.000 € nicht übersteigen. Die Umsätze aus der Veräußerung oder Entnahme des Anlagevermögens sind nicht in einen Jahresgesamtumsatz umzurechnen. Sie sind deshalb vor der Umrechnung aus dem tatsächlichen Gesamtumsatz auszuscheiden und nach der Umrechnung des restlichen Umsatzes dem ermittelten Betrag hinzuzurechnen (Abschn. 19.3 Abs. 3 Satz 5 und 6 UStAE).

Tatsächlicher Gesamtumsatz ohne die Veräußerung des Anlagevermögens: 256.125 € : 7 Monate × 12 Monate = 439.071 € zzgl. des Umsatzes aus der Veräußerung des Anlagevermögens i.H.v. 30.000 € = tatsächlicher Vorjahresgesamtumsatz von 469.071 €. Da der tatsächliche Vorjahresgesamtumsatz 500.000 € nicht übersteigt, kann der Unternehmer im Kj. 30 die Istbesteuerung beantragen.

Fall 145: Kleinunternehmerregelung i.S.d. § 19 Abs. 1 UStG

Der Unternehmer hat im Juni 29 seine unternehmerische Tätigkeit begonnen und einen tatsächlichen, steuerpflichtigen Gesamtumsatz i.H.v. 13.179 € (brutto) erzielt. In diesem Gesamtumsatz enthalten ist ein Umsatz aus der Veräußerung von Anlagevermögen i.H.v. 3.000 € (brutto). Zu Beginn der unternehmerischen Tätigkeit schätzt der Unternehmer seinen voraussichtlichen Gesamtumsatz von Juni bis Dezember 29 auf 17.490 €. Eine Veräußerung von Anlagevermögen war zu Beginn der unternehmerischen Tätigkeit nicht absehbar. Den voraussichtlichen Brutto-Ist-Gesamtumsatz für das Kalenderjahr 30 schätzt der Unternehmer auf 46.000 €.

Aufgabe: Prüfen Sie, ob die Kleinunternehmerregelung in den Kalenderjahren 29 und 30 möglich ist.

Lösung:

Für die Anwendung der Kleinunternehmerregelung im Kalenderjahr. des Beginns der unternehmerischen Tätigkeit ist auf den **voraussichtlichen** Gesamtumsatz des laufenden Kalenderjahres abzustellen. Maßgebend ist hierbei die Grenze von 17.500 € (Abschn. 19.1 Abs. 4 UStAE). Der voraussichtliche Gesamtumsatz von Juni bis Dezember 29 ist in einen voraussichtlichen Jahresgesamtumsatz umzurechnen (§ 19 Abs. 3 Satz 3 UStG): 17.490 € : 7 Monate × 12 Monate = 29.982 €. Da der voraussichtliche Jahresgesamtumsatz 17.500 € übersteigt, kommt die Kleinunternehmerregelung im Kalenderjahr 29 nicht in Betracht.

Für die Anwendung der Kleinunternehmerregelung im Kalenderjahr 30 darf der **tatsächlich** umgerechnete Vorjahresgesamtumsatz 17.500 € nicht übersteigen. Bei der Ermittlung der maßgeblichen Grenzen von 17.500 € und 50.000 € bleiben die Umsätze von Wirtschaftsgütern des Anlagevermögens unberücksichtigt (§ 19 Abs. 1 Satz 2 UStG).

Tatsächlicher Gesamtumsatz ohne die Veräußerung des Anlagevermögens: 10.179 € : 7 Monate × 12 Monate = 17.449 €. Da der tatsächliche Vorjahresgesamtumsatz 17.500 € nicht übersteigt und der voraussichtliche Gesamtumsatz im Kalenderjahr 30 mit 46.000 € die Grenze von 50.000 € nicht übersteigt, ist im Kalenderjahr 30 die Kleinunternehmerregelung des § 19 Abs. 1 UStG anzuwenden.

Fall 146: Kleinunternehmerregelung i.S.d. § 19 Abs. 1 UStG/
**   Ermittlung des Gesamtumsatzes nach § 19 Abs. 3 UStG**

Unternehmer U nimmt am 3.10.16 seine gewerbliche Tätigkeit neu auf. Die **voraussichtlichen** monatlichen Einnahmen betragen 500 € (brutto). Die **tatsächlichen** Einnahmen im **Kalenderjahr 16** betragen 8.862 € (brutto). Diese 8.862 € Einnahmen setzen sich wie folgt zusammen:

1.	Am 1.12.16 verkauft U den zu 80 % betrieblich genutzten Pkw für	1.533 €
2.	Steuerbare und steuerfreie Lieferung gem. § 4 Nr. 1 UStG i.H.v.	2.632 €
3.	Steuerbare und steuerfreie Lieferung (Verkauf eines Teils seines Betriebsgrundstücks, § 4 Nr. 9 Buchst. a UStG) für	2.045 €
4.	Nicht steuerbare Lieferungen i.H.v.	511 €
5.	Steuerbare und steuerpflichtige Lieferungen i.H.v.	2.141 €
Summe		**8.862 €**

U führt für den zehn Jahre alten Pkw ein ordnungsgemäßes Fahrtenbuch und hat sämtliche Aufwendungen durch Belege nachgewiesen. Danach sind lt. G+V-Rechnung bis zum Verkauf des Pkw insgesamt 3.067 € Pkw-Kosten angefallen. Darin enthalten sind 511 € ohne Vorsteuer.

Im **Kalenderjahr 17** erwartet U einen Umsatz i.H.v. 40.900 € (glaubhaft). Tatsächlich erzielt U im Kalenderjahr 17 steuerpflichtige Einnahmen (Steuersatz 19 %) i.H.v. 43.460 €.

Im **Kalenderjahr 18** erzielt U folgende Einnahmen:		
1.	Aus dem im Kalenderjahr 17 fertiggestellten Mietwohngrundstück (nur an Privat vermietet)	21.985 €
2.	Nicht steuerbare Lieferungen	1.533 €
3.	Steuerbare und steuerpflichtige Lieferungen	7.669 €
4.	Steuerbare und steuerfreie Lieferungen gem. § 4 Nr. 1 UStG	1.022 €
5.	Entnahme von Waren, Einkaufspreis	153 €
Summe		**32.362 €**
Im Kalenderjahr 19 erwartet U voraussichtlich Einnahmen i.H.v.		43.460 €

U hat keinerlei Anträge gestellt.

Aufgabe: Prüfen Sie, ob die Kleinunternehmerregelung in den Kalenderjahren 16 bis 19 möglich ist.

Lösung:

Kalenderjahr 16:

Die Anwendung des § 19 Abs. 1 UStG ist zu prüfen. Da U seine unternehmerische Tätigkeit im laufenden Kalenderjahr begonnen hat, darf der maßgebliche Umsatz i.S.d. § 19 Abs. 1 Satz 2 UStG voraussichtlich 17.500 € nicht übersteigen (Abschn. 19.1 Abs. 4 UStAE). Die voraussichtlichen monatlichen Einnahmen im Kalenderjahr 16 betragen 500 €. Da U seine Tätigkeit am 3.10.16 begann, beträgt der voraussichtliche Umsatz i.S.d. § 19 Abs. 1 Satz 2 UStG 1.500 €. Nach § 19 Abs. 3 Satz 3 UStG ist dieser voraussichtliche Umsatz in einen voraussichtlichen Jahresumsatz umzurechnen: 1.500 € × 12 : 3 = 6.000 €.

Im Kalenderjahr 16 ist § 19 Abs. 1 UStG anzuwenden, da der umgerechnete voraussichtliche Umsatz i.S.d. § 19 Abs. 1 Satz 2 UStG 17.500 € nicht übersteigt.

Kalenderjahr 17:

Die Anwendung des § 19 Abs. 1 UStG ist zu prüfen. Der **tatsächliche** Vorjahresumsatz i.S.d. § 19 Abs. 1 Satz 2 UStG darf 17.500 € nicht überstiegen haben.

Berechnung des Brutto-Ist-Gesamtumsatzes für das Kalenderjahr 16 nach § 19 Abs. 1 Satz 2 i.V.m. § 19 Abs. 3 UStG:

Umsätze		Einnahmen
Steuerbare Leistungen im Kalenderjahr 16 aus Nr. 1, 2, 3, 5		8.351 €
Die private Pkw-Nutzung zu 20 % stellt eine unentgeltliche Wertabgabe nach § 3 Abs. 9a Nr. 1 UStG dar. Die Bemessungsgrundlage wird nach § 10 Abs. 4 Nr. 2 UStG ermittelt. Maßgeblich sind die gesamten Pkw-Kosten i.H.v. 3.067 € abzgl. der nicht mit Vorsteuern belasteten Kosten i.H.v. 511 €.		
Die Bemessungsgrundlage beträgt somit 2.556 € × 20 % = 511 €.	511 €	
Die USt beträgt 19 % = 97 €.	97 €	

Umsätze		Einnahmen
Da der Unternehmer bei der Anschaffung des Pkw keinen Vorsteuerabzug vornehmen konnte (Erwerb im Privatbereich), sind nur die vorsteuerbelasteten Unterhaltskosten zur Ermittlung der Bemessungsgrundlage heranzuziehen (Abschn. 15.23 Abs. 5 Satz 4 Nr. 4 UStAE). Unabhängig davon können bei einem 10 Jahre alten Pkw die Anschaffungskosten nicht mehr berücksichtigt werden, da der Pkw bereits »abgeschrieben« ist.		
Die Privatverwendung eines teilunternehmerisch verwendeten Pkw ist nach § 3 Abs. 9a Nr. 1 UStG steuerbar, wenn dieser Gegenstand dem Unternehmen vollständig zugeordnet worden ist und dessen unternehmerische Verwendung zum vollen oder teilweisen Vorsteuerabzug berechtigt hat. Hieran fehlt es, wenn der Unternehmer als Kleinunternehmer nach § 19 Abs. 1 UStG nicht zum Vorsteuerabzug berechtigt ist. In diesem Fall findet § 3 Abs. 9a Nr. 1 UStG keine Anwendung, so dass folglich bei der Berechnung des Gesamtumsatzes nach § 19 Abs. 1 Satz 2 UStG eine unentgeltliche Wertabgabe nicht hinzuzurechnen ist (Abschn. 19.3 Abs. 1 Satz 2 UStAE).		
Summe der steuerbaren Umsätze		**8.351 €**
Abzgl. § 19 Abs. 3 Nr. 2 UStG: steuerfreier Hilfsumsatz nach § 4 Nr. 9 Buchst. a UStG (aus Nr. 3)		./. 2.045 €
Bruttogesamtumsatz nach § 19 Abs. 3 UStG		6.306 €
Abzgl. § 19 Abs. 1 Satz 2 UStG: Umsätze von Wirtschaftsgütern des Anlagevermögens (aus Nr. 1 im Kalenderjahr 16: Verkauf des Pkw)		./. 1.533 €
Tatsächlicher Brutto-Ist-Gesamtumsatz im Kalenderjahr 16 i.S.d. § 19 Abs. 1 Satz 2 UStG		4.773 €
Nach § 19 Abs. 3 Satz 3 UStG ist der tatsächliche Gesamtumsatz in einen Jahresgesamtumsatz umzurechnen.		
4.773 € : 3 × 12 =		**19.092 €**

Im Kalenderjahr 17 ist § 19 Abs. 1 UStG nicht anzuwenden, da der umgerechnete tatsächliche Gesamtumsatz i.S.d. § 19 Abs. 1 Satz 2 UStG 17.500 € übersteigt.

Kalenderjahr 18
§ 19 Abs. 1 UStG ist nicht anwendbar, da der tatsächliche Vorjahresumsatz i.S.d. § 19 Abs. 1 Satz 2 UStG aus dem Kalenderjahr 17 43.460 € betragen hat und somit 17.500 € übersteigt.

Kalenderjahr 19
Die Anwendung des § 19 Abs. 1 UStG ist zu prüfen. Der **Vorjahresumsatz** aus dem Kalenderjahr 18 i.S.d. § 19 Abs. 1 Satz 2 UStG darf 17.500 € nicht überstiegen haben.
 Berechnung des Vorjahresumsatzes:

Umsätze	Einnahmen
Steuerbare Leistungen nach § 1 Abs. 1 Nr. 1 UStG	
aus Nr. 1	21.985 €
aus Nr. 3	7.669 €
aus Nr. 4	1.022 €

aus Nr. 5: Unentgeltliche Wertabgabe nach § 3 Abs. 1b Nr. 1 UStG, § 10 Abs. 4 Nr. 1 UStG: Einkaufspreis 153 € × 19 % =	<u>182 €</u>
(s.a. Abschn. 19.1 Abs. 2 Satz 3 und 4 UStAE).	
Summe der steuerbaren Umsätze (brutto)	**30.858 €**
Abzgl. § 19 Abs. 3 Nr. 1 UStG: steuerfreie Vermietungsumsätze nach § 4 Nr. 12 Buchst. a UStG	./. 21.985 €
Bruttogesamtumsatz nach § 19 Abs. 3 UStG	**8.873 €**
Keine Kürzung gem. § 19 Abs. 1 Satz 2 UStG der Warenentnahme, da Waren nicht Anlagevermögen, sondern Umlaufvermögen sind	
Tatsächlicher Brutto-Ist-Gesamtumsatz im Kalenderjahr 18 i.S.d. § 19 Abs. 1 Satz 2 UStG	**8.873 €**

Somit übersteigt der tatsächliche Vorjahresgesamtumsatz aus dem Kalenderjahr 18 nicht 17.500 €. Der voraussichtliche Umsatz i.S.d. § 19 Abs. 1 Satz 2 UStG im Kalenderjahr 19 beträgt 43.460 €. Da sämtliche Voraussetzungen des § 19 Abs. 1 UStG erfüllt sind, ist im Kalenderjahr 19 die Kleinunternehmerregelung anzuwenden.

Fall 147: Kleinunternehmerregelung i.S.d. § 19 Abs. 1 UStG/Ermittlung des Gesamtumsatzes nach § 19 Abs. 3 UStG/Erweiterung der unternehmerischen Tätigkeit

Die Versicherungs-GmbH (V) mit Sitz in Landau ist seit Jahren als Versicherungsvertretung tätig. Sie vertritt verschiedene inländische Versicherungsgesellschaften und vermittelt für diese Aufträge an Privatkunden; ihre Umsätze daraus betragen pro Jahr mehr als 600.000 €.

Im April 25 entschließt sich die V ihr Geschäft auszubauen und vermittelt nunmehr auch günstige Privat-Kfz-Leasingverträge für diverse inländische Leasinggesellschaften. Die vereinnahmten Beträge für diese Umsätze beliefen sich im Jahr 25 auf 16.779 € und im Jahr 26 auf 50.099 € im Jahr (dies entsprach auch den erwarteten Umsätzen).

Aufgabe: Nehmen Sie Stellung zu Steuerbarkeit und Steuerpflicht bezüglich der Vermittlung von Versicherungs- und Leasingverträgen durch V.

Prüfen Sie die in Betracht kommende Besteuerungsform für V im Jahr 25 und 26.

Lösung:

Mit beiden Unternehmsteilen (Grundgeschäfte) tätigt V sonstige Leistungen (Vermittlungen) nach § 3 Abs. 9 Satz 1 UStG. Es handelt sich dabei um Vermittlungsleistungen, die im Namen und für Rechnung des Unternehmers erbracht werden, der die vermittelte Leistung ausführt. Der Leistungsort einer Vermittlungsleistung bestimmt sich nur bei Leistungen an Nichtunternehmer nach § 3a Abs. 3 Nr. 4 UStG. Der Ort der Leistungen ist nach § 3a Abs. 2 Satz 1 UStG zu bestimmen und liegt jeweils im Inland (§ 1 Abs. 2 Satz 1 UStG). Demnach sind diese Umsätze auch steuerbar, da die Voraussetzungen des § 1 Abs. 1 Nr. 1 Satz 1 UStG zweifellos erfüllt sind. Nur die Umsätze der Versicherungsvertretung sind nach § 4 Nr. 11 UStG von der Umsatzsteuer befreit.

V könnte Kleinunternehmer nach § 19 UStG sein. Für die Überprüfung der Grenzen kommt es auf den Brutto-Ist-Gesamtumsatz an (§ 19 Abs. 1 Satz 1 und 2 i.V.m. Abs. 3 UStG). Dabei darf jeweils der tatsächliche Brutto-Ist-Gesamtumsatz des Vorjahres 17.500 € und der des laufenden Jahres voraussichtlich 50.000 € nicht übersteigen.

Besteuerungsform im Kalenderjahr 25

Der tatsächliche Brutto-Ist-Gesamtumsatz für das Jahr 24 beträgt 0 €, da die Umsätze aus der Versicherungsvertretung nicht zum Brutto-Ist-Gesamtumsatz gehören (§ 19 Abs. 3 Satz 1 Nr. 1 UStG). Auch der voraussichtliche Brutto-Ist-Gesamtumsatz des laufenden Kalenderjahres beträgt demnach 0 €; die erst mit Unternehmenserweiterung im April 25 erzielten Umsätze aus der Leasingvermittlung sind noch nicht in die Prognose für das Jahr 25 einzubeziehen (Abschn. 19.1 Abs. 3 Satz 2 bis 4 UStAE). Demnach ist V im Jahr 25 Kleinunternehmer, sodass die für ihre Umsätze aus der Vermittlung von Leasingverträgen geschuldete USt nicht erhoben wird.

Besteuerungsform im Kalenderjahr 26

Der tatsächliche Brutto-Ist-Gesamtumsatz für das Jahr 25 beträgt 16.779 € (Umsätze aus der Leasing-Agentur; es ist keine Hochrechnung nach § 19 Abs. 3 Satz 3 UStG durchzuführen, da keine Neugründung des Unternehmens, sondern lediglich eine Unternehmenserweiterung vorliegt). Der voraussichtliche Brutto-Ist-Gesamtumsatz des laufenden Kalenderjahres beträgt brutto 50.099 €; Damit ist V im Jahr 26 Regelversteuerer.

13. Allgemeine Durchschnittssätze

Fall 148: Allgemeine Durchschnittssätze nach § 23 UStG 1

Der Unternehmer A betreibt die Herstellung und Reparatur von Puppen.

Aufgabe: Nehmen Sie Stellung zur Anwendung der Durchschnittssätze.

Lösung:

Die Anlage zu §§ 69, 70 UStDV führt bestimmte Berufs- bzw. Gewerbezweige auf, denen die »Systematik der Wirtschaftszweige« Ausgabe 1961 – herausgegeben vom Statistischen Bundesamt – zugrunde liegt (Abschn. 23.2 Abs. 1 UStAE). In Zweifelsfällen ist für die Einordnung diese Systematik heranzuziehen (s. die Homepage des Statistischen Bundesamtes Deutschland – www.destatis.de –). Einzubeziehen in die Umsätze des jeweiligen Berufs- oder Gewerbezweigs sind die Grund-, Hilfs- und Nebengeschäfte.

Für die Einordnung in die jeweiligen Berufs- oder Gewerbezweige sind hauptsächlich folgende Fälle zu unterscheiden:

1. Der Unternehmer ist nur in einem Zweig tätig. Es muss geprüft werden, ob dieser Zweig in der Anlage zur UStDV aufgeführt ist. Ist dies der Fall, kann der Unternehmer den pauschalen Vorsteuerabzug aus seinem Gesamtnettoumsatz i.S.v. § 69 Abs. 2 UStDV errechnen, auch wenn hierin Hilfs- und Nebenumsätze enthalten sind, die an sich nicht unter den Zweig der Anlage zur UStDV fallen. Es erfolgt entweder eine Vollpauschalierung nach § 70 Abs. 1 UStDV oder eine Teilpauschalierung nach § 70 Abs. 2 UStDV.

2. Der Unternehmer hat mehrere Betriebe, wovon jeder unter einen anderen Berufs- oder Gewerbezweig der »Systematik der Wirtschaftszweige« fällt. Es müsste für jeden Betrieb gesondert geprüft werden, ob er unter die Anlage zur UStDV fällt. Die Verwaltung lässt es jedoch bis zu bestimmten Grenzen zu, dass auch Umsätze mit eingerechnet werden, die üblicherweise in das Gebiet anderer Berufs- oder Gewerbezweige fallen (Abschn. 23.2 Abs. 2 UStAE).

3. Der Unternehmer betreibt ein Handelsgeschäft, in dem er verschiedene Waren veräußert. Ein Teil der Umsätze fällt unter einen Zweig der Anlage. Es muss geprüft werden, ob die unter den Zweig der Anlage fallenden Warenumsätze überwiegen (mehr als 50 % des Gesamtumsatzes). Ist dies der Fall, kann der Unternehmer die Vorsteuerpauschale von den gesamten Warenumsätzen berechnen. Andernfalls kann die Vorsteuerpauschale nur von den Warenumsätzen, die unter den betreffenden Zweig der Anlage fallen, in Anspruch genommen werden (Abschn. 23.2 Abs. 2 Satz 2 UStAE).

4. Der Unternehmer betreibt eine gemischte Tätigkeit außerhalb eines Handelsgeschäfts. Ein Teil der Tätigkeit fällt unter einen Zweig der Anlage. Es muss geprüft werden, ob die nicht unter den Zweig der Anlage fallenden Umsätze mehr als 25 % des Gesamtumsatzes (Umsatz jeweiliger Berufszweig und Nebentätigkeit) ausmachen. Ist dies nicht der Fall, kann die Vorsteuerpauschale des betreffenden Zweiges auf die gesamten Umsätze angewandt werden. Ist dies dagegen der Fall, kann die Vorsteuerpauschale nur von dem Umsatz errechnet werden, der unter den Zweig der Anlage fällt (Abschn. 23.2 Abs. 2 Satz 3 ff. UStAE).

5. Der Unternehmer betreibt eine gemischte Tätigkeit, die unter verschiedene Zweige der Anlage fällt, wobei die Tätigkeit in keinem Zweig mehr als 75 % des Gesamtumsatzes beträgt. Die Vorsteuerpauschale ist für jeden Zweig gesondert zu errechnen. Fallen die Umsätze unter verschiedene Zweige der Anlage und beträgt der Umsatz in einem Zweig mehr als 75 % des Gesamtumsatzes (Hauptumsatz), können die in den anderen Zweigen getätigten Umsätze (Nebentätigkeiten) dem Hauptumsatz zugerechnet werden (Abschn. 23.2 Abs. 2 Satz 3 ff. UStAE).

A ist lediglich in einem Zweig der »Systeme der Wirtschaftszweige« tätig (Nr. 25 834). Es muss geprüft werden, ob dieser Zweig in der Anlage zur UStDV aufgeführt ist. Die Herstellung und Reparatur von Puppen ist in der Anlage zu §§ 69 und 70 UStDV nicht aufgeführt. Eine Vorsteuerpauschalierung ist nicht möglich.

Fall 149: Allgemeine Durchschnittssätze nach § 23 UStG 2

Der Unternehmer C ist selbstständiger Schornsteinfeger.

Aufgabe: Nehmen Sie Stellung zur Anwendung der Durchschnittssätze.

Lösung:

S.a. die Lösung zum vorhergehenden Fall.

C ist lediglich in einem Zweig der »Systeme der Wirtschaftszweige« tätig. Es muss geprüft werden, ob dieser Zweig in der Anlage zur UStDV aufgeführt ist. Der Schornsteinfeger ist in Abschn. B Nr. 5 der Anlage zu §§ 69, 70 UStDV aufgeführt. Eine Vorsteuerpauschalierung ist mit 1,6 % des maßgeblichen Umsatzes i.S.d. § 69 Abs. 2 UStDV möglich.

Bei den in Abschn. B der Anlage zur UStDV aufgeführten Berufs- und Gewerbezweigen sind mit den Durchschnittssätzen nicht sämtliche Vorsteuerbeträge abgegolten. Neben dem pauschalierten Betrag können unter den Voraussetzungen des § 15 UStG noch bestimmte Vorsteuern in der tatsächlich angefallenen Höhe abgezogen werden (§ 70 Abs. 2 UStDV – Teilpauschalierung –).

Fall 150: Allgemeine Durchschnittssätze nach § 23 UStG 3

Der Unternehmer E betreibt einen Einzelhandel mit Textilwaren verschiedener Art mit einem Umsatz von 50.000 € sowie einen Handel mit Puppen mit einem Umsatz von 20.000 €.

Aufgabe: Nehmen Sie Stellung zur Anwendung der Durchschnittssätze.

Lösung:

E ist in zwei Zweigen der »Systeme der Wirtschaftszweige« tätig. Allerdings ist lediglich der Einzelhandel mit Textilwaren verschiedener Art in Abschn. A Teil II Nr. 15 der Anlage zu §§ 69, 70 UStDV aufgeführt. Die Vorsteuerpauschalierung ist mit 12,3 % des maßgeblichen Umsatzes i.S.d. § 69 Abs. 2 UStDV möglich. Da die Umsätze des Textilwarenhandels überwiegen (mehr als 50 % des Gesamtumsatzes), sind die Umsätze aus der Nebentätigkeit – Handel mit Puppen – in die Vorsteuerpauschalierung mit einzubeziehen (Abschn. 23.2 Abs. 2 Satz 2 UStAE). Da der Umsatz i.H.v. 70.000 € die Umsatzgrenze des § 69 Abs. 3 UStDV i.H.v. 61.356 € übersteigt, kann in diesem Fall die Vorsteuerpauschalierung nicht in Anspruch genommen werden. Diese

Vereinfachungsregelung muss aber nicht in Anspruch genommen werden. In diesem Fall sind die Umsätze, die der Unternehmer nicht im Rahmen der in der Anlage zu §§ 69, 70 UStDV bezeichneten Berufs- oder Gewerbezweige erzielt, für den Umsatz nach § 69 Abs. 3 UStDV unerheblich. Der Unternehmer darf dann von der Pauschalierung des Vorsteuerabzugs nach § 23 UStG Gebrauch machen, weil für die Umsatzgrenze von 61.356 € nur die Umsätze aus dem Textilhandel erheblich sind.

Abwandlung:
Überwiegen die Umsätze aus dem Handel mit Puppen mit 50.000 €, so ist die Vorsteuerpauschalierung nur auf die Umsätze des Textilwarenhandels mit einem Umsatz von 20.000 € anzuwenden (Abschn. 23.2 Abs. 2 Satz 4 UStAE).

Bei den in Abschn. A der Anlage zur UStDV bezeichneten Berufs- und Gewerbezweigen sind mit den Durchschnittssätzen sämtliche Vorsteuerbeträge abgegolten, die mit diesen Tätigkeiten zusammenhängen, sodass ein weiterer Vorsteuerabzug insoweit ausgeschlossen ist (§ 70 Abs. 1 UStDV – Vollpauschalierung –).

Fall 151: Allgemeine Durchschnittssätze nach § 23 UStG 4

Ein Steuerberater hat seit Jahren Umsätze aus der freiberuflichen Tätigkeit i.H.v. 140.000 € und aus einer nebenberuflichen schriftstellerischen Tätigkeit i.H.v. 60.000 €.

Aufgabe: Nehmen Sie Stellung zur Anwendung der Durchschnittssätze.

Lösung:

Die Umsätze aus der schriftstellerischen Nebentätigkeit betragen 30 % des Gesamtumsatzes und übersteigen die 25 %-Grenze. Nach Abschn. 23.2 Abs. 2 Satz 4 UStAE ist die schriftstellerische Tätigkeit nicht in die Haupttätigkeit einzubeziehen.

Da die Umsätze aus der Steuerberatungstätigkeit die maßgebliche Umsatzgrenze des § 70 Abs. 3 UStDV i.H.v. 61.356 € übersteigen, kann für diese Tätigkeit die Vorsteuerpauschalierung des Abschn. B Nr. 6 der Anlage nicht in Anspruch genommen werden. Für die schriftstellerische Tätigkeit besteht jedoch die Möglichkeit, die Vorsteuer nach Abschn. A Teil IV Nr. 5 der Anlage mit 2,6 % des maßgeblichen Umsatzes zu pauschalieren (Abschn. 23.2 Abs. 2 Satz 5 UStAE).

Fall 152: Durchschnittssätze nach § 23a UStG

Ein gemeinnütziger Verein hat im Kalenderjahr 12 folgende steuerpflichtige Einnahmen:

aus sportlichen Veranstaltungen	10.000 €
aus Getränkeverkauf	10.000 €
Gesamte steuerpflichtige Umsätze	**20.000 €**

Aufgabe: Ermitteln Sie die Umsatzsteuerzahllast für das Kalenderjahr 12.

Zu Vereinen s.a. Fall 127 und 134.

Lösung:

Gem. § 23a UStG besteht bei gemeinnützigen Vereinen die Möglichkeit der Vorsteuerpauschalierung. Dieser Pauschbetrag beträgt 7 % des steuerpflichtigen Umsatzes. Die tatsächliche Vorsteuer gilt damit als vollständig abgegolten. Die Pauschalierung kann angewendet werden von gemeinnützigen Körperschaften, Personenvereinigungen und Vermögensmassen (§ 5 Abs. 1 Nr. 9 KStG):

• die nicht buchführungspflichtig sind und

• deren Vorjahresumsatz 35.000 € nicht überschritten hat.

Die Inanspruchnahme der Pauschalierung bindet den Verein für mindestens fünf Kalenderjahre.

Der Verein hat folgende USt zu zahlen:

Für sportliche Veranstaltungen 7 % gem. § 12 Abs. 2 Nr. 8 Buchst. a UStG: 10.000 € : 107 × 7		654,20 €
Nettoumsatz:	9.345,80 €	
Für Getränkeverkauf 19 % gem. § 12 Abs. 1 UStG: 10.000 € : 119 × 19		1.596,64 €
Nettoumsatz:	8.403,36 €	
gesamter Nettoumsatz	**17.749,16 €**	
Umsatzsteuer		**2.250,84 €**
abzüglich pauschalierter Vorsteuer vom Nettoumsatz: 17.749,16 € × 7 %		./. 1.242,44 €
Umsatzsteuerzahllast		**1.008,40 €**

Fall 153: Durchschnittssätze für land- und forstwirtschaftliche Betriebe nach § 24 UStG
Ein Imker hat sich verpflichtet, 400 kg Honig zu liefern. Da er nur über 350 kg selbst erzeugten Honig verfügt, kauft er 50 kg hinzu und vermischt beide Erzeugnisse.

Aufgabe: Nehmen Sie Stellung zur Anwendung der Durchschnittssätze.

Lösung:

Beide Honigmengen werden untrennbar miteinander vermischt. Da der Anteil des zugekauften Honigs nicht mehr als 25 % des Endprodukts ausmacht, unterliegt die Lieferung der Gesamtmenge der Durchschnittssatzbesteuerung (Beispiel 1 in Abschn. 24.2 Abs. 3 UStAE).

Fall 154: Land- und Forstwirtschaftliche Betriebe/Besen- und Straußwirtschaften
In einer Straußwirtschaft werden im Kj. 25 Speisen für netto 37.347,52 € und selbsterzeugte Getränke für netto 46.581,73 € abgegeben. In der Straußwirtschaft werden ca. 1/3 der selbsterzeugten Getränke abgegeben. 2/3 der selbsterzeugten Getränke entfallen auf Lieferungen im landwirtschaftlichen Bereich. Die auf die Getränkeherstellung insgesamt entfallende Vorsteuer beträgt 1.500 €. Der Gesamtumsatz des land- und forstwirtschaftlichen Betriebs beträgt 500.000 €. Der Speisenumsatz betrug in den letzten drei Jahren (dauerhaft i.S.d. R 15.5 Abs. 2 EStR) niemals mehr als 1/3 des Gesamtumsatzes. Die Fremderzeugnisse (Speisen) wurden für 17.382,47 € zzgl. 7 % USt (= 1.216,77 €) eingekauft.

Aufgabe: Nehmen Sie Stellung zur Anwendung der Durchschnittssätze.

Lösung:

Die Durchschnittssätze des § 24 UStG sind auf die Restaurationsleistungen (Abschn. 3.6 UStAE) nicht anzuwenden. Die Abgabe von Speisen und Getränken in Besen- bzw. Straußwirtschaften stellen als Restaurationsleistungen sonstige Leistungen dar, die dem Regelsteuersatz unterliegen (s.a. Abschn. 3.6 UStAE). Hinsichtlich der Restaurationsumsätze handelt es sich somit weder um Lieferungen selbst erzeugter landwirtschaftlicher Erzeugnisse noch um landwirtschaftliche Dienstleistungen (s.a. Abschn. 24.1 Abs. 1 Satz 2 und Abschn. 24.3 Abs. 12 4. Spiegelstrich UStAE).

Umsätze aus Speisen:		
netto 37.347,52 €, darauf USt 19 %	7.096,03 €	
tatsächliche Vorsteuerbeträge	./. 1.216,77 €	
Zwischensumme	**5.879,26 €**	**5.879,26 €**
Umsätze aus selbsterzeugten Getränken:		
netto 46.581,73 €, darauf USt 19 % (§ 24 Abs. 1 Satz 1 Nr. 2 UStG)	8.850,53 €	
Vorsteuerabzug, soweit sie der Regelbesteuerung zuzurechnen sind: 1/3 von 1.500 € (s. Abschn. 24.7 Abs. 2 UStAE)	./. 500,00 €	
zu zahlende USt	**8.350,53 €**	**8.350,53 €**
insgesamt		**14.229,79 €**

Fall 155: Land- und Forstwirtschaftliche Betriebe/Verrichtung von Dienstleistungen

In einer Straußwirtschaft werden im Kalenderjahr 25 Speisen für netto 37.347,52 € und selbsterzeugte Getränke für netto 46.581,73 € abgegeben. Weiterhin vermietet der Unternehmer dauerhaft i.S.d. R 15.5 Abs. 2 EStR seinen Traubenvollernter an Dritte und erzielt damit eine Nettomiete von insgesamt 230.000 €. Umsatzsteuerrechtlich ist die Vermietung kurzfristig i.S.d. Abschn. 24.3 Abs. 6 Satz 2 UStAE. Der Vollernter wird im eigenen Betrieb zu 40 % eingesetzt. Der Gesamtumsatz des land- und forstwirtschaftlichen Betriebs beträgt 500.000 €. Die Fremderzeugnisse (Speisen) wurden für 17.382,47 € zzgl. 7 % USt (= 1.216,77 €) eingekauft. Die auf die selbsterzeugten Getränke anteilig entfallende Vorsteuer beträgt 500 € (s.o. Fall 154).

Aufgabe: Nehmen Sie Stellung zur Anwendung der Durchschnittssätze.

Lösung:

Umsätze aus Speisen:	
netto 37.347,52 €, darauf USt 19 %	7.096,03 €
tatsächliche Vorsteuerbeträge	./. 1.216,77 €
Zwischensumme	**5.879,26 €**
Umsätze aus selbsterzeugten Getränken:	
netto 46.581,73 €, darauf USt 19 % (Restaurationsleistungen, für die die Durchschnittssatzbesteuerung nicht anwendbar ist; s. Abschn. 24.3 Abs. 12 4. Spiegelstrich UStAE)	8.850,53 €
Vorsteuerabzug (tatsächlich nachgewiesene Vorsteuer; Abschn. 24.7 Abs. 2 und 3 UStAE)	./. 500,00 €
zu zahlende USt	**8.350,53 €**
Umsätze aus der kurzfristigen Vermietung des Vollernters (Abschn. 24.3 Abs. 6 UStAE):	
netto 230.000 €, darauf USt 10,7 % (§ 24 Abs. 1 Satz 1 Nr. 3 UStG)	24.610,00 €
pauschaler Vorsteuerabzug 10,7 % (§ 24 Abs. 1 Satz 3 UStG)	./. 24.610,00 €
zu zahlende USt	**0,00 €**

Die Umsatzgrenze von 51.500 € bleibt bei Vermietungsumsätzen außer Ansatz (Abschn. 24.3 Abs. 3 Satz 3 UStAE).

Fall 156: Land- und Forstwirtschaftliche Betriebe/Ausfuhrlieferung

Landwirt L verkauft Getreide seiner Ernte an ein ukrainisches Unternehmen.

Aufgabe: Nehmen Sie Stellung zur Anwendung der Durchschnittssätze sowie zur Steuerbefreiung der Ausfuhrlieferung.

Lösung:

Grundsätzlich wäre die Ausfuhrlieferung nach § 4 Nr. 1 Buchst. a i.V.m. § 6 Abs. 1 UStG steuerfrei. Gem. § 24 Abs. 1 Satz 2 UStG sind die Steuerbefreiungen nach § 4 Nr. 1 bis 7 UStG jedoch nicht anzuwenden. Die Ausfuhrlieferung ist daher steuerpflichtig. Anzuwenden ist gem. § 24 Abs. 1 Satz 1 Nr. 3 UStG der Steuersatz von 10,7 %. Die Vorsteuer beträgt gem. § 24 Abs. 1 Satz 3 UStG ebenfalls 10,7 %. Per Saldo ergibt sich keine Zahllast.

**Fall 157: Land- und Forstwirtschaftliche Betriebe/Rechnungsausstellung/
Ermäßigter Steuersatz gem. § 12 Abs. 2 UStG**

Landwirt L stellt folgende Rechnung aus:

Für die Lieferung am 26.2.25 von 200 Doppelzentnern Weizen berechne ich	5.112,00 €
und USt zum Durchschnittssatz von 10,7 %	547,00 €
Kaufpreis insgesamt	**5.659,00 €**

Aufgabe: Nehmen Sie Stellung zur Anwendung der Durchschnittssätze.

Lösung:

Der Landwirt vereinnahmt auch die USt von 547,00 €, die er nicht abzuführen braucht, weil ihm ein Vorsteuerabzug in gleicher Höhe pauschal gewährt wird (§ 24 Abs. 1 Satz 3 UStG). Die USt belastet den Abnehmer (Regelbesteuerer) nicht, weil er den Steuerbetrag als Vorsteuer abziehen darf.

Obwohl Getreide in der Nr. 13 der Anlage 2 zu § 12 Abs. 2 Nr. 2 UStG aufgeführt ist, findet der ermäßigte Steuersatz von 7 % keine Anwendung. § 12 UStG ist nur im Rahmen der Regelbesteuerung anzuwenden.

14. Differenzbesteuerung

Zur Anwendung der Differenzbesteuerung s.a. die Fälle 38, 51, 178 und 179.

Fall 158: Differenzbesteuerung nach § 25a UStG/Rechnungsangaben

Wiederverkäufer W veräußert einen Gebrauchtgegenstand, den er für 20.000 € von Privatmann P erworben hatte, an X für 25.000 €.

Aufgabe: Ermitteln Sie die Umsatzsteuer des W und nehmen sie auch Stellung zur Rechnungserteilung.

Lösung:

Als Wiederverkäufer muss W die Differenzbesteuerung nach § 25a Abs. 1 Nr. 1 UStG anwenden (Abschn. 25a.1 Abs. 2 UStAE), solange er nicht auf deren Anwendung verzichtet hat (§ 25a Abs. 8 UStG; Abschn. 25a.1 Abs. 21 UStAE). Voraussetzung für die Anwendung der Differenzbesteuerung ist weiterhin (§ 25a Abs. 1

Nr. 2 UStG), dass für die Lieferung an W USt nicht geschuldet wird (Abschn. 25a.1 Abs. 5 UStAE). Diese Voraussetzung ist erfüllt, da W den Gegenstand von einem Privatmann P erworben hatte.

Als Bemessungsgrundlage ist der Betrag anzusetzen, um den der Verkaufspreis den Einkaufspreis für den Gegenstand übersteigt; die in dem Unterschiedsbetrag enthaltene USt ist herauszurechnen.

Verkaufspreis	25.000,00 €
Einkaufspreis	20.000,00 €
Differenzbetrag	5.000,00 €
Die USt des W beträgt 5.000 € : 119 × 19 =	**798,32 €**

Nach § 14a Abs. 6 UStG muss die Rechnung die Angabe »Gebrauchtgegenstände/Sonderregelung« enthalten. Die Vorschrift auf den gesonderten Steuerausweis in einer Rechnung findet keine Anwendung (§ 14a Abs. 6 Satz 2 UStG).

Fall 159: Differenzbesteuerung nach § 25a UStG/Erwerb von neuen Fahrzeugen
Der Gebrauchtwagenhändler G in Stuttgart erwirbt von der Privatperson P1 einen Pkw (Erstzulassung im Juli 12) für 20.000 € und veräußert ihn im Februar 13 bei einem Kilometerstand von 5.000 km für 25.000 € an die Privatperson P2 in Straßburg (Frankreich).

Aufgabe: Prüfen Sie, ob die Differenzbesteuerung des § 25a UStG zur Anwendung kommt.

Lösung:

G liefert an P2 ein »Neufahrzeug« i.S.v. § 1b Abs. 2 und 3 UStG. Er kann somit die Differenzbesteuerung beim Weiterverkauf nicht anwenden (§ 25a Abs. 7 Nr. 1 Buchst. b UStG). Es gilt die normale Regelbesteuerung. G tätigt somit an P2 eine steuerfreie innergemeinschaftliche Lieferung. P2 hat in Frankreich (auch als Privatperson) den innergemeinschaftlichen Erwerb des Neufahrzeuges zu versteuern.

Abwandlung:
Das Fahrzeug hat einen Kilometerstand von 7.000 km.

Lösung:

Da der Kilometerstand über 6.000 km liegt und die erste Inbetriebnahme mehr als sechs Monate zurückliegt, handelt es sich nicht um ein »Neufahrzeug« i.S.v. § 1b Abs. 2 und 3 UStG. Somit kann G beim Weiterverkauf an den Franzosen die Differenzbesteuerung anwenden. Dies hat zur Folge, dass eine USt von 798,32 € (5.000 € : 119 × 19 =) anfällt.

**Fall 160: Differenzbesteuerung nach § 25a UStG/Lieferort/Steuerbefreiungen/
               Optionsmöglichkeiten**
Der inländische Antiquitätenhändler A erwirbt von einer inländischen Privatperson P1 einen alten Sekretär. Er verkauft ihn an eine:

a) Privatperson P2 mit Wohnort in Dänemark,
b) Person, die in Dänemark wohnt und Unternehmer ist,
c) Privatperson P3 mit Wohnort in der Schweiz.

Aufgabe: Prüfen Sie, ob die Differenzbesteuerung des § 25a UStG zur Anwendung kommt.

Lösung:

Fällt der Unternehmer mit dem Verkauf unter die Differenzbesteuerung, ist gem. § 25a Abs. 7 Nr. 3 UStG sowohl die Anwendung des § 3c UStG (Versandhandel) als auch die Anwendung der Steuerbefreiung nach § 4 Nr. 1 Buchst. b i.V.m. § 6a UStG ausgeschlossen (Fall a).

Dies bedeutet, dass A grundsätzlich den Verkauf in Deutschland versteuern muss. Dies gilt auch für den Verkauf an den Unternehmer mit Sitz im EU-Ausland (Fall b).

Will A die Differenzbesteuerung vermeiden, kann er gem. § 25a Abs. 8 UStG auf die Differenzbesteuerung verzichten. In diesem Falle kann er an seinen ausländischen Geschäftspartner eine steuerfreie innergemeinschaftliche Lieferung tätigen, wenn dieser ihm eine gültige USt-IdNr. vorlegt.

Die Steuerbefreiungen für Ausfuhrlieferungen gelten auch dann, wenn der Unternehmer unter die Differenzbesteuerung fällt. Die Lieferung an die Privatperson (Fall c) ist steuerfrei gem. § 4 Nr. 1 Buchst. a i.V.m. § 6 UStG.

Fall 161: Differenzbesteuerung nach § 25a UStG/Tausch mit Baraufgabe

O betreibt in Oberstdorf ein Sportartikelgeschäft. O startet U im November die Snowboard-Aktion »Neu gegen alt«. Am 5.11.25 bringt ein Kunde sein altes Snowboard in das Geschäft und kauft sich dafür ein neues Board. Das alte Snowboard wird mit einem unstrittigen Wert von 150 € angerechnet. Der Kunde zahlt sodann für seine Neuerwerbung 300 € in bar. Ein Angestellter des O verkauft das alte Board am 7.11.25 für 200 €.

Aufgabe: Nehmen Sie Stellung zum Verkauf des neuen und des alten Snowboards. Prüfen Sie, ob die Differenzbesteuerung des § 25a UStG zur Anwendung kommt.

Lösung:

Der Verkauf des neuen Snowboards am 5.11.25 stellt eine Lieferung (§ 3 Abs. 1 UStG) im Rahmen eines Tausches mit Baraufgabe (§ 3 Abs. 12 Satz 1 UStG) dar. Der Ort der Lieferung bestimmt sich nach § 3 Abs. 6 Satz 1 UStG und ist in Oberstdorf. Die Lieferung ist damit steuerbar (§ 1 Abs. 1 Nr. 1 UStG) und steuerpflichtig. Bemessungsgrundlage ist der gemeine Wert der Gegenleistung des Boards (§ 10 Abs. 2 Satz 2 UStG) i.H.v. 150 € zzgl. der Baraufgabe von 300 € (§ 10 Abs. 1 UStG) = 450 € × 100/119 = 378,15 €. Nach Abschn. 10.5 Abs. 1 Satz 5 und 6 UStAE ist der gemeine Wert der Gegenleistung deshalb anzusetzen, weil der Leistungsempfänger keine konkrete Aufwendungen für seine Gegenleistung getätigt hat. Die Umsatzsteuer ist stets herauszurechnen. Da ein Geldbetrag zugezahlt wird, handelt es sich um einen Tausch mit Baraufgabe (Abschn. 10.5 Abs. 1 Satz 8 UStAE). Die USt beträgt 19 % (§ 12 Abs. 1 UStG) = 71,85 € und entsteht mit Ablauf des Voranmeldungszeitraums November (§ 13 Abs. 1 Nr. 1a Satz 1 UStG). Aus dem Kauf des Boards kann keine Vorsteuer abgezogen werden, da diese nicht von einem anderen Unternehmer angeschafft wurden (§ 15 Abs. 1 Nr. 1 UStG).

Der Verkauf des alten Snowboards am 7.11.25 stellt eine Lieferung nach § 3 Abs. 1 UStG dar. Der Ort (§ 3 Abs. 6 UStG) befindet sich in Oberstdorf. Die Lieferung ist steuerbar und steuerpflichtig. Die Bemessungsgrundlage für die Lieferung beträgt nach § 25a Abs. 3 UStG 50 € (200 € ./. 150 €, Abschn. 25a.1 Abs. 10 Satz 2 UStAE) abzüglich der darin enthaltenen USt (§§ 25a Abs. 5 Satz 1, 12 Abs. 1 UStG) × 100 : 119 = 42 €. Die Voraussetzungen für die Anwendung des § 25a UStG sind gegeben, da O hier ein Wiederverkäufer i.S.d. § 25a Abs. 1 Nr. 1 UStG (Abschn. 25a.1 Abs. 2 Satz 3 UStAE) ist, die Lieferung an O im Gemeinschaftsgebiet erfolgt ist und für diese Lieferung die USt nicht geschuldet wurde (§ 25a Abs. 1 Nr. 2 Buchst. a UStG). Die Anwendung der Differenzbesteuerung ist für Snowboards auch möglich (§ 25a Abs. 1 Nr. 3 UStG). Die Steuer beträgt 8 € (19 % von 42 €) und entsteht nach § 13 Abs. 1 Nr. 1 Buchst. a Satz 1 UStG mit Ablauf des Voranmeldungszeitraums Februar.

Fall 162: Differenzbesteuerung nach § 25a UStG/Steuersatz/Bildung der Gesamtdifferenz

Ein Händler H hat im März 25 mehr als 200 Bücher für 2.000 € angekauft. Kein Buch ist über 500 € wert. H veräußert die Bücher im September 25 für 3.500 €.

Aufgabe: Prüfen Sie, ob die Differenzbesteuerung des § 25a UStG zur Anwendung kommt. Nehmen Sie dabei auch Stellung zum Steuersatz bezüglich des Bücherverkaufs.

Lösung:

Nach § 25a Abs. 1 Nr. 1 UStG kann H auf die Lieferungen der Bücher die Differenzbesteuerung zum Steuersatz von 19 % der Bemessungsgrundlage anwenden. Bei der Differenzbesteuerung ist die Steuer stets mit dem allgemeinen Steuersatz zu berechnen (§ 25a Abs. 5 Satz 1 UStG, Abschn. 25a.1 Abs. 15 UStAE). Dies gilt auch für solche Gegenstände, für die bei der Besteuerung nach den allgemeinen Vorschriften der ermäßigte Steuersatz in Betracht käme. H kann eine Gesamtdifferenz als Unterschiedsbetrag zwischen Ein- und Verkaufspreis (ohne USt) bilden (§ 25a Abs. 4 UStG). Die Gesamtdifferenz beträgt 1.500 €. Die Bemessungsgrundlage für die Lieferungen ist 1.500 € : 119 × 100 = 1.260,50 €, die USt beträgt 239,50 €.

Bei Anwendung der Gesamtdifferenz nach § 25a Abs. 4 UStG ist ein Verzicht auf die Differenzbesteuerung nicht zulässig (§ 25a Abs. 8 UStG). Hätte H die Lieferungen der Bücher zur Regelbesteuerung mit 7 % (§ 12 Abs. 2 Nr. 1 i.V.m. Anlage 2 Nr. 49 UStG) der Bemessungsgrundlage ausführen können, hätte die USt (3.500 € : 107 × 7 =) 228,97 € betragen.

Fall 163: Differenzbesteuerung nach § 25a UStG/Steuersatz/Bildung der Gesamtdifferenz/ Option zur Einzeldifferenz

Ein Händler H hat im März 25 mehr als 900 Bücher für 5.000 € angekauft. Kein Buch ist über 500 € wert. H veräußert die Bücher im September 26 für 9.000 €. Weitere Umsätze hat er nicht ausgeführt.

Aufgabe: Ermitteln Sie die Gesamtdifferenz für die Kalenderjahre 25 und 26. Nehmen Sie Stellung zur Anwendung der Einzeldifferenz. Ermitteln Sie die Umsatzsteuer, die bei einem Verzicht auf die Anwendung der Differenzbesteuerung entstehen würde.

Lösung:

Die Gesamtdifferenz für das Kalenderjahr 25 wird wie folgt ermittelt:

Summe der Verkaufspreise	0 €
abzüglich der Summe der Einkaufspreise dieses Zeitraums	./. 5.000 €
Differenz	**./. 5.000 €**

Ist die Gesamtdifferenz eines Besteuerungszeitraums negativ, beträgt die Bemessungsgrundlage 0 €; der negative Betrag kann nicht in späteren Besteuerungszeiträumen berücksichtigt werden (Abschn. 25a.1 Abs. 13 Satz 5 UStAE).

Bei der Einzeldifferenz nach § 25a Abs. 3 UStG und bei der Regelbesteuerung wäre die Bemessungsgrundlage im Kalenderjahr 25 ebenfalls 0 €.

Die Gesamtdifferenz für das Kalenderjahr 26 wird wie folgt ermittelt:

Summe der Verkaufspreise	9.000 €
abzüglich der Summe der Einkaufspreise dieses Zeitraums	./. 0 €
Differenz = Gesamtdifferenz	**9.000 €**

Die Bemessungsgrundlage beträgt (9.000 € : 119 × 100 =) 7.563,03 €, die USt beträgt 1.436,97 €.

Zu Beginn des Kalenderjahres 26 hätte H von der Ermittlung nach der Gesamtdifferenz zur Ermittlung nach der Einzeldifferenz wechseln können (Abschn. 25a.1 Abs. 14 UStAE). Bei der Anwendung der Einzeldifferenz nach § 25a Abs. 3 UStG hätte H nur die einzelnen Differenzbeträge für die Lieferungen der einzelnen Bücher im Gesamtbetrag von 4.000 € abzüglich der USt zum Regelsteuersatz (Bemessungsgrundlage 4.000 € : 119 × 100 = 3.361,34 €) versteuern müssen. Die USt hätte 638,66 € betragen.

Bei der Einzeldifferenzermittlung im Kj. 26 kann H den Einkaufspreis jedes einzelnen Buches ansetzen, obwohl dieser Einkaufspreis im Kj. 25 bereits bei der Gesamtdifferenzbesteuerung berücksichtigt wurde.

Bei Anwendung der Einzeldifferenz kann H bei jeder Lieferung auf die Differenzbesteuerung verzichten (§ 25a Abs. 8 Satz 1 UStG). H hätte dann die einzelnen Bücherlieferungen mit dem jeweils erzielten Entgelt (§ 10 Abs. 1 UStG) dem ermäßigten Steuersatz unterwerfen können. Bei einem Entgelt i.H.v. (9.000 € : 107 × 100 =) 8.411,21 € hätte die USt 588,79 € betragen.

Fall 164: Differenzbesteuerung nach § 25a UStG/Gebrauchtwagenhandel

Der Verkaufspreis eines Neuwagens beträgt lt. Vertrag Netto 40.000 €. Durch das Verwenden des in Abschn. 3.7 Abs. 2 Satz 1 UStAE bezeichneten Vertragsmusters wird der Kfz-Händler als Vermittler tätig. Der in dem Vertrag festgelegte Mindest-Verkaufspreis für das Altfahrzeug i.H.v. 15.000 € wird auf den Neupreis angerechnet.

	Bruttowerte
Neuwagen Kaufpreis lt. Vertrag	47.600 €
Altfahrzeug Mindest-Verkaufspreis	./. 10.000 €
Zu zahlender Betrag für den Neuwagen	**37.600 €**

Der Kfz-Händler erzielt für den Verkauf des Altfahrzeugs tatsächlich einen Verkaufspreis i.H.v. 9.000 €. Der Verkauf des Altfahrzeugs findet zwei Monate nach dessen Übernahme durch den Kfz-Händler statt. Der Kfz-Händler musste 500 € für kleine Reparaturen für das Altfahrzeug aufwenden.

a) Der Auftraggeber (Käufer des Neuwagens) erfährt nichts vom Unterschreiten des Mindest-Verkaufspreises.

b) Der Verkauf des Gebrauchtwagens erfolgt mit ausdrücklicher Zustimmung des Auftraggebers. Der Neuwagenpreis wird entsprechend reduziert.

Aufgabe: Prüfen Sie, ob der Kfz-Händler eine Vermittlungsleistung erbringt oder als Eigenhändler auftritt

Ermitteln Sie jeweils die Bemessungsgrundlage für den Neuwagen- und den Altwagenverkauf.

Lösung:

Werden beim Abschluss von Verträgen über die Vermittlung des Verkaufs von Kraftfahrzeugen vom Kraftfahrzeughändler die vom Zentralverband Deutsches Kraftfahrzeuggewerbe e.V. (ZDK) empfohlenen Vertragsmuster »Vertrag über die Vermittlung eines privaten Kraftfahrzeugs« (Stand: 2007) und »Verbindlicher Vermittlungsauftrag zum Erwerb eines neuen Kraftfahrzeuges« (Stand: 2007) nebst »Allgemeinen Geschäftsbedingungen« verwendet, ist die Leistung des Kfz-Händlers als Vermittlungsleistung anzusehen, wenn die tatsächliche Geschäftsabwicklung den Voraussetzungen für die Annahme von Vermittlungsleistungen entspricht (Abschn. 3.7 Abs. 2 Satz 1 UStAE).

a) Im Kaufvertrag über den Neuwagen ist vorgesehen, dass der Kfz-Händler einen Gebrauchtwagen unter Anrechnung auf den Kaufpreis des Neuwagens »in Zahlung nimmt« und nach der Bezahlung des nicht zur Verrechnung vorgesehenen Teils des Kaufpreises und der Hingabe des Gebrauchtwagens der

Neuwagenverkauf endgültig abgewickelt ist, ohne Rücksicht darauf, ob der festgesetzte Preis für den Gebrauchtwagen erzielt wird oder nicht (vgl. BFH Urteil vom 25.6.1987, V R 78/79, BStBl II 1987, 657). Nach Abschn. 3.7 Abs. 3 Satz 3 UStAE tritt der Kfz-Händler als Eigenhändler auf.

b) Bei einem sog. Minusgeschäft wird der Kfz-Händler nicht als Vermittler tätig. Ein Minusgeschäft ist gegeben, wenn ein Kfz-Händler den bei einem Neuwagengeschäft in Zahlung genommenen Gebraucht-wagen unter dem vereinbarten Mindestverkaufspreis verkauft, den vereinbarten Mindestverkaufspreis aber auf den Kaufpreis für den Neuwagen voll anrechnet (vgl. BFH Urteil vom 29.9.1987, X R 13/81, BStBl II 1988, 153).

Wird in Einzelfällen der Mindest-Verkaufspreis für den Gebrauchtwagen mit ausdrücklicher Zustim-mung des Auftraggebers bei gleichzeitiger Reduzierung des Neuwagenpreises unterschritten, so betrifft dieser Preisnachlass den Kaufpreis für den Neuwagen. Der Kfz-Händler tritt als Eigenhändler auf (Abschn. 3.7 Abs. 3 Satz 2 UStAE).

Da der Neuwagenpreis nachträglich reduziert wird, handelt es sich um eine Änderung der Bemessungs-grundlage nach § 17 UStG.

Nimmt ein Kfz-Händler beim Verkauf eines Neuwagens einen Gebrauchtwagen in Zahlung und leistet der Käufer in Höhe des Differenzbetrags eine Zuzahlung, liegt ein Tausch mit Baraufgabe vor. Zum Entgelt des Händlers gehört neben der Zuzahlung auch der gemeine Wert des in Zahlung genommenen gebrauchten Fahrzeugs. Der gemeine Wert ist als Bruttowert (einschl. USt) zu verstehen. Wird der Gebrauchtwagen zu einem höheren Preis als dem gemeinen Wert in Zahlung genommen, liegt ein verdeckter Preisnachlass vor, der das Entgelt für die Lieferung des Neuwagens mindert (Abschn. 10.5 Abs. 4 UStAE).

Ob überhaupt ein verdeckter Preisnachlass vorliegt und ob der verdeckte Preisnachlass mit steuerlicher Wirkung als Entgeltminderung beim Neuwagenverkauf anerkannt werden kann, hängt davon ab, ob der Kfz-Händler den gemeinen Wert des in Zahlung genommenen Gebrauchtwagens nachweisen kann (Abschn. 10.5 Abs. 4 Satz 5 UStAE). Der gemeine Wert des Gebrauchtwagens kann wie folgt ermittelt werden:

1. Wenn im Zeitpunkt der Übernahme des Gebrauchtwagens ein Schätzpreis eines amtlich bestellten Kfz-Sachverständigen festgestellt worden ist, kann dieser als gemeiner Wert anerkannt werden.

2. Bei Fahrzeugen, die innerhalb einer Frist von drei Monaten seit Übernahme weitergeliefert werden, kann als gemeiner Wert der Brutto-Verkaufserlös (einschließlich USt) abzüglich etwaiger Reparatur-kosten, soweit die Reparaturen nicht nach der Übernahme durch den Kfz-Händler von diesem verur-sacht worden sind, und abzüglich eines Pauschalabschlags bis zu 15 % für Verkaufskosten anerkannt werden. Ein höherer Abschlagssatz ist nur anzuerkennen, wenn der Unternehmer entsprechende stich-haltige Kalkulationen vorlegt. Reparaturen sind nur mit den Selbstkosten, also ohne Gewinnzuschlag, zu berücksichtigen. Zu den Reparaturen in diesem Sinne rechnet nicht das Verkaufsfertigmachen. Die Kosten hierfür sind durch den Pauschalabschlag abgegolten.

3. Bei Fahrzeugen, die nicht innerhalb einer Frist von drei Monaten seit Übernahme, sondern erst später weitergeliefert werden, kann der Verkaufserlös abzüglich etwaiger Reparaturkosten wie bei Nummer 2, aber ohne Pauschalabschlag als gemeiner Wert anerkannt werden (Abschn. 10.5 Abs. 4 Satz 6 Nr. 1 bis 3 UStAE).

Im Beispielsfall ist die Bemessungsgrundlage für den Neuwagenverkauf wie folgt zu ermitteln:

Verkaufspreis des Neufahrzeugs (40.000 € + 7.600 € USt)	47.600,00 €
Barzahlung	37.600,00 €
Anrechnung Gebrauchtfahrzeug	10.000,00 €
Ermittlung des gemeinen Werts	
Verkaufserlös innerhalb von drei Monaten seit Übernahme (Abschn. 10.5 Abs. 4 Satz 6 Nr. 2 UStAE)	9.000,00 €

abzgl. Reparaturkosten	./. 500,00 €
abzgl. Verkaufskosten (15 % von 9.000 €)	./. 1.350,00 €
= Gemeiner Wert	**7.150,00 €**
Verdeckter Preisnachlass	2.850,00 €
Ermittlung der Bemessungsgrundlage für den Neuwagenverkauf	
Barzahlung	37.600,00 €
zzgl. Gemeiner Wert des Gebrauchtfahrzeugs	+ 7.150,00 €
=	**44.750,00 €**
abzgl. darin enthaltene USt 19/119	7.144,96 €
USt vor dem Preisnachlass	**7.600,00 €**
Die USt vermindert sich um	**455,04 €**

S.a. das Beispiel 2 in Abschn. 10.5 Abs. 4 Satz 6 Nr. 2 UStAE.

Da der Kfz-Händler als Eigenhändler tätig wird, hat er für den Verkauf des Gebrauchtwagens ein Entgelt i.H.v. (9.000 € × 100/119 =) 7.563,03 € erzielt.

Nach § 25a UStG hat der Kfz-Händler die Differenzbesteuerung anzuwenden, solange er nicht nach § 25a Abs. 8 UStG auf deren Anwendung verzichtet hat. Nimmt ein Wiederverkäufer beim Verkauf eines Neugegenstands einen Gebrauchtgegenstand in Zahlung und leistet der Käufer in Höhe der Differenz eine Zuzahlung, ist im Rahmen der Differenzbesteuerung als Einkaufspreis nach § 25a Abs. 3 UStG der tatsächliche Wert des Gebrauchtgegenstands anzusetzen. Dies ist der Wert, der bei der Ermittlung des Entgelts für den Kauf des neuen Gegenstands tatsächlich zu Grunde gelegt wird. Bei der Inzahlungnahme von Gebrauchtfahrzeugen in der Kraftfahrzeugwirtschaft ist grundsätzlich nach Abschnitt 10.5 Abs. 4 UStAE zu verfahren (Abschn. 25a.1 Abs. 10 UStAE).

Nach § 25a Abs. 3 Satz 1 UStG ist die Bemessungsgrundlage für den Verkauf des Gebrauchtfahrzeugs wie folgt zu ermitteln (s.a. das Beispiel in Abschn. 25a Abs. 10 UStAE).

Verkaufspreis	9.000,00 €
abzgl. tatsächlicher Wert des Gebrauchtfahrzeugs nach § 25a Abs. 3 Satz 1 UStG (ermittelt nach Abschn. 10.5 Abs. 4 UStAE; s.o.)	./. 7.150,00 €
Differenz	**1.850,00 €**
abzgl. darin enthaltene USt 19/119	./. 295,38 €
Bemessungsgrundlage für die Differenzbesteuerung	**1.554,62 €**

15. Innergemeinschaftliche Umsatzgeschäfte
15.1 Innenumsatz und Verbringen

Fall 165: Innenumsatz und Verbringen

Unternehmer X besitzt in Landau eine Bar, in Wissembourg (Frankreich) eine Gaststätte und in Neustadt/Weinstraße eine Metzgerei.

X bringt Fleisch von Neustadt in seine Betriebe nach Landau und Wissembourg, um das Fleisch dort zuzubereiten und zu verkaufen.

S.a. Fall 4.

Aufgabe: Löst das Verbringen des Fleisches in die Betriebe umsatzsteuerrechtliche Folgen aus?

Lösung:

Das Verbringen des Fleisches von Neustadt nach Landau stellt einen nicht steuerbaren Innenumsatz dar.

Auch das Verbringen des Fleisches von Neustadt nach Wissembourg stellt einen Vorgang innerhalb des Unternehmenskreises dar. Allerdings wird nach § 3 Abs. 1a Satz 1 UStG dieses Verbringen als Lieferung gegen Entgelt behandelt (Fiktion).

Ein innergemeinschaftliches Verbringen liegt vor, wenn ein Unternehmer:

*   einen Gegenstand seines Unternehmens aus dem Gebiet eines EU-Mitgliedstaates (Ausgangsmitgliedstaat) zu seiner Verfügung in das Gebiet eines anderen EU-Mitgliedstaates (Bestimmungsmitgliedstaat) befördert oder versendet und

*   den Gegenstand im Bestimmungsmitgliedstaat nicht nur vorübergehend verwendet.

Der Unternehmer gilt im Ausgangsmitgliedstaat als Lieferer, im Bestimmungsmitgliedstaat als Erwerber (Abschn. 1a.2 Abs. 1 UStAE).

Das Fleisch stellt Unternehmensvermögen dar, das zur Verfügung des X aus dem Inland in das übrige Gemeinschaftsgebiet (hier: Frankreich) gebracht wird und zwar zu einer nicht nur vorübergehenden Verwendung. Diese Voraussetzung ist immer dann erfüllt, wenn der Gegenstand in dem dort gelegenen Unternehmensteil entweder dem Anlagevermögen zugeführt oder als Roh-, Hilfs- oder Betriebsstoff verarbeitet oder verbraucht wird (Abschn. 1a.2 Abs. 5 UStAE). Ort der Lieferung ist gem. § 3 Abs. 6 Satz 1 und 2 UStG Neustadt. Neustadt ist gem. § 1 Abs. 2 Satz 1 UStG Inland. Damit ist die fingierte Lieferung nach § 1 Abs. 1 Nr. 1 Satz 1 UStG steuerbar.

Die steuerbare Lieferung des Fleisches ist als innergemeinschaftliche Lieferung gem. § 4 Nr. 1 Buchst. b i.V.m. § 6a Abs. 2 UStG steuerfrei. In Frankreich gilt das Verbringen als ein steuerbarer innergemeinschaftlicher Erwerb gegen Entgelt (§ 1 Abs. 1 Nr. 5, § 1a Abs. 2, § 3d Satz 1 UStG).

Fall 166: Innergemeinschaftliches Verbringen

Unternehmer F aus Frankreich verbringt Rohstoffe in seine Betriebsstätte in Deutschland, die hier verarbeitet werden. Die daraus gewonnenen Gegenstände werden von Deutschland aus verkauft:

a) innerhalb Deutschlands,

b) innerhalb der übrigen EU-Mitgliedstaaten bzw.

c) in Drittlandsgebiet.

Aufgabe: Nehmen Sie aus umsatzsteuerrechtlicher Sicht Stellung.

Lösung:

Das Verbringen der Rohstoffe von Frankreich nach Deutschland gilt in Frankreich als steuerbare, aber steuerfreie innergemeinschaftliche Lieferung gegen Entgelt. In Deutschland gilt das Verbringen als ein steuerbarer innergemeinschaftlicher Erwerb gegen Entgelt (§ 1 Abs. 1 Nr. 5, § 1a Abs. 2, § 3d Satz 1 UStG).

Im Fall b) und c) ist der Erwerb steuerfrei (§ 4b Nr. 4 UStG), da die erworbenen Rohstoffe für eine steuerfreie innergemeinschaftliche Lieferung (Fall b) oder für eine steuerfreie Ausfuhrlieferung (Fall c) verwendet werden.

Fall 167: Verbringen für eine sonstige Leistung

a) Der deutsche Unternehmer D vermietet einen Baukran an den dänischen Bauunternehmer B und verbringt den Baukran zu diesem Zweck nach Dänemark (s.a. Fall 170).

b) Der dänische Bauunternehmer C führt im Inland Malerarbeiten aus und verbringt zu diesem Zweck Farbe, Arbeitsmaterial und Leitern in das Inland.

Aufgabe: Prüfen Sie, ob ein innergemeinschaftliches Verbringen vorliegt.
Nehmen Sie auch Stellung zum Ort der Leistung sowie zur Steuerschuldnerschaft.

Lösung:

In beiden Fällen ist ein innergemeinschaftliches Verbringen nicht anzunehmen.

Die Vermietung des Baukrans ist gem. § 3a Abs. 2 UStG in Dänemark steuerbar und steuerpflichtig. Nach analoger Anwendung des § 13b Abs. 1 und Abs. 5 UStG schuldet der Leistungsempfänger B in Dänemark die Steuer.

Nach § 3a Abs. 3 Nr. 1 Buchst. a UStG führt C im Inland steuerbare und steuerpflichtige Malerarbeiten aus. Nach § 13b Abs. 2 Nr. 1 und Abs. 5 UStG schuldet der deutsche Leistungsempfänger die USt.

Fall 168: Innergemeinschaftliches Verbringen/Beginn der unternehmerischen Tätigkeit/ Vermietungsumsätze

Unternehmer V lässt gleichzeitig zur Vermietung bestimmte Objekte in Deutschland und Belgien herstellen. Geplant und auch glaubhaft ist die steuerfreie Wohnungsvermietung in Deutschland und die steuerpflichtige Vermietung in Belgien.

Noch während der Bauphase erwirbt V für die steuerpflichtige Vermietungstätigkeit in Belgien einen Gegenstand für 2.000 € und zieht die dafür berechnete belgische USt als Vorsteuer ab. Danach verbringt er den Gegenstand ins Inland, wo er ihn ausschließlich zur Ausführung der steuerfreien Vermietung verwendet. Der Einkaufspreis im Zeitpunkt des Erwerbs beträgt weiterhin 2.000 €.

Aufgabe: Prüfen Sie, ob ein innergemeinschaftliches Verbringen vorliegt. Nehmen Stellung zur Unternehmereigenschaft des V.

Lösung:

Die Unternehmereigenschaft hat bereits während der Bauphase begonnen. Über den Vorsteuerabzug ist dem Grunde und der Höhe nach abschließend bereits zu dem Zeitpunkt zu entscheiden, zu dem die entsprechenden Eingangsrechnungen beim Unternehmer eingehen. Nach Art. 167 ff. MwStSystRL steht V zu Recht aus der Anschaffung des Gegenstandes in Belgien der Vorsteuerabzug in Belgien zu.

Das Verbringen des Wirtschaftsguts von Belgien in den deutschen Unternehmensteil ist in Belgien eine steuerfreie innergemeinschaftliche Lieferung nach Art. 138 MwStSystRL. Nach Art. 169 MwStSystRL ist diese steuerfreie Lieferung ein Abzugsumsatz (entsprechend § 15 Abs. 3 Nr. 1 UStG). Nach Art. 184 ff. MwStSystRL ist die Vorsteuer in Belgien nicht zu berichtigen, da sich die Verhältnisse für den Vorsteuerabzug nicht geändert haben.

V tätigt in Deutschland (§ 3d Satz 1 UStG) einen steuerbaren (§ 1 Abs. 1 Nr. 5 UStG) innergemeinschaftlichen Erwerb (§ 1a Abs. 1 i.V.m. Abs. 2 UStG), der mangels Steuerbefreiung i.S.d. § 4b UStG auch steuerpflichtig ist. Die Bemessungsgrundlage für die Erwerbsteuer ermittelt sich nach § 10 Abs. 4 Nr. 1 UStG und beträgt 2.000 €. Die USt beträgt demzufolge 19 %= 380 €. Diese USt ist gem. § 15 Abs. 1 Nr. 3 UStG als Vorsteuer abziehbar aber nach § 15 Abs. 2 Nr. 1 UStG nicht abzugsfähig.

Fall 169: Innergemeinschaftliches Verbringen/Verschaffung der Verfügungsmacht

Unternehmer D aus Deutschland hat an Unternehmer B in Belgien unter folgenden Bedingungen eine Maschine für 100.000 € verkauft:
D befördert die Maschine in sein Auslieferungslager nach Belgien. Dort wird die Maschine so lange gelagert, bis B diese in dem Auslieferungslager abholt. Am 24.5.25 befördert D die Maschine nach Belgien, die auch am gleichen Tag dort im Lager eintrifft. Am 13.7.25 holt B die Maschine im Lager ab. B rechnet mit seiner belgischen USt-IdNr. ab.

Aufgabe: Prüfen Sie, ob ein innergemeinschaftliches Verbringen vorliegt.

Lösung:

D tätigt am 24.5.25 eine steuerfreie innergemeinschaftliche Lieferung nach § 4 Nr. 1 Buchst. b i.V.m. § 6a Abs. 1 UStG, da D die Maschine an den zu Beginn der Beförderung bereits feststehenden Abnehmer B befördert hat. Nach § 3 Abs. 6 Satz 1 UStG gilt die Lieferung mit Beginn der Beförderung als ausgeführt. Da B gleichzeitig nach § 1a Abs. 1 i.V.m. § 3d Satz 1 UStG in Belgien einen innergemeinschaftlichen Erwerb tätigt, ist die innergemeinschaftliche Lieferung des D steuerfrei.

Beginnt der Transport bestimmter Gegenstände durch Befördern bzw. Versenden in Erfüllung eines Liefergeschäfts an einen bestimmten anderen Abnehmer nach § 3 Abs. 6 UStG, kann kein steuerbares innergemeinschaftliches Verbringen vorliegen, weil die Lieferung mit dem Beginn der Beförderung oder Versendung der Ware an den Abnehmer als ausgeführt gilt. Der Gegenstand wird dem im Bestimmungsland gelegenen Unternehmensteil nicht dem Anlagevermögen zugeführt bzw. dort als Roh-, Hilfs- oder Betriebsstoff verarbeitet oder verbraucht (Abschn. 1a.2 Abs. 5 UStAE).

Fall 170: Innergemeinschaftliches Verbringen/Verbringen in ein Konsignationslager

Unternehmer B aus Belgien richtet bei Unternehmer D (Händler) in Deutschland ein Konsignationslager (Auslieferungslager) ein. B trifft mit D folgende Vereinbarung:
a) D darf aus dem Lager Ware zur Weiterlieferung im eigenen Namen an seine Kunden entnehmen bzw.
b) D darf über alle in dem Lager eingehenden Waren sofort verfügen.

B bringt für insgesamt 100.000 € Waren in das Lager.

Aufgabe: Prüfen Sie, ob ein innergemeinschaftliches Verbringen vorliegt.
Prüfen Sie die umsatzsteuerrechtlichen Folgen die eintreten würden, wenn in den Fällen a) und b) jeweils der innergemeinschaftliche Erwerber einen Teil der Waren an einen spanischen bzw. russischen Erwerber veräußern würde.

Lösung:

Der Begriff des Konsignationslagers ist weder im deutschen UStG noch im Unionsrecht definiert. Im Allgemeinen wird als Konsignationslager eine Gestaltung bezeichnet, bei der ein Lager in der Nähe der Kunden eingerichtet wird, um diese möglichst zeitnah beliefern zu können. Das Lager selbst kann vom Lieferanten oder vom Kunden selbst betrieben werden, es kann aber auch von einem Spediteur oder von einem externen Dienstleister unterhalten werden (Urteil Niedersächsisches FG vom 18.6.2015, 5 K 335/14, EFG 2015,

1754, rkr.; s.a. Schneider, ABC-Führer Umsatzsteuer, Stichwort: Lagerregelung, Rz. 79 ff., 102. Ergänzungslieferung, Loseblatt).

Zu den Warenlieferungen in und aus Konsignationslagern hat die OFD Frankfurt mit Vfg. vom 7.12.2017 (S 7100a A – 004 – St 110, UR 2018, 219, SIS 18 00 16) ausführlich Stellung genommen.

Verbringt ein in Deutschland ansässiger Unternehmer Waren in sein in einem anderen Mitgliedstaat belegenes Auslieferungslager (Konsignationslager), handelt es sich um ein innergemeinschaftliches Verbringen nach § 3 Abs. 1a UStG, das unter den Voraussetzungen des § 6a UStG steuerfrei ist (s.a. Abschn. 1a.2 Abs. 6 UStAE).

Ob B sogleich mit dem Beginn der Beförderung oder Versendung der Ware an D liefert oder ob er erst dann an ihn liefert, wenn dieser an seine Kunden liefert, entscheidet der Vertrag.

Mit Urteilen vom 20.10.2016 (V R 31/15, BStBl II 2017, 1076) und vom 16.11.2016 (V R 1/16, BStBl II 2017, 1079) hat der BFH zum Ort der Lieferung über Konsignationslager bzw. Auslieferungslager Stellung genommen. Danach ist der Ort der Lieferung von der jeweiligen Vertragsgestaltung abhängig. Mit Schreiben vom 10.10.2017 (BStBl I 2017, 1442) nimmt das BMF zur Anwendung der o.g. BFH-Rechtsprechung Stellung.

a) Hier liefert B an D, wenn D vereinbarungsgemäß Ware aus dem Konsignationslager entnimmt, um die Ware an seine Kunden zu liefern.

Ein im Zeitpunkt des Beginns der Beförderung oder Versendung nur wahrscheinlicher Abnehmer ohne tatsächliche Abnahmeverpflichtung ist nicht einem zu diesem Zeitpunkt bereits feststehenden Abnehmer gleichzustellen (BFH Urteil vom 16.11.2016, V R 1/16, BStBl II 2017, 1079, Rz. 24; Abschn. 1a.2 Abs. 6 Satz 7 ff. UStAE).

Das Verbringen der Ware in das Lager nach Deutschland gilt hier als innergemeinschaftlicher Erwerb (innergemeinschaftliches Verbringen des B; § 1a Abs. 2, § 3d Satz 1 UStG; Abschn. 1a.2 Abs. 6 Satz 7 und 8 UStAE). Eine nicht nur vorübergehende Verwendung liegt auch dann vor, wenn der Unternehmer den Gegenstand mit der konkreten Absicht in den Bestimmungsmitgliedstaat verbringt, ihn dort (unverändert) weiterzuliefern (z.B. Verbringen auf ein Auslieferungslager). Es ist in diesen Fällen nicht erforderlich, dass der Unternehmensteil im Bestimmungsmitgliedstaat die abgabenrechtlichen Voraussetzungen einer Betriebsstätte (§ 12 AO) erfüllt (Abschn. 1a.2 Abs. 6 Satz 1 und 2 UStAE). B gilt als Erwerber (§ 1a Abs. 2 Satz 2 UStG). B muss sich in Deutschland registrieren lassen. Die USt auf den Erwerb (19 % von 100.000 €) i.H.v. 19.000 € schuldet B nach § 13a Abs. 1 Nr. 2 UStG. Die Erwerbsteuer ist gem. § 15 Abs. 1 Nr. 3 UStG als Vorsteuer abzugsfähig.

Das Verbringen der Ware ist in Belgien steuerfrei (§ 4 Nr. 1 Buchst. b i.V.m. § 6a Abs. 2 UStG).

B tätigt Lieferungen an D, wenn dieser vereinbarungsgemäß die Waren aus dem Lager »entnimmt«, um die Ware an seine Kunden zu liefern. Nach § 3 Abs. 7 Satz 1 UStG werden die Lieferungen dort ausgeführt, wo sich die Ware zurzeit der Verschaffung der Verfügungsmacht befindet. B tätigt in Deutschland steuerbare und steuerpflichtige Lieferungen an D (Abschn. 1a.2 Abs. 6 Satz 9 UStAE; BFH Urteil vom 16.11.2016, V R 1/16, BStBl II 2017, 1079).

Angenommen, B würde nach dem innergemeinschaftlichen Verbringen der Ware in sein deutsches Lager selbst Lieferungen an einen Unternehmer S für dessen Unternehmen nach Spanien bzw. nach Russland ausführen, so tätigte B mit dem Warenverkauf nach Spanien in Deutschland steuerbare, aber steuerfreie innergemeinschaftliche Lieferungen und mit dem Warenverkauf nach Russland steuerbare, aber steuerfreie Ausfuhrlieferungen. In beiden Fällen träte der Vorsteuerausschluss des § 15 Abs. 2 i.V.m. Abs. 3 Nr. 1 Buchst. a UStG nicht ein. Der – wegen des Verbringens der Ware in das deutsche Lager steuerbare – innergemeinschaftliche Erwerb des B (§ 1a Abs. 2 UStG) wäre nach § 4b Nr. 4 UStG steuerfrei.

b) Da der Abnehmer D bereits bei Beginn der Beförderung feststeht, liegt kein innergemeinschaftliches Verbringen vor. Hier tätigt B im Ursprungsland Belgien eine steuerbare, aber steuerfreie innergemeinschaftliche Lieferung an D (§ 3 Abs. 6 Satz 1 i.V.m. § 4 Nr. 1 Buchst. b i.V.m. § 6a Abs. 1 UStG). D tätigt in Deutschland einen steuerbaren und steuerpflichtigen innergemeinschaftlichen Erwerb nach § 1a Abs. 1 i.V.m. § 3d Satz 1 UStG (vgl. Abschn. 1a.2 Abs. 6 Satz 4 ff. UStAE i.d.F. des BMF-Schreibens vom 10.10.2017, BStBl I 2017, 1442).

Angenommen, D tätigte nach dem innergemeinschaftlichen Erwerb Lieferungen an einen Unternehmer S für dessen Unternehmen nach Spanien bzw. nach Russland, so tätigte D mit dem Warenverkauf nach Spanien in Deutschland steuerbare, aber steuerfreie innergemeinschaftliche Lieferungen und mit dem Warenverkauf nach Russland steuerbare, aber steuerfreie Ausfuhrlieferungen. In beiden Fällen träte der Vorsteuerausschluss des § 15 Abs. 2 i.V.m. Abs. 3 Nr. 1 Buchst. a UStG nicht ein. Der steuerbare innergemeinschaftliche Erwerb des D wäre nach § 4b Nr. 4 UStG steuerfrei.

15.2 Innergemeinschaftliche Erwerbe

Fall 171: Innergemeinschaftlicher Erwerb

Der dänische Unternehmer B vermietet einen Baukran an den deutschen Bauunternehmer D und verbringt den Baukran zu diesem Zweck ins Inland. Nach Abschluss des Mietvertrages erwirbt D die Maschine von B.

Aufgabe: Nehmen Sie Stellung zu den Umsätzen des B.

Lösung:

Nach § 3a Abs. 2 UStG wird die Vermietungsleistung dort ausgeführt, wo der Empfänger sein Unternehmen betreibt. B tätigt in Deutschland eine steuerbare und steuerpflichtige Leistung. Für die sonstige Leistung eines im Ausland ansässigen Unternehmers ist gem. § 13b Abs. 1 UStG der Leistungsempfänger D Steuerschuldner.

Bei der Lieferung des Baukrans im Anschluss an die Vermietung liegt eine »bewegungslose Lieferung« i.S.d. § 3 Abs. 7 Satz1 UStG vor. Die Lieferung wird dort ausgeführt, wo sich der Kran zur Zeit der Verschaffung der Verfügungsmacht befindet. Die Lieferung des B ist im Inland steuerbar und steuerpflichtig. Gleichzeitig verwirklicht D einen innergemeinschaftlichen Erwerb nach § 1a Abs. 2 UStG, weil B die Maschine nicht nur zur vorübergehenden Verwendung ins Inland verbracht hat (Innergemeinschaftliches Verbringen; Abschn. 1a.2 Abs. 11 Satz 3 UStAE).

Fall 172: Innergemeinschaftlicher Erwerb/Einfuhr

Der russische Unternehmer U1 verkauft Ware an den deutschen Unternehmer U2. U1 lässt die Ware in Polen zollrechtlich und steuerrechtlich zum freien Verkehr abfertigen und bezahlt entsprechend die polnische EUSt.

Aufgabe: Nehmen Sie Stellung zu den Umsätzen des U1.

Lösung:

U1 liefert zur Kondition verzollt und versteuert. Gemäß analoger Anwendung des § 3 Abs. 8 UStG (Art. 32 MwStSystRL) wird dadurch der Lieferort nach Polen verlagert. Mit der Einfuhr wird die Ware Gemeinschaftsware. Aufgrund der Verlagerung des Lieferortes nach Polen wird davon ausgegangen, dass hier der Warenweg beginnt. Weil der Warenweg in Deutschland endet, tätigt U1 in Polen an den deutschen U2 eine steuerfreie innergemeinschaftliche Lieferung. Dies hat zur Folge, dass U2 in Deutschland einen innergemeinschaftlichen Erwerb tätigt, weil ihm aus Polen Gemeinschaftsware geliefert wurde. Nach § 3d Satz 1 UStG ist der innergemeinschaftliche Erwerb des U2 in Deutschland steuerbar (§ 1 Abs. 1 Nr. 5 UStG).

Der Fall ist nur dann anders zu beurteilen, wenn der Lieferer den Gegenstand erst in Deutschland zum freien Verkehr abfertigen lässt. In diesem Falle liegt keine vorübergehende Einfuhr in das übrige Gemeinschaftsgebiet vor. Die Ware wird erst in Deutschland zur Gemeinschaftsware. Der Lieferort ist aufgrund der Regelung des § 3 Abs. 8 UStG im Inland. Die Lieferung ist dann steuerbar und steuerpflichtig. U2 tätigt in diesem Falle keinen innergemeinschaftlichen Erwerb.

Fall 173: Innergemeinschaftlicher Erwerb/Erwerbsschwelle

Unternehmer U1 aus Landau bestellt und erwirbt – wider Erwarten – für seinen unternehmerischen Bereich eine Maschine zum Preis von 50.000 € netto von einem belgischen Unternehmer U2 aus Brüssel. Bei U1 handelt es sich dabei um die bisher einzigen Lieferungen aus einem EU-Staat. U1 holt die Maschine in Belgien ab.

a) U1 ist kein Kleinunternehmer und ist zum vollen Vorsteuerabzug berechtigt und hat eine USt-IdNr.;

b) U1 ist Kleinunternehmer.

Aufgabe: Nehmen Sie Stellung zu dem Umsatz des U1.

Lösung:

a) Es handelt sich um einen innergemeinschaftlichen Erwerb, da:
- der Gegenstand aus einem EU-Staat ins Inland gelangt ist und
- der Gegenstand für das Unternehmen des U1 erworben wurde und
- U1 kein Kleinunternehmer ist und
- U1 keine vom Vorsteuerabzug ausgeschlossenen steuerfreien Umsätze tätigt.

Die Erwerbsschwelle ist für diesen Erwerb ohne Bedeutung. U1 muss für diesen Erwerb 19 % von 50.000 € = 9.500 € USt entrichten. Allerdings kann er diesen Betrag als Vorsteuer abziehen (§ 15 Abs. 1 Nr. 3 UStG).

b) Die Voraussetzungen für den innergemeinschaftlichen Erwerb liegen nicht vor, da:
- U1 ein Kleinunternehmer ist und
- die Erwerbsschwelle im vorangegangenen Kj. 12.500 € nicht überschritten hatte und im laufenden Kj. voraussichtlich nicht überschreiten wird.

Wurde die Erwerbsschwelle im vorangegangenen Kalenderjahr nicht überschritten und ist zu erwarten, dass sie auch im laufenden Kalenderjahr nicht überschritten wird, kann die Erwerbsbesteuerung unterbleiben, auch wenn die tatsächlichen innergemeinschaftlichen Erwerbe im Laufe des Kalenderjahres die Grenze von 12.500 € überschreiten (Abschn. 1a.1 Abs. 2 Satz 5 UStAE). Die Lieferung ist in Belgien durch den französischen Lieferer U2 zu versteuern.

Gem. § 1a Abs. 4 UStG kann U1 auf die Anwendung der Erwerbsschwelle verzichten. Hätte U1 auf die Erwerbsschwelle verzichtet, würde ein innergemeinschaftlicher Erwerb vorliegen. Als Verzicht gilt auch die Verwendung einer dem Erwerber erteilten USt-IdNr. gegenüber dem Lieferer (§ 1a Abs. 4 Satz 2 UStG; Abschn. 1a.1 Abs. 2 Satz 6 UStAE).

Fall 174: Innergemeinschaftlicher Erwerb/Erwerbsschwelle/Verbrauchsteuerpflichtige Ware

Ein Arzt aus Trier (A) tätigt nur Umsätze gem. § 4 Nr. 14 UStG. Er erwirbt im Kj. 25 in Belgien folgende Wirtschaftsgüter:
- von U1 medizinische Geräte für seine Praxis i.H.v. 12.450 €,
- von U2 eine Kiste Wein für 120 € und
- von U3 ein neues Fahrzeug für 55.000 €.

Der Arzt holt alle Waren persönlich in Belgien ab.

Aufgabe: Nehmen Sie Stellung zu den von A empfangenen Umsätzen.

Lösung:

A zählt zu den Unternehmern i.S.d. § 1a Abs. 3 Nr. 1 Buchst. a UStG, da er nur steuerfreie Umsätze tätigt, die zum Ausschluss des Vorsteuerabzugs führen. A hat im Kj. 25 für insgesamt 67.570 € Gegenstände aus einem EU-Staat bezogen. Es ist nach § 1a UStG die Versteuerung des innergemeinschaftlichen Erwerbs zu prüfen.

Für A ist gem. § 1a Abs. 3 Nr. 2 UStG die Erwerbsschwelle anwendbar. Nach § 1a Abs. 5 UStG gilt die Erwerbsschwelle allerdings nicht für den Erwerb neuer Fahrzeuge und verbrauchsteuerpflichtiger Waren (Wein). Verbrauchsteuerpflichtige Waren sind nach § 1a Abs. 5 Satz 2 UStG Mineralöle, Alkohol, alkoholische Getränke und Tabakwaren. Zu den alkoholischen Getränken gehört z. B. auch Wein, obwohl dieser in Deutschland nicht verbrauchsteuerpflichtig ist. Unter die Erwerbsschwelle fällt daher nur die Anschaffung der medizinischen Geräte i. H. v. 12.450 €. Dieser Erwerb überschreitet folglich nicht die Erwerbsschwelle von 12.500 €. Eine eventuelle Erwerbsbesteuerung ist von dem zu erwartenden Erwerben zu Beginn des Kj. 25 abhängig. Liegt dabei die Erwartung über 12.500 €, so handelt es sich bei der Anschaffung der medizinischen Geräte um einen innergemeinschaftlichen Erwerb. Liegt die Erwartung unter 12.500 €, so handelt es sich grundsätzlich um keinen innergemeinschaftlichen Erwerb.

A hat allerdings die Möglichkeit, auf die Anwendung der Erwerbsschwelle zu verzichten. Diese Entscheidung muss A aber beim ersten innergemeinschaftlichen Erwerb treffen und ist dann daran für zwei Jahre gebunden. Verzichtet A nicht auf die Anwendung der Erwerbsschwelle, so unterliegt der Umsatz in Belgien der belgischen USt. U1 tätigt in Belgien eine steuerpflichtige Lieferung.

Bei der Anschaffung des Weines hängt die Frage der Erwerbsbesteuerung nicht von der Erwerbsschwelle, sondern lediglich davon ab, ob A den Wein für sein Unternehmen erworben hat. Verwendet A den Wein für unternehmerische Zwecke, so kommt es auf der Seite des A zu einem im Inland steuerbaren und steuerpflichtigen innergemeinschaftlichen Erwerb. Für U2 läge in diesem Fall eine in Belgien steuerbare aber steuerfreie innergemeinschaftliche Lieferung vor.

Hat A dagegen die Kiste Wein für private Zwecke erworben, so liegt kein innergemeinschaftlicher Erwerb vor. Die Lieferung ist in Belgien steuerbar und steuerpflichtig.

Der Erwerb des neuen Fahrzeugs fällt nicht unter die Erwerbsschwelle und unterliegt davon unabhängig immer der Erwerbsbesteuerung. Wird der Pkw unternehmerisch genutzt, richtet sich die Erwerbsbesteuerung nach § 1a UStG. Hat er den Pkw zu privaten Zwecken erworben, richtet sich die Erwerbsbesteuerung nach § 1b UStG.

Fall 175: Versandhandelsregelung nach § 3c UStG

Wie Fall zuvor. Die belgischen Unternehmer versenden die Gegenstände an den Arzt

Aufgabe: Nehmen Sie Stellung zu den von A empfangenen Umsätzen.

Lösung:

Fällt die Anschaffung der medizinischen Geräte wegen Unterschreitens der Erwerbsschwelle nicht unter § 1a UStG (kein innergemeinschaftlicher Erwerb), so ist nach § 3c UStG die Sonderregelung zu überprüfen.

Der Gegenstand der Lieferung wird:

- durch den Lieferer oder
- einen von ihm beauftragten Dritten
- aus dem Gebiet eines Mitgliedstaates
- in das Gebiet eines anderen Mitgliedstaates oder
- aus dem übrigen Gemeinschaftsgebiet
- in die in § 1 Abs. 3 UStG bezeichneten Gebiete befördert oder versendet.

Ausgenommen ist die Lieferung neuer Fahrzeuge i.S.d. § 1b Abs. 2 und 3 UStG.

Wenn die Voraussetzungen erfüllt sind, ist die Lieferung abweichend von § 3 Abs. 6 bis 8 UStG in dem EU-Mitgliedstaat als ausgeführt zu behandeln, in dem die Beförderung oder Versendung des Gegenstandes endet.

Die Ortsvorschrift ist nur dann anzuwenden, wenn der Abnehmer zu einem bestimmten Abnehmerkreis gehört. Der Abnehmer muss u.a. (§ 3c Abs. 2 UStG) ein Unternehmer sein, der nur steuerfreie Umsätze ausführt, die zum Ausschluss der Vorsteuer führen. Der Arzt (Leistungsempfänger) darf nicht die Voraussetzungen des innergemeinschaftlichen Erwerbs erfüllen und auch nicht für die Erwerbsbesteuerung optiert haben.

Die Anwendung des § 3c UStG ist von der deutschen Lieferschwelle des belgischen Unternehmers abhängig (Abschn. 3c.1 Abs. 3 UStAE). Hat er die Lieferschwelle von 35.000 € überschritten bzw. auf deren Anwendung verzichtet, gilt die Versendungslieferung als in Deutschland ausgeführt. U1 muss die Lieferung in Deutschland versteuern.

Hat U1 die Lieferschwelle von 35.000 € nicht überschritten und auch nicht auf deren Anwendung verzichtet, tätigt U1 in Belgien eine steuerbare und stpfl. Lieferung. U1 stellt A belgische USt in Rechnung.

Fällt die Anschaffung der medizinischen Geräte unter § 1a UStG (innergemeinschaftlicher Erwerb), so kommt § 3c UStG nicht zur Anwendung. U1 tätigt eine steuerfreie innergemeinschaftliche Lieferung und A muss die Anschaffung in Deutschland versteuern.

Wurde der Wein für private Zwecke erworben, liegt kein innergemeinschaftlicher Erwerb vor. Die Lieferschwelle gilt nicht für die Lieferung verbrauchsteuerpflichtiger Waren. Befördert oder versendet der Lieferer verbrauchsteuerpflichtige Waren in einen anderen EG-Mitgliedstaat an eine Privatperson, verlagert sich der Ort der Lieferung unabhängig von der Lieferschwelle stets in den Bestimmungsmitgliedstaat (s. Abschn. 3c.1 Abs. 3 Satz 4 UStAE). U2 muss die Lieferung in Deutschland versteuern.

Wurde der Wein dagegen für unternehmerische Zwecke erworben, liegt auf jeden Fall ein innergemeinschaftlicher Erwerb vor, so dass § 3c UStG nicht zur Anwendung kommt.

Der Erwerb des neuen Fahrzeugs fällt immer unter die Regelung des innergemeinschaftlichen Erwerbs, sodass die Versandhandelsregelung niemals zur Anwendung kommt.

Fall 176: Steuerbefreiung des innergemeinschaftlichen Erwerbs

Unternehmer D aus Deutschland erwirbt von einem Unternehmer A aus Österreich eine Maschine, die D an einen Kunden S in die Schweiz weiterliefert.

Aufgabe: Nehmen Sie Stellung zu den Umsätzen des A und des D.

Lösung:

A tätigt in Österreich eine steuerfreie innergemeinschaftliche Lieferung nach § 4 Nr. 1 Buchst. b i.V.m. § 6a Abs. 1 UStG. Da der Erwerber D diesen Gegenstand zur Ausführung einer steuerfreien Ausfuhrlieferung verwendet (§ 4 Nr. 1 Buchst. a i.V.m. § 6 Abs. 1 UStG) und der Vorsteuerausschluss nach § 15 Abs. 3 Nr. 1 Buchst. a UStG dafür nicht eintritt, ist der innergemeinschaftliche Erwerb des D nach § 4b Nr. 4 UStG steuerfrei.

Fall 177: Innergemeinschaftlicher Erwerb/Einfuhrumsatzsteuer

Kuno Glöckler (G) betreibt in Speyer einen Bekleidungsgroßhandel. Im Kj. 15 schließt G mit verschiedenen Herstellern in China Kaufverträge über Markenkleidung ab. Die Hersteller liefern die Kleider auf dem Seeweg nach Holland, wo sie am 11.11.15 ankommen.

Hersteller 1 (H1) lässt die Kleidungsstücke am 11.11.15 zum freien Verkehr abfertigen und entrichtet die niederländische Einfuhrumsatzsteuer. G holt die Kleider am 13.11.15 in Holland ab und bringt sie mit einem Fahrzeug nach Speyer. H1 erteilt am 22.11.15 folgende Rechnung:

500 Kleidungsstücke, verzollt und versteuert	50.000 €
Transport von China in die Niederlande	8.000 €
Summe	**58.000 €**

Hersteller 2 (H2) beantragt in den Niederlanden die Durchfuhr nach Deutschland. H2 beauftragt den Frachtführer F die Kleider zu G nach Speyer zu befördern. Beim Hauptzollamt in Speyer entrichtet F für H2 die Einfuhrumsatzsteuer i.H.v. 7.600 €. Am 24.11.15 übergibt F die Kleider und die von H2 erstellt Rechnung:

400 Kleidungsstücke, verzollt und versteuert	40.000 €
Transport von China in die Niederlande	8.300 €
+ USt 19 %	9.177 €
EUSt	7.600 €
Summe	**65.077 €**

Hersteller 3 (H3) liefert die Kleider vertragsgemäß unverzollt und unversteuert. G lässt die Kleider in den Niederlanden zum freien Verkehr abfertigen, entrichtet die EUSt i.H.v. 19.000 € und befördert die Kleider am 13.11.15 mit eigenem Fahrzeug nach Speyer. H3 erteilt am 29.11.15 folgende Rechnung:

600 Kleidungsstücke, verzollt und versteuert	60.000 €
Transport von China in die Niederlande	8.000 €
Summe	**68.000 €**

Die Rechnungsbeträge begleicht G innerhalb von zwei Tagen.

Aufgabe: Nehmen Sie Stellung zu dem Sachverhalt Stellung.

Lösung:

Durch den Erwerb der Kleidungsstücke von H1 tätigt G 500 innergemeinschaftliche Erwerbe i.S.d. § 1a Abs. 1 UStG. Die Kleider gelangen aus dem Gebiet eines Mitgliedstaates (Holland) in das Gebiet eines anderen Mitgliedstaates (Deutschland). Dies gilt auch, wenn der chinesische Lieferer H1 die Kleider nach Holland eingeführt hat (§ 1a Abs. 1 Nr. 1 Satz 1 letzter Halbsatz UStG).

G ist Unternehmer und erwirbt für sein Unternehmen (§ 1a Abs. 1 Nr. 2 Buchst. a UStG). H1 liefert im Rahmen seines Unternehmens gegen Entgelt und ist in Holland kein Kleinunternehmer (§ 1a Abs. 1 Nr. 3 UStG). Die innergemeinschaftlichen Erwerbe sind steuerbar (§ 1 Abs. 1 Nr. 5 UStG), da sich die Kleider am Ende der Beförderung in Deutschland befinden (§ 3d Satz 1 UStG) und steuerpflichtig.

Die USt i.H.v. 19 % (§ 12 Abs. 1 UStG) von 58.000 € = 11.020 € entsteht nach § 13 Abs. 1 Nr. 6 UStG mit Ausstellung der Rechnung am 22.11.15. Nach § 15 Abs. 1 Nr. 3 UStG hat G einen Vorsteuerabzug i.H.v. 11.020 €.

H2 versendet (§ 3 Abs. 6 Satz 3 UStG) die Kleider an G. Die Lieferung der Kleider gilt grundsätzlich nach § 3 Abs. 6 Satz 1 UStG in China als ausgeführt, da dort die Versendung beginnt. Da aber H2 als Lieferer Schuldner der bei der Einfuhr zu entrichtenden EUSt ist, kommt die Ortsregelung des § 3 Abs. 8 UStG zu Anwendung. Die Lieferung der Kleidungsstücke gilt als im Inland als ausgeführt. Die Lieferung der Kleidungsstücke ist in Deutschland steuerbar und steuerpflichtig.

Die USt für die Lieferung des H2 berechnet sich nach dem Entgelt i.S.d. § 10 Abs. 1 Satz 1 und 2 UStG. Das Entgelt erstreckt sich auf alles, was der Leistungsempfänger tatsächlich für die an ihn bewirkte Leistung aufwendet. Dazu gehören auch Nebenkosten des Leistenden, die er vom Leistungsempfänger einfordert (Abschn. 10.1 Abs. 3 Satz 1 und 2 UStAE). Als Entgelt für die Lieferung sind auch die dem Abnehmer vom Lieferer berechneten Beförderungskosten anzusehen (Abschn. 10.1 Abs. 3 Satz 12 UStAE). Mit Ausnahme der auf den Umsatz entfallenden Umsatzsteuer rechnen zum Entgelt auch die vom Unternehmer geschuldeten Steuern, auch wenn diese Beträge offen auf den Leistungsempfänger überwälzt werden (Abschn. 10.1 Abs. 6 UStAE). Die USt beträgt 19/119 von 65.077 € = 10.390,45 €. G hat jedoch nur einen Vorsteuerabzug i.H.d. 9.177 €. Nach § 15 Abs. 1 Satz 1 Nr. 1 Satz 2 i.V.m. § 14 Abs. 4 Satz 1 Nr. 8 UStG muss die Steuer in einer nach §§ 14, 14a UStG ausgestellten Rechnung gesondert ausgewiesen sein (Abschn. 15.2a Abs. 1 Satz 1 UStAE).

H3 liefert die Kleider nach § 3 Abs. 6 Satz 1 und 3 UStG in China.

G führt die Kleider selbst in das Gemeinschaftsgebiet (Holland) ein und entrichtet die niederländische EUSt i.H.v. 19.000 €. G kann die in Holland entrichtete EUSt in Deutschland nicht als Vorsteuer abziehen, da die Kleider nicht im Inland eingeführt worden sind (Abschn. 15.8 Abs. 1 UStAE). Die Vorsteuer des G kann im Wege des Vorsteuer-Vergütungsverfahrens in Holland (entsprechend § 18 Abs. 9 UStG i.V.m. §§ 59 bis 62 UStDV und Abschn. 18.10 bis 18.16 UStAE) geltend gemacht werden (Richtlinie 2008/9/EG des Rates zur Regelung der Erstattung der Mehrwertsteuer gem. der Richtlinie 2006/112/EG an nicht im Mitgliedstaat der Erstattung, sondern in einem anderen Mitgliedstaat ansässige Steuerpflichtige, vom 12.2.2008, ABl. EU Nr. L 44 S. 23).

Entsprechend der deutschen Norm des § 3 Abs. 1a UStG tätigt G in Holland ein innergemeinschaftliches Verbringen, da G die Kleider zu seiner Verfügung und einer nicht nur vorübergehenden Verwendung nach Deutschland verbringt. Das Verbringen wird in Holland entsprechend deutschen Regelung des § 4 Nr. 1 Buchst. b i.V.m. § 6a Abs. 2 UStG einer steuerfreien innergemeinschaftlichen Lieferung gleichgestellt.

Nach § 1a Abs. 2 UStG gilt das Verbringen in das Inland als innergemeinschaftlicher Erwerb. Der Ort befindet sich nach § 3d Satz 1 UStG in Speyer. Der innergemeinschaftliche Erwerb ist somit nach § 1 Abs. 1 Nr. 5 UStG steuerbar und mangels Steuerbefreiung auch steuerpflichtig. Die Bemessungsgrundlage bestimmt sich nach § 10 Abs. 4 Nr. 1 UStG nach dem Einkaufspreis zuzüglich der Nebenkosten zum Zeitpunkt der Verbringens, hier 68.000 €.

Die USt beträgt 19 % (§ 12 Abs. 1 UStG) von 68.000 € = 12.920 €.

Führt der Unternehmer eine innergemeinschaftliche Lieferung (§ 6a UStG) aus, ist er nach § 14a Abs. 3 UStG verpflichtet, spätestens am 15. Tag des Monats, der auf den Monat folgt, in dem die Lieferung ausgeführt worden ist, eine Rechnung auszustellen (Abschn. 14a.1 Abs. 3 UStAE). Der Unternehmer, der steuerfreie innergemeinschaftliche Lieferungen (§ 4 Nr. 1 Buchst. b, § 6a UStG) ausführt, muss in den Rechnungen auf die Steuerfreiheit hinweisen (Abschn. 14a.1 Abs. 4 UStAE). Die Verpflichtung zur Ausstellung von Rechnungen über steuerfreie Lieferungen i.S.d. § 6a UStG greift beim innergemeinschaftlichen Verbringen von Gegenständen nicht ein, weil Belege in Verbringensfällen weder als Abrechnungen anzusehen sind noch eine Außenwirkung entfalten und deshalb keine Rechnungen i.S.d. § 14 Abs. 1 UStG sind. Zur Abwicklung von Verbringensfällen hat der inländische Unternehmensteil gleichwohl für den ausländischen Unternehmensteil einen Beleg auszustellen (sog. pro-forma-Rechnung; Abschn. 14a.1 Abs. 5 UStAE).

Für den Vorsteuerabzug nach § 15 Abs. 1 Satz 1 Nr. 3 bis 5 UStG ist nicht Voraussetzung, dass der Leistungsempfänger im Besitz einer nach §§ 14, 14a UStG ausgestellten Rechnung ist (Abschn. 15.10 Abs. 1 UStAE).

G als Erwerber kann die für den innergemeinschaftlichen Erwerb geschuldete Umsatzsteuer als Vorsteuer abziehen, wenn er den Gegenstand für sein Unternehmen bezieht und zur Ausführung von Umsätzen verwendet, die den Vorsteuerabzug nicht ausschließen. Das Recht auf Vorsteuerabzug der Erwerbssteuer entsteht in dem Zeitpunkt, in dem die Erwerbssteuer entsteht (§ 13 Abs. 1 Nr. 6 UStG). Der Unternehmer kann damit den Vorsteuerabzug in der Voranmeldung oder der Umsatzsteuererklärung für das Kalenderjahr geltend machen, in der er den innergemeinschaftlichen Erwerb zu versteuern hat (Abschn. 15.10 Abs. 2 und 3 UStAE). G steht somit ein Vorsteuerabzug nach § 15 Abs. 1 Nr. 3 UStG i.H.v. 12.920 € zu.

Fall 178: Differenzbesteuerung nach § 25a UStG/Innergemeinschaftliche Lieferung/
Innergemeinschaftlicher Erwerb

Der inländische Antiquitätenhändler A erwirbt von einem belgischen Lieferanten L einen Vitrinenschrank Louis Philippe. Der belgische Lieferant L behandelt den Vorgang in Belgien als steuerfreie innergemeinschaftliche Lieferung. A hat dem belgischen Lieferanten seine deutsche USt-IdNr. mitgeteilt.

Aufgabe: Prüfen Sie, ob die Differenzbesteuerung des § 25a UStG zur Anwendung kommt.

Lösung:

A fällt im Falle eines Weiterverkaufs der Vitrine nicht unter die Differenzbesteuerung. Nach § 25a Abs. 7 Nr. 1 Buchst. a UStG findet § 25a UStG keine Anwendung, wenn der EU-ausländische Lieferer auf seine Lieferung die Steuerfreiheit für innergemeinschaftliche Lieferungen in Anspruch genommen hat. Zu beachten ist, dass A beim Erwerb des Schranks deutsche Erwerbs-USt anzumelden hat (innergemeinschaftlicher Erwerb).

Fall 179: Differenzbesteuerung nach § 25a UStG im übrigen Gemeinschaftsgebiet

Kunsthändler I aus Italien liefert durch Versenden an Kunsthändler D aus Deutschland einen Kunstgegenstand. Für diese Lieferung hat I in Italien die Differenzbesteuerung angewandt.

Aufgabe: Prüfen Sie, ob der Erwerb in Deutschland der Umsatzsteuer unterliegt.

Lösung:

Da I den Gegenstand nicht innergemeinschaftlich liefert, sondern der Differenzbesteuerung unterwirft, ist die Lieferung in Italien steuerbar und steuerpflichtig (s.a. Abschn. 25a.1 Abs. 18 UStAE). Nach § 25a Abs. 7 Nr. 3 UStG bestimmt sich der Ort der Lieferung nicht nach § 3c UStG. Nach § 3 Abs. 6 UStG gilt die Lieferung dort als ausgeführt, wo die Versendung beginnt. Die Steuerbefreiung für die innergemeinschaftliche Lieferung ist nicht anwendbar. Nach § 25a Abs. 7 Nr. 2 UStG unterliegt der Erwerb in Deutschland deshalb nicht der USt.

Fall 180: Innergemeinschaftlicher Erwerb/Bemessungsgrundlage/Arzneimittellieferungen
ausländischer Apotheken an gesetzliche Krankenkassen

Die Apotheke H aus Holland liefert Medikamente an die deutsche Apotheke D bzw. direkt an den im Inland ansässigen gesetzlich Versicherten. Leistungsempfänger i.S.d. UStG ist nach § 2 Abs. 2 SGB V die gesetzliche Krankenkasse. Obwohl die deutsche Krankenkasse ihre deutsche USt-IdNr. gegenüber der Apotheke verwendet, stellt die Apotheke für die Lieferung USt in Rechnung.

Aufgabe: Prüfen Sie, ob die gesetzliche Krankenkasse mit ihren hoheitlichen Aufgaben der Erwerbsbesteuerung unterliegt und ob die ausländische Umsatzsteuer eventuell zur Bemessungsgrundlage eines innergemeinschaftlichen Erwerbs gehört.

Lösung:

Zur umsatzsteuerlichen Behandlung von Arzneimittellieferungen ausländischer Apotheken an Mitglieder gesetzlicher Krankenversicherungen s. die Vfg. der OFD Karlsruhe vom 15.1.2013 (S 7103a, UR 2013, 397, SIS 13 06 71).

Die Krankenkasse handelt in Erfüllung ihrer hoheitlichen Aufgaben und ist somit nicht als Unternehmer anzusehen. Als juristische Person, die nicht Unternehmer ist oder die die Medikamente nicht für ihr Unternehmen erwirbt, ist die Krankenkasse nach § 1a Abs. 3 Nr. 1 Buchst. d UStG ein Schwellenerwerber. Mit Verwendung ihrer deutschen USt-IdNr. gibt die Krankenkasse zu erkennen, dass sie entweder die Erwerbsschwelle von 12.500 € überschritten oder auf ihre Anwendung verzichtet hat (§ 1a Abs. 4 Satz 2 UStG). Deshalb unterliegt die Krankenkasse bei Vorliegen der weiteren Voraussetzungen des § 1a UStG der Besteuerung des innergemeinschaftlichen Erwerbs.

Die gesetzliche Krankenkasse ist nach § 13a Abs. 1 Nr. 2 UStG Schuldner der auf den innergemeinschaftlichen Erwerb des Medikaments entfallenden USt. Sie hat den innergemeinschaftlichen Erwerb in ihrer USt-Voranmeldung (§ 18 Abs. 4a UStG) anzumelden.

Erbringt eine ausländische Apotheke eine innergemeinschaftliche Arzneimittellieferung an die gesetzliche Krankenkasse, ist sie zur Ausstellung einer Rechnung verpflichtet. Ist die Lieferung als innergemeinschaftliche Lieferung steuerfrei, darf die liefernde Apotheke nur einen Nettobetrag ohne USt in Rechnung stellen und muss in der Rechnung auf die Steuerbefreiung der innergemeinschaftlichen Lieferung hinweisen. Zudem muss die Rechnung sowohl die USt-IdNr. der liefernden Apotheke als auch der gesetzlichen Krankenkasse enthalten.

Unabhängig von der tatsächlichen Rechnungsstellung durch die ausländische Apotheke unterliegt das gesamte von der gesetzlichen Krankenkasse an die ausländische Apotheke gezahlte Entgelt der deutschen Erwerbsbesteuerung. Daher gehört auch eine zu Unrecht in Rechnung gestellte (§ 14c Abs. 1 UStG; Abschn. 14c.1 Abs. 1 Satz 5 Nr. 3 UStAE) und gezahlte ausländische USt zur Bemessungsgrundlage (s.a. die Rechtsausführungen des BFH in seinem Urteils vom 28.5.2009, V R 2/08, BStBl II 2009, 870).

Fall 181: Innergemeinschaftlicher Erwerb/Schwellenerwerber/
Wechsel der Besteuerungsform/Vorsteuerberichtigung nach § 15a UStG

Die Versicherung-GmbH (V) mit Sitz in Landau unterliegt im Kalenderjahr 25 der Kleinunternehmerregelung. V tätigt bis 31.7.25 ausschließlich steuerfreie Umsätze i.S.d. § 4 Nr. 11 UStG. Ab 1.8.25 erweitert V ihren Unternehmerrahmen und vermittelt zusätzlich Kfz-Leasingverträge. Durch die Erweiterung des Unternehmerrahmens um diese steuerpflichtigen Umsätze unterliegt V ab dem Kalenderjahr 26 der Regelbesteuerung und versteuert ihre Umsätze nach vereinbarten Entgelten.

Am 1.8.25 erwirbt V eine Büroeinrichtung, die sie je zur Hälfte für ihre unternehmerischen Tätigkeiten einsetzt. Verkäufer ist ein Händler aus Belgien, der V einen Betrag von 12.000 im Oktober 25 in Rechnung stellt. Andere Erwerbe solcher Art hat V weder im Jahr 24 noch in 25 getätigt. V verwendet ihre deutsche Umsatzsteuer-Identifikationsnummer gegenüber dem Händler bei Bestellung der Büroeinrichtung. Mit dem Transport der Büroeinrichtung von Belgien nach Landau beauftragt V den Frachtunternehmer F mit Sitz in Belgien. F führte den Transport im August 25 durch und stellte V hierfür 900 € in Rechnung.

Aufgabe: Beurteilen Sie den Kauf der Büroeinrichtung aus umsatzsteuerrechtlicher Sicht der V-GmbH für die Jahre 25 und 26.

Lösung:

Mit dem Erwerb der Büroeinrichtung aus Belgien verwirklicht V im August 25 einen innergemeinschaftlichen Erwerb i.S.d. § 1a UStG (Umsatz nach § 1 Abs. 1 Nr. 5 UStG). Nach § 19 Abs. 1 Satz 1 UStG wird bei

Kleinunternehmern lediglich die Umsatzsteuer für Umsätze i.S.d. § 1 Abs. 1 Nr. 1 UStG nicht erhoben. Im Umkehrschluss daraus wird die Umsatzsteuer für innergemeinschaftliche Erwerbe i.S.d. § 1 Abs. 1 Nr. 5 UStG erhoben.

Die Voraussetzungen des § 1a Abs. 1 UStG liegen vor, da die Büroeinrichtung im Rahmen einer bewegten Lieferung aus dem EU-Mitgliedstaat Belgien (§ 1 Abs. 2a Satz 2 UStG) nach Deutschland gelangt (§ 1a Abs. 1 Nr. 1 UStG), der Erwerber V Unternehmer ist und für sein Unternehmen erwirbt (§ 1a Abs. 1 Nr. 2 Buchst. a UStG) und der Händler als Unternehmer die Lieferung im Rahmen seines Unternehmens gegen Entgelt ausführt und kein Kleinunternehmer ist (§ 1a Abs. 1 Nr. 3 Buchst. a und b UStG). Erwerber V ist jedoch im Jahr 25 Schwellenerwerber nach § 1a Abs. 3 Nr. 1 Buchst. b UStG. Mit dem Erwerb der Büroeinrichtung für 12.000 € (netto) wird auch die Erwerbsschwelle nach § 1a Abs. 3 Nr. 2 UStG von 12.500 € nicht überschritten. V hat aber auf die Anwendung des § 1a Abs. 3 UStG verzichtet, indem sie gegenüber dem Händler ihre deutsche Umsatzsteuer-Identifikationsnummer verwendet hat (§ 1a Abs. 4 Satz 1 und 2 UStG), sodass unabhängig von einer Erwerbsschwelle ein innergemeinschaftlicher Erwerb für V vorliegt.

Der innergemeinschaftliche Erwerb gilt nach § 3d Satz 1 UStG als am Ende der Versendung im Inland ausgeführt und ist daher steuerbar nach § 1 Abs. 1 Nr. 5 UStG und auch steuerpflichtig. Die Bemessungsgrundlage nach § 10 Abs. 1 Satz 1 und 2 UStG beträgt 12.000 €. Die darauf entfallende Umsatzsteuer beträgt demnach 2.280 €. Sie entsteht nach § 13 Abs. 1 Nr. 6 Halbsatz 2 UStG mit Ablauf September 25 und wird nach § 13a Abs. 1 Nr. 2 UStG von V geschuldet.

Grundsätzlich wäre die von V geschuldete Umsatzsteuer nach § 15 Abs. 1 Satz 1 Nr. 3 UStG als Vorsteuer abziehbar, aber nur zu 50 % abzugsfähig (§ 15 Abs. 2 Satz 1 Nr. 1 i.V.m. § 4 Nr. 11 und § 15 Abs. 4 Satz 1 bis 3 UStG). Als Kleinunternehmer steht V jedoch nach § 19 Abs. 1 Satz 4 UStG zunächst bei Erwerb im Jahr 25 kein (ursprünglicher) Vorsteuerabzug zu.

Transport des F

Es handelt sich um eine Beförderungsleistung von F an V (§ 3 Abs. 9 Satz 1 UStG). Der Ort dieser innergemeinschaftlichen Beförderung bestimmt sich nach § 3a Abs. 2 Satz 1 UStG, da die sonstige Leistung für das Unternehmen des V erbracht wird. Leistungsort ist demnach Landau; damit ist die sonstige Leistung steuerbar und steuerpflichtig.

Da F als ein im übrigen Gemeinschaftsgebiet ansässiger Unternehmer (§ 13b Abs. 7 Satz 2 Halbsatz 1 UStG) eine sonstige Leistung im Inland erbringt, deren Ort sich nach § 3a Abs. 2 UStG bestimmt, ist das »Reverse Charge Verfahren« nach § 13b Abs. 1 UStG zu beachten. Danach ist V Steuerschuldner (§ 13b Abs. 5 Satz 1 Halbsatz 1 UStG). Das Entgelt (netto) beträgt 900 €, die USt demnach 171 € (Abschn. 13b.13 Abs. 1 Satz 1 und 2 UStAE). Sie entsteht nach § 13b Abs. 1 UStG mit Ablauf August 25. V schuldet diese USt, auch wenn sie im Jahr 25 Kleinunternehmer ist (§ 19 Abs. 1 Satz 3 und § 13b Abs. 8 UStG). Grundsätzlich wäre die von V geschuldete Umsatzsteuer nach § 15 Abs. 1 Satz 1 Nr. 4 Satz 1 UStG als Vorsteuer abziehbar, aber nur zu 50 % abzugsfähig. Nach § 19 Abs. 1 Satz 4 UStG steht H auch hier zunächst kein (ursprünglicher) Vorsteuerabzug zu.

Vorsteuerberichtigung des V

Durch den Übergang von der Besteuerung nach § 19 UStG zur Regelbesteuerung im Jahr 26 liegt eine Änderung der Verhältnisse nach § 15a Abs. 7 Alternative 1 i.V.m. Abs. 1 Satz 1 UStG vor, mit der Folge, dass die Vorsteuer zu Gunsten der V-GmbH zu berichtigen ist. Die Änderung liegt innerhalb des Berichtigungszeitraums von 5 Jahren, der entsprechend der erstmaligen Verwendung am 1.8.25 beginnt und am 31.7.30 endet. Die Änderung beträgt + 50 %, da ursprünglich bei Erwerb 0 % und ab 1.1.26 nunmehr 50 % als Vorsteuer abzugsfähig sind. Die Vorsteuer aus den gesamten Anschaffungskosten = 2.451 € (inkl. Transport als Anschaffungsnebenkosten) ist auf 5 Jahre zu verteilen (§ 15a Abs. 5 Satz 1 UStG) und für das Kalenderjahr 26 entsprechend der Änderungsquote zu berichtigen. Daraus ergibt sich eine Berichtigung zugunsten der

V-GmbH im Kalenderjahr 26 i.H.v. 245,10 € (2.451 € : 5 Jahre × 50 %). Nach § 44 Abs. 3 Satz 1 UStDV ist der Erstattungsanspruch in der Umsatzsteuerjahreserklärung 26 geltend zu machen.

15.3 Innergemeinschaftliche Fahrzeuglieferung

> **Fall 182: Fahrzeuglieferung durch Nichtunternehmer im übrigen Gemeinschaftsgebiet**
>
> Privatmann P gelingt es während seiner Urlaubsreise in Spanien, seinen neuen Pkw (zwei Monate alt) für 20.000 € an den spanischen Pkw-Händler S zu verkaufen.
>
> **Aufgabe:** Prüfen Sie, ob der P wie ein Unternehmer zu behandeln ist.

Lösung:

Wer im Inland ein neues Fahrzeug liefert, das bei der Lieferung in das übrige Gemeinschaftsgebiet gelangt, wird, wenn er nicht Unternehmer i.S.d. § 2 UStG ist, für diese Lieferung wie ein Unternehmer behandelt. Dasselbe gilt, wenn der Lieferer eines neuen Fahrzeugs Unternehmer i.S.d. § 2 UStG ist und die Lieferung nicht i.R.d. Unternehmens ausführt (Art. 9 Abs. 3 MwStSystRL, § 2a UStG). Es ist dabei unerheblich, an wen der Fahrzeuglieferer i.S.d. § 2a UStG das Fahrzeug liefert.

Als Privatmann tätigt P eine Lieferung nach § 3 Abs. 1 UStG, die in Spanien ausgeführt wird (§ 3 Abs. 6 UStG). Die Lieferung des P ist nicht steuerbar. P wird auch nach § 2a Satz 1 UStG nicht wie ein Unternehmer behandelt, da das neue Fahrzeug nicht im Inland geliefert wurde.

> **Fall 183: Fahrzeuglieferung durch Nichtunternehmer im Inland**
>
> Auf eine Annonce in einer deutschen Fachzeitschrift hin gelingt es P (s. Beispiel zuvor), seinen neuen Pkw an einen spanischen Pkw-Händler S zu verkaufen. Telefonisch einigen sich P und S darauf, dass P den Pkw anlässlich seiner Urlaubsreise an S in Spanien übergibt.
>
> **Aufgabe:** Prüfen Sie, ob der P wie ein Unternehmer zu behandeln ist. Nehmen Sie dabei auch Stellung zur Rechnungserteilungspflicht sowie zum Inhalt der Rechnung.
> Prüfen Sie auch die Verpflichtung zur Abgabe von Zusammenfassenden Meldungen.

Lösung:

Als Privatmann tätigt P eine Lieferung nach § 3 Abs. 1 UStG, die in Deutschland mit dem Beginn der Beförderung ausgeführt wird (§ 3 Abs. 6 Satz 1 und 2 UStG). Da das neue Fahrzeug bei der Lieferung in das übrige Gemeinschaftsgebiet gelangt, wird P nach § 2a Satz 1 UStG wie ein Unternehmer behandelt.

Der Fahrzeuglieferer i.S.d. § 2a UStG tätigt im Inland eine steuerbare aber nach § 4 Nr. 1 Buchst. b i.V.m. § 6a Abs. 1 UStG steuerfreie innergemeinschaftliche Lieferung eines neuen Fahrzeugs. Der Abnehmer braucht kein Unternehmer zu sein (§ 6a Abs. 1 Nr. 2 Buchst. c UStG; Abschn. 6a.1 Abs. 15 UStAE).

Führt der Unternehmer steuerfreie Lieferungen i.S.d. § 6a UStG aus, so ist er zur Ausstellung von Rechnungen verpflichtet, in denen er auf die Steuerfreiheit hinweist (§ 14a Abs. 3 und 4 UStG). Der Rechnungsbegriff des § 14a UStG richtet sich nach § 14 Abs. 4 UStG (Abschn. 14a Abs. 1 UStAE). Entsprechend § 14 Abs. 2 Satz 2 UStG kann auch mit Gutschrift abgerechnet werden. Die Rechnungslegungsverpflichtung gilt auch für den Fahrzeuglieferer i.S.d. § 2a UStG (§ 14a Abs. 3 Satz 3 UStG).

Der Fahrzeuglieferer hat für den Voranmeldungs- und Besteuerungszeitraum in den amtlich vorgeschriebenen Vordrucken (§ 18 Abs. 1 bis 4 UStG) die Bemessungsgrundlagen seiner innergemeinschaftlichen Lieferungen gesondert zu erklären. Voranmeldungen sind nur für die Voranmeldungszeiträume abzugeben, in denen die Steuer für diese Umsätze zu erklären ist (§ 18 Abs. 4a UStG).

Die innergemeinschaftliche Lieferung des neuen Fahrzeugs durch Fahrzeuglieferer i.S.d. § 2a UStG und an Abnehmer ohne UStIdNr. (§ 18a Abs. 2 Nr. 1 UStG) ist nicht meldepflichtig (§ 18a UStG). Für Lieferungen an Erwerber ohne UStIdnr. ist eine besondere Meldepflicht (§ 18c UStG) vorgesehen. Auf Grund des § 18c Satz 1 und 2 Nr. 1 bis 4 UStG hat das BMF von seiner Ermächtigung Gebrauch gemacht und die Fahrzeuglieferungs-Meldepflichtverordnung (FzgLiefgMeldV) vom 18.3.2009 (BStBl I 2009, 472) erlassen. Die Verordnung tritt am 1.7.2010 in Kraft. Zum Verfahren zur Abgabe der Meldungen nach der FzgLiefgMeldV s. Abschn. 18c.1 UStAE.

Fall 184: Vorsteuerabzug bei Fahrzeuglieferungen 1

Privatmann P aus Landau hat seinen Pkw für 50.000 € zzgl. 9.500 € USt eingekauft und mit einem Kilometerstand von 2.000 km an den Privatmann D aus Kopenhagen für 45.500 € verkauft. D holt den Pkw bei P ab.

Aufgabe: Nehmen Sie Stellung zu den Umsätzen und dem Vorsteuerabzug des P.

Lösung:

Die Lieferung des P ist im Inland steuerbar (§ 3 Abs. 6, § 2a Satz 1 UStG), aber steuerfrei (§ 4 Nr. 1 Buchst. b, § 6a Abs. 1 UStG). P kann somit nach § 15 Abs. 4a Nr. 2 UStG nicht 9.00 €, sondern nur 19 % auf 45.500 € = 8.645 € als Vorsteuerbeträge abziehen. Dies ist die Steuer, die geschuldet würde, wenn die Lieferung nicht steuerfrei wäre.

Fall 185: Vorsteuerabzug bei Fahrzeuglieferungen 2

Siehe Sachverhalt Fall zuvor. P verkauft den Pkw für 52.000 €.

Aufgabe: Nehmen Sie Stellung zum Vorsteuerabzug des P.

Lösung:

Nach § 15 Abs. 4a Nr. 1 UStG kann P 19 % auf 50.000 € = 9.000 € als Vorsteuerbetrag abziehen. Dies ist die Steuer, die auf die Lieferung (Einkauf) des neuen Fahrzeugs entfiel.

Fall 186: Innergemeinschaftlicher Erwerb eines neuen Fahrzeugs/Fahrzeugeinzelbesteuerung nach § 1b UStG/Teilunternehmerische Pkw-Verwendung/Innergemeinschaftliche Fahrzeuglieferung

Unternehmer U aus Landau erwirbt am 10.10.28 einen neuen Pkw für 30.000 € von einem belgischen Unternehmer B. Aus der ordnungsgemäßen Rechnung des B vom 20.10.28 ergibt sich, dass dieser in Belgien eine steuerfreie innergemeinschaftliche Lieferung getätigt hat.

U nutzt den Pkw zu 60 % unternehmerisch, ordnet ihn entsprechend dieser unternehmerischen Nutzung auch seinem Unternehmensvermögen zu.

Am 12.12.28 kann U diesen Pkw an einen Unternehmer I in Italien für 31.000 € verkaufen.

Aufgabe: Nehmen Sie Stellung zur umsatzsteuerrechtlichen Behandlung des Erwerbs des Pkws, zu den Folgen der Zuordnung zum Unternehmensvermögen, zum Vorsteuerabzug und zum Verkauf des Pkws.

Lösung:

Der innergemeinschaftliche Erwerb des U wird wie folgt behandelt:

Pkw-Nutzung		
betrieblich/privat	**60 %**	**40 %**
Innergemeinschaftlicher Erwerb nach	§ 1a Abs. 1 Nr. 2 Buchst. a UStG	§ 1b Abs. 1 UStG
Bemessungsgrundlage insgesamt 30.000 €	18.000 €	12.000 €
Erwerbsteuer 19 %	3.420 €	2.280 €
Entstehung	§ 13 Abs. 1 Nr. 6 UStG mit Ausstellung der Rechnung am 20.10.28	§ 13 Abs. 1 Nr. 7 UStG am Tag des Erwerbs am 10.10.28
Steuerschuldner	§ 13a Abs. 1 Nr. 2 UStG der Erwerber	§ 13a Abs. 1 Nr. 2 UStG der Erwerber
Rechnungserteilung durch den Lieferer	§ 14a Abs. 3 und 4 UStG: u.a. mit der USt-IdNr. des Unternehmers und des Leistungsempfängers	§ 14a Abs. 3 und 4 UStG: u.a. mit den Merkmalen des § 1b Abs. 2 und 3 UStG
	Der Erwerber muss den Lieferer auf die nur teilweise unternehmerische Nutzung hinweisen, damit dieser über die Lieferung getrennt abrechnen kann	
Vorsteuerabzug	§ 15 Abs. 1 Nr. 3 UStG: 3.420 €	Die Vorsteuer i.H.v. 2.280 € ist nicht abziehbar, da der innergemeinschaftliche Erwerb nicht für das Unternehmen ausgeführt wurde
Auswirkung insgesamt	Die Erwerbsteuer und die Vorsteuer betragen jeweils 3.420 €	Die Zahllast beträgt 2.280 €
Besteuerungsverfahren	Erwerbsteuer und Vorsteuer sind gem. § 16 Abs. 1 und 2 i.V.m. § 18 Abs. 1 und 2 UStG in der Voranmeldung 10/28 zu erklären. Die Vorauszahlung ist am 10.11.28 fällig (§ 18 Abs. 1 Satz 3 UStG). Nach § 16 Abs. 3 UStG ist eine Jahreserklärung abzugeben, in der der Erwerb zu erfassen ist	Die Erwerbsteuer ist gem. § 16 Abs. 5a UStG für jeden einzelnen steuerpflichtigen Erwerb zu berechnen (Fahrzeugeinzelbesteuerung). Die Erklärung ist bis zum 20.10.28 abzugeben (§ 18 Abs. 5a UStG). Die Erwerbssteuer ist bis zum 20.10.28 zu entrichten (§ 18 Abs. 5a Satz 4 UStG)
Veräußerung am 12.12.28	steuerfreie innergemeinschaftliche Lieferung (§ 4 Nr. 1 Buchst. b i.V.m. § 6a Abs. 1 UStG)	steuerfreie innergemeinschaftliche Lieferung (§ 2a i.V.m. § 4 Nr. 1 Buchst. b i.V.m. § 6a Abs. 1 UStG)

Pkw-Nutzung		
betrieblich/privat	60 %	40 %
Folge für den innergemein-schaftlichen Erwerb	Am 12.12.28 tätigt U eine steuerfreie innergemeinschaftliche Lieferung. Nach § 4b Nr. 4 UStG wird der Gegenstand jetzt zur Ausführung von Umsätzen verwendet, für die der Ausschluss vom Vorsteuerabzug nach § 15 Abs. 3 Nr. 1 Buchst. a UStG nicht eintritt. Im Voranmeldungszeitraum des Eintritts der Steuerbefreiungs-voraussetzungen (Voranmeldungszeitraum Dezember) müssen die Erwerbsteuer und der Vorsteuerabzug berichtigt werden. Es wird von der Verwaltung auch nicht beanstandet, wenn der innergemein-schaftliche Erwerb in diesen Fällen als steuerpflichtig behandelt wird (Abschn. 4b.1 Abs. 3 Satz 2 UStAE). In diesem Fall wird U auf jeden Fall die USt berichtigen, da für den Erwerb zum Teil kein Vorsteuerabzug möglich war.	
	Eine Korrektur ist nicht erfor-derlich, da sich der Erwerb nicht ausgewirkt hat.	U erhält die gezahlte Erwerb-steuer i.H.v. 2.280 € vom Finanz-amt zurück. Auch hier ist der Vorgang somit neutral.

15.4 Innergemeinschaftliche Lieferungen

Fall 187: Innergemeinschaftliche Lieferung an Unternehmer/an Schwellenerwerber/ an Kleinunternehmer/an pauschalierende Land- und Forstwirte/ an juristische Person für nichtunternehmerischen Bereich

Unternehmer D aus Deutschland liefert einen Gegenstand an einen Abnehmer N in den Niederlanden. D hat die Lieferschwelle für Lieferungen nach den Niederlanden i.H.v. 100.000 € (Abschn. 3c.1 Abs. 3 UStAE) nicht überschritten und auch nicht auf ihre Anwendung verzichtet.

Aufgabe: Prüfen Sie, ob in den folgenden Fällen a) bis e) beim Abnehmer die Erwerbsbesteuerung und beim Lieferer eine steuerfreie innergemeinschaftliche Lieferung in Betracht kommen.

N in den Niederlanden ist:

a) Unternehmer, der Umsätze tätigt, die zum Vorsteuerabzug berechtigen;

b) Unternehmer, der ausschließlich Umsätze tätigt, die nicht zum Vorsteuerabzug berechtigen (Aus-schlussumsätze);

c) Kleinunternehmer (Art. 281 MwStSystRL; § 19 Abs. 1 UStG);

d) pauschalierender Land- und Forstwirt (Art. 296 MwStSystRL; § 24 UStG);

e) juristische Person, die kein Unternehmer ist bzw. den Gegenstand nicht für ihr Unternehmen erwirbt.

N hat die Erwerbsschwelle in den Niederlanden i.H.v. 10.000 € (Abschn. 3c.1 Abs. 2 UStAE) nicht über-schritten und auch nicht auf die Anwendung verzichtet.

Lösung:

a) N ist Erwerber i.S.d. § 1a Abs. 1 Nr. 2 Buchst. a UStG und kein Schwellenerwerber i.S.d. § 1a Abs. 3 UStG. Der Erwerb (§ 1 Abs. 1 Nr. 5 UStG) ist in den Niederlanden steuerbar (§ 3d UStG) und steuerpflichtig. D liefert (§ 3 Abs. 1, § 1 Abs. 1 Nr. 1 UStG) steuerbar (§ 3 Abs. 6 UStG) und steuerfrei (§ 4 Nr. 1 Buchst. b i.V.m. § 6a UStG).

b) N ist Schwellenerwerber i.S.d. § 1a Abs. 3 Nr. 1 Buchst. a UStG. Da die Erwerbsschwelle anzuwenden ist, ist der Erwerb des N in den Niederlanden nicht steuerbar.

Die Option zur Anwendung der Erwerbsbesteuerung (§ 1a Abs. 4 Satz 2 UStG) erfolgt durch Verwendung der USt-IdNr. durch den Erwerber gegenüber dem Lieferer.

D liefert in Deutschland steuerbar (§ 3 Abs. 6 UStG). Die Ortsvorschrift des § 3c UStG ist nicht anzuwenden, da D die Lieferschwelle nicht überschritten hat. Die Lieferung des D ist auch steuerpflichtig.

c) N ist Schwellenerwerber i.S.d. § 1a Abs. 3 Nr. 1 Buchst. b UStG. Da die Erwerbsschwelle anzuwenden ist, ist der Erwerb des N in den Niederlanden nicht steuerbar.

D liefert in Deutschland steuerbar (§ 3 Abs. 6 UStG). Die Ortsvorschrift des § 3c UStG ist nicht anzuwenden, da D die Lieferschwelle nicht überschritten hat. Die Lieferung des D ist auch steuerpflichtig.

d) N ist Schwellenerwerber i.S.d. § 1a Abs. 3 Nr. 1 Buchst. c UStG. Da die Erwerbsschwelle anzuwenden ist, ist der Erwerb des N in den Niederlanden nicht steuerbar.

D liefert in Deutschland steuerbar (§ 3 Abs. 6 UStG). Die Ortsvorschrift des § 3c UStG ist nicht anzuwenden, da D die Lieferschwelle nicht überschritten hat. Die Lieferung des D ist auch steuerpflichtig.

e) N ist Schwellenerwerber i.S.d. § 1a Abs. 3 Nr. 1 Buchst. d UStG. Da die Erwerbsschwelle anzuwenden ist, ist der Erwerb des N in den Niederlanden nicht steuerbar.

D liefert in Deutschland steuerbar (§ 3 Abs. 6 UStG). Die Ortsvorschrift des § 3c UStG ist nicht anzuwenden, da D die Lieferschwelle nicht überschritten hat. Die Lieferung des D ist auch steuerpflichtig.

15.5 Innergemeinschaftliche Reihengeschäfte/Innergemeinschaftliche Dreiecksgeschäfte/Innergemeinschaftliche Kommissionsgeschäfte

Fall 188: Innergemeinschaftliches Reihengeschäft/Innergemeinschaftliches Dreiecksgeschäft

F in Frankreich bestellt eine Maschine bei B in Belgien, dieser wiederum bestellt die Maschine bei N in den Niederlanden und dieser bei D in Deutschland. N bittet den D, die Maschine unmittelbar an F zu befördern. Alle Beteiligten treten mit der UStIdNr. ihres Landes auf.

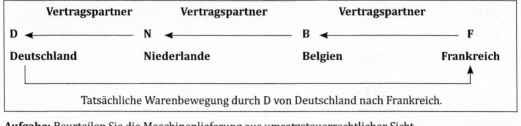

Aufgabe: Beurteilen Sie die Maschinenlieferung aus umsatzsteuerrechtlicher Sicht.

Lösung:

Bei der Lieferung der Maschine handelt es sich um ein Reihengeschäft. Es liegen drei Lieferungen (D an N, N an B und B an F) vor. Die Lieferung D an N ist die bewegte Lieferung (Abschn. 3.14 Abs. 8 Satz 1 UStAE; Ort gem. § 3 Abs. 6 Satz 5 i.V.m. Satz 1 UStG in Deutschland).

D tätigt mit der Lieferung an N eine steuerfreie innergemeinschaftliche Lieferung gem. § 4 Nr. 1 Buchst. b i.V.m. § 6a Abs. 1 UStG in Deutschland. N tätigt nach § 1a i.V.m. § 3d Satz 1 UStG in Frankreich einen innergemeinschaftlichen Erwerb. Solange N eine Besteuerung des innergemeinschaftlichen Erwerbs in Frankreich nicht nachweisen kann, hat er einen innergemeinschaftlichen Erwerb in den Niederlanden zu besteuern (§ 3d Satz 2 UStG).

Der Ort der folgenden unbewegten Lieferungen befindet sich gem. § 3 Abs. 7 Satz 2 Nr. 2 UStG in Frankreich. N und B müssen sich in Frankreich registrieren lassen.

Ein innergemeinschaftliches Dreiecksgeschäft i.S.d. § 25b UStG liegt nicht vor, da mehr als drei Unternehmer über denselben Gegenstand Umsatzgeschäfte abschließen.

Abwandlung 1:

N weist nach, dass er den Gegenstand als Lieferer i.S.d. § 3 Abs. 6 Satz 6 UStG versendet hat.

N tritt dann nicht als Abnehmer der ersten Lieferung sondern als Lieferer der 2. Lieferung auf, wenn er dem Zweiterwerber B bereits in Deutschland Verfügungsmacht verschafft hat (s.a. BFH Urteil vom 25.2.2015, XI R 15/14, BFH/NV 2015, 772).

Lösung:

S.a. das Beispiel unter Abschn. 25b.1 Abs. 2 UStAE.

Ein innergemeinschaftliches Dreiecksgeschäft setzt voraus:

* dass drei Unternehmer (erster Lieferer, erster Abnehmer und letzter Abnehmer)
* über denselben Gegenstand Umsatzgeschäfte abschließen,
* und dieser Gegenstand unmittelbar vom Ort der Lieferung des ersten Lieferers an den letzten Abnehmer gelangt (§ 25b Abs. 1 Satz 1 Nr. 1 UStG) und
* dass die bewegte Lieferung die erste Lieferung ist.

Ein innergemeinschaftliches Dreiecksgeschäft kann auch zwischen drei unmittelbar nacheinander liefernden Unternehmern bei Reihengeschäften mit mehr als drei Beteiligten vorliegen, wenn die drei unmittelbar nacheinander liefernden Unternehmer am Ende der Lieferkette stehen. Der erste Abnehmer in dem Dreiecksgeschäft ist als mittlerer Unternehmer in der Reihe zugleich Abnehmer und Lieferer.

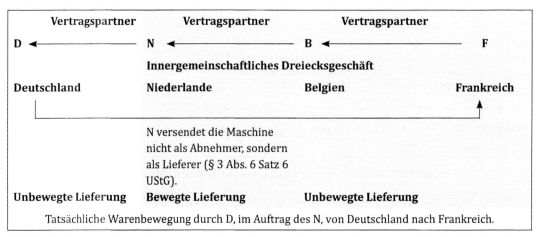

Tatsächliche Warenbewegung durch D, im Auftrag des N, von Deutschland nach Frankreich.

Zwischen D, N, B und F liegt ein Reihengeschäft vor. Darüber hinaus ist ein innergemeinschaftliches Dreiecksgeschäft i.S.d. § 25b Abs. 1 UStG zwischen N, B und F anzunehmen, weil N als erster am Dreiecksgeschäft beteiligter Lieferer den Gegenstand der Lieferungen versendet. Die Versendung ist der ersten Lieferung im Dreiecksgeschäft (N an B) zuzuordnen, da N den Gegenstand als Lieferer i.S. von § 3 Abs. 6 Satz 6 UStG versendet hat. Ort der Lieferung ist nach § 3 Abs. 6 Satz 5 in Verbindung mit Satz 1 UStG Deutschland (Beginn der Versendung). Die Lieferung des N an B ist als innergemeinschaftliche Lieferung in Deutschland steuerfrei. Der Erwerb des Gegenstands unterliegt bei B grundsätzlich der Besteuerung des innergemeinschaftlichen Erwerbs in Frankreich, da die Beförderung dort endet (§ 3d Satz 1 UStG), und in Belgien, da B seine belgische USt-IdNr. verwendet (§ 3d Satz 2 UStG).

Die zweite Lieferung im Dreiecksgeschäft (B an F) ist eine ruhende Lieferung. Lieferort ist nach § 3 Abs. 7 Satz 2 Nr. 2 UStG Frankreich, da sie der Beförderungslieferung nachfolgt.

Unter den Voraussetzungen des § 25b Abs. 2 UStG wird die Steuer für die Lieferung an F von diesem geschuldet. Damit gilt der innergemeinschaftliche Erwerb des ersten Abnehmers B als besteuert (§ 25b Abs. 3 UStG).

D erbringt eine ruhende Lieferung in Deutschland (§ 3 Abs. 7 Satz 2 Nr. 1 UStG).

Abwandlung 2:
D versendet die Maschine zu N, dieser versendet die Maschine zu F.

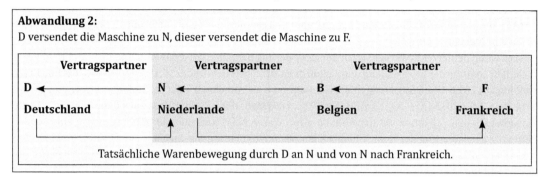

Tatsächliche Warenbewegung durch D an N und von N nach Frankreich.

Lösung:

Die Lieferung von D an N kann nicht mit den übrigen Lieferungen zu einem Reihengeschäft verbunden werden. Das Reihengeschäft setzt eine Beförderung oder Versendung durch einen am Reihengeschäft beteiligten Unternehmer voraus (Abschn. 3.14 Abs. 4 UStAE). Diese Voraussetzung ist bei der Beförderung oder Versendung durch mehrere beteiligte Unternehmer (sog. gebrochene Beförderung oder Versendung) nicht erfüllt.

Die Lieferung von D an N ist eine Versendungslieferung nach § 3 Abs. 6 Satz 1 UStG. Der Ort dieser Lieferung befindet sich in Deutschland. D tätigt mit der Lieferung an N eine steuerfreie innergemeinschaftliche Lieferung in Deutschland gem. § 4 Nr. 1 Buchst. b i.V.m. § 6 a Abs. 1 UStG. N tätigt nach § 1a i.V.m. § 3d UStG in den Niederlanden einen innergemeinschaftlichen Erwerb.

Für die Lieferungen von N an B und von B an F liegt ein Reihengeschäft vor. Die Versendungslieferung ist nach § 3 Abs. 6 Satz 5 UStG der Lieferung N an B zuzurechnen. Nach § 3 Abs. 6 Satz 1 UStG befindet sich der Ort der Lieferung in den Niederlanden. N tätigt in den Niederlanden eine steuerfreie innergemeinschaftliche Lieferung. B (Belgien) tätigt nach § 3d UStG in Frankreich einen innergemeinschaftlichen Erwerb. Nach § 3d Satz 2 UStG liegt auch in Belgien ein innergemeinschaftlicher Erwerb vor, da B seine belgische USt-IdNr. verwendet. Der innergemeinschaftliche Erwerb gilt solange in Belgien als bewirkt, bis B nachweist, dass der Erwerb in Frankreich besteuert worden ist. B muss sich dafür in Frankreich registrieren lassen.

Der Ort der bewegungslosen Lieferung B an F bestimmt sich nach § 3 Abs. 7 Satz 2 Nr. 2 UStG. Der Ort befindet sich danach in Frankreich. B tätigt in Frankreich eine steuerbare und steuerpflichtige Lieferung. Bezüglich der Lieferungen N an B und B an F handelt es sich gem. § 25b UStG um ein innergemeinschaftliches Dreiecksgeschäft.

Abwandlung 3:
F holt die Maschine bei D ab.

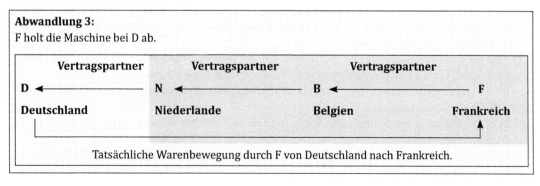

Tatsächliche Warenbewegung durch F von Deutschland nach Frankreich.

Lösung:

Bei der Lieferung der Maschine handelt es sich um ein Reihengeschäft. Es liegen drei Lieferungen (D an N, N an B und B an F) vor. Die Lieferung B an F ist nach der noch gültigen Verwaltungsregelung die bewegte Lieferung (Ort gem. § 3 Abs. 6 Satz 5 i.V.m. Satz 1 UStG in Deutschland; s.a. Abschn. 3.14 Abs. 8 Satz 2 UStAE). B tätigt in Deutschland eine steuerfreie innergemeinschaftliche Lieferung. F tätigt in Frankreich einen innergemeinschaftlichen Erwerb.

Auch wenn der letzte Erwerber (F) an der Beförderung beteiligt ist, ist das kein Anhaltspunkt dafür, dass diese Beförderung der letzten Lieferung zuzuordnen ist (EuGH Urteil vom 16.12.2010, C-430/09, Euro Tyre Holding, UR 2011, 176, 269). Maßgeblich ist allein, ob B als Abnehmer oder als Lieferer aufgetreten ist. Mit Urteil vom 25.2.2015 (XI R 30/13, BFH/NV 2015, 769) stellt der BFH klar, dass auch dann, wenn der letzte Erwerber (F) eine Spedition mit der Abholung von Waren beim Unternehmer (D) beauftragt, eine Steuerbefreiung der Lieferung des D an N möglich ist, wenn F die Verfügungsmacht an den Waren erst erhalten hat, nachdem diese das Inland verlassen haben. Dies sei bei einer Beförderung durch eine von F beauftragte Spedition zwar eher unwahrscheinlich, aber nicht ausgeschlossen.

Der Ort der vorangehenden unbewegten Lieferungen befindet sich gem. § 3 Abs. 7 Satz 2 Nr. 1 UStG ebenfalls in Deutschland. Die Lieferungen des D und des N sind in Deutschland steuerpflichtig.

Ein innergemeinschaftliches Dreiecksgeschäft i.S.d. § 25b UStG liegt nicht vor, da mehr als drei Unternehmer über denselben Gegenstand Umsatzgeschäfte abschließen.

Abwandlung 4:
D versendet die Maschine zu B, dieser versendet die Maschine zu F.

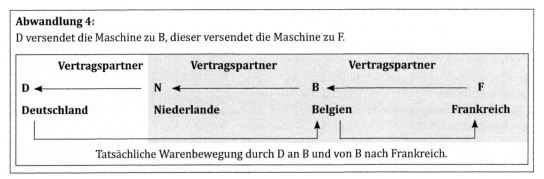

Lösung:

Die Lieferung von B an F kann nicht mit den übrigen Lieferungen zu einem Reihengeschäft verbunden werden. Das Reihengeschäft setzt eine Beförderung oder Versendung durch einen am Reihengeschäft beteiligten Unternehmer voraus (Abschn. 3.14 Abs. 4 UStAE; sog. gebrochene Beförderung oder Versendung).

Die Lieferung von B an F ist eine Versendungslieferung nach § 3 Abs. 6 Satz 1 UStG. Der Ort dieser Lieferung befindet sich in Belgien. B tätigt mit der Lieferung an F eine steuerfreie innergemeinschaftliche Lieferung in Belgien gem. § 4 Nr. 1 Buchst. b i.V.m. § 6a Abs. 1 UStG. F tätigt nach § 1a i.V.m. § 3d UStG in Frankreich einen innergemeinschaftlichen Erwerb.

Für die Lieferungen von D an N und von N an B liegt ein Reihengeschäft vor. Die Versendungslieferung ist nach § 3 Abs. 6 Satz 5 UStG der Lieferung D an N zuzurechnen. Nach § 3 Abs. 6 Satz 1 UStG befindet sich der Ort der Lieferung in Deutschland. D tätigt in Deutschland eine steuerfreie innergemeinschaftliche Lieferung. N (Niederlande) tätigt nach § 3d UStG in Belgien einen innergemeinschaftlichen Erwerb. Nach § 3d Satz 2 UStG liegt auch in den Niederlanden ein innergemeinschaftlicher Erwerb vor, da N seine niederländische UStIdNr. verwendet.

Der Ort der bewegungslosen Lieferung N an B bestimmt sich nach § 3 Abs. 7 Satz 2 Nr. 2 UStG. Der Ort befindet sich danach in Belgien. N tätigt in Belgien eine steuerbare und steuerpflichtige Lieferung.

Bezüglich der Lieferungen D an N und N an B handelt es sich gem. § 25b UStG um ein innergemeinschaftliches Dreiecksgeschäft. Unter den Voraussetzungen des § 25b Abs. 2 UStG wird die Steuer für die Lieferung N an B in Belgien von B geschuldet.

Abwandlung 5:
B holt die Maschine bei D ab und befördert sie zu F.

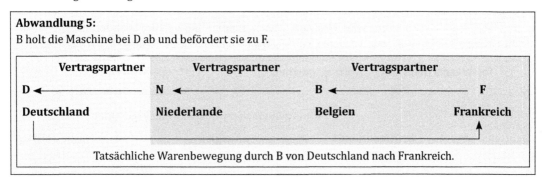

Lösung:

Bei der Lieferung der Maschine handelt es sich um ein Reihengeschäft. Es liegen drei Lieferungen (D an N, N an B und B an F) vor. B kann dabei als Abnehmer (§ 3 Abs. 6 Satz 6 Alt. 1 UStG) oder als Lieferer (§ 3 Abs. 6 Satz 6 Alt. 2 UStG) auftreten.

a) Gesetzliche Vermutung: B tritt als Abnehmer auf (§ 3 Abs. 6 Satz 6 1. Alternative UStG)
Nach der noch gültigen Verwaltungsregelung ist die Beförderung oder Versendung der Lieferung N an B zuzuordnen. Nach der BFH-Rechtsprechung vom 25.2.2015 (XI R 15/14, BFH/NV 2015, 772 und XI R 30/13, BFH/NV 2015) gilt die Lieferung N an B allerdings nur dann als bewegte Lieferung, wenn N bereits in Deutschland die Verfügungsmacht verschafft wurde. Wurde weder N, B noch F die Verfügungsmacht in Deutschland verschafft, so ist die erste Lieferung D an N die bewegte Lieferung.

Unterstellt, die Lieferung N an B ist die bewegte Lieferung dann bestimmt sich der Ort nach § 3 Abs. 6 Satz 1 UStG (Deutschland). N tätigt eine steuerfreie innergemeinschaftliche Lieferung in Deutschland. B tätigt gem. § 1a i.V.m. § 3d UStG einen innergemeinschaftlichen Erwerb in Frankreich, weil die Warenbewegung dort endet. B ist innergemeinschaftlicher Erwerber, da die Beförderungs- oder Versendungslieferung an ihn ausgeführt wird.

Die Lieferung D an N ist eine ruhende Lieferung. Der Ort bestimmt sich nach § 3 Abs. 7 Satz 2 Nr. 1 UStG dort, wo die Beförderung oder Versendung beginnt (Deutschland). D tätigt in Deutschland eine steuerbare und steuerpflichtige Lieferung. Eine steuerfreie innergemeinschaftliche Lieferung (§ 6a Abs. 1 Nr. 1 UStG) ist nicht gegeben, weil die Beförderung oder Versendung nicht D und nicht seinem Abnehmer N zugerechnet wird. Sie wird der Lieferung N an B zugerechnet.

Die Lieferung B an F ist eine ruhende Lieferung. Der Ort bestimmt sich nach § 3 Abs. 7 Satz 2 Nr. 2 UStG dort, wo die Beförderung oder Versendung endet (Frankreich). B tätigt in Frankreich eine steuerbare und steuerpflichtige Lieferung. Eine steuerfreie innergemeinschaftliche Lieferung (§ 6a Abs. 1 Nr. 1 UStG) ist nicht gegeben, weil die Beförderung oder Versendung nicht B und nicht seinem Abnehmer F zugerechnet wird. Sie wird der Lieferung N an B zugerechnet.

Bezüglich der Lieferungen N an B und B an F handelt es sich gem. § 25b UStG um ein innergemeinschaftliches Dreiecksgeschäft.

1. Drei Unternehmer schließen über denselben Gegenstand Umsatzgeschäfte ab und dieser Gegenstand gelangt unmittelbar vom ersten Lieferer N an den letzten Abnehmer F (Abschn. 25b.1 Abs. 2 Satz 2 und 3 UStAE). Der mittlere Unternehmer befördert oder versendet in seiner Eigenschaft als Abnehmer (§ 25b Abs. 1 Satz 1 Nr. 4 UStG; Abschn. 25b.1 Abs. 5 UStAE).

2. Die Unternehmer sind in jeweils verschiedenen Mitgliedstaaten für Zwecke der USt erfasst: N in den
    Niederlanden, B in Belgien und F in Frankreich.
3. Der Gegenstand der Lieferung gelangt aus dem Gebiet eines Mitgliedstaates (Niederlande) in das Gebiet
    eines anderen Mitgliedstaates (Frankreich).
4. Der Gegenstand der Lieferung wird zwar durch den mittleren Unternehmer befördert oder versendet,
    die bewegte Lieferung ist aber die erste Lieferung N an B im Dreiecksgeschäft.

Die Steuer für die Lieferung B an F wird von F in Frankreich geschuldet, wenn folgende Voraussetzungen
erfüllt sind:

1. Der Lieferung ist ein innergemeinschaftlicher Erwerb vorausgegangen. Bei der Lieferung N an B tätigt
    B in Frankreich einen innergemeinschaftlichen Erwerb.
2. Der erste Abnehmer (B – Belgien) ist in dem Mitgliedstaat, in dem die Beförderung oder Versendung
    endet (Frankreich), nicht ansässig. Der erste Abnehmer (B) verwendet gegenüber dem ersten Lieferer
    (N) und dem letzten Abnehmer (F) dieselbe UStIdNr. (belgische UStIdNr.), ihm von einem ande-
    ren Mitgliedstaat erteilt worden ist als dem, in dem Beförderung beginnt (Niederlande) oder endet
    (Frankreich).
3. Der erste Abnehmer (B) erteilt dem letzten Abnehmer (F) eine Rechnung, in der die Steuer nicht geson-
    dert ausgewiesen ist, und
4. der letzte Abnehmer (F – Frankreich) verwendet eine USt-IdNr. des Mitgliedstaates, in dem die Beförde-
    rung oder Versendung endet (Frankreich).

Die Steuer für die Lieferung B an F wird von F geschuldet. Dies hat den Vorteil, dass B in Frankreich seinen
Umsatz nicht erklären muss. Auch der innergemeinschaftliche Erwerb des B gilt in Frankreich als besteuert
(§ 25b Abs. 3 UStG).

b) B tritt nachweislich nicht als Abnehmer, sondern als Lieferer auf

(§ 3 Abs. 6 Satz 6 2. Alternative UStG)

Nach der BFH-Rechtsprechung vom 25.2.2015 (s.o.) gilt die Lieferung B an F nur dann als bewegte Lieferung, wenn F bereits in Deutschland die Verfügungsmacht verschafft wurde. Wurde weder N, B noch F die
Verfügungsmacht in Deutschland verschafft, so ist die erste Lieferung D an N die bewegte Lieferung.

Unterstellt, die Lieferung B an F ist die bewegte Lieferung dann bestimmt sich der Ort nach § 3 Abs. 6
Satz 1 UStG in Deutschland. B tätigt in Deutschland eine steuerfreie innergemeinschaftliche Lieferung.
F tätigt einen innergemeinschaftlichen Erwerb in Frankreich.

Die Lieferung D an N ist eine ruhende Lieferung. Der Ort bestimmt sich nach § 3 Abs. 7 Satz 2 Nr. 1 UStG dort, wo die Beförderung oder Versendung beginnt (Deutschland). D tätigt in Deutschland eine steuerpflichtige Lieferung.

Die Lieferung N an B ist eine ruhende Lieferung. Der Ort bestimmt sich nach § 3 Abs. 7 Satz 2 Nr. 1 UStG dort, wo die Beförderung oder Versendung beginnt (Deutschland). N tätigt in Deutschland eine steuerbare und steuerpflichtige Lieferung.

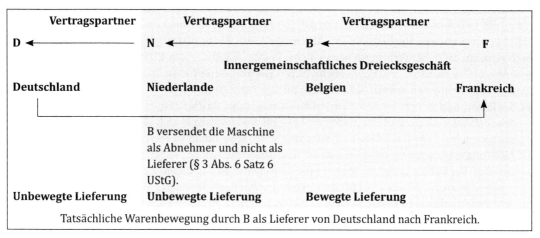

Ein innergemeinschaftliches Dreiecksgeschäft i.S.d. § 25b UStG ist nicht gegeben, da die erste Lieferung (N an B) nicht die bewegte Lieferung ist.

Fall 189: Innergemeinschaftliche Verkaufskommission/Reihengeschäft
Milchbauer M aus Daun/Eifel beauftragt am 25.4.25 den italienischen Kommissionär K, 10.000 Liter Milch im eigenen Namen und auf Rechnung des M in Italien zu verkaufen. Am 25.7.25 verkauft K die 10.000 Liter an einen Abnehmer I in Italien.
a) M bringt die Milch am 11.5.25 zu K nach Rom. K bringt die Milch am 27.7.25 zu I.
b) M bringt die Milch am 11.5.25 zu K nach Rom. I holt die Milch am 27.7.25 bei K ab.
c) K holt die Milch am 11.5.25 bei M ab und befördert sie nach Rom. I holt die Milch bei K ab.
d) M bringt die Milch am 27.7.25 – im Auftrag des K – direkt zu I nach Italien.
e) I holt die Milch am 27.7.25 bei M ab und befördert sie nach Italien.
f) K holt die Milch am 27.7.25 bei M ab und befördert sie direkt zu I.

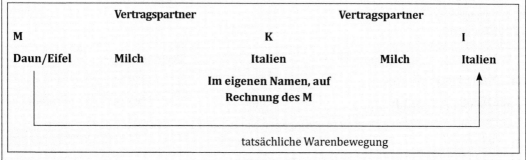

Aufgabe: Nehmen Sie zu den Kommissionsgeschäften unter a) bis f) Stellung und bestimmen Sie dabei den Ort und den Zeitpunkt der Lieferungen.
Zur Verkaufskommission sowie zu Lieferungen ins Drittland s.a. Fall 49.

Lösung:

Die Übergabe des Kommissionsguts an den Verkaufskommissionär ist keine Lieferung i.S.d. § 3 Abs. 1 UStG. Beim Kommissionsgeschäft liegt eine Lieferung des Kommittenten M an den Kommissionär K erst im Zeitpunkt der Lieferung des Kommissionsguts an den Abnehmer vor (Abschn. 3.1 Abs. 3 Satz 7 UStAE). Da beim Transportbeginn durch den Kommittenten noch nicht feststeht, dass der Kommissionär die Ware an einen schon feststehenden Dritten weiterliefert, stellt das Verbringen der Milch von M an K (Fall a) bis c)) ein rechtsgeschäftsloses Verbringen dar. Der Kommittent verbringt die Milch zunächst nur an sich selbst in einen anderen Mitgliedstaat (s.a. Abschn. 1a.2 Abs. 7 Satz 1 UStAE). Es handelt sich dabei um ein innergemeinschaftliches Verbringen nach § 3 Abs. 1a i.V.m. § 3 Abs. 6 Satz 1 UStG, das in Deutschland nach § 6a Abs. 2 UStG als fiktive innergemeinschaftliche Lieferung steuerfrei ist. In Italien verwirklicht M einen innergemeinschaftlichen Erwerb (§ 1a Abs. 2, § 3d Satz 1 UStG).

a) Die Lieferung K an I gilt am 27.7.25 in Italien als ausgeführt, da die Beförderung dort beginnt (§ 3 Abs. 6 Satz 1 UStG). Zum gleichen Zeitpunkt (27.7.25) gilt die Lieferung M an K (§ 3 Abs. 3 i.V.m. Abs. 1 UStG) als ausgeführt. Der Ort der Lieferung zwischen M und K bestimmt sich nach § 3 Abs. 7 Satz 1 UStG. Die Lieferung wird dort ausgeführt, wo sich der Gegenstand zur Zeit der Verschaffung der Verfügungsmacht befindet. Der Ort der Lieferung M an K befindet sich demnach in Italien. Befördert im Falle eines Kommissionsgeschäfts (§ 3 Abs. 3 UStG) der Kommittent das Kommissionsgut mit eigenem Fahrzeug an den im Ausland ansässigen Kommissionär, liegt eine Lieferung im Inland nach § 3 Abs. 6 Satz 1 UStG nicht vor, weil die – anschließende – Übergabe des Kommissionsguts an den Verkaufskommissionär keine Lieferung i.S.d. § 3 Abs. 1 UStG ist (BFH Urteil vom 25.11.1986, V R 102/78, BStBl II 1987, 278, Abschn. 3.12 Abs. 2 Satz 4 UStAE). Beide Lieferungen sind in Deutschland nicht steuerbar.

M muss sich in Italien registrieren lassen, um die Erwerbsbesteuerung durchzuführen. Für die in Italien steuerbare und steuerpflichtige Lieferung des M an K schuldet M die Steuer in Italien.

Vereinfachungsregelung der Verwaltung

Gelangt das Kommissionsgut bei der Zurverfügungstellung an den Kommissionär im Wege des innergemeinschaftlichen Verbringens vom Ausgangs- in den Bestimmungsmitgliedstaat, kann die Lieferung jedoch nach dem Sinn und Zweck der Regelung bereits zu diesem Zeitpunkt als erbracht angesehen werden (Abschn. 3.1 Abs. 3 Satz 8 UStAE). Der Kommittent tätigt mit Beginn der Beförderung der Milch an den Kommissionär in Deutschland eine steuerfreie innergemeinschaftliche Lieferung (§ 4 Nr. 1 Buchst. b i.V.m. § 6a Abs. 1 UStG). Gleichzeitig ist der innergemeinschaftliche Erwerb beim Kommissionär der Besteuerung zu unterwerfen (Abschn. 1a.2 Abs. 7 Satz 2 und 3 UStAE).

M braucht sich nicht in Italien für umsatzsteuerliche Zwecke zu registrieren. Seine Lieferung an K ist in Deutschland steuerfrei. K kann die Erwerbssteuer in Italien als Vorsteuer abziehen.

b) S. Lösung a).

c) S. Lösung a).

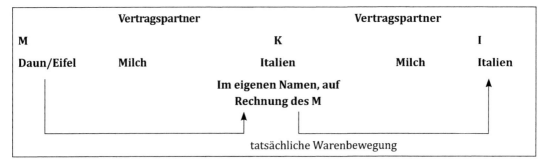

In den Fällen a) bis c) ist kein Reihengeschäft gegeben, da § 3 Abs. 6 Satz 5 UStG voraussetzt, dass eine Beförderung oder Versendung durch einen am Reihengeschäft beteiligten Unternehmer vorliegt. Diese Voraussetzung ist bei einer Beförderung oder Versendung durch mehrere beteiligte Unternehmer (gebrochene Beförderung oder Versendung) nicht erfüllt (Abschn. 3.14 Abs. 4 UStAE). Weiterhin muss der letzte Abnehmer bei Beginn der Warenbewegung aus dem Verfügungsbereich des ersten Unternehmers feststehen.

d) Die Lieferungen von im Kommissionsgeschäft veräußerten Waren können im Reihengeschäft (§ 3 Abs. 6 Satz 5 UStG) ausgeführt werden.

Am 27.7.25 wird die Kommissionsware vom Kommittenten M an den Kunden des Kommissionärs befördert, nachdem der Kommissionär K diese Ware an den Kunden I verkauft hat. Als K die Kommissionsware an I verkauft hat, teilt er dies dem M mit. M versendet dann die Ware von Daun nach Italien. Da beim Transportbeginn durch den Kommittenten feststeht, dass der Kommissionär die Ware an einen schon feststehenden Dritten weiterveräußert hat, ist kein rechtsgeschäftsloses Verbringen durch M gegeben.

Reihengeschäft

Mehrere Unternehmer (M, K und I) haben über denselben Gegenstand (Milch) Umsatzgeschäfte abgeschlossen und dieser Gegenstand (Milch) gelangt im Rahmen einer Beförderung oder Versendung unmittelbar vom ersten Unternehmer (Kommittent M) an den letzten Abnehmer (I in Italien). Bei dem Reihengeschäft werden nacheinander zwei Lieferungen – Kommittent M an Kommissionär K und K an I – ausgeführt. Beim Reihengeschäft ist nur eine Lieferung die bewegte Lieferung (§ 3 Abs. 6 Satz 5 UStG; Abschn. 3.14 Abs. 2 Satz 2 UStAE; EuGH Urteil vom 6.4.2006, C-245/04, UR 2006, 342).

Da der erste Unternehmer in der Reihe (Kommittent M) die Ware unmittelbar an den letzten Abnehmer I befördert, ist die Beförderung der Lieferung M (Kommittent) an K (Kommissionär) zuzuordnen (Abschn. 3.14 Abs. 8 Satz 1 UStAE). Lieferort ist der Ort, von dem aus der Transport beginnt (§ 3 Abs. 6 Satz 1 UStG), und liegt somit in Daun/Eifel. Die Lieferung ist steuerbar und nach § 4 Nr. 1 Buchst. b i.V.m. § 6a Abs. 1 UStG als innergemeinschaftliche Lieferung steuerfrei. In Italien verwirklicht K einen innergemeinschaftlichen Erwerb (§ 1a Abs. 2, § 3d Satz 1 UStG).

Da die Lieferung des K an I der Beförderungslieferung folgt, gilt diese Lieferung nach § 3 Abs. 7 Nr. 2 UStG dort als ausgeführt, wo die Beförderung des Gegenstandes endet, und liegt somit in Italien. Die Lieferung K an I ist in Deutschland nicht steuerbar.

e) Wie oben unter Lösung d) dargestellt, handelt es sich sowohl um ein Reihen- als auch um ein Kommissionsgeschäft.

Verwaltungsregelung beim Reihengeschäft

Da der letzte Abnehmer (I aus Italien) die Ware beim ersten Unternehmer (Kommittent M in Deutschland) abholt und den Warentransport durchführt, ist ihm die Beförderung der Lieferung zuzuordnen (Abschn. 3.14 Abs. 8 Satz 2 UStAE). Die Beförderungslieferung ist somit die von Kommissionär K an I. Lieferort ist der Ort, von dem aus der Transport beginnt (§ 3 Abs. 6 Satz 1 UStG), und ist in Daun/Eifel. Die Lieferung des K an I ist steuerbar und unter den Voraussetzungen des § 4 Nr. 1 Buchst. b i.V.m. § 6a Abs. 1 UStG als innergemeinschaftliche Lieferung steuerfrei. In Italien verwirklicht I einen innergemeinschaftlichen Erwerb (§ 1a Abs. 2, § 3d Satz 1 UStG).

Der Ort der Lieferung des M an K ist nach § 3 Abs. 7 Satz 2 Nr. 1 UStG ebenfalls in Daun/Eifel, da die Lieferung des M der Beförderungslieferung des K vorangeht und die Beförderung in Daun beginnt. Die Lieferung des M ist steuerbar. Sie ist nicht nach § 4 Nr. 1 Buchst. b i.V.m. § 6a Abs. 1 UStG steuerfrei, da es sich bei der Lieferung von M an K um keine Lieferung mit Warenbewegung nach § 3 Abs. 6 Satz 1 UStG handelt.

BFH-Rechtsprechung vom 25.2.2015 (XI R 30/13, BFH/NV 2015, 769) zum Reihengeschäft

Mit Urteil vom 25.2.2015 (XI R 30/13, BFH/NV 2015, 769) stellt der BFH klar, dass auch dann, wenn der zweite Erwerber (I) eine Spedition mit der Abholung von Waren beim Unternehmer (M) beauftragt, eine bewegte Lieferung des M an K möglich ist, wenn I die Verfügungsmacht an den Waren erst erhalten wird, nachdem diese das Inland verlassen haben. Dies sei bei einer Beförderung durch eine von I beauftragte Spedition zwar eher unwahrscheinlich, aber nicht ausgeschlossen. Abschn. 3.14. Abs. 8 Satz 2 UStAE sei mit der Rechtsprechung des EuGH nicht in vollem Umfang vereinbar.

Wenn I die Ware bei M abholt und nachweist, dass er das Eigentum erst in Italien und nicht bereits in Deutschland erhält, dann wäre die 1. Lieferung M an K die Beförderungslieferung (Grundfall des § 3 Abs. 6 Satz 6 Halbsatz 1 UStG).

Wenn I die Ware bei M abholt spricht nach der BFH-Rechtsprechung XI R 30/13 viel dafür, dass dem I bereits bei Abholung im Inland die Verfügungsmacht übertragen wird, wenn er die Ware persönlich abholt bzw. abholen lässt. Wenn auch noch objektiv belegt wird, dass die Verfügungsmacht bereits auf I übertragen wurde, wechselt die Zuordnung der Warenbewegung in die nächstfolgende Lieferbeziehung. Die 2. Lieferung K an I wäre dann die bewegte Lieferung. Die Beurteilung entspricht der oben dargestellten Lösung nach der bisherigen Verwaltungsauffassung.

f) Wie oben unter Lösung d) dargestellt, handelt es sich sowohl um ein Reihen- als auch um ein Kommissionsgeschäft.

Verwaltungsregelung beim Reihengeschäft

Befördert oder versendet ein mittlerer Unternehmer in der Reihe den Liefergegenstand, ist dieser zugleich Abnehmer der Vorlieferung und Lieferer seiner eigenen Lieferung. In diesem Fall ist die Beförderung oder Versendung nach § 3 Abs. 6 Satz 6 1. Halbsatz UStG grundsätzlich der Lieferung des vorangehenden Unternehmers zuzuordnen (widerlegbare Vermutung). Der befördernde oder versendende Unternehmer kann jedoch anhand von Belegen, z.B. durch eine Auftragsbestätigung, das Doppel der Rechnung oder andere handelsübliche Belege und Aufzeichnungen nachweisen, dass er als Lieferer aufgetreten und die Beförderung oder Versendung dementsprechend seiner eigenen Lieferung zuzuordnen ist (§ 3 Abs. 6 Satz 6 2. Halbsatz UStG; Abschn. 3.14 Abs. 9 UStAE).

BFH-Rechtsprechung vom 25.2.2015 (XI R 15/14, BFH/NV 2015, 772) zum Reihengeschäft

Die Zuordnung der Beförderung hängt davon ab, ob der Erstwerber (K) bereits dem I die Verfügungsmacht verschafft hat, bevor der Liefergegenstand das Inland verlassen hat. Lt. Sachverhalt weiß der Kommittent, dass die Kommissionsware bereits an I verkauft wurde. In diesem Fall tritt K als Lieferer und nicht als Abnehmer auf, so dass die bewegte Lieferung der 2. Lieferung K an I zuzuordnen ist. Lieferort ist der Ort, von dem aus der Transport beginnt (§ 3 Abs. 6 Satz 1 UStG), und ist in Daun/Eifel. Die Lieferung des K ist steuerbar und unter den Voraussetzungen des § 4 Nr. 1 Buchst. b i.V.m. § 6a Abs. 1 UStG steuerfrei. In Italien verwirklicht I einen innergemeinschaftlichen Erwerb (§ 1a Abs. 2, § 3d Satz 1 UStG).

Der Ort der Lieferung des M an K ist nach § 3 Abs. 7 Satz 2 Nr. 1 UStG ebenfalls in Daun/Eifel, da die Lieferung des M der Beförderungslieferung des K vorangeht und die Beförderung in Daun beginnt. Die Lieferung des M ist steuerbar. Sie ist nicht nach § 4 Nr. 1 Buchst. b i.V.m. § 6a Abs. 1 UStG steuerfrei, da es sich bei der Lieferung von M an K um keine Lieferung mit Warenbewegung nach § 3 Abs. 6 Satz 1 UStG handelt.

15.6 Innergemeinschaftliche Güterbeförderungen sowie deren Vermittlung

---

Fall 190: Innergemeinschaftliche Güterbeförderung an Nichtunternehmer

Die Privatperson P aus Italien beauftragt den in der Schweiz ansässigen Frachtführer F, Güter von Deutschland über die Schweiz nach Italien zu befördern.

Aufgabe: Beurteilen Sie die Beförderungsleistung aus umsatzsteuerrechtlicher Sicht.

Lösung:

S.a. Beispiel 2 in Abschn. 3b.3 Abs. 4 UStAE. Bei der Beförderungsleistung des F handelt es sich um eine innergemeinschaftliche Güterbeförderung, weil der Transport in zwei verschiedenen EU-Mitgliedstaaten beginnt und endet. Der Ort dieser Leistung bestimmt sich nach dem inländischen Abgangsort (§ 3b Abs. 3 UStG). Die Leistung des Schweizer Frachtführers F ist in Deutschland steuerbar und steuerpflichtig. Unbeachtlich ist dabei, dass ein Teil der Beförderungsstrecke auf das Drittland Schweiz entfällt (vgl. Abschn. 3b.3 Abs. 2 Satz 5 UStAE). Der leistende Unternehmer F ist Steuerschuldner (§ 13a Abs. 1 Nr. 1 UStG) und hat den Umsatz im Rahmen des allgemeinen Besteuerungsverfahrens (§ 18 Abs. 1 bis 4 UStG) zu versteuern (vgl. hierzu Abschn. 3a.16 Abs. 3 UStAE).

Fall 191: Innergemeinschaftliche Güterbeförderung an Unternehmer

Der Unternehmer U aus Deutschland beauftragt den deutschen Frachtführer F, Güter von Portugal nach Deutschland zu befördern.

Aufgabe: Beurteilen Sie die Beförderungsleistung aus umsatzsteuerrechtlicher Sicht.

Lösung:

Bei der Beförderungsleistung des F handelt es sich um eine innergemeinschaftliche Güterbeförderung, weil der Transport in einem EU-Mitgliedstaat beginnt und in einem anderen EU-Mitgliedstaat endet. Der Ort dieser Beförderungsleistung bestimmt sich allerdings nicht nach § 3b Abs. 3 UStG, da der Leistungsempfänger U ein Unternehmer ist und die Leistung für den unternehmerischen Bereich des Leistungsempfängers ausgeführt worden ist. Nach § 3a Abs. 2 UStG gilt die Leistung des F in Deutschland als ausgeführt.

Fall 192: Vermittlung einer innergemeinschaftlichen Güterbeförderung für einen Nichtunternehmer

Der in Deutschland ansässige Nichtunternehmer N beauftragt den französischen Vermittler V, die Beförderung eines Gegenstandes im Namen und für Rechnung des N von Brüssel nach Paris zu vermitteln. Die Beförderung des Gegenstandes wird durch den französischen Frachtführer F ausgeführt.

Aufgabe: Beurteilen Sie die Beförderungsleistung aus umsatzsteuerrechtlicher Sicht.

Lösung:

Die Vermittlungsleistung des V an den Nichtunternehmer N aus Deutschland wird nach § 3a Abs. 3 Nr. 4 UStG an dem Ort erbracht, an dem der vermittelte Umsatz als ausgeführt gilt. Bei dem vermittelten Umsatz F an N handelt es sich um eine innergemeinschaftliche Güterbeförderung i.S.d. § 3b Abs. 3 UStG, da die Beförderung in Belgien beginnt und in Frankreich endet. Die Beförderungsleistung des F gilt in Belgien als ausgeführt (Abgangsort).

Die Vermittlungsleistung des V gilt somit ebenfalls in Belgien als ausgeführt (§ 3a Abs. 3 Nr. 4 UStG).

Sowohl F als auch V haben den Umsatz in Belgien im allgemeinen Besteuerungsverfahren zu versteuern, da der Leistungsempfänger N kein Unternehmer ist, der die Steuer nach § 13b UStG schuldet.

Fall 193: Vermittlung einer innergemeinschaftlichen Güterbeförderung für einen Unternehmer
Der in Deutschland ansässige Unternehmer U beauftragt den französischen Vermittler V, die Beförderung eines Gegenstandes im Namen und für Rechnung des U von Brüssel nach Paris zu vermitteln. Die Beförderung des Gegenstandes wird durch den französischen Frachtführer F ausgeführt. U verwendet gegenüber V und F seine deutsche USt-IdNr.

Aufgabe: Beurteilen Sie die Beförderungsleistung aus umsatzsteuerrechtlicher Sicht.

Lösung:

Die Vermittlungsleistung des V wird nach § 3a Abs. 2 UStG in Deutschland ausgeführt (Empfängersitzprinzip). U schuldet nach § 13b Abs. 1 i.V.m. Abs. 5 Satz 1 UStG die USt (Abschn. 3a.16 Abs. 2 UStAE).

Die Beförderungsleistung des F wird ebenfalls nach § 3a Abs. 2 UStG in Deutschland ausgeführt (Empfängersitzprinzip). U schuldet nach § 13b Abs. 1 i.V.m. Abs. 5 Satz 1 UStG die USt (Abschn. 3a.16 Abs. 2 UStAE).

Fall 194: Innergemeinschaftliche Güterbeförderung im Rahmen einer Dienstleistungskommission
Der in Frankreich ansässige Unternehmer U beauftragt den deutschen Spediteur S, die Beförderung eines Gegenstandes im eigenen Namen und für Rechnung des U von Brüssel nach Paris zu besorgen. Die Beförderung wird durch den belgischen Frachtführer F ausgeführt. U verwendet gegenüber S seine französische und S gegenüber F seine deutsche USt-IdNr.

Aufgabe: Beurteilen Sie die Beförderungsleistung aus umsatzsteuerrechtlicher Sicht.

Lösung:

Eine Besorgungsleistung liegt vor, wenn ein Unternehmer für Rechnung eines anderen im eigenen Namen eine sonstige Leistung bei einem Dritten in Auftrag gibt. Der Dritte erbringt diese sonstige Leistung an den besorgenden Unternehmer. Bei den Unternehmern, die Güterbeförderungen besorgen, handelt es sich insbesondere um Spediteure. Die Besorgungsleistung des Unternehmers wird umsatzsteuerrechtlich so angesehen wie die besorgte Leistung selbst (§ 3 Abs. 11 UStG). Die Speditionsleistung wird also wie eine Güterbeförderung behandelt.

Leistungsempfänger der Beförderungsleistung des F (Belgien) ist S (Deutschland) als Unternehmer. Die Ortsbestimmungen des § 3b Abs. 1 Satz 3 und § 3b Abs. 3 UStG sind nur bei Güterbeförderungen sowie innergemeinschaftlichen Güterbeförderungen anzuwenden, wenn die Beförderungsleistungen an Nichtunternehmer ausgeführt werden. Da der Leistungsempfänger S Unternehmer ist, richtet sich der Ort der Beförderungsleistung nach § 3a Abs. 2 UStG (B2B-Dienstleistung). Die sonstige Leistung (Beförderungsleistung) wird am Sitzort des Leistungsempfängers S in Deutschland erbracht und ist steuerbar und steuerpflichtig. S ist als Leistungsempfänger Steuerschuldner nach § 13b Abs. 1 und Abs. 5 Satz 1 UStG (s.a. Abschn. 3a.16 Abs. 2 UStAE).

Leistungsempfänger der Beförderungsleistung S ist Unternehmer U aus Frankreich. Personenbezogene Merkmale der an der Leistungskette Beteiligten sind weiterhin für jede Leistung innerhalb einer Dienstleistungskommission gesondert in die umsatzsteuerrechtliche Beurteilung einzubeziehen. Dies kann z.B. für die Bestimmung des Orts der sonstigen Leistung von Bedeutung sein, ob die Leistung an einen Unternehmer oder einen Nichtunternehmer erbracht wird (Abschn. 3.15 Abs. 3 UStAE).

Da der Leistungsempfänger U Unternehmer ist, richtet sich der Ort der Beförderungsleistung nach § 3a Abs. 2 UStG (B2B-Dienstleistung). Die sonstige Leistung (Beförderungsleistung des S) wird am Sitzort des

Leistungsempfängers S in Frankreich erbracht. U ist als Leistungsempfänger Steuerschuldner nach Art. 196 MwStSystRL (§ 13b Abs. 1 und Abs. 5 Satz 1 UStG; s.a. Abschn. 3a.16 Abs. 5 und 6 UStAE).

Fall 195: Innergemeinschaftliche Güterbeförderung im Rahmen einer Dienstleistungs-kommission/Auftraggeber ist eine Privatperson

Privatmann P aus Luxemburg erwarb am 11.11.11 von Unternehmer U aus Trier einen größeren Gegenstand für 1.000,- € zzgl. 190 € USt (Rechnung vom 13.11.11). P beauftragt den in Trier ansässigen Spediteur S damit, für den Transport nach Luxemburg zu sorgen. S beauftragt mit der Durchführung des Transports den Fuhrunternehmer Bernhard (B) aus Belgien. Dabei tritt S wie mit P abgesprochen im eigenen Namen aber auf Rechnung des P auf. Die Rechnung des B vom 15.11.11 über genau 100 € bezahlt S umgehend. S berechnet dem P am 16.11.11 ohne Ausweis von Umsatzsteuer 150 €, die P umgehend begleicht. B holt am 15.11.11 den Gegenstand in Trier ab und übergibt ihn am nächsten Tag (16.11.11) dem P in Luxemburg.

Aufgabe:

1. Beurteilen Sie die Geschäftsvorfälle aller angesprochenen Personen aus umsatzsteuerrechtlicher Sicht.

2. Welche Folgen würden sich bei gleichem Sachverhalt für U ergeben, wenn nicht P, sondern U den S beauftragen würde, für den Transport zu sorgen?

   U versandte in im Kalenderjahr 11 bislang Waren im Wert von 115.000 € an luxemburgische Privatleute. Davon entfielen 6.000 € auf alkoholische Getränke.

Lösung:

1. U erbringt an P eine Lieferung nach § 3 Abs. 1 UStG, indem er ihm an dem Gegenstand Verfügungsmacht verschafft. Der Ort richtet sich nach § 3 Abs. 6 Satz 1, 3 und 4 UStG und ist in Trier. Die Lieferung ist somit steuerbar und steuerpflichtig. Eine Steuerbefreiung kommt nicht in Betracht. Insbesondere ist P als Privatperson kein Abnehmer i.S. von § 6a Abs. 1 Nr. 2 UStG, weswegen es sich hier nicht um eine nach § 4 Nr. 1 Buchst. b UStG steuerfreie innergemeinschaftliche Lieferung handelt. Bemessungsgrundlage ist das Entgelt, hier 1.000 €, die Umsatzsteuer beträgt 190 €.

   Da S im eigenen Namen auftritt, erbringt B an ihn eine sonstige Leistung nach § 3 Abs. 9 Satz 1 UStG, nämlich eine Beförderungsleistung. Da S als Leistungsempfänger Unternehmer ist und die Leistung für sein Unternehmen bezieht, ist Ort dieser Leistung nach § 3a Abs. 2 Satz 1 UStG der Sitzort des Empfängers S, hier also Trier. Dies ist Inland, die Leistung ist steuerbar und mangels Befreiung auch steuerpflichtig. Das Entgelt beträgt 100 €, die Steuer 19 €. Es handelt sich hierbei um einen Fall des § 13b Abs. 1 UStG. B ist nach § 13b Abs. 7 Satz 2 UStG ein im übrigen Gemeinschaftsgebiet (Belgien) ansässiger Unternehmer, und die von ihm erbrachte Leistung ist wegen § 3a Abs. 2 UStG im Inland erbracht. Die Steuer entsteht daher nach § 13b Abs. 1 UStG mit Ablauf des Voranmeldungszeitraums November, da die Beförderung mit Vollendung am 16.11.11 erbracht wird. Steuerschuldner ist nach § 13b Abs. 5 Satz 1 UStG der Leistungsempfänger S. S kann die 19 € gem. § 15 Abs. 1 Nr. 4 UStG als Vorsteuer abziehen.

   Die zivilrechtliche Geschäftsbesorgung des S an P wird umsatzsteuerlich wegen § 3 Abs. 11 UStG umgewidmet in eine Beförderungsleistung des S an P. Denn S ist in die Erbringung einer sonstigen Leistung (Beförderung durch B) eingeschaltet und tritt im eigenen Namen aber für Rechnung des P auf (Dienstleistungskommission). Ort der Beförderungsleistung des S ist nach § 3b Abs. 3 UStG dort, wo die Beförderung beginnt, hier Trier. Es handelt sich hierbei um eine innergemeinschaftliche Güterbeförderung, denn es wird eine Ware von einem Mitgliedstaat in einen anderen befördert (von Deutschland nach Luxemburg) und der Leistungsempfänger P ist kein Unternehmer. Somit ist die Leistung steuerbar und steuerpflichtig. Das Entgelt beträgt 126,05 €, die USt 23,95 €.

2. Wenn die Beförderung durch U veranlasst würde, ändert sich der Ort der Lieferung des U an P. In diesem Fall würde nämlich § 3 Abs. 5a i.V.m. § 3c UStG greifen. Der Gegenstand gelangt von einem Mitgliedstaat in einen anderen (von Deutschland nach Luxemburg), der Lieferer U hat den Gegenstand versendet, der Abnehmer P als Privatmann gehört nach § 3c Abs. 2 Nr. 1 UStG nicht zu den in § 1a Abs. 1 Nr. 2 UStG genannten Personen, und Lieferer U hat mit seinen Lieferungen die Lieferschwelle (§ 3c Abs. 3 Satz 1 UStG), überschritten. Maßgebliche Lieferschwelle ist nach § 3c Abs. 3 Satz 2 Nr. 2 UStG die Lieferschwelle Luxemburgs, die nach Abschn. 3c.1 Abs. 3 Satz 2 UStAE 100.000 € beträgt. U hat an Privatkunden in Luxemburg bislang für 115.000 € Waren verschickt, verbrauchsteuerpflichtige Waren bleiben außer Ansatz (Abschn. 3c.1 Abs. 3 Satz 3 UStAE). Mit den restlichen Waren (109.000 €) ist die Lieferschwelle jedoch auch überschritten. Somit ist der Ort dieser Lieferung im Bestimmungsland Luxemburg. Dies ist Ausland, die Lieferung ist nicht steuerbar. Allerdings hat U für eine nicht steuerbare Lieferung deutsche Umsatzsteuer in Rechnung gestellt (190 €). Diese schuldet er nach § 14c Abs. 1 UStG, sie entsteht nach § 13 Abs. 1 Nr. 3 UStG im Zeitpunkt der Ausgabe der Rechnung, hier am 13.11.11 (vgl. Abschn. 13.7 Satz 3 UStAE).

15.7 Innergemeinschaftliche Lohnveredelungen

Fall 196: Innergemeinschaftliche Lohnveredelungen
Unternehmer D aus Dänemark erwirbt von Unternehmer X aus Deutschland eine Maschine für 180.000 €. Diese Maschine muss für die betriebliche Nutzung bei D noch an betriebsspezifische Gegebenheiten angepasst werden. Diese Bearbeitung (Werkleistung) übernimmt Unternehmer Y aus Deutschland für 25.000 €. Nach der Bearbeitung befördert Y die Maschine an D nach Dänemark.

Aufgabe: Beurteilen Sie die Umsätze der beteiligten Unternehmer.
a) Y handelt im Auftrag des X.
b) Y handelt im Auftrag des D.

Lösung:

Ein Reihengeschäft liegt nicht vor, da nicht Umsatzgeschäfte von mehreren Unternehmern über denselben Gegenstand abgeschlossen werden.

a) Y handelt im Auftrag des X
Die Werkleistung des Y an X ist in Deutschland steuerbar und steuerpflichtig. Der Ort bestimmt sich nach § 3a Abs. 2 UStG und befindet sich am Unternehmersitz des X.

Y befördert den bearbeiteten Gegenstand im Auftrag von X zu D. Der Ort der Lieferung der bearbeiteten Maschine von X an D befindet sich nach § 3 Abs. 6 UStG dort, wo Y mit der Beförderung beginnt. Die steuerbare Lieferung X an D ist unter den Voraussetzungen des § 4 Nr. 1 Buchst. b i.V.m. § 6a UStG steuerfrei. Die Lieferung der bearbeiteten Maschine erfüllt in Dänemark die Voraussetzungen der Erwerbsbesteuerung.

b) Y handelt im Auftrag des D
X befördert die Maschine im Auftrag des D zu Y. Nach § 3 Abs. 1 UStG verschafft X dem D dadurch die Verfügungsmacht an der Maschine, dass er sie zu einem Dritten im Auftrag des D befördert. Nach § 3 Abs. 6 UStG ist der Ort der Lieferung des X an D dort, wo sich die Maschine zu Beginn der Beförderung von X an D befindet. Die Lieferung von X an D ist steuerbar. X tätigt an D eine steuerfreie innergemeinschaftliche Lieferung:
* Abnehmer D hat den Gegenstand der Lieferung in das übrige Gemeinschaftsgebiet befördert (durch Y im Auftrag des D);
* die Bearbeitung der Maschine durch Y als Beauftragter des D vor der Beförderung ins übrige Gemeinschaftsgebiet ist unschädlich für die Steuerbefreiung (§ 6a Abs. 1 Satz 2 UStG);

- der Abnehmer hat den Gegenstand (Maschine) für sein Unternehmen erworben;
- der Erwerb der Maschine unterliegt beim Abnehmer in Dänemark der Erwerbsbesteuerung, weil die Maschine bei einer Lieferung an den Abnehmer (Erwerber) aus dem Gebiet eines Mitgliedstaates (Deutschland) in das Gebiet eines anderen Mitgliedstaates (Dänemark) gelangt ist (§ 1a Abs. 1 Nr. 1 UStG), der Erwerber ein Unternehmer ist, der die Maschine für sein Unternehmen erworben hat (§ 1a Abs. 1 Nr. 2 Buchst. a UStG) und die Voraussetzungen des § 1a Abs. 3 und 4 UStG nicht vorliegen (D ist kein Schwellenerwerber);
- die o.g. Voraussetzungen – so auch die Bearbeitung der Maschine durch Y – müssen durch X nach § 6a Abs. 3 UStG nachgewiesen werden.

Die Werkleistung des Y an D ist in Deutschland nicht steuerbar. Der Ort bestimmt sich nach § 3a Abs. 2 UStG und befindet sich am Unternehmersitz des D in Dänemark. Die Werkleistung ist in Dänemark steuerbar und steuerpflichtig. Y tätigt eine Leistung i.S.d. § 13b Abs. 1 UStG. Nach Art. 193 ff. MwStSystRL (§ 13b Abs. 5 UStG) schuldet D die USt. Nach § 14a Abs. 1 UStG hat Y eine Rechnung zu erteilen, in der seine USt-IdNr. und die des D anzugeben ist. In der Rechnung ist Y zur Angabe »Steuerschuldnerschaft des Leistungsempfängers« verpflichtet.

Zur Lohnveredelung s.a. die Fälle 102 und 107.

Stichwortverzeichnis